Groels · Einkommensteuer I

Grund- und Aufbautraining Steuerrecht

Aufbauend auf dem Grundlagenwissen für Steuerfachangestellte richten sich die Bücher der Reihe Grund- und Aufbautraining Steuerrecht insbesondere an ausgebildete Steuerfachangestellte, die die Fortbildung zum Steuerfachassistenten bzw. Steuerfachwirt oder gar zum Steuerberater anstreben. Die Bücher vermitteln alle für die Weiterqualifzierung prüfungsrelevanten Themen in berufsbezogener Darstellung. Sie helfen, Verständnislücken zu schließen, bieten eigene Kontrollmöglichkeiten an und geben somit die erforderliche Sicherheit für die erfolgreiche Weiterqualifzierung. Durch ein hohes Maß an Verständlichkeit, Vollständigkeit und Aktualität sind sie ein zuverlässiger Wegbegleiter für die berufliche Weiterbildung.

Bisher sind erschienen:

Einkommensteuer I
von Jürgen Groels

**Allgemeine Steuerlehre,
Abgabenordnung, (FGO)**
von Jürgen Groels

Umsatzsteuer
von Jürgen Groels

**Bewertung, Bedarfsbewertung,
Erbschaft- und Schenkungsteuer**
von Jürgen Groels

Weitere Titel sind in Vorbereitung.

Jürgen Groels

Einkommensteuer I

Buchführungsp flchten, Gewinnermittlung:
Bewertungs-, Ansatz- und AfA-Vorschriften,
Einkünfteermittlung

GABLER

Die Deutsche Bibliothek – CIP-Einheitsaufnahme
Ein Titeldatensatz für diese Publikation ist bei
Der Deutschen Bibliothek erhältlich.

1. Auflage August 2001

Alle Rechte vorbehalten
© Springer Fachmedien Wiesbaden   2001
Ursprünglich erschienen bei Betriebswirtschaftlicher Verlag Dr. Th. Gabler GmbH, Wiesbaden 2001

gabler@bertelsmann.de
www.gabler.de

Umschlaggestaltung: ulrike.weigel@corporatedesigngroup.de

ISBN 978-3-409-11729-6   ISBN 978-3-663-05629-4 (eBook)
DOI 10.1007/978-3-663-05629-4

Vorwort

Dieser Band Steuerrecht behandelt den ersten Teil Einkommensteuer. Neben den Steuerpflichten und Steuerbefreiungen befasst sich dieses Buch u.a. mit den steuer- und handelsrechtlichen Gesetzmäßigkeiten der Gewinnermittlung und Bilanzierung.

Das Buch wendet sich hauptsächlich an berufstätige Steuerfachangestellte, die sich zum Steuerfachassistenten bzw. zum Steuerberater weiterbilden wollen. Das Buch ist auf dem Stand vom 01. Juni 2001. Rechtsänderungen, die zurzeit des Erscheinungstermins der jeweiligen Ausgabe nicht bzw. noch nicht vorliegen, können kostenlos im Internet unter **www.gabler.de/groels** abgerufen werden.

Wenn Sie dieses Buch durcharbeiten, werden Ihnen alle prüfungsrelevanten Sachthemen ausführlich und vollständig vorgestellt. Die hier angewandte, zur Prüfungsreife führende Methodik beginnt mit den Grundlagen und baut diese dann systematisch bis zum Stand des Steuerberaters aus. Dank der unverkennbaren Praxisbezogenheit werden Steuerfachangestellte bzw. Steuerfachassistenten mit nachvollziehbaren Ereignisschilderungen und Texten in die weiterführende Qualifikation eingeführt.

Prüfungskompetenz erlangen Sie vor allem durch den realitätsnah dargestellten Prüfungsstoff, der den Spaß am Lernen erhalten und fördern soll. Als didaktisches Mittel nutzt das Buch den lebendigen Praxisbetrieb einer erdachten Steuerberatungskanzlei. Sie werden unmittelbar in das dort vorgestellte Geschehen einbezogen. Diese Form der praxisnahen Darstellung wird Ihnen den Weg zum Prüfungserfolg erleichtern. Zahlreiche Erfolgskontrollen bieten Ihnen die Möglichkeit, Ihren Wissensstand zu bewerten.

Besonders wichtig für die Praxis und Weiterbildung sind die zahlreichen Hinweise für die konkrete Steuerberatung.

Nicht zuletzt wurde für die praktische Arbeit in den Steuerberatungskanzleien ein Ratgeber und Nachschlagewerk geschaffen, das vor allem dem steigenden an Bedeutung gewinnenden Beratungsbedarf der Mandanten Rechnung trägt.

Vaals (NL), im Sommer 2001   Jürgen Groels

Anhänge:

A

A.	Abschnitt
a.a.O.	am angegebenen Ort
Abs.	Absatz
Abschn.	Abschnitt
abw.	abweichend
abzgl.	abzüglich
a.E.	am Ende
AEAO	Anwendungserlass zur Abgabenordnung
a.F.	alte Fassung
AfA	Absetzung für Abnutzung
AG	Aktiengesellschaft
AG-Anteil	Arbeitgeberanteil
agB	außergewöhnliche Belastung
AK	Anschaffungskosten
AktG	Aktiengesetz
allg.	allgemein
Alt.	Alternative
AN	Arbeitnehmer
AnfG	Anfechtungsgesetz
Anm.	Anmerkung
AO	Abgabenordung
Art.	Artikel
AtomG	Atomgesetz
AV	Anlagevermögen

B

BA	Betriebsausgaben
BAföG	Bundesausbildungsförderungsgesetz
BdF	siehe BMF
BE	Betriebsausgaben
bes.	besonders
betr.	betreffend
BewG	Bewertungsgesetz
BewRGr	Richtlinien für die Bewertung des Grundvermögens
BewRL	Richtlinien für die Bewertung des land- und forstwirtschaftlichen Vermögens
BFH	Bundesfinanzhof
BFH/NV	Sammlung amtlich nicht veröffentlichter Entscheidungen des BFH (Zeitschriften)
BGB	Bürgerliches Gesetzbuch
BGH	Bundesgerichtshof
BGBl. I/II	Bundesgesetzblatt Teil I/Teil II
BHO	Bundeshaushaltsordnung
BKGG	Bundeskindergeldgesetz
BMF	Bundesminister(ium) der Finanzen
BMG	Bemessungsgrundlage
BpO	Betriebsprüfungsordnung
BR	Bundesrat
BReg.	Bundesregierung
BStBl. I/II/III.	Bundessteuerblatt Teil I/Teil II/(Teil III – bis 1967)
BT	Bundestag
BUR	Berufsunfähigkeitsrente
BV	Betriebsvermögen
BVerfG	Bundesverfassungsgericht
bzw.	beziehungsweise

D
DBA   Doppelbesteuerungsabkommen
dgl.   dergleichen
d.h.   das heißt
DM   Deutsche Mark
DV   Durchführungsverordnung

E
EDV   Elektronische Datenverarbeitung
EG   Europäische Gemeinschaft(en)
EGAO   Einführungsgesetz zur Abgabenordung
EGBGB   Einführungsgesetz zum Bürgerlichen Gesetzbuch
EGKS   Europäische Gemeinschaft für Kohle und Stahl
EGV   Vertrag zur Gründung der Europäischen Wirtschaftsgemeinschaft
EigZulG   Eigenheimzulagengesetz
Einf.   Einführung
entspr.   entsprechend
ErbSt.   Erbschaftsteuer
ErbStDV   Erbschaftsteuer-Durchführungsverordnung
ErbStG   Erbschaftsteuer- und Schenkungsteuergesetz
ErbStH   Erbschaftsteuer-Hinweise
ErbStR   Erbschaftsteuer-Richtlinien
ESt   Einkommensteuer
EStDV   Einkommensteuer-Durchführungsverordnung
EStG   Einkommensteuergesetz
EStH   Einkommensteuer-Hinweise
EStR   Einkommensteuer-Richtlinien
EU   Europäische Union
EUR   Erwerbsunfähigkeitsrente
Euratom   Europäische Atomgemeinschaft
Euro   Europäische Währungseinheit in der Währungsunion
EuroEG   Gesetz zur Einführung des Euro
EUSt   Einfuhrumsatzsteuer
ev.   evangelisch
e.V   eingetragener Verein
EW   Einheitswert
EW BV   Einheitswert des Betriebsvermögens/des Gewerbebetriebs
EWG   Europäische Wirtschaftsgemeinschaft
EWR   Europäischer Wirtschaftsraum
EZ   Erhebungszeitraum

F
f., ff.   folgend; folgende
FA   Finanzamt
FAG   Finanzausgleichsgesetz
FamFördG   Gesetz zur Familienförderung
FB   Freibetrag
FG   Finanzgericht
FGO   Finanzgerichtsordnung
FinMin   Finanzminister/Finanzministerium
FinVerw.   Finanzverwaltung
FKPG   Gesetz zur Umsetzung des Föderalen Konsolidierungsprogramms
FL   Fertigungslöhne
FördG, Förd-   Fördergebietsgesetz
GebG

FortschrR	Fortschreibungs-Richtlinien
FVG	Finanzverwaltungsgesetz

G

G	Gesetz
GBl.	Gesetzblatt
GBO	Grundbuchordnung
GbR	Gesellschaft des bürgerlichen Rechts
gem.	gemäß
GewO	Gewerbeordnung
GewSt	Gewerbesteuer
GewStDV	Gewerbesteuer-Durchführungsverordnung
GewStG	Gewerbesteuergesetz
GewStR	Gewerbesteuer-Richtlinien
GG	Grundgesetz
ggf.	gegebenenfalls
GKG	Gerichtskostengesetz
GmbH	Gesellschaft mit beschränkter Haftung
GmbHG	GmbH-Gesetz
grds.	grundsätzlich
GrESt	Grunderwerbsteuer
GrEStG	Grunderwerbsteuergesetz
GrSt	Grundsteuer
GrStG	Grundsteuergesetz
GrStR	Grundsteuer-Richtlinien
GuV	Gewinn- und Verlustrechnung
GvkostG	Gerichtsvollzieherkostengesetz
GWG	Geringwertige Wirtschaftsgüter

H

H	Hinweis (der Einkommensteuer-, Erbschaftsteuer- bzw. Lohnsteuer-Hinweise)
HB	Höchstbetrag
HGB	Handelsgesetzbuch
HGrG	Haushaltsgrundsätzegesetz
HK	Herstellungskosten

I

i.d.F.	in der Fassung
i.d.R.	in der Regel
i.H.v.	in Höhe von
insb.	insbesondere
insges.	insgesamt
InsO	Insolvenzordnung
InvZul	Investitionszulage
InvZulG	Investitionszulagengesetz
i.S.d. (v.)	im Sinne des (von)
i.Ü.	im Übrigen
i.V.m.	in Verbindung mit
i.Z.m.	im Zusammenhang mit

J

JstErgG	Jahressteuer-Ergänzungsgesetz
JStG	Jahressteuergesetz

K

KapESt	Kapitalertragsteuer
kath.	katholisch
KAV	Kindergeldauszahlungs-Verordnung
KBV	Kleinbetragsverordnung
KFB	Kinderfreibetrag
Kfz	Kraftfahrzeug
KfzSt	Kraftfahrzeugsteuer
KG	Kommanditgesellschaft
KiSt	Kirchensteuer
Kj.	Kalenderjahr
KSt	Körperschaftsteuer
KStDV	Körperschaftsteuer-Durchführungsverordnung
KStG	Körperschaftsteuergesetz
KStR	Körperschaftsteuer-Richtlinien
KSZE	Konferenz für Sicherheit und Zusammenarbeit in Europa (jetzt OSZE)

L

LHO	Landeshaushaltsordnung
LSt.	Lohnsteuer
LStDV	Lohnsteuer-Durchführungsverordnung
LStH	Lohnsteuer-Hinweise
LStJA	Lohnsteuer-Jahresausgleich
LStR	Lohnsteuer-Richtlinien
lt.	laut
LuF	Land- und Forstwirtschaft

M

m.E.	meines Erachtens
Mio.	Million(en)
Mrd.	Milliarde(n)

N

NATO	North Atlantic Treaty Organization (Organisation des Nordatlantikvertrages)
ND	Nutzungsdauer
NE	Neueinlage
n.F.	neue Fassung
Nr.	Nummer
NW, NRW	Nordrhein-Westfalen
NZB	Nichtzulassungsbeschwerde

O

o.	oben
o.a.	oben angegeben
o.ä.	oder ähnlich(e)
OFD	Oberfinanzdirektion
o.g.	oben genannt
OHG	Offene Handelsgesellschaft
OSZE	Organisation für Sicherheit und Zusammenarbeit in Europa

P

PartG	Parteiengesetz
PartGes	Partnerschaftsgesellschaft
PartGG	Partnerschaftsgesellschaftsgesetz
PB	Pauschbetrag

PE	Privatentnahme
Pkw	Personenkraftwagen

R

R	Richtlinie (der Einkommensteuer-, Erbschaftsteuer- bzw. Lohnsteuer-Richtlinien)
RAP	Rechnungsabgrenzungsposten
Reg.	Regierung
Rev.	Revision
rk.	römisch-katholisch
RPflG	Rechtspflegergesetz
Rz.	Randziffer(n)

S

s.	siehe
S.	Seite; Satz
SA	Sonderausgaben
SchwbG	Schwerbehindertengesetz
SGB I	Sozialgesetzbuch, Erstes Buch, Allgemeiner Teil
SGB III	Sozialgesetzbuch, Drittes Buch, Arbeitsförderung
SGB IV	Sozialgesetzbuch, Viertes Buch, Gemeinsame Vorschriften für die Sozialversicherung
SGB VI	Sozialgesetzbuch, Sechstes Buch, Gesetzliche Rentenversicherung
SGB VII	Sozialgesetzbuch, Siebtes Buch, Gesetzliche Unfallversicherung
SGB X	Sozialgesetzbuch, Zehntes Buch, Verfahrensrecht
SGB XI	Sozialgesetzbuch, Elftes Buch, Soziale Pflegeversicherung
s.o.	siehe oben
sog.	so genannt
SolZ	Solidaritätszuschlag
SolZG	Solidaritätszuschlagsgesetz
SoZV	Sozialversicherung
StÄndG	Steueränderungsgesetz
StandOG	Standortsicherungsgesetz
StB	Steuerbilanz; Steuerberater
StBereinG	Steuerbereinigungsgesetz
StBerG	Steuerberatungsgesetz
StEntlG	Steuerentlastungsgesetz
StGB	Steuergesetzbuch
StMBG	Missbrauchsbekämpfungs- und Steuerbereinigungsgesetz
Stpfl.	Steuerpflicht(iger)
StWG	Gesetz zur Förderung der Stabilität und des Wachstums der Wirtschaft
s.u.	siehe unten
SZ	Säumniszuschlag

T

TBM	Tatbestandsmerkmal
teilw.	teilweise
Tz.	Textziffer

U

u.	und/unten
u.a.	unter anderem; unten angegeben
u.ä.	und ähnliche(s)
u.E.	unseres Erachtens

u.g.	unten genannt
UN (UNO)	United Nations Organization (Vereinte Nationen)
USt	Umsatzsteuer
UStDV	Umsatzsteuer-Durchführungsverordnung
UStG	Umsatzsteuergesetz
USt-IdNr.	Umsatzsteuer-Identifikationsnummer
UStR	Umsatzsteuer-Richtlinen
usw.	und so weiter
u.U.	unter Umständen

V

v.	vom
VA	Verwaltungsakt
vBA	vorweggenommene Betriebsausgaben
VdN	Vorbehalt der Nachprüfung
VerglO	Vergleichsordnung
VermBDV	Vermögensbildungs-Durchführungsverordnung
VermBG	Vermögensbildungsgesetz
vgl.	vergleiche
v.H.	vom Hundert
VO	Verordnung
VollstrA	Vollstreckungsanweisung
VollzA	Vollziehungsanweisung
VSt	Vermögensteuer
VStG	Vermögensteuergesetz
VStR	Vermögensteuer-Richtlinien
v.T.	vom Tausend
vWK	vorweggenommene Werbungskosten
VuV	Vermietung und Verpachtung
VwGO	Verwaltungsgerichtsordnung
VwZG	Verwaltungszustellungsgesetz
VZ	Veranlagungszeitraum

W

WEK	Wareneinkauf
WG	Wirtschaftsgut; Wertpapiergesetz
Wj.	Wirtschaftsjahr
WK	Werbungskosten
WoPDV	Wohnungsbauprämien-Durchführungsverordnung
WoPG	Wohnungsbauprämiengesetz
WVK	Warenverkauf

Z

z.B.	zum Beispiel
ZPO	Zivilprozessordnung
zzt.	zum Teil
ZVG	Zwangsversteigerungsgesetz
z.Z.	zurzeit
zzgl.	zuzüglich

1. Einführung in die Einkommensteuer

Die Einkommensteuer besteuert das Einkommen der natürlichen Personen.

1.1 Geschichtliche Entwicklung und Steueraufkommen

Ansätze zur Personenbesteuerung sind in den kirchlichen Personalzehnten (lat. decimae personales) des Mittelalters sowie in den territorialen Kopfsteuern zu entdecken. Diese frühen Abgaben haben sich aus fixierten Personalsteuern zu gestaffelten Standessteuern, wie im 17. Jahrhundert z.B. der preußische Kopfschoß, entwickelt.

Die erste deutsche Einkommensteuer moderner Art wurde 1811 bis 1813 in Ostpreußen erhoben. Sie war bereits 1808 von Minister Freiherr vom Stein in Anlehnung an die englische income tax von 1799 als Kriegsabgabe empfohlen worden.

Unter Hardenberg führte Preußen 1820 eine Klassensteuer ein, die bei der Steuerstaffelung nach äußeren Wohlstandsmerkmalen an die Gruppierung der Stände anknüpfte und zwischen den Einkommen- und der Kopfsteuer „die Mitte halten sollte". Sie wurde 1851 für die höheren Einkommen von einer klassifizierten Einkommensteuer abgelöst und 1891 unter Finanzminister Miquel durch eine vorbildlich gewordene Einheits-Einkommensteuer mit Erklärungspflicht und Steuerprogression ersetzt.

Diesem Vorbild folgten bis zum Ersten Weltkrieg alle deutschen Bundesstaaten, nachdem Hessen bereits 1869 und Sachsen 1874 zu einer allgemeinen Einkommensteuer übergegangen waren.

Im Zuge der Erzbergerschen Finanzreform zu Beginn der Weimarer Republik trat 1920 an die Stelle von 27 Landeseinkommensteuern eine einheitliche Reichseinkommensteuer, die bei den Steuerreformen von 1925 und 1934 fortentwickelt wurde.

Nach 1945 von den Besatzungsmächten wieder den Ländern zugewiesen, wurde im Bonner Grundgesetz von 1949 festgelegt, dass die Erträge aus der Einkommensteuer grundsätzlich den Ländern zustehen, der Bund jedoch hieran partizipieren kann. Durch das Verfassungsänderungsgesetz von 1955 wurde die Einkommensteuer zur gemeinsamen Steuer von Bund und Ländern erklärt.

Das Beteiligungsverhältnis war jeweils dem Verhältnis von Einnahmen und Ausgaben zwischen Bund und Ländern anzupassen. Der Bundesanteil schwankte von 1958 bis 1969 zwischen 33,3 und 39 v.H.

Seit der Finanzreform von 1969 ist die Einkommensteuer eine Gemeinschaftsteuer im Rahmen eines großen Steuerverbundes, bei dem ein gesetzlich geregelter Anteil an die Gemeinden und die Hauptmasse je zur Hälfte an Bund und Länder fließen. Durch jüngste Gesetzgebungskompetenzen (Art. 105 Abs. 2 i.V.m. Art. 72 Abs. 1 GG) fließt das Aufkommen der Einkommensteuer dem Bund zu 42,5 v.H., den Ländern zu 42,5 v.H. und den Gemeinden zu 15 v.H. zu.

- **Steueraufkommen der Einkommensteuer**

Die Einkommensteuer gehört dank der Lohnsteuer, einer besonderen Erhebungsform der Einkommensteuer, zu den stärksten und bedeutendsten Einnahmequellen des Staates.

Das Steueraufkommen 1998 betrug insgesamt 303,9 Mrd. DM.

Seit der deutschen Wiedervereinigung beobachten Finanzwissenschaftler eine rückläufige Tendenz beim Steueraufkommen der so genannten veranlagten Einkommensteuer, also der Einkommensteuer, die das Finanzamt ermittelt und durch Steuerbescheid festgesetzt hat (vgl. § 25 Abs. 1 EStG). Ausschlaggebend hierfür sind vor allem wirtschafts- und sozialpolitische Gesetzesmaßnahmen, die nachhaltig der Entwicklung und Stärkung des Standortes Mitteldeutschland, so z.B. durch Sonderabschreibungen und Abzugsbeträge im Fördergebiet (Fördergebietsgesetz), dienen sollen. Hierüber herrscht Uneinigkeit, weil selbst bei hohen Einkommen so genannter Einkommensmillionäre kaum bis keine Einkommensteuer anfällt. Entsprechend dem Verfassungsauftrag des Art. 20 Abs. 1 GG muss die Einkommensteuer sozialpolitischen Erfordernissen Rechnung tragen. Viele Vorschriften des EStG sind von diesem Grundsatz geprägt.

Beispiel

Steuerfreistellung des Existenzminimums durch den Aufbau des Einkommensteuertarifs, siehe § 32 a Abs. 1 S. 2 Nr. 1 EStG zum Grundfreibetrag.

Wie beurteilen Sie folgenden Sachverhalt (Meinungsbildung)?

Ein Steuerfachangestellter hat im Jahr 01 ein Einkommen erzielt, auf das das Finanzamt eine Jahressteuer von 12.000,00 DM festgesetzt hat. Sein Freund, ein selbständiger Architekt, mit einem Jahreseinkommen von 3,5 Mio. DM hat durch zahlreiche Beteiligungen an Verlustzuweisungsgesellschaften keine Einkommensteuer zu zahlen. Die Freunde vergleichen ihre Einkommensteuerbescheide miteinander.

Einerseits ist die Einkommensteuer als Personensteuer zur Berücksichtigung von persönlichen Verhältnissen verpflichtet. Zu den persönlichen Verhältnissen des Architekten zählen seine Gesellschaftsverhältnisse wie auch sein Einkommen.

Anderseits ist die Einkommensteuer vom Grundsatz der Gleichmäßigkeit der Besteuerung beherrscht; vgl. § 85 AO.

Durch den sukzessiven Abbau fördergebietsgebundener Subventionen sowie durch Einschränkungen der Verlustabzugsmöglichkeiten (§ 2 Abs. 3 und § 2 b EStG) sind die bekanntesten Maßnahmen der Steuersenkung weitestgehend reduziert worden.

1.2 Rechtsgrundlagen, Wesen und Erhebungsformen der Einkommensteuer

Nachfolgend werden die Eigenschaften der Einkommensteuer dargestellt:

1.2.1 Rechtsgrundlagen

Das Einkommensteuergesetz EStG, die Einkommensteuerdurchführungsverordnung EStDV sowie die Lohnsteuerdurchführungsverordnung LStDV bilden gesetzliche Grundlagen für die Festsetzung und Erhebung der Einkommensteuer. Diese allgemeinverbindlichen Rechtsnormen binden Finanzämter, Gerichte der Finanzbarkeit und die Bürger gleichsam.

Die Einkommensteuerrichtlinien EStR sowie die Lohnsteuerrichtlinien LStR dienen (bindend) nur der Verwaltung, erläutern die gesetzlichen Bestimmungen und leisten einen wichtigen Beitrag zur einheitlichen Steuerfestsetzung durch die Finanzverwaltung. Somit sind die Richtlinien auf der Stufe der Schreiben des Bundesministers der Finanzen, Erlasse der Finanzminister(-senatoren) der Länder und Verfügungen der Oberfinanzdirektionen, anzusiedeln. Sie sind in keinem Fall für Bürger, Steuerberatungen und Gerichte bindend. Die Richtlinien enthalten aber oft nützliche Hilfen, die keineswegs gegen den Steuerbürger gerichtet sind.

Richtlinien und Änderungsrichtlinien unterliegen einem förmlichen Verfahren. Das Bundesministerium der Finanzen erstellt den Entwurf; der Bundesrat muss diesen Entwürfen zustimmen.

Merke

1.2.2 Wesen der Einkommensteuer

Aus den verschiedenen Gliederungsgesichtspunkten zur Einteilung der Steuern ergeben sich für die Einkommensteuer folgende Wesensmerkmale:

Die Einkommensteuer ist:

- Besitzsteuer

Besteuert wird das zu versteuernde Einkommen, das innerhalb eines Kalenderjahres durch Einsatz der Arbeitskraft und/oder des Vermögens erwirtschaftet worden ist. Die Einkommensbesteuerung verhält sich gegenüber des Einsatzes des Vermögens also besitzabhängig.

- Personensteuer

Wie bereits erwähnt worden ist, hat die Einkommensteuer persönliche Verhältnisse und die wirtschaftliche Leistungsfähigkeit aller Steuerpflichtigen zu berücksichtigen. Dies bedeutet für die Einkommensteuer die Verpflichtung zur Steuergerechtigkeit. Hierunter versteht man die Allgemeinheit und Gleichheit der Besteuerung in dem Sinne, dass es keine Vorrechte geben darf und dass jeder Steuerbürger entsprechend seiner wirtschaftlichen Leistungsfähigkeit herangezogen werden soll. Durch Berücksichtigung bestimmter sach- oder personenbezogener Verhältnisse des Steuerpflichtigen wird der finanziellen Leistungsfähigkeit Rechnung getragen. Die Würdigung des Familienstandes, die Kinderzahl oder die Abzugsfähigkeit von Krankheitskosten sollen an dieser Stelle lediglich einer beispielhaften Aufzählung dienen.

Die Einkommensteuer dient gelegentlich auch wirtschaftspolitischen, konjunkturpolitischen und sozialpolitischen Zielen. Zu deren Unterstützung und näheren Ausgestaltung stehen steuerliche Nebengesetze, z.B. das Fördergebietsgesetz, zur Verfügung.

- Direkte Steuer (Unterschiedsmerkmale zur indirekten Steuer)

Anders als bei den indirekten Steuern schuldet der Einkommensbezieher die Einkommensteuer. Steuerschuldner und Steuerträger sind identische Personen. Der Einkommensbezieher trägt „seine" Einkommensteuer auch wirtschaftlich, denn die Steuer belastet ihn finanziell unmittelbar. Die Einkommenbesteuerung (direkte Steuer) wird im Allgemeinen als „gerechter" als die Verbrauchsbesteuerung (indirekte Steuer, z.B. Umsatzsteuer) empfunden. Die direkten Steuern haben darum im deutschen Steuersystem ein gewisses Übergewicht.

Eine übermächtige Einkommensbesteuerung kann aber zu ökonomisch nachteiligen Folgen führen (Kapital- und Steuerflucht). Ein tragbares steuerpolitisches Konzept muss eine Ausgewogenheit beider Steuergruppen anstreben.

Sowohl direkte als auch indirekte Steuern belasten das Einkommen. Die Besteuerung nach dem Einkommen knüpft an die Einkommensentstehung an, während sich die Verbrauchsteuern auf eine bestimmte Form der Einkommensverwendung, nämlich den Konsum, beziehen. Darüber hinaus richtet sich die Einkommensteuer nach der Einkommenshöhe, die Verbrauchsteuern hängen nur von der Art und Höhe des steuerpflichtigen Verbrauchs, also niemals von der Einkommenshöhe, ab. Dennoch berücksichtigt die Umsatzsteuer als Verbrauchsabgabe auch soziale Gesichtspunkte. Dies wird deutlich bei der Bemessung des Steuersatzes von 7 v.H. anstelle des Normalsteuersatzes von 16 v.H. bei unabdingbar benötigten Lebensmitteln. Bei anderen Verbrauchsabgaben, z.B. der Mineralöl-, Tabak- und Branntweinsteuer richtet sich die Steuerbelastung grundsätzlich nach der Höhe des Verbrauchs. Die Steuerlast ist für den Steuerbürger – subjektiv betrachtet – nicht unmittelbar spürbar und nicht so belastend wie die Einkommensteuer. Verbrauchsteuern sind – abgesehen vom täglichen Grundbedarf – durch jeden einzelnen Bürger über sein persönliches Konsumverhalten beeinflussbar.

Aufgrund der konsequenten Bindung der Einkommensteuer an das persönliche Einkommen unter Würdigung der individuellen wirtschaftlichen Leistungsfähigkeit des Individuums ist die Einkommensteuer eine gerechte Steuer. Die Erhebung und Verwaltung der Einkommensteuer ist zum Teil mit erheblichem Aufwand für die Steuerpflichtigen (Steuererklärung, Belegnachweis) und mit entsprechenden staatlichen Verwaltungskosten (die letztlich zu Lasten der Bürger gehen) verbunden.

Jeder Steuerpflichtige muss für Zwecke der Einkommensbesteuerung dem Finanzamt seine persönlichen Verhältnisse offenbaren. Diese bekannt gewordenen persönlichen Daten unterliegen dem strengen Schutz des Steuergeheimnisses (§ 30 AO).

• Gemeinschaftsteuer

Das Steueraufkommen der Einkommensteuer fließt gemäß Art. 106 Abs. 3 und 5 GG dem Bund (42,5 v.H.), den Ländern (42,5 v.H.) und den Gemeinden (15 v.H.) zu.

Die Einkommensteuer wird von den Finanzämtern (Landesfinanzbehörden) im Auftrag des Bundes verwaltet (Art. 108 Abs. 1 und 2 GG). Das Gesetzgebungsrecht obliegt im Rahmen der konkurrierenden Gesetzgebung dem Bund (Art. 105 Abs. 2 i.V.m. Art. 72 Abs. 1 GG).

1.2.3   Erhebungsformen der Einkommensteuer

Der Besteuerungszeitraum der Einkommensteuer ist das Kalenderjahr, vgl. §§ 25 EStG, 56, 60 EStDV. Hiernach wird die Steuer für ein Kalenderjahr erhoben. Das Finanzamt ermittelt anhand der Steuererklärung nach Ablauf dieses Kalenderjahres das zu versteuernde Einkommen und setzt die Einkommensteuer durch Steuerbescheid (Veranlagungsverfahren) fest. Aufgrund des Veranlagungsergebnisses hat der Steuerpflichtige unter den Voraussetzungen des § 37 EStG in Höhe der voraussichtlichen Einkommensteuer Vorauszahlungen zu entrichten.

In zwei Bereichen der Einkommensteuer wird die Steuer nicht durch Veranlagung, sondern im Abzugsverfahren erhoben. Steuern, die in einem Abzugsverfahren erhoben werden, werden allgemein als Quellensteuern bezeichnet.

1.2.3.1   Lohnsteuer

Bei Arbeitnehmern wird die vom Arbeitslohn zu zahlende Einkommensteuer im Wege des Abzugs vom Bruttoarbeitslohn erhoben. Die Lohnsteuer ist lediglich eine Erhebungsform der Einkommensteuer und stellt somit keine Steuer eigener Art dar. Mit dem Steuerabzug ist das Besteuerungsverfahren des Arbeitnehmers im Allgemeinen abgeschlossen, es sei denn, dass für ihn nach Ablauf eines Kalenderjahres noch eine Veranlagung zur Einkommensteuer in Betracht kommt oder dass der Arbeitnehmer die Durchführung einer Veranlagung beantragt (Antragsveranlagung). Der Arbeitgeber ist zur Einbehaltung und Abführung der Lohnsteuer an sein Betriebstättenfinanzamt verpflichtet (§ 38 Abs. 1 und § 41 a Abs. 1 EStG); persönliche Verhältnisse werden über die im Lohnsteuerermäßigungsverfahren durch das Finanzamt auf die Lohnsteuerkarte eingetragenen Lohnsteuerfreibeträge berücksichtigt. Die Teilnahme am Lohnsteuerermäßigungsverfahren (§ 39 a EStG) ist freiwillig und wird durch den Arbeitnehmer in Gang gesetzt. Zum Steuerabzug vom Arbeitslohn durch Lohnsteuer siehe §§ 38 bis 42 f EStG. Wenn Lohnsteuer einbehalten wurde, ist eine Steuerveranlagung unter den Voraussetzungen des § 46 Abs. 2 und 2 a EStG durchzuführen. In den betroffenen Fällen ist die Lohnsteuer (wie eine geleistete Vorauszahlung) auf die Einkommensteuer anzurechnen; vgl. § 36 Abs. 2 S. 2 Nr. 2 EStG.

Die Einkommensteuer übernimmt hier die Rolle der festzusetzenden Jahressteuer. Anzurechnen ist die einbehaltene und abgeführte Lohnsteuer gemäß Lohnsteuerkarte oder -bescheinigung. Im Ergebnis ergibt sich eine Einkommensteuerabschlusszahlung oder eine Erstattung, wenn die Lohnsteuer die festzusetzende Einkommensteuer übersteigt.

1.2.3.2   Kapitalertragsteuer

Unter gesetzlich definierten Voraussetzungen behält der Schuldner von Zinsen aus Sparguthaben, Dividenden aus Aktien oder Gewinnansprüchen aus stiller Gesellschaft (§ 230 HGB) Kapitalertragsteuer (§§ 43 bis 45 d EStG) von den Kapitalerträgen ein und führt diese an das Finanzamt ab (§ 43 Abs. 1 S. 1 und § 44 Abs. 1 EStG). Schuldner der Kapitalerträge der genannten Fälle sind Banken und Sparkassen bei Zinsen aus Sparguthaben, Aktiengesellschaften bei Dividenden aus Aktien und der Kaufmann, in dessen Vermögen die Einlage des stillen Gesellschafters übergegangen ist.

Auch die Kapitalertragsteuer wird beim Empfänger der Kapitalerträge (wie eine Vorauszahlung) auf die festgesetzte Jahreseinkommensteuer angerechnet, wenn der Nachweis durch eine entsprechende Steuerbescheinigung erbracht wird; vgl. § 36 Abs. 2 S. 2 Nr. 2 EStG.

Die Lohn- und Kapitalertragsteuer sind keine selbständigen Steuern vom Einkommen. Es handelt sich lediglich um besondere Erhebungsformen der Einkommensteuer. Sie werden als Abzugs- oder Quellensteuern bezeichnet. Bei der Steuerveranlagung zur Einkommensteuer haben sie die Wirkung von Vorauszahlungen auf die festzusetzende Jahreseinkommensteuer.

Merke

1.3   Die persönliche Steuerpflicht

Die Frage nach der persönlichen Steuerpflicht wird durch § 1 EStG beantwortet: Zunächst sind die im § 1 Abs. 1 S. 1 EStG vorhandenen Begriffe zu erläutern:

*   Natürliche Personen

Alle Menschen sind nach vollendeter Geburt bis zu ihrem Tode natürliche Personen.

Der Gesetzestext selbst grenzt bereits die Steuerfähigkeit nur auf lebende Menschen ein. Auf das Geschlecht, Alter oder Staatsangehörigkeit kommt es nicht an.

Die Steuerfähigkeit ist wesensgleich mit der bürgerlich-rechtlichen Rechtsfähigkeit des § 1 BGB. Hiernach sind lebende Menschen Träger von Rechten und Pflichten, also auch Träger von steuerlichen Rechten und Pflichten.

Nicht einkommensteuerpflichtig sind Kapitalgesellschaften (z.B. Aktiengesellschaften, Gesellschaften mit beschränkter Haftung) sowie Personengesellschaften (z.B. OHG, KG, GbR). Deren Steuerpflichten richten sich für Kapitalgesellschaften nach dem Körperschaftsteuergesetz (KStG) bzw. bei Personengesellschaften nach der persönlichen Steuerpflicht der beteiligten Gesellschafter; als Gesellschafter kommen natürliche Personen in Betracht. Denkbar sind aber auch nicht natürliche Personen als Partner.

Beispiel

Walter Schwan und die Schwan und Söhne GmbH bilden die Schwan und Partner GbR. Eine natürliche Person (Walter Schwan) und eine Kapitalgesellschaft (GmbH) sind durch gesellschaftsrechtlichen Zusammenschluss (§§ 705 ff. BGB) eine Personengesellschaft (GbR).

Walter Schwan unterliegt mit seinen Einkünften aus der GbR der Einkommensteuer, weil er eine natürliche Person ist.

Die Schwan und Söhne GmbH unterliegt mit sämtlichen Einkünften der Körperschaftsteuer, weil sie keine natürliche, sondern eine juristische Person (Kapitalgesellschaft) ist.

Die Schwan und Partner GbR ist als Personengesellschaft als solche nicht steuerpflichtig. Die Besteuerung erfolgt über die Gesellschafter, im Beispiel nach dem EStG für Walter Schwan und nach dem KStG für die Schwan und Söhne GmbH. Verfahrensrechtlich werden die Besteuerungsgrundlagen gesondert und einheitlich festgestellt; vgl. §§ 179, 180 AO.

Personengesellschaften unterliegen als solche nicht der Einkommensteuer. Die Einkünfte werden anteilmäßig den Gesellschaftern zugerechnet und bei ihnen besteuert.

• Inland

Zum Inland zählt das gesamte Gebiet der Bundesrepublik Deutschland. Der der Bundesrepublik Deutschland zustehende Anteil am Festlandsockel zählt zum Inland, soweit dort Naturschätze des Meeresgrundes und des Meeresuntergrundes erforscht oder ausgebeutet werden (Erdöl, Erdgas); § 1 Abs. 1 S. 2 EStG.

- Wohnsitz

Eine Wohnsitzdefinition enthält § 8 AO: Hiernach hat jemand dort einen Wohnsitz, wo er eine Wohnung unter Umständen innehat, die darauf schließen lassen, dass er die Wohnung beibehalten und benutzen wird. Einzelheiten, insbesondere bei Mehrfachwohnsitz sowie Auslegungsfragen, was als Wohnsitz in Betracht kommen kann, enthält der Anwendungserlass zur AO 1977 (AEAO) vom 15.07.1998 (BStBl. I S. 630) zu § 8 AO, mehrfach geändert.

- Gewöhnlicher Aufenthalt

Der gewöhnliche Aufenthalt ist im § 9 AO definiert: Hiernach hat jemand dort einen gewöhnlichen Aufenthalt, wo er sich unter Umständen aufhält, die erkennen lassen, dass er an diesem Ort nicht nur vorübergehend verweilt. Auch zum § 9 AO bezieht der AEAO zu Zweifels- und Auslegungsfragen Stellung.

Sind alle Tatbestandsmerkmale des § 1 Abs. 1 S. 1 EStG erfüllt, ist ein Mensch **unbeschränkt steuerpflichtig**. Damit die Rechtsfolge eintritt, reicht bereits eines der Oder-Merkmale Wohnsitz oder gewöhnlicher Aufenthalt - neben den ansonsten genannten Tatbestandsmerkmalen – aus.

Folgen

Zusammenfassend lässt sich sagen:

Die Vorschrift des § 1 Abs. 1 S. 1 EStG regelt, **wer** als Person der Besteuerung nach dem Einkommen unterliegt, also die persönliche Steuerpflicht.

Ist eine natürliche Person unbeschränkt steuerpflichtig, ist zu klären, **was** der Besteuerung nach dem Einkommen zu unterwerfen ist, also die sachliche Steuerpflicht. Unbeschränkte Steuerpflicht bedeutet Anwendbarkeit sämtlicher Vorschriften des EStG auf eine natürliche Person.

Sie werden später noch eine weitere Form der Steuerpflicht kennen lernen. Schon an dieser Stelle lässt sich ein simpler Umkehrschluss bilden: Gibt es eine unbeschränkte Steuerpflicht mit allen Rechten und Pflichten, dann gibt es auch eine beschränkte Steuerpflicht mit einschränkendem Umfang der Besteuerung.

1.4   Die Arten der Steuerpflicht

Das Einkommensteuerrecht unterscheidet zwischen unbeschränkter und beschränkter Steuerpflicht. Natürliche Personen mit Wohnsitz oder gewöhnlichem Aufenthalt im Inland sind unbeschränkt – also mit sämtlichen Einkünften – einkommensteuerpflichtig. Natürliche Personen, die im Inland keinen Wohnsitz oder gewöhnlichen Aufenthalt haben, sind grundsätzlich nur beschränkt einkommensteuerpflichtig, d.h. nur mit bestimmten inländischen Einkünften (§ 49 EStG), z.B. aus Gewerbebetrieb oder Vermietung und Verpachtung. Eine unbeschränkt steuerpflichtige natürliche Person unterliegt mit ihrem Welteinkommen (vorbehaltlich der Doppelbesteuerungsabkommen) der inländischen Besteuerung.

1.4.1   Die unbeschränkte Steuerpflicht

Gemäß § 1 Abs. 1 S. 1 EStG ist jede natürliche Person, die im Inland einen Wohnsitz (§ 8 AO) oder einen gewöhnlichen Aufenthalt (§ 9 AO) hat, unbeschränkt steuerpflichtig.

Hat eine natürliche Person neben einem Wohnsitz im Inland noch einen oder mehrere Wohnsitze im Ausland, gilt für sie insgesamt die unbeschränkte Steuerpflicht. Dieses Phänomen taucht häufig in grenznahen Gebieten auf. Rechtlich hat dies jedoch keine Bedeutung.

Beispiele

Rigobert Umland wohnt und arbeitet in Aachen. Im grenznahen Eupen (Ostbelgien) bewohnt er zudem ein Einfamilienhaus.

Rigobert Umland ist unbeschränkt steuerpflichtig, weil er einen Wohnsitz im Inland (Aachen) unterhält.

Die wohlhabende Witwe Käthe Traugott wohnt in Heilbronn in einer Mietwohnung. In den Wintermonaten hält sie sich aus gesundheitlichen Gründen auf Lanzarote (Spanien) auf, wo sie ein eigenes Appartement besitzt.

Käthe Traugott ist mit Wohnsitz im Inland (Heilbronn) unbeschränkt steuerpflichtig.

Die unbeschränkte Steuerpflicht einer natürlichen Person beginnt mit der vollendeten Geburt und endet mit dem Tode. Die unbeschränkte Steuerpflicht kann aber auch mit dem Zuzug vom Ausland in das Inland begründet bzw. mit dem Wegzug in das Ausland beendet werden.

Osman Karabulut ist türkischer Staatsbürger mit Wohnsitz in Ankara. Am 06.04.01 reist er in die Bundesrepublik Deutschland ein. Noch am selben Tag bezieht er in Köln-Mülheim ein möbliertes Zimmer und nimmt wenige Tage später eine Arbeit in einem Automobilwerk auf. Seine Familie lebt weiterhin in Ankara. Beispiele

Osman Karabulut erfüllt sämtliche Voraussetzungen der unbeschränkten Steuerpflicht. Die unbeschränkte Steuerpflicht beginnt am 06.04.01 mit Zuzug in die Bundesrepublik Deutschland (Wohnsitznahme).

Osman Karabulut reist zwar am 06.04.01 in das Inland ein, er wohnt aber insgesamt zwei Monate in einem Hotel, weil er keine Wohnung, Zimmer, Appartement findet. Hier greift die unbeschränkte Steuerpflicht, weil er für die Dauer von zwei Monaten einen gewöhnlichen Aufenthalt (Hotel), später einen Wohnsitz (Zimmer) im Inland unterhält. Abwandlung

Sepp Waldmann wandert nach Kanada aus. Dort erfüllt er sich einen Kindheitstraum: Er wird Trapper und Fallensteller. Einkommen bezieht er weder in Deutschland noch in Kanada. Die Ausreise erfolgte am 01.07.01.

Die unbeschränkte Steuerpflicht des Sepp Waldmann endet mit dem Fortzug nach Kanada am 01.07.01, da er fortan weder einen Wohnsitz noch eine gewöhnlichen Aufenthalt im Inland unterhält.

Die weiteren Beispiele machen noch einmal deutlich, dass **alle Menschen** mit Wohnsitz oder gewöhnlichem Aufenthalt im Inland von der unbeschränkten Steuerpflicht betroffen sind.

Der in Köln lebende Student Peter Schmitz, ist ohne Vermögen und Einkommen.

Peter Schmitz ist als natürliche Person mit Wohnsitz im Inland (Köln) unbeschränkt steuerpflichtig. Auf die tatsächlichen Vermögens- und Einkommensverhältnisse kommt es bei der unbeschränkten Steuerpflicht nicht an.

Tanja Breuer ist zwölf Jahre alt und Schülerin. Sie wohnt bei ihren Eltern in Berlin. An ihrem Geburtstag richteten die wohlhabenden Eltern ein Sparbuch auf den Namen der Tochter mit 100.000,00 DM ein. Über dieses Geld darf sie mit Eintritt in die Volljährigkeit verfügen. Das Guthaben dient einschließlich der bis dahin aufgelaufenen Zinsen der Finanzierung des Lebensunterhalts für die Dauer eines späteren Studiums.

Tanja ist unbeschränkt steuerpflichtig, weil sie einen Wohnsitz im Inland hat (Berlin). Auf das Alter kommt es bei der unbeschränkten Steuerpflicht nicht an.

Gegebenenfalls tritt durch die Tanja zuzurechnenden Einkünfte aus Kapitalvermögen (§ 20 Abs. 1 Nr. 7 EStG) der persönlichen Steuerpflicht die sachliche Steuerpflicht hinzu. Rechte und Pflichten sind von den Eltern als gesetzliche Vertreter (Erziehungsberechtigte) wahrzunehmen.

Alain Pirot stammt aus Paris, Frankreich. Seit einem Jahr treibt es ihn von einer deutschen Stadt in die nächste. Seinen Lebensunterhalt bestreitet er als Straßenmusikant in Fußgängerzonen. Später will er in sein Heimatland zurückkehren.

Alain Pirot ist unbeschränkt steuerpflichtig, weil er einen gewöhnlichen Aufenthalt im Inland hat.

Hinweis

Sofern nicht die besonderen Voraussetzungen des § 9 Satz 3 AO (Besuch, Erholung, Kur oder ähnliche private Zwecke) vorliegen, wird an den inländischen Aufenthalt während eines zusammenhängenden Zeitraums von mehr als sechs Monaten die unwiderlegbare Vermutung für das Vorhandensein eines gewöhnlichen Aufenthalts geknüpft. Der Begriff „gewöhnlich" ist gleichbedeutend mit „dauernd"; vgl. AEAO zu § 9 AO Satz 2 und 3.

Der italienische Staatsbürger Antonio Gavarelli wohnt in Düsseldorf. Er ist als Kellner in einem italienischen Spezialitätenrestaurant beschäftigt. Einkommen erzielt er ausschließlich in Deutschland.

Antonio Gavarelli ist unbeschränkt steuerpflichtig, weil er im Inland (Düsseldorf) einen Wohnsitz unterhält. Auf die Staatsbürgerschaft kommt es bei der unbeschränkten Steuerpflicht nicht an. Aufgrund des Einkommens ist Antonio auch sachlich steuerpflichtig.

Der Großindustrielle Dr. Erhard von Adel mit Firmen- und Wohnsitz in Heidelberg besitzt ein Millionenvermögen.

Dr. Erhard von Adel ist als natürliche Person mit Wohnsitz im Inland (Heidelberg) unbeschränkt steuerpflichtig.

Sein Einkommen und Vermögen begründet unabhängig von der persönlichen unbeschränkten Steuerpflicht die sachliche Steuerpflicht. Aus seiner Summe der Einkünfte aus den Einkunftsarten ergibt sich durch Abzug der Sonderausgaben (z.B. Versicherungsbeiträge) und der außergewöhnlichen Belastungen (z.B. hohe Krankheitskosten) das zu versteuernde Einkommen.

Jens Uwe Müller, Beamter des Auswärtigen Amtes, ist bei der deutschen Botschaft in Amsterdam/NL beschäftigt. Er ist

a)   kinderlos verheiratet mit einer deutschen Ehefrau,

b)   verheiratet mit einer Niederländerin. Seine beiden Kinder besitzen die deutsche Staatsangehörigkeit.

Zu a)   Der deutsche Staatsbürger Jens Uwe Müller ist gemeinsam mit seiner deutschen Ehefrau unbeschränkt steuerpflichtig, weil er zu einer inländischen juristischen Person des öffentlichen Rechts in einem Dienstverhältnis steht und dafür Arbeitslohn aus einer inländischen öffentlichen Kasse bezieht, und weder einen Wohnsitz noch einen gewöhnlichen Aufenthalt im Inland hat; vgl. § 1 Abs. 2 EStG.

Zu b)   Jens Uwe Müller ist – wie im Beispielfall a – unbeschränkt steuerpflichtig.

Die unbeschränkte Steuerpflicht erstreckt sich auch auf seine beiden Kinder, weil sie zu seinem Haushalt gehörende Angehörige (§ 15 AO) mit deutscher Staatsangehörigkeit sind. Die unbeschränkte Steuerpflicht gilt nicht für die Ehefrau, die zwar Angehörige ist, aber keine deutsche Staatsbürgerschaft besitzt. Sie ist überhaupt nicht steuerpflichtig.

Gemäß § 1 Abs. 2 Satz 2 EStG ist hier Voraussetzung, dass der Wohnsitzstaat Niederlande die natürlichen Personen (Familie Müller) lediglich in einem der beschränkten Einkommensteuerpflicht ähnlichen Umfang zu einer Steuer vom Einkommen heranzieht. Zur deutschen beschränkten Einkommensteuerpflicht vgl. §§ 1 Abs. 4, 49, 50, 50 a EStG.

Die deutsche Politikerin Adelheid D. (MdB) wohnt in Berlin. Zu ihren Aufgaben gehören häufige Dienstgeschäfte beim Europäischen Parlament in Brüssel, zu denen sie vorübergehend dienstlich abgeordnet wird.

Adelheid D. ist als natürliche Person mit Wohnsitz im Inland (Berlin) unbeschränkt steuerpflichtig. Ihre vorübergehende Beschäftigung im Ausland ist für die unbeschränkte Steuerpflicht ohne Bedeutung.

Die Bestimmung des § 1 Abs. 2 EStG würde bei einer etwaigen späteren Wohnsitzverlegung nach Belgien, z.B. bei einer auf Dauer vorgesehenen Versetzung, keine Anwendung finden, weil sie als nominiertes Mitglied des Deutschen Bundestages *sonstige Einkünfte* (Abgeordnetenbezüge i.S.d. § 22 Nr. 4 EStG) und keinen Arbeitslohn (§ 2 LStDV) aus einer inländischen öffentlichen Kasse bezieht.

Bei Wegzug in das Ausland wäre Frau D. nach diesem Ereignis, vorbehaltlich inländischer Einkünfte, nicht mehr steuerpflichtig.

Gero Gerber wohnt in Enschede/NL und arbeitet in einem Kaufhaus in Ahaus/Westfalen als Abteilungsleiter.

Gero Gerber ist als natürliche Person ohne Wohnsitz und gewöhnlichen Aufenthalt im Inland grundsätzlich beschränkt steuerpflichtig i.S.d. § 1 Abs. 4 EStG. *Auf Antrag* kann er sich wie ein unbeschränkt Steuerpflichtiger behandeln lassen, da er inländische Einkünfte (Arbeitslohn § 2 LStDV) bezieht. Voraussetzung ist eine Besteuerung seines gesamten Welteinkommens zu mindestens 90 v.H. in der Bundesrepublik oder aber die nicht der deutschen Besteuerung unterliegenden Einkünfte, z.B. ein niederländisches Einkommen, betragen nicht mehr als 12.000,00 DM (24.000,00 DM bei Ehegatten). Die Voraussetzungen müssen durch eine Bescheinigung der ausländischen Steuerverwaltung nachgewiesen werden, vgl. zu diesem Thema § 1 Abs. 3 EStG. Gero Gerber zählt zum Personenkreis der so genannten Grenzpendler.

Das Einkommen (Welteinkommen) des Gero Gerber soll wie folgt lauten:

*   Deutschland, Bruttoarbeitslohn   80.000,00 DM
*   Niederlande, künstlerische Tätigkeit   20.000,00 DM
    ergibt Welteinkommen   100.000,00 DM

    Davon fallen in das deutsche
    Besteuerungsrecht   80 v.H.   80.000,00 DM
    und in das niederländische
    Besteuerungsrecht   20 v.H.   20.000,00 DM

Gero Gerber erfüllt nicht die Voraussetzungen des § 1 Abs. 3 EStG, weil sein Welteinkommen nicht mindestens zu 90 v.H. der deutschen Einkommensteuer unterliegt. Auch betragen die ausländischen Einkünfte mehr als 12.000,00 DM. Ein Antrag auf Behandlung als unbeschränkt Steuerpflichtiger geht leer. Gero Gerber ist somit beschränkt steuerpflichtig, da er im Inland weder Wohnsitz noch gewöhnlichen Aufenthalt hat und inländisches Einkommen i.S.d. § 49 Abs. 1 Nr. 4 EStG erzielt.

Hinweis

Der AEAO zu § 9 AO führt in Nr. 2 aus, dass der Tätigkeitsort im Inland (Kaufhaus) nach ständiger Rechtsprechung des BFH keinen gewöhnlichen Aufenthalt begründet.

Steuerrecht mit grenzüberschreitenden Bezügen wird im Allgemeinen als Außensteuerrecht bezeichnet und gilt als äußerst kompliziert. Die Finanzämter haben im Allgemeinen hierfür Sonderstellen eingerichtet. Auch einige Steuerberater zählen das Außensteuerrecht zu ihrem Spezialgebiet.

1.4.2 Die beschränkte Steuerpflicht

In den vorangegangenen Beispielen und Erläuterungen wurde bereits zur Abgrenzung der Steuerpflichten auf den Tatbestand der beschränkten Steuerpflicht hingewiesen.

Eine natürliche Person ist beschränkt steuerpflichtig, wenn sie im Inland weder einen Wohnsitz noch einen gewöhnlichen Aufenthalt hat, also im Ausland sesshaft ist bzw. sich zumindest dort (dauernd) aufhält.

Als weiteres Merkmal tritt die Erzielung von inländischen Einkünften hinzu. An dieser Stelle muss noch einmal darauf hingewiesen werden, dass es bei der (persönlichen) unbeschränkten Steuerpflicht keiner Erzielung von Einkünften bedarf. Werden aber Einkünfte durch eine unbeschränkt steuerpflichtige Person erzielt, spricht man von der sachlichen Steuerpflicht, die die persönliche Steuerpflicht um die Besteuerungstatbestände des EStG ergänzt.

Die beschränkte Steuerpflicht bezieht sich ausschließlich auf *inländische Einkünfte*. Die Einkünfte, die die Besteuerung im Inland nach Art der beschränkten Steuerpflicht auslösen, sind abschließend im § 49 EStG aufgezählt. Wird ein beschränkt Steuerpflichtiger zur Einkommensteuer veranlagt, unterliegt er nur mit dem inländischen Einkommen der Besteuerung. Sein gegebenenfalls hohes übriges Einkommen, das er im Ausland erzielt, bleibt unberücksichtigt (weil im Ausland besteuert).

Ein unbeschränkt Steuerpflichtiger unterliegt mit seinen überall auf der Welt erzielten Einkünften, dem Welteinkommen, der Besteuerung im Inland. Zur Vermeidung einer (ungerechten) doppelten Besteuerung hat die Bundesrepublik mit sehr vielen Staaten der Erde so genannte Doppelbesteuerungsabkommen unterzeichnet. Solche Abkommen sind bilaterale Absprachen darüber, in welchem Staat das Besteuerungsrecht einer Einkunftsquelle fällt. Besteht zwischen einem Land oder Gebiet kein Doppelbesteuerungsabkommen, wie z.B. zwischen dem Niedrigsteuerland Monaco und Deutschland, fällt auch dort erzieltes Einkommen dem Besteuerungsrecht des deutschen Staates zu. Im Anhang 12 der amtlichen Einkommensteuer-Handausgabe befindet sich ein Verzeichnis aller Länder, die mit der Bundesrepublik Deutschland ein Abkommen zur Vermeidung einer doppelten Besteuerung unterzeichnet haben.

Auch beim Personenkreis der beschränkt Steuerpflichtigen wird eine Doppelbesteuerung von Einkünften durch Regelungen in Abkommen überwiegend ausgeschlossen.

1.4.3   Erlöschen und Wechsel einer Steuerpflicht

Fällt die inländische Einkommensquelle eines beschränkt Steuerpflichtigen weg, erlischt dessen Steuerpflicht. Die Art der Steuerpflicht kann
durch Wegzug in das Ausland von der unbeschränkten zur beschränkten
wechseln, sofern ihm inländische Einkünfte verbleiben. Durch Zuzug
vom Ausland wird ein beschränkt Steuerpflichtiger bzw. ein bisher nicht
Steuerpflichtiger unbeschränkt steuerpflichtig. Zieht ein Steuerbürger aus
dem Inland fort, ohne dass ihm weitere inländische Einkünfte verbleiben,
erlischt dessen gesamte (deutsche) Steuerpflicht, wie beim Tode eines
Menschen.

Beispiel

Fortzug in das Ausland (unter weiterer Erzielung von inländischen Einkünften):

Franz Rohleder ist Eigentümer eines vermieteten Mehrfamilienhauses in
Ulm. Am 01.08.01 verlegt er seinen Wohnsitz nach Klagenfurt (Österreich). Nur noch gelegentlich sieht er in Ulm nach dem Rechten.

Franz Rohleder ist bis zum 31.07.01 unbeschränkt und ab dem 01.08.01
beschränkt steuerpflichtig, da er weiterhin inländische Einkünfte i.S.d. §
49 Abs. 1 Nr. 6 i.V.m. § 21 EStG erzielt.

Abwandlung

Franz Rohleder veräußert das Grundstück mit Wirkung vom 01.06.01 und
zieht am 01.08.01 nach Österreich.

Franz Rohleder ist bis zum 31.07.01 unbeschränkt steuerpflichtig. Mit
Wegzug am 01.08.01 erlischt seine Steuerpflicht. Mangels inländischer
Einkünfte ist er auch nicht beschränkt steuerpflichtig.

Hinweis

Zum Thema Wegzugbesteuerung hat der Gesetzgeber zur Vermeidung
von u.U. hohen Steuerausfällen das Außensteuergesetz (AStG) geschaffen. Hiernach genießt der deutsche Staat das Besteuerungsrecht für weitere zehn Jahre nach dem Wegzug (z.B. in ein Niedrigsteuerland). Dies gilt
aber nur für Personen, die im Inland weiterhin wesentliche Interessen
unterhalten.

Beispiel

Alois Hinter-Zieher erwirbt am 02.01.01 eine Zero-Bond (abgezinste
Kapitalanlage) mit einer Laufzeit von fünf Jahren zum Preis von 1 Milli-
on DM. Die Ausgabe erfolgt bei einer jährlichen Verzinsung von 6 v.H.
am 02.01.06 zum Wert von 1.338.225,00 DM. Die Differenz in Höhe von
338.225,00 DM ist der nach § 20 Abs. 1 Nr. 7 EStG bei Zufluss im Veranlagungszeitraum 06 zu versteuernder Kapitalertrag. In den Jahren 01 bis
05 ist mangels Zufluss keine Einnahme zu versteuern.

Um die Steuerpflicht der Erträge im Inland zu umgehen, wird Alois Hinter-Zieher vor Fälligkeit seiner Kapitalanlage seinen Wohnsitz verlegen. Im Auge hat er den Ortswechsel in eine „Steueroase", um von dort aus steuerfrei abzukassieren. Zum Beispiel erhebt Monaco von seinen Einwohnern keine Einkommensteuer.

Hat der Anleger im Jahr der Fälligkeit keinen Wohnsitz in der Bundesrepublik und beträgt seine Aufenthaltsdauer im Inland weniger als sechs Monate, unterliegt er grundsätzlich nicht der bundesdeutschen Einkommensteuerpflicht. Bei Zero-Bonds, die von inländischen Schuldnern herausgegeben werden, muss der Wegzug mindestens zehn Jahre vor Fälligkeit der Erträge erfolgen, vgl. § 2 AStG.

Weisen Sie auf die Bestimmungen des Außensteuergesetzes hin, sofern sich in Ihrer Steuerberatungspraxis Mandanten mit Wegzugsabsicht befinden.

Praxis Hinweis

Persönliche Steuerpflicht:

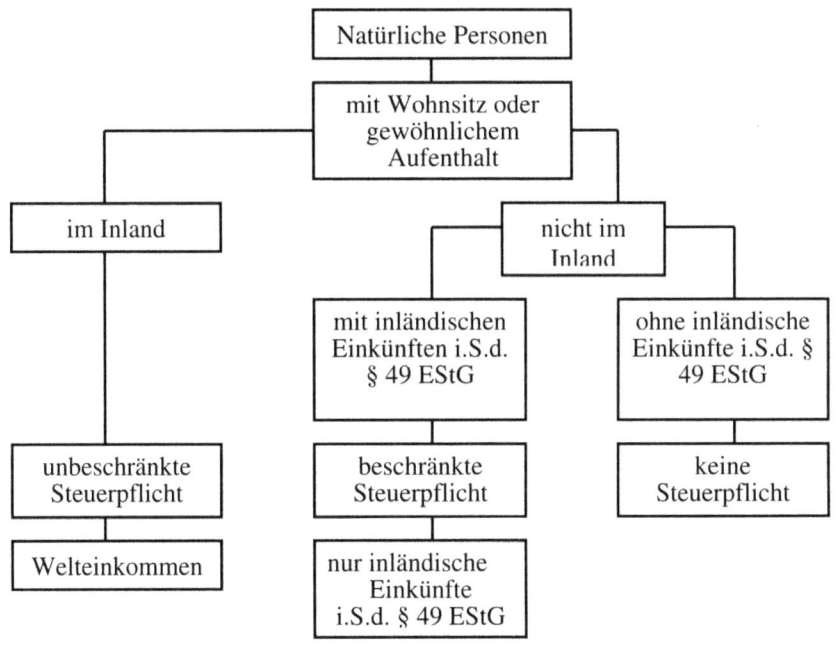

Fälle, die durch Wegzug in niedrig besteuerte Gebiete für zehn weitere Jahre der inländischen Besteuerung nach dem AStG unterliegen, sind Fälle der *erweiterten beschränkten Einkommensteuerpflicht*.

Sonderfall

Die Einkommensteuer ist eine Jahressteuer:

Nach § 2 Abs. 7 EStG ist die Einkommensteuer eine Jahressteuer. Die Grundlagen für ihre Festsetzung sind jeweils für ein Kalenderjahr zu ermitteln. Besteht während eines Kalenderjahres sowohl unbeschränkte als auch beschränkte Steuerpflicht, so sind die während der beschränkten Steuerpflicht erzielten inländischen Einkünfte in *eine* Veranlagung zur unbeschränkten Steuerpflicht einzubeziehen.

Die Vorschrift des § 2 Abs. 7 EStG hat ganz erhebliche Bedeutung in allen Fällen des Zuzuges einer natürlichen Person vom Ausland in das Inland aber auch im Umkehrfall des Wegzuges vom Inland in das Ausland.

Die bei einem Wechsel der Steuerpflicht vorgeschriebene Einkommensteuererklärung ist eine gemeinsame, also zusammenfassende Jahressteuererklärung (01.01. bis 31.12.), die:

- sämtliche inländischen Einkünfte ohnehin erfasst, und zwar unabhängig davon, ob Einkünfte oder Teile davon vor- bzw. nachher der unbeschränkten oder der beschränkten Steuerpflicht unterlegen haben. Der Umzug grenzüberschreitender Art unterliegt insgesamt der unbeschränkten Steuerpflicht; vgl. § 2 Abs. 7 S. 3 EStG.
- aufgrund des Welteinkommensprinzips auch die ausländischen Einkünfte nach dem Stand der DBA erfasst und diese i.d.R. dem Progressionsvorbehalt i.S.d. § 32 b Abs. 1 Nr. 2 EStG unterwirft.

Weitere Beispiele der beschränkten Steuerpflicht:

Ramona Fernweh unterhält einen *Dauerwohnsitz* in Alicante (Spanien). Ihren Lebensunterhalt bestreitet sie aus einem Mitunternehmeranteil (§ 15 Abs. 1 S. 1 Nr. 2 EStG) an der Fernweh und Reiselust KG mit Sitz in Hamburg. Den Gewinnanteil überweist die KG jährlich auf ein Konto in Spanien.

Ramona Fernweh ist beschränkt steuerpflichtig i.S.d. § 1 Abs. 4 EStG, da sie weder Wohnsitz noch gewöhnlichen Aufenthalt im Inland unterhält, aber inländische Einkünfte i.S.d. § 49 Abs. 1 Nr. 2 a EStG erzielt. Die Überweisung des Gewinnanteils einmal jährlich ist steuerlich unbeachtlich, selbst wenn der Geldbetrag in das Ausland (Wohnsitzstaat) fließt.

Udo Boller lebt und wohnt in den USA. Dort ist er Teilhaber einer großen Anwaltssozietät mit internationalem Ruf. Bei einer Bank mit Sitz im Inland unterhält er ein Wertpapierdepot. Hieraus erzielt Udo Boller jährliche Zinseinnahmen (§ 20 Abs. 1 Nr. 7 EStG) in Höhe von 20.000,00 DM.

Auch auf Udo Boller treffen grundsätzlich die Tatbestandsmerkmale der beschränkten Steuerpflicht nach § 1 Abs. 4 EStG zu, denn mit den Zinsen erzielt er inländisches Einkommen.

Durch § 49 Abs. 1 Nr. 5 c EStG verzichtet der Gesetzgeber ausdrücklich (bis auf die dort genannten Ausnahmen) auf das deutsche Besteuerungsrecht. Udo Boller muss dieses Einkommen nach dem Welteinkommensprinzip im Wohnsitzstaat USA neben allen übrigen Einkünften (Teilhaber) versteuern. Gegebenenfalls kommt es bei der US-Besteuerung zur Vermeidung einer doppelten Belastung mit US-Steuer und der deutschen Zinsabschlagsteuer zu einer Anrechnung dieser deutschen Quellensteuer. Das Einkommen aus der Beteiligung an der US-Anwaltsozietät ist für die beschränkte Steuerpflicht (Deutschland) uninteressant.

1.5 Die sachliche Steuerpflicht

Die bisherigen Ausführungen haben gezeigt, ob eine natürliche Person anhand persönlicher Merkmale wie Wohnsitz oder gewöhnlichen Aufenthalt zur Einkommensteuer heranzuziehen ist. Dabei wurde festgestellt, dass ausnahmslos

- *alle* lebenden Menschen,
  die einen Wohnsitz oder
  einen gewöhnlichen Aufenthalt
  im Inland haben,
  persönlich steuerpflichtig sind.

Nach der zutreffenden Klärung dieser Sachfrage durch Prüfung der Tatbestandsmerkmale des § 1 Abs. 1 Satz 1 EStG ist anschließend die Frage zu stellen, womit bzw. mit welchem Einkommen eine natürliche Person steuerpflichtig ist. Der bejahenden Feststellung der persönlichen Steuerpflicht folgt also die *Ermittlung des zu versteuernden Einkommens*. Hat eine natürliche Person in einem Veranlagungszeitraum ein Einkommen erzielt, wird von sachlicher Steuerpflicht gesprochen. Das zu versteuernde Einkommen bildet die Bemessungsgrundlage für die tarifliche Einkommensteuer des betreffenden Jahres; vgl. § 2 Abs. 5 i.V.m. § 2 Abs. 7 S. 2 EStG.

1.5.1 Die Ermittlung des zu versteuernden Einkommens

Nachfolgende Ausführungen behandeln nur noch die unbeschränkte Steuerpflicht. Das zu versteuernde Einkommen eines beschränkt Steuerpflichtigen wird abweichend ermittelt. Insoweit wird lediglich auf die Vorschrift des § 50 EStG verwiesen.

Die Bestimmung des § 2 EStG enthält die sachlichen Voraussetzungen für die Besteuerung nach dem Einkommen. Der § 2 EStG regelt ebenso den Berechnungsweg zur Ermittlung des zu versteuernden Einkommens. Diesen Berechnungsweg dürfen Sie niemals verlassen, er ist streng vorgezeichnet. Die folgende Darstellung dient als vereinfachtes Schema; ein genaues Bild zeigt R 3 EStR zu § 2 EStG.

1.5.2 Schema zur Ermittlung des zu versteuernden Einkommens

- Gewinneinkünfte § 2 Abs. 1 S.1 Nr. 1 bis 3 EStG
  Einkünfte aus Land- und Forstwirtschaft (§ 13 EStG)
  Einkünfte aus Gewerbebetrieb (§ 15 EStG)
  Einkünfte aus selbständiger Arbeit (§ 18 EStG)
- Überschusseinkünfte § 2 Abs. 1S. 1 Nr. 4 bis 7 EStG
  Einkünfte aus nichtselbständiger Arbeit (§ 19 EStG)
  Einkünfte aus Kapitalvermögen (§ 20 EStG)
  Einkünfte aus Vermietung und Verpachtung (§ 21 EStG)
  Sonstige Einkünfte (§ 22 EStG)
- Summe der Einkünfte
  ./. Altersentlastungsbetrag (§ 24 a EStG)
  ./. Freibetrag für Land- und Forstwirte (§ 13 Abs. 3 EStG)
- Gesamtbetrag der Einkünfte (§ 2 Abs. 3 S. 1 EStG)
  ./. Verlustabzug § 10 d EStG n.F.
  ./. Sonderausgaben (§§ 10 bis 10 c EStG)
  ./. außergewöhnliche Belastungen (§§ 33 bis 33 c EStG)
  ./. Steuerbegünstigung der zu eigenen Wohnzwecken genutzten
      Wohnung im eigenen Haus (§§10 e bis 10 i EStG)
  ./. Verlustabzug (§ 10 d EStG a.F.)
- Einkommen (§ 2 Abs. 4 EStG):
  ./. Kinderfreibetrag (§§ 31, 32 Abs. 6 EStG)
  ./. Haushaltsfreibetrag (§ 32 Abs. 7 EStG)
  ./. Härteausgleichsbetrag (§§ 46 Abs. 3, 70 EStDV).

Zu versteuerndes Einkommen (§ 2 Abs. 5 EStG).

1.5.3 Die Einkunftsarten des EStG (Vorstellung)

Das Einkommensteuergesetz kennt und unterscheidet insgesamt sieben Einkunftsarten. Der § 2 Abs. 1 EStG zählt die der Einkommensteuerpflicht unterliegenden Einkunftsarten abschließend auf. Die sachliche Steuerpflicht entsteht, wenn eine natürliche Person auch nur eine der genannten sieben Einkunftsarten erzielt. Selbstverständlich kann ein Steuerpflichtiger auch mehrere oder gar sämtliche Einkünfte nebeneinander beziehen.

1.5.4 Die Begriffsbestimmungen Einnahmen und Einkünfte

Vom Begriff der Einnahmen ist der Begriff der Einkünfte streng zu unterscheiden. Unter dem Begriff der Einkünfte wird der *Reinertrag* einer jeweiligen Einkunftsart verstanden. Dies ist der Unterschiedsbetrag zwischen den Einnahmen und den maßgeblichen Abzugsbeträgen.

Das EStG besteuert die Einkünfte, nicht die Einnahmen. Diese Begriffe dürfen daher niemals miteinander verwechselt werden.

1.5.5 Die Einteilung der Einkunftsarten

Sämtliche (sieben) Einkunftsarten werden in zwei Gruppen unterteilt, nämlich in:

Gewinneinkünfte und Überschusseinkünfte.

Gewinneinkünfte sind die Einkunftsarten des § 2 Abs. 1 S.1 Nr. 1 bis 3 EStG, nämlich:

- Land- und Forstwirtschaft (§ 13),
  Gewerbebetrieb (§ 15) und
  selbständige Arbeit (§ 18).

Wenn bei den Gewinneinkunftsarten sich die Einkünfte als Unterschied zwischen den Einnahmen und den maßgeblichen Abzugsbeträgen ergeben, dann lässt sich dies schematisch wie folgt darstellen:

(Betriebs-)einnahmen
./. (Betriebs-)ausgaben → Gewinneinkunftsarten,
Gewinn bzw. Verlust. § 2 Abs. 2 Nr. 1 EStG.

Dieser Gewinn bzw. Verlust stellt die Einkünfte der Einkunftsarten des § 2 Abs. 1 S. 1 Nr. 1 bis 3 EStG dar.

Auch bei Überschusseinkunftsarten ergeben sich die Einkünfte als Unterschied zwischen den Einnahmen und den maßgeblichen Abzugsbeträgen. Bitte achten Sie auf die veränderten Begriffe. Schematische Darstellung:

    Einnahmen
./. Werbungskosten   →   Überschusseinkunftsarten,
    Überschuss bzw. Verlust.   § 2 Abs. 2 Nr. 2 EStG.

Dieser Überschuss bzw. Verlust stellt die Einkünfte der Einkunftsarten des § 2 Abs. 1 S. 1 Nr. 4 bis 7 EStG dar.

Alle Einkünfte können entweder positiv sein, wenn die Einnahmen die Abzugsbeträge übersteigen, oder aber negativ, wenn die Abzugsbeträge höher sind als die Einnahmen. Der Abzug von Verlusten ist nur dann zulässig, wenn der Steuerpflichtige eine Einnahmeerzielungsabsicht hegt und langfristig (über mehrere Jahre) mit einem so genannten Totalgewinn zu rechnen ist. Durch den Abzug der Verluste von den übrigen (positiven) Einkünften wird in Höhe dieser Verluste das Einkommen steuerfrei gestellt. Hat das Finanzamt einen Verlust nicht anerkannt, wird von so genannter „Liebhaberei" gesprochen. Hier liegt der Verdacht nahe, dass eine verlustträchtige Betätigung, z.B. eine Fischzucht, ausschließlich zum Zwecke der Steuerersparung ausgeübt wird.

Aus der Summe der Reinerträge aller Einkunftsquellen einer Einkunftsart ergeben sich die Einkünfte. Bei einigen Einkunftsarten ist die Summe der Einnahmen aller in ihr vorhandenen Einkunftsquellen mit den dazugehörigen Abzugsbeträgen zu verrechnen (z.B. § 20 EStG). Andere Einkunftsarten (z.B. § 21 EStG) verlangen die gesonderte Ermittlung des Reinertrags jeder einzelnen Einkunftsquelle innerhalb dieser Einkunftsart.

Beispiele

Ermittlung der Summe der Einnahmen innerhalb derselben Einkunftsart:

Rupert Knauserig bezieht nebeneinander verschiedene Einnahmen aus Kapitalvermögen (§ 20 EStG). Bei den Einkünften aus Kapitalvermögen werden die Einnahmen sämtlicher Geldanlageformen (Sparbücher, Wertpapiere, Fondsanteile usw.) zusammengerechnet und um die entsprechenden Abzugsbeträge (Werbungskosten) gekürzt. In Betracht kommen z.B. Depotgebühren, Aufwendungen für Fachliteratur und Fahrten zu Aktionärsversammlungen usw. Die Differenz ist die Höhe der Einkünfte.

Gesonderte Ermittlung des Reinertrags innerhalb derselben Einkunftsart:

Gerda Wucher ist Eigentümerin mehrerer Mietwohnhäuser und erzielt somit Einkünfte aus Vermietung und Verpachtung i.S.d. § 21 Abs. 1 S. 1 Nr. 1 EStG.

Zunächst muss der Reinertrag (Einkünfte) jeder einzelnen Einkunftsquelle, also pro Mietwohnhaus, für sich ermittelt werden. Dann erst ergibt die Summe der Reinerträge aller Objekte die Einkünfte aus Vermietung und Verpachtung.

1.5.6 Weitere Berechnungsschritte zur Ermittlung des zu versteuernden Einkommens

Nachdem die Einkünfte durch Minderung der Einnahmen um die Abzugsbeträge ermittelt worden sind, werden diese in vorgeschriebener Reihenfolge durch Addition der positiven Einkünfte zur

Summe der Einkünfte zusammengefasst (§ 2 Abs. 3 EStG).

Negative Einkünfte dürfen unter den einschränkenden Maßnahmen des § 2 Abs. 3 EStG mit positiven Einkünften verrechnet werden; dieser Vorgang wird als so genannter **Verlustausgleich** bezeichnet.

Wird von der Summe der Einkünfte der Altersentlastungsbetrag (§ 24 a EStG) und der Freibetrag für Land- und Forstwirte (§ 13 Abs. 3 EStG) abgezogen, ergibt sich der

Gesamtbetrag der Einkünfte (§ 2 Abs. 3 S. 1 EStG).

Freilich gilt dies nur, wenn der Steuerpflichtige die Tatbestandsmerkmale der jeweiligen Vorschriften erfüllt. Ansonsten hat der Abzug zu unterbleiben.

Das Einkommen (§ 2 Abs. 4 EStG) ergibt sich durch Abzug des Verlustabzugs nach § 10 d EStG i.d.F. des Steuerentlastungsgesetzes 1999/2000/2002 vom 24.03.1999 (BGBL. I S. 402), der Sonderausgaben (§ 10 bis § 10 c EStG), der außergewöhnlichen Belastungen (§ 33 bis § 33 c EStG), der Steuerbegünstigung der selbstgenutzten Wohnung (§ 10 e bis § 10 i EStG) sowie des Verlustabzugs nach § 10 d EStG i.d.F. vom 16.04.1997 (BGBL. S. 821). Hinweis auf § 52 Abs. 25 Satz 1 EStG.

Der Verlustabzug nach § 10 d EStG stammt aus einem früheren oder späteren Veranlagungszeitraum und ist nicht mit dem Verlustausgleich bei der Ermittlung der Summe der Einkünfte zu verwechseln. Auch hier gilt ein Abzug nur dann, wenn der Steuerpflichtige einen Anspruch auf die jeweilige Steuerermäßigung hat.

Das zu versteuernde Einkommen (§ 2 Abs. 5 EStG) ist die gesuchte Größe, die als Bemessungsgrundlage für die tarifliche Einkommensteuer des betreffenden Jahres in Betracht kommt; vgl. § 2 Abs. 5 i.V.m. § 2 Abs. 7 S. 2 EStG.

Das zu versteuernde Einkommen geht aus dem Einkommen (§ 2 Abs. 4 EStG) durch Abzug des Kinderfreibetrages, der Kinderfreibeträge i.S.d. §§ 31, 32 Abs. 6 EStG, des Haushaltsfreibetrages i.S.d. § 32 Abs. 7 EStG sowie des Härteausgleichsbetrages i.S.d. § 46 Abs. 3 (§ 70 EStDV) hervor.

Wie immer gilt die Regel: Der Steuerpflichtige muss Anspruch auf die genannten Steuerermäßigungen haben; ansonsten verkürzt sich die Berechnung des zu versteuernden Einkommens um jeden Posten der Rechnung, auf den er kein Anrecht hat (weil er die Tatbestandsmerkmale der jeweiligen Bestimmung nicht oder nicht vollständig erfüllt).

1.6   Die einzelnen Einkunftsarten des EStG

Die Bestimmung des § 2 Abs. 1 EStG zählt insgesamt sieben Einkunftsarten in abschließender Form auf, die – jede für sich betrachtet – die sachliche Einkommensteuerpflicht einer natürlichen Person auslöst. Zur Vertiefung und Festigung Ihrer Kenntnisse werden diese noch einmal aufgezählt:

- Einkünfte aus Land- und Forstwirtschaft (§ 13 EStG)
- Einkünfte aus Gewerbebetrieb (§ 15 EStG)
- Einkünfte aus selbständiger Arbeit (§ 18 EStG)
- Einkünfte aus nichtselbständiger Arbeit (§ 19 EStG)
- Einkünfte aus Kapitalvermögen (§ 20 EStG)
- Einkünfte aus Vermietung und Verpachtung (§ 21 EStG)
- Sonstige Einkünfte (§ 22 EStG)

Die Zuordnung verschiedener Einkunftsquellen in die zutreffende Einkunftsart richtet sich nach den Tatbestandsmerkmalen des §§ 13 bis 24 EStG, vgl. § 2 Abs. 1 S. 2 EStG. Von der Einordnung einer Einkunftsquelle in die rechtlich korrekte Einkunftsart hängen eine Reihe Faktoren ab. Bei bestimmten Sachverhalten können Abgrenzungsschwierigkeiten auftreten:

Beispielsweise kann die Frage strittig sein, ob ein Betrieb land- und forstwirtschaftlicher oder gewerblicher Natur ist, vgl. R 135 EStR. Fraglich ist manchmal auch, ob eine selbständige Tätigkeit gewerblich oder freiberuflich ausgeübt wird, vgl. H 136 EStR. R 134 EStR und H 67 LStR behandeln Abgrenzungsfragen zur Selbständigkeit oder Nichtselbständigkeit einer Tätigkeit. Schließlich bezieht R 137 EStR Stellung dazu, ob ein Gewerbebetrieb oder eine Vermögensverwaltung gegeben ist.

Die Klärung aller Fragen, die der Zuordnung in die richtige Einkunftsart zum Zweck hat, ist schon deshalb wichtig, damit der Steuerpflichtige weiß, wie er den Gewinn bzw. den Überschuss seiner Einkünfte zu ermitteln hat. Hinzu kommt, dass eine unzutreffende Einordnung von Einnahmen in die Einkunftsart Gewerbebetrieb (§ 15 EStG) ab einer bestimmten Größenordnung Gewerbesteuer auslöst.

Ein Rechtsanwalt erzielt als Freiberufler Einkünfte aus selbständiger Arbeit i.S.d. § 18 Abs. 1 Nr. 1 EStG. Ab einer Gewinnhöhe von 48.000,00 DM würde die sachliche Gewerbesteuerpflicht ausgelöst, falls der Anwalt (unzutreffend) seine Einkünfte als gewerbliche Einkünfte i.S.d. § 15 Abs. 1 S. 1 Nr. 1 EStG behandelt.

Beispiel

Ausnahmsweise können auch gewerbliche Einkünfte bei einer freiberuflichen Rechtsanwaltstätigkeit gegeben sein.

Hinweis

Rechtsanwalt Miesepampel verstirbt an den Folgen eines Verkehrsunfalls. Sein Sohn, der nicht im Besitz der Hochschulqualifikation ist, erbt die Praxis. Diese wird fortan von einem angestellten Rechtsanwalt weitergeführt. Der Sohn erzielt gewerbliche Einkünfte, weil er nicht leitend und eigenverantwortlich als Inhaber einer Rechtsanwaltspraxis tätig werden darf.

Beispiel

Der Vater erzielte bis zu seinem Tode Einkünfte aus selbständiger Arbeit, (§ 18 Abs. 1 Nr. 1 EStG). Der beim Rechtsnachfolger (=Sohn) angestellte Rechtsanwalt erhält für seine Tätigkeit Einkünfte aus nichtselbstständiger Arbeit (§ 19 Abs. 1 S. 1 Nr. 1 EStG), da er als Arbeitnehmer in einem Dienstverhältnis steht (§ 1 LStDV), hierfür Arbeitslohn erhält (§ 2 LStDV) und gegenüber dem Arbeitgeber zur Befolgung von Weisungen (=Weisungsgebundenheit) verpflichtet ist.

Der Sohn unterliegt mit seinen Einkünften aus Gewerbebetrieb der Gewerbesteuer.

Die sieben Einkunftsarten gliedern sich in Gewinn- und Überschusseinkunftsarten.

Bei den Einkünften aus Land- und Forstwirtschaft, Gewerbebetrieb und selbständiger Arbeit, also den Gewinneinkunftsarten, sind die gesamten im Rahmen der jeweiligen Tätigkeit anfallenden Betriebseinnahmen zu erfassen. Bei den übrigen Überschusseinkunftsarten bestimmt das EStG, welche Einnahmen angesetzt werden müssen, beispielsweise braucht der Arbeitnehmer aufgrund der Steuerfreiheit von Zuschlägen für Sonntags-, Freitags- oder Nachtarbeit (§ 3 b EStG) hierüber keine Angaben zu machen. Weiterhin gibt es bei manchen Überschusseinkunftsarten noch bestimmte Frei- und Pauschbeträge, die die Höhe der Einkünfte beeinflussen.

Beispiele

Der selbständige Bäckermeister Mehlkopf hat für das Kalenderjahr 01 einen (vorläufigen) Gewinn aus Gewerbebetrieb von 50.000,00 DM ermittelt. Seinem steuerlichen Berater erzählt er während eines „Bilanzgespräches", dass er einen PC des Anlagevermögens, der noch einen Restbuchwert von 500,00 DM hatte, an einen Laien für 1.000,00 DM verkaufen konnte. Der Steuerberater offenbart seinem Mandanten, dass der Gewinn um 500,00 DM erhöht werden muss. Der Verkaufserlös des PC gehört zu den Betriebseinnahmen.

Buchung:	Kasse 1.000,00 DM	an WG (PC)	500
		an s.b. Erträge	500

Bei den Gewinneinkunftsarten sind *alle* betrieblich verursachten Erträge zu erfassen.

Elke Zapp ist Arbeitnehmerin. Gelegentlich schafft sie Arbeitsmittel zur Ausübung ihrer beruflichen Tätigkeit an, die aber vom Arbeitgeber großzügig erstattet werden. Der Bruttoarbeitslohn für ein volles Kalenderjahr beträgt 86.000,00 DM. Der Erwerb der Arbeitsmittel wird nach § 19 Abs. 1 EStG nicht erfasst, weil die Vorschrift den Umfang der Einnahmen, das ist nur der Bruttoarbeitslohn i.S.d. § 2 LStDV, bestimmt. Die Einnahmen sind um den Arbeitnehmerpauschbetrag nach § 9 a S. 1 Nr. 1 EStG in Höhe von 2.000,00 DM zu kürzen, weil keine höheren Werbungskosten nachgewiesen werden. Als Differenz ergeben sich die Einkünfte:

Einnahmen (Bruttoarbeitslohn)	86.000,00 DM
./. Arbeitnehmerpauschbetrag	2.000,00 DM
Einkünfte i.S.d. § 19 EStG	84.000,00 DM

Die beiden Beispiele möchten Ihnen klarmachen, wie wichtig die richtige Zuordnung von Einnahmen ist. Einzelheiten werden Sie zu jeder Einkunftsart in den späteren sachbezogenen Kapiteln erlernen.

1.7   Tatbestände, die das EStG nicht besteuert

Ebenso wichtig, wie die rechtliche Einordnung von Einnahmen ist die Erkenntnis darüber, welche Vorgänge das EStG unbesteuert lässt. Hier lässt der Gesetzgeber nur einige wenige Fälle zu. Hierunter fallen z.B. Vermögensmehrungen wie: Erbschaften, Schenkungen und Lotteriegewinne. Erwähnt werden muss aber, dass das Erbschaftsteuer- bzw. Schenkungsteuergesetz die so genannte Bereicherung von Todes wegen bzw. unter Lebenden erfasst.

Grundsätzlich werden Erbschaften, Schenkungen und Lotteriegewinne nicht von der Einkommensteuer erfasst. Anders verhält es sich mit Erträgen, die aus den genannten Vermögensmehrungen erwachsen: Solche Erträge fallen – im Regelfall – unter eine der sieben Einkunftsarten des § 2 Abs. 1 EStG.

Merke

Hans Glück landet einen Volltreffer im Lotto. Aus der Vermögensmehrung des Lottogewinns fällt weder Einkommen- noch Schenkungsteuer an.

Beispiel

Hans Glück legt den Gewinn in Wertpapieren und Aktien („2/3 fest, 1/3 Risiko") an. Die **Erträge** (Zinsen, Dividenden) gehören der Einkunftsart Kapitalvermögen (§ 20 EStG) an und lösen die sachliche Steuerpflicht aus.

Er erwirbt ein Mehrfamilienhaus mit zwölf Mietparteien (Alterssicherung „Immobilie"). Die Mieteinnahmen gehören zur Einkunftsart Vermietung und Verpachtung (§ 21 EStG). Der Wertzuwachs einer Immobilie wird vom EStG nicht erfasst.

Hans Glück erwirbt das Mehrfamilienhaus mit Übergang von Nutzen und Lasten zum 01.01.01. Bereits zum 01.03.04 veräußert er es wieder, weil er nach Australien auswandern möchte. Insgesamt erzielt Glück nach Abzug der Veräußerungskosten einen Veräußerungsgewinn von 70.000,00 DM (§ 22 EStG).

Abwandlung

Die 70.000,00 DM sind voll steuerpflichtig. Hans Glück hat die Spekulationsfrist von zehn Jahren nicht beachtet; vgl. § 23 Abs. 1 S. 1 Nr. 1 i.V.m. § 22 Nr. 2 EStG.

Frist verstreichen lassen und dann erst veräußern; zur Fristberechnung siehe §§ 187, 199 BGB.

Hinweis

Hans Glück gründet mit dem Lotteriegewinn eine Unternehmensberatung. Er erzielt damit Einkünfte aus Gewerbebetrieb (§ 15 EStG).

Glück gründet zwar seine Unternehmensberatung, nimmt aber sofort seinen Studienkameraden Udo Frohnatur als Partner auf.

Abwandlung

Es entsteht eine Gesellschaft bürgerlichen Rechts (§§ 705 ff. BGB). Obwohl die GbR Einkünfte aus Gewerbebetrieb (§ 15 Abs. 1 S. 1 Nr. 2 EStG) erzielt, ist sie als solche nicht einkommensteuerpflichtig. Persönlich und sachlich einkommensteuerpflichtig sind die Gesellschafter-Mitunternehmer Hans Glück und Udo Frohnatur, und zwar mit ihren beiden Beteiligungseinkünften aus der GbR.

1.7.1   Die Veräußerung von Wirtschaftsgütern

Wirtschaftsgüter des Privatvermögens werden im Falle ihrer Veräußerung grundsätzlich nicht von der Besteuerung nach dem Einkommen angetastet. Dies verhält sich bei Wirtschaftsgütern des Betriebsvermögens, also innerhalb der Gewinneinkunftsarten des § 2 Abs. 1 S. 1 Nr. 1 bis 3 EStG, völlig anders. Bei Veräußerungen aus dem Privatvermögen sind zwei Besonderheiten beachtlich:

Der Steuerpflichtige veräußert ein entgeltlich erworbenes Wirtschaftsgut mit Gewinn (aber nach Abzug seiner Aufwandsposten) innerhalb der einjährigen Spekulationsfrist i.S.d. § 23 Abs. 1 S. 1 Nr. 2 i.V.m. § 22 Nr. 2 EStG

Beispiel

Gottwald sammelt und restauriert Oldtimer. Am 15.08.01 erwirbt er zum Preise von 60.000,00 DM einen voll restaurierten Borgward-Isabella, Baujahr 1962. Auf Betteln und Flehen seines Skatbruders Ottokar, dem bei diesem Modell „sein erstes Mal" in den Sinn kam, überließ Gottwald ihm das Prachtstück für 80.000,00 DM bereits nach einer Woche Bedenkzeit. Gottwald hat sonstige Einkünfte (§ 22 EStG) von 20.000,00 DM zu versteuern.

Abwandlung

Gottwald betreibt einen Autohandel mit Oldtimern. Er erzielt hierdurch Einkünfte aus Gewerbebetrieb (§ 15 EStG). Zu den Tatbestandsmerkmalen der Gewerblichkeit vgl. H 134 bis H 134 c EStR.

Grundsätzlich unbesteuert bleibt also der Verkauf von Wirtschaftsgütern, soweit diese nicht zum Betriebsvermögen des Steuerpflichtigen gehören. Die Zugehörigkeit zum Betriebsvermögen richtet sich nach seiner Nutzung im Rahmen einer Gewinneinkunftsart.

Beispiel

Thomas Denk erbt von seinem Vater ein Aktienpaket, das zu seinem Privatvermögen gerechnet wird. Denk erzielt Einnahmen in Form von Dividendenerträgen (§ 20 Abs. 1 Nr. 1 EStG). Nach einigen Jahren verkauft er diese Wertpapiere.

Der Erbvorgang wird einkommensteuerlich nicht besteuert, da er unter keine der sieben Einkunftsarten fällt.

Die Veräußerung der Wertpapiere unterliegt ebenfalls nicht der Einkommensteuer, da das Aktienpaket zum Privatvermögen gehört hat und die Spekulationsfrist von einem Jahr offensichtlich abgelaufen ist.

Für die Dauer der Kapitalbeteiligung (=Haltezeit der Aktien) sind Kursgewinne und -verluste ebenfalls einkommensteuerlich unbeachtlich.

Eine Steuerpflicht nach § 17 Abs. 1 EStG, die zu Einkünften aus Gewerbebetrieb i.S.d. § 15 EStG führt, ist gemäß dem Sachverhalt nicht erkennbar.

Die Dividendenausschüttungen sind Einnahmen aus Kapitalvermögen i.S.d. § 20 Abs. 1 Nr. 1 EStG.

Bedeutung erlangt jedoch H 137 Abs. 9 EStR zur Frage der Vermögensverwaltung bzw. Gewerblichkeit bei An- und Verkäufen von Wertpapieren. Abgrenzungsschwierigkeiten, welche Einkunftsart die Gegebene ist, haben immer wieder die Finanzrechtsprechung beschäftigt.

Die Gesetzgebung hat durch Besteuerung der so genannten sonstigen Einkünfte versucht, so viele Tatbestände wie möglich der Besteuerung nach dem Einkommen zu unterwerfen. Der zuständige Paragraph 22 des EStG zählt abschließend die Besteuerungstatbestände der sonstigen Einkünfte auf. Erwähnenswerte Einkünfte sind z.B. die Leibrenten (entgegen einem weitverbreitetem Irrtum der Bevölkerung), gelegentliche Vermittlungen und die Vermietung beweglicher Gegenstände sowie die Abgeordnetenbezüge.

Aber auch der § 22 EStG erfasst längst nicht alle Verhältnisse, die in den übrigen Einkunftsarten unberücksichtigt bleiben.

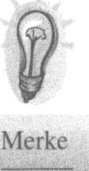

Merke

§ 22 EStG ergänzt die anderen Einkunftsarten. Die Aufzählung der die Steuerpflicht nach dieser Vorschrift auslösenden Tatbestände ist abschließend.

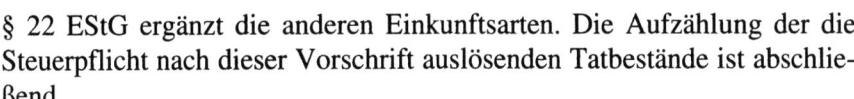

1.7.2 Abgrenzungsfragen der Einkunftsarten nach dem Subsidiaritätsprinzip

Die Einzelvorschriften der §§ 13 bis 24 EStG bestimmen im Einzelfall, zu welcher Einkunftsart die Einkünfte (einer natürlichen Person) gehören; vgl. § 2 Abs. 1 S. 2 EStG. Nach dem Subsidiaritätsprinzip sind alle sieben Einkunftsarten grundsätzlich gleichberechtigt, soweit das EStG nicht teilweise ein Untergeordnetenverhältnis anordnet.

Ein Vermieter hat einer Privatperson eine Eigentumswohnung auf Dauer vermietet. Der Vermieter erzielt somit Einnahmen aus Vermietung und Verpachtung i.S.d. § 21 Abs. 1 S. 1 Nr. 1 EStG (unstreitig). Die Mietzahlungen des Mieters gehen auf dem dafür eingerichteten separaten Mietkonto des Vermieters ein. Die Bank schreibt diesem Konto vierteljährlich Guthabenzinsen gut.

Gehören die Guthabenzinsen zu den Einnahmen aus Kapitalvermögen (§ 20 Abs. 1 Nr. 7 EStG) oder zu den Einnahmen aus Vermietung und Verpachtung (§ 21 Abs. 1 S. 1 Nr. 1 EStG); anders formuliert: Ist die Mieteinnahme einschließlich der Guthabenzinsen zu erfassen?

Lösung

Zu den Einnahmen aus Kapitalvermögen sind ausschließlich Erträge aus der Nutzung von zum Privatvermögen gehörenden Geldanlagen (z.B. Sparguthaben) zu rechnen. Dies gilt nur, soweit die Einkunftsart Vermietung und Verpachtung (§ 21 EStG) nicht ausnahmsweise Vorrang genießt; vgl. hierzu § 20 Abs. 3 EStG. Demnach sind Kapitalerträge vorrangig den Gewinneinkunftsarten oder den Einnahmen aus Vermietung und Verpachtung zuzurechnen, wenn diese *wirtschaftlich* zu diesen gehören. Für den Beispielfall bedeutet dies, dass der Vermieter die Mieteinnahmen zuzüglich der vierteljährlichen Gutschrift der Zinsen als Einnahmen aus Vermietung und Verpachtung behandeln muss. Die Guthabenzinsen gehören nämlich wirtschaftlich zu § 21 EStG und ausnahmsweise nicht zu § 20 EStG wegen § 20 Abs. 3 EStG. Das Untergeordnetenverhältnis des § 20 EStG gegenüber den anderen Einkunftsarten wird *Subsidiaritätsprinzip* genannt. Der Grund hierfür liegt darin, dass bei den Einnahmen quasi sämtlicher Einkunftsarten verwaltungstechnisch immer Guthabenzinsen entstehen können, wie die weiteren Beispiele deutlich zeigen:

Der freiberuflich tätige Heilpraktiker Rohkost unterhält ein Geschäftskonto zur Vereinnahmung seiner Honorare. Das Geldinstitut schreibt für die Saldi ab 5.000,00 DM Zinsen vierteljährlich gut.

Die Honorare und die Zinsen gehören zu den Betriebseinnahmen aus freiberuflicher Tätigkeit i.S.d. § 18 Abs. 1 Nr. 1 EStG. Aufgrund der Tatsache, dass das Geschäftskonto zum Betriebsvermögen des Heilpraktikers gehört, gilt das Subsidiaritätsprinzip des § 20 Abs. 3 EStG.

Nach § 21 Abs. 3 EStG gilt das Subsidiaritätsprinzip auch für die Einkunftsart Vermietung und Verpachtung:

Ein Leuchtmittelhersteller vermietet einen Teil seines ihm gehörenden Betriebsgrundstücks an einen Kfz-Reparaturbetrieb für dessen Zwecke. Wegen der auf einem betrieblichen Konto angesammelten Mieteinnahmen werden dem Herstellungsbetrieb halbjährlich Zinsen gutgeschrieben.

Hier gilt ein *zweifaches Subsidiaritätsprinzip*: Die Mieterträge sind gemäß § 21 Abs. 3 EStG den Einkünften aus Gewerbebetrieb (§ 15 Abs. 1 S. 1 Nr. 1 EStG) zuzurechnen. Die Zinseinnahmen gehören aufgrund § 20 Abs. 3 EStG ebenfalls in die Einkunftsart Gewerbebetrieb. Beide Vorgänge sind der betrieblichen Sphäre zuzuordnen.

1.8 Die Ermittlung der Einkünfte

Unterscheidung der Einkunftsarten:

Nach der Bestimmung des § 2 Abs. 2 EStG sind die im § 2 Abs. 1 EStG abschließend aufgezählten Einkunftsarten in Gewinn- und Überschusseinkunftsarten zu unterscheiden.

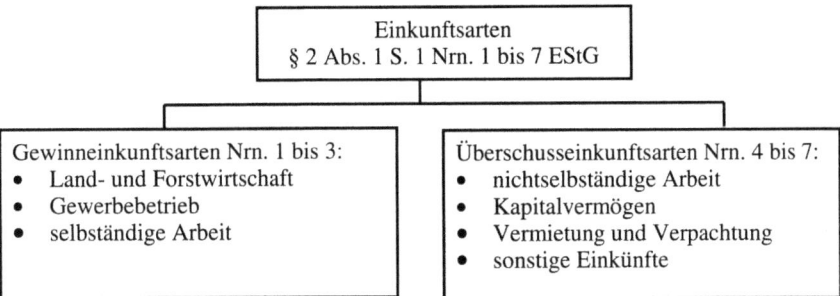

Auch die Anwendung wichtiger Vorschriften des EStG lässt sich nach diesem Schema einteilen. Nachfolgend genannte Bestimmungen enthalten Regeln, wie und in welcher Weise die Gewinn- bzw. die Überschusssermittlung zu erfolgen hat.

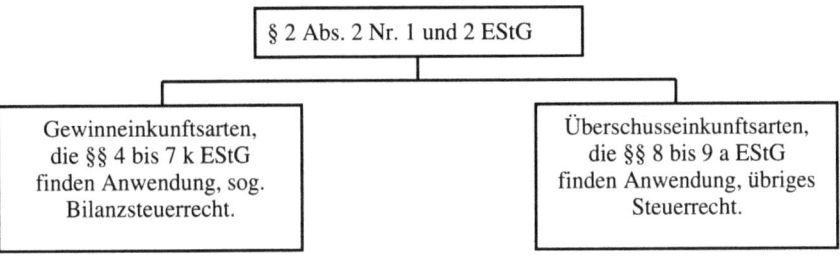

1.9 Die Formen der Gewinnermittlung

Die wichtigste Gewinnermittlungsart überhaupt ist der Bestandsvergleich i.S.d. § 4 Abs. 1 i.V.m. § 5 EStG. Hierbei handelt es sich um die Gegenüberstellung des Betriebsvermögens am Schluss eines Gewinnermittlungszeitraumes (i.d.R. Kalenderjahr) mit dem Betriebsvermögen am Schluss des vorangegangenen Gewinnermittlungszeitraumes; vgl. § 4 Abs. 1 S. 1 EStG. Diese Aussage ist von dem Gedanken beherrscht, dass der für den fraglichen Zeitraum erwirtschaftete Gewinn in das Betriebsvermögen übergegangen ist, es also vermehrt (erhöht) hat. Für einen Verlust gilt entsprechend eine Vermögensminderung.

Die Bestimmung des § 4 Abs. 1 S. 1 EStG verlangt außerdem, dass Privatentnahmen den Gewinn nicht mindern und Neueinlagen den Gewinn nicht erhöhen dürfen. Der Gesetzgeber stellt somit die Gewinn- bzw. Verlusterwirtschaftung ausschließlich unter den Aspekt rein betrieblicher Ursachen.

Für den Betriebsvermögensvergleich nach §§ 4 Abs. 1 und 5 EStG gilt folgende Berechnungsformel. Zu beachten sind die Hinzurechnungen der Privatentnahmen bzw. die Kürzungen der Neueinlagen, die unterjährig das Vermögen beeinflusst haben, im Betriebsvermögensunterschiedsbetrag enthalten sind und als Korrekturposten in der Staffelrechnung zu berücksichtigen sind:

Betriebsvermögensvergleich nach §§ 4 Abs. 1 und 5 EStG:

> Betriebsvermögen am Schluss des Wirtschaftsjahres (§ 4 a EStG)
> ./. Betriebsvermögen am Schluss des vorangegangenen Wirtschaftsjahres
> = Betriebsvermögensunterschiedsbetrag (enthält Gewinn/Verlust)
> + Privatentnahmen, die den Gewinn mindern dürfen
> ./. Neueinlagen, die den Gewinn nicht erhöhen dürfen
> = Gewinn bzw. Verlust

Eine vollkommen andersartige, wesentlich einfachere Gewinnermittlungsart besteht durch § 4 Abs. 3 EStG. Diese Methode heißt Einnahme-Überschussrechnung und bedeutet lediglich eine Gegenüberstellung der Betriebseinnahmen mit den Betriebsausgaben. Als Saldo ergibt sich der Gewinn (Betriebseinnahmen sind größer) oder der Verlust (Betriebsausgaben sind größer). Bei der Einnahme-Überschussrechnung ergibt sich folgende Berechnungsformel:

> Betriebseinnahmen
> ./. Betriebsausgaben (§ 4 Abs. 4 EStG)
> = Gewinn bzw. Verlust.

Erzielt ein Steuerpflichtiger Einkünfte aus dem Bereich des § 2 Abs. 1 S. 1 Nrn. 1 und 2 EStG (Gewinneinkünfte), kann er grundsätzlich nicht selbst bestimmen, wie er den Gewinn ermittelt. Aus den §§ 140, 141 AO können sich Buchführungspflichten, also die Verpflichtung zur Erstellung von regelmäßigen Abschlüssen, ergeben. Auch andere Gesetze, insbesondere das HGB, kann einem Kaufmann (§ 1 bis 6 HGB) die Verpflichtung zur Buchführung auferlegen; vgl. § 238 HGB. Das Steuerrecht schließt sich dem über § 5 Abs. 1 S. 1 EStG an. Dort heißt es:

„Bei Gewerbetreibenden, die aufgrund gesetzlicher Vorschriften verpflichtet sind, Bücher zu führen und regelmäßig Abschlüsse zu machen, ... ist für den Schluss des Wirtschaftsjahres das Betriebsvermögen anzusetzen (§ 4 Abs. 1 S. 1 EStG), das nach den handelsrechtlichen Grundsätzen ordnungsgemäßer Buchführung auszuweisen ist."

Auffallend ist, dass der Gesetzgeber den Freiberuflern, also dem Personenkreis mit Einkünften aus selbständiger Arbeit (§ 18 Abs. 1 Nr. 1 i.V.m. § 2 Abs. 1 S. 1 Nr. 3 EStG), keine Buchführungspflicht auferlegt. Diesem Personenkreis steht es frei, wie sie den Gewinn ermitteln. In der Regel entscheiden sich die Freiberufler für die Einnahme-Überschussermittlung nach § 4 Abs. 3 EStG. Eine Sonderstellung nehmen auch die Land- und Forstwirte (§ 13 i.V.m. § 2 Abs. 1 S. 1 Nr. 1 EStG) ein.

Bei den Überschusseinkunftsarten (§ 2 Abs. 1 S. 1 Nr. 4 bis 7 EStG) werden die Einnahmen grundsätzlich nur den Werbungskosten gegenübergestellt. Diese Einkünfteberechnung ist der Einnahme-Überschussrechnung nach § 4 Abs. 3 EStG durchaus vergleichbar (andere Begriffe). Positive Einkünfte heißen Überschuss negative Verlust. Ein Bestandsvergleich wie beim buchführungspflichtigen Kaufmann ist bei den Überschusseinkunftsarten nicht denkbar. Die Berechnungsformel lautet:

    Einnahmen
./. Werbungskosten
= Überschuss bzw. Verlust.

Nachdem herausgearbeitet wurde, welche Gewinnermittlungsarten u.a. für einen Kaufmann verpflichtend sind, muss an dieser Stelle auf die Buchführungspflichten näher eingegangen werden. Zu beachten ist:

Die Buchführungspflicht bedeutet stets Gewinnermittlung nach §§ 4 Abs. 1, 5 EStG. Regelmäßige Abschlüsse einer doppelten Buchführung führen zum Betriebsvermögensvergleich.

1.10   Die Buchführungspflichten nach Handels- und Steuerrecht

Das Steuerrecht schließt sich in weiten Bereichen den Buchführungspflichten anderer Gesetze, insbesondere dem HGB, an. Man unterscheidet darum *derivative* (= abgeleitete) und *orginäre* (= ursprüngliche) Buchführungspflichten des Steuerrechts. Der § 141 der Abgabenordnung stellt eigene (orginäre) Buchführungspflichten auf, die die handelsrechtlichen Vorschriften für entsprechend anwendbar erklären, um den nach diesen und anderen Gesetzen zur Buchführung verpflichteten Kreis zusätzlich nach Steuerrecht zu erweitern.

1.10.1   Schema zur Gewinnermittlung und zu den Buchführungspflichten

- Gewinnermittlungsarten:
  - Betriebsvermögensvergleich § 4 Abs. 1 EStG
  - Betriebsvermögensvergleich § 5 EStG
  - Einnahme-Überschussrechnung § 4 Abs. 3 EStG
  - Durchschnittssätze § 13 a EStG.

- Personenkreis für den BV-Vergleich nach § 4 Abs. 1 EStG:
  - Land- und Forstwirte   →   verpflichtet/freiwillig
  - selbständig Tätige   →   freiwillig.

- Personenkreis für den BV-Vergleich nach § 5 EStG:
  - Gewerbetreibende   →   verpflichtet/freiwillig
    (Maßgeblichkeitsgrundsatz der Handelsbilanz für die Steuerbilanz § 5 Abs. 1 S. 1 EStG nur bei Gewerbetreibenden § 15 i.V.m. § 2 Abs. 1 S. 1 Nr. 2 EStG).

- Personenkreis für die EU-Rechnung nach § 4 Abs. 3 EStG:
  - Land- und Forstwirte
  - Gewerbetreibende
  - selbständig Tätige.

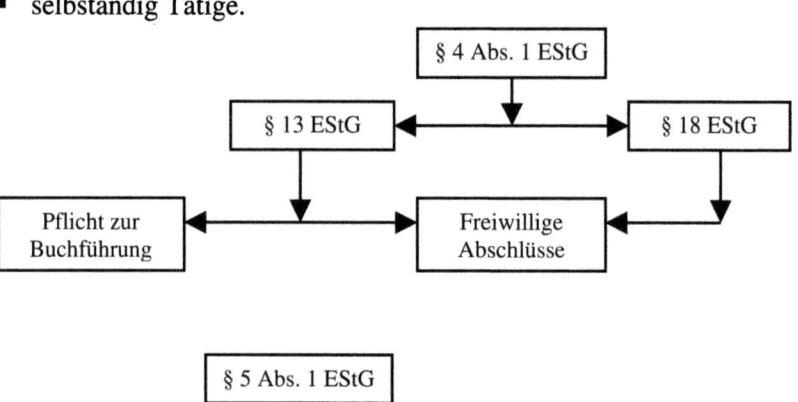

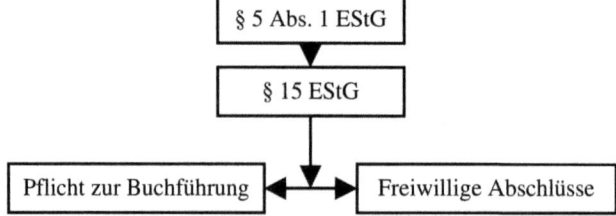

1.10.2 Die Buchführungspflichten

- Allgemeine Buchführungspflicht § 140 AO, § 238 HGB:

Personenkreis:

- Vollkaufmann, insbesondere
- Istkaufmann § 1HGB
- Kannkaufmann § 2 HGB
- Formkaufmann § 6 HGB

- Besondere Buchführungspflicht § 141 AO:

Übersicht:

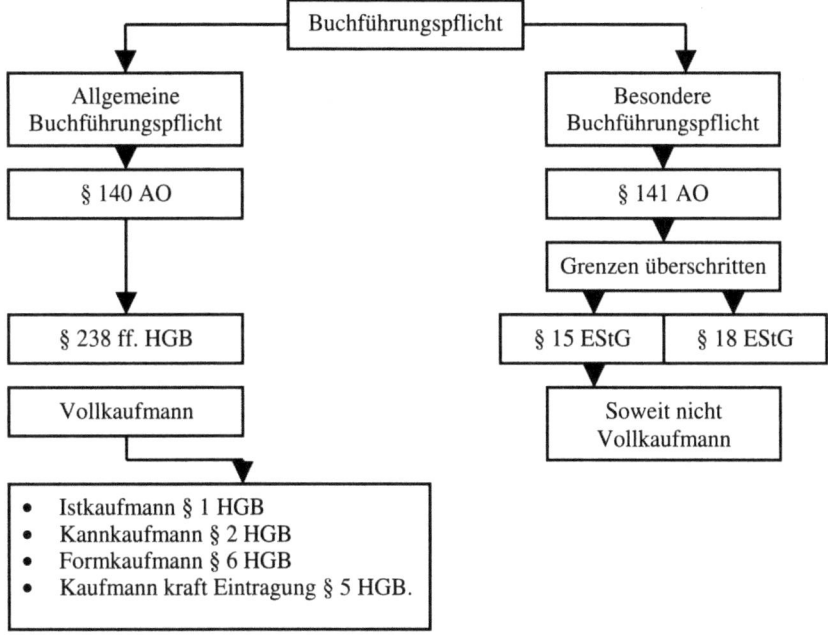

Nachdem nun die Arten der Gewinnermittlung und die damit verbunde-nen Buchführungspflichten herausgearbeitet worden sind, fasst das fol-gende Schaubild noch einmal die Einkünfteermittlungen beider Ein-kunftsarten zusammen.

Ermittlung der Einkünfte:

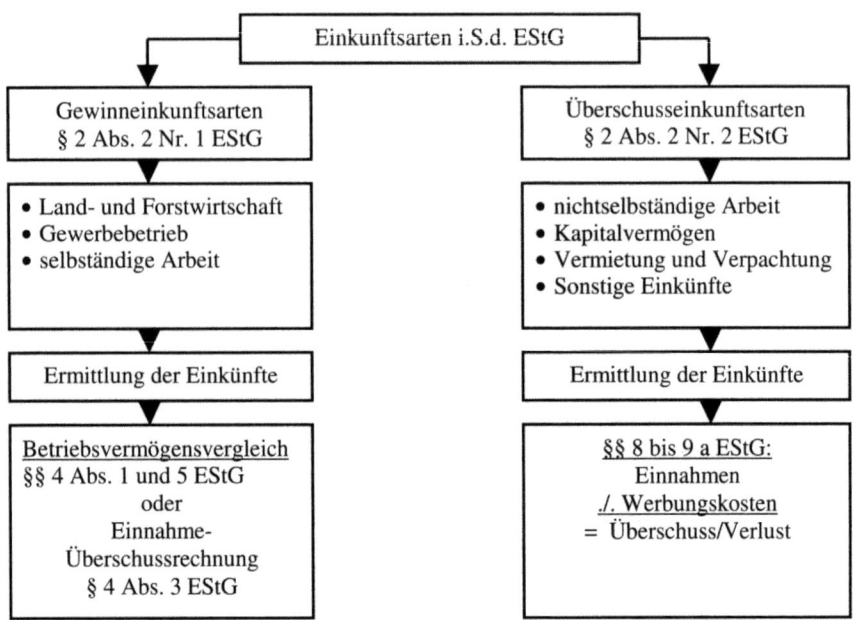

Ermittlung der Einkünfte

1.10.3 Begriff der Betriebseinnahmen und der Einnahmen

*   Betriebseinnahmen:

Während die Gesetzgebung den Begriff der Betriebsausgaben in § 4 Abs. 4 EStG festgelegt hat, ist der Begriff der Betriebseinnahmen gesetzlich nicht definiert. Hilfsweise und in Anlehnung an § 8 Abs. 1 EStG ist jedoch eine sinngemäße Interpretation des für die Überschusseinkunftsarten gültigen Begriffs zulässig. Hiernach sind Betriebseinnahmen alle Einnahmen, die durch den Betrieb veranlasst sind und im Rahmen einer Gewinneinkunftsart zufließen.

Zu den Betriebseinnahmen gehören Erlöse aus dem Verkauf von Waren und Entgelte für erbrachte Dienstleistungen. Unregelmäßige Einnahmen mit betrieblicher Veranlassung, etwa aus der Veräußerung von Wirtschaftsgütern des Anlagevermögens, gehören ebenfalls zu den Betriebseinnahmen.

Zum Betriebsvermögen eines bilanzierenden Gewerbetreibenden gehört ein Grundstück, das bisher als Lagerplatz gedient hat. Der Buchwert beträgt 50.000,00 DM, was den unveränderten Anschaffungskosten des Grund und Bodens vor zehn Jahren entsprach. Der Veräußerungserlös von 150.000,00 DM geht auf einem privaten Konto des Steuerpflichtigen ein. Der Veräußerungserlös entspricht dem inzwischen gestiegenen und gutachterlich festgestellten Verkehrswert des Grundstücks. Die Kosten des Gutachtens trug der Erwerber, ebenso die Grunderwerbsteuer.

Beispiel

Der Gewerbetreibende hat einen Veräußerungsgewinn wie folgt erzielt:

Veräußerungserlös	150.000,00 DM
./. Buchwert	50.000,00 DM
= Veräußerungsgewinn	100.000,00 DM

Als so genannte aufzudeckende „stille Reserve" ist der Veräußerungsgewinn – praktisch wie eine Betriebseinnahme – der Besteuerung nach dem Einkommen (§ 15 Abs. 1 S. 1 Nr. 1 EStG) zuzuführen. Die Vereinnahmung des Erlöses auf einem Privatkonto ändert hieran nichts. Durch Veräußerung des Wirtschaftsguts verliert es die Eigenschaft „notwendiges Betriebsvermögen". Der Kaufmann hat folgende Buchung vorzunehmen:

Entnahmen 150.000,00 DM	an	Grund und Boden	
(mangels betrieblicher		50.000,00 DM	
Vereinnahmung)	an	s.b. Erträge	
		100.000,00 DM	

Als Angehörige(r) der steuerberatenden Berufe werden Sie um Rat gebeten, wie die Versteuerung dieser einmalig hohen Betriebseinnahme mit steuerlich zulässigen Mitteln vermieden werden kann. Eine Besteuerung bedeutet eine hohe Nachzahlung und gegebenenfalls eine Anpassung der Vorauszahlungen, obgleich mit ähnlich hohen Gewinnen künftig nicht mehr zu rechnen ist.

Antwort:

Mit seiner zehnjährigen Zugehörigkeit des Grund und Bodens zum Betrieb des Mandanten liegt offensichtlich eine mehr als sechsjährige ununterbrochene Nutzung im Anlagevermögen einer inländischen Betriebstätte (§ 12 AO) vor (§ 6 b Abs. 4 EStG). Aufgrund der Bilanzierungspflicht nach Handels- und Steuerrecht *kann* gemäß § 6 b Abs. 3 i.V.m. Abs. 1 EStG die Bildung einer steuerfreien Rücklage zulässig sein. Wird diese in der Steuerbilanz durch Wahlrechtsausübung gebildet, hat sie mit umgekehrter Maßgeblichkeit (§ 5 Abs. 1 S. 2 EStG) auch in der Handelsbilanz zu erfolgen (§ 254 HGB).

Es darf gebucht werden:

s.b. Erträge 100.000,00 DM an Sonderposten mit Rücklageteil 100.000,00 DM.

Klausurhinweis Die meisten Einkommensteuer- und Bilanzklausuren verlangen im Vorspann das niedrigste steuerliche Ergebnis. Die Vorschrift des § 6 b EStG wird hier zum Erkennungsfaktor. Niemand fordert Sie auf, zu § 6 b EStG Stellung zu beziehen. Erinnern Sie sich bitte stets an die *steuerfreie Rücklagenbildung* nach § 6 b EStG bei Sachverhaltsäußerungen wie z.B. ..."ist seit 20 Jahren im Besitz der Firma"... „wird veräußert", usw. Im § 6 b Abs. 1 EStG ist abschließend aufgezählt, welche Wirtschaftsgüter durch steuerfreie Rücklagenbildung begünstigt sind.

- Rückzahlung früherer Betriebsausgaben:

Die Erstattung, Rückzahlung, Vergütung von früheren Betriebsausgaben führt bei den Gewinneinkunftsarten, ebenso wie bei den Überschusseinkunftsarten, zu Betriebseinnahmen (bzw. Einnahmen).

- Einnahmen:

Einnahmen sind alle Güter, die in Geld oder Geldeswert bestehen und i.R. einer Überschusseinkunftsart zufließen. Wurde eine Einnahme nicht in Geld getätigt, z.B. durch Annahme eines Gegenstandes, so ist diese Sacheinnahme nach ortsüblichem Mittelpreis in einen Geldwert umzurechnen. Ähnlich ist bei Einnahmen zu verfahren, die mit ausländischen Zahlungsmitteln (Valuta) getätigt werden. Diese sind zum Kurswert umzurechnen.

Im Regelfall sind Einnahmen durch eine definierbare Leistung verursacht. Die Einnahme kann z.B. aus der Zurverfügungstellung der Arbeitskraft oder der Überlassung von Vermögen entstehen. Noch längst nicht jede Vermögensmehrung ist als Einnahme im steuerlichen Sinne anzusehen. Die Bestimmungen der jeweiligen Überschusseinkunftsart enthalten Anweisungen abschließender Art, welche Vermögensmehrungen (Zuflüsse) als Einnahmen anzusetzen sind.

§ 8 Abs. 2 S. 1 EStG bezeichnet Einnahmen in geldwerten Gütern, z.B. Wohnung, Kost, Waren usw. als Sachbezüge. Der Ansatz hat mit den Endpreisen am Abgabeort zu erfolgen. Die Endpreise entsprechen dem jeweiligen Einzelhandelsverkaufspreis vermindert um gegebenenfalls übliche Preisnachlässe.

R 31 und 32 LStR enthalten Anweisungen, mit welchen Werten bestimmte Sachbezüge bei Arbeitnehmern anzusetzen sind. Die sozialversicherungsrechtliche Sachbezugsverordnung gilt überwiegend auch steuerrechtlich für den Ansatz von Sachbezugswerten als Einnahmen aus nichtselbständiger Arbeit.

Ein Arbeitnehmer (Hausmeister) erhält neben seinem Arbeitslohn das Beispiel
Recht auf unentgeltliche Dauernutzung einer Hausmeisterwohnung.

Der steuerpflichtigen Geldleistung ist der Mietwert der unentgeltlich ü-
berlassenen Wohnung hinzuzurechnen. Der geldwerte Vorteil ist nach der
Höhe zu bemessen, die die Wohnung am freien Wohnungsmarkt bei
Fremdvermietung an Mieteinnahmen erzielen würde. § 2 Abs. 1 LStDV
bestimmt zur Definition des Arbeitslohns:

„Arbeitslohn sind alle Einnahmen, die dem Arbeitnehmer aus dem
Dienstverhältnis zufließen. Es ist unerheblich, unter welcher Bezeichnung
oder in welcher Form die Einnahmen gewährt werden."

Zum Begriff des Arbeitslohns wird auf R 70 Abs. 1 LStR hingewiesen. R
70 Abs. 2 LStR weist ergänzend auf die Tatbestände hin, die nicht zum
Arbeitslohn gehören. R 70 Abs. 3 LStR weist klarstellend darauf hin, dass
Erstattungen/Vergütungen des Arbeitgebers an Arbeitnehmer anlässlich
entstandener Werbungskosten nur unter gesetzlichen Bedingungen steuerfrei sind. Erwähnt werden Vergütungen für dem Arbeitnehmer entstandenen Kontoführungsgebühren und Aufwendungen für die Fahrten zwischen Wohnung und Arbeitsstätte.

Hervorhebenswert ist R 72 LStR hinsichtlich Zuwendungen bei Betriebs-
veranstaltungen, R 73 LStR bezüglich Aufmerksamkeiten, das sind Leistungen des Arbeitgebers, die üblich und angemessen sind, z.B. Blumen,
Genussmittel, Bücher bis zu einem Wert von 60,00 DM. Nach Auffassung der LStR handelt es sich dann nicht um steuerpflichtigen Arbeitslohn. R 74 LStR behandelt berufliche Fort- oder Weiterbildungsleistun-
gen des Arbeitgebers (an seine Arbeitnehmer).

• Ersparte Ausgaben:

Ersparte Ausgaben sind nicht als Einnahmen anzusehen. Gleiches gilt bei
einem Verzicht auf mögliche Einnahmen. In diesen Fällen mangelt es an
einer erforderlichen Vermögensmehrung.

Der Eigentümer eines Mietshauses repariert die Heizungsanlage. Auf-   Beispiel
wendungen sind keine entstanden. Eine Wohnung hat er unentgeltlich
einer Angehörigen überlassen. In beiden Fällen liegt keine Vermögensmehrung vor.

• Rückfluss von Werbungskosten vergangener Jahre:

Zu den Einnahmen, die i.R. einer Einkunftsart zufließen, gehören auch in
den Vorjahren gezahlte, zurückfließende Werbungskosten.

Einem Vermieter werden im Jahr 02 aufgrund eines Rechtsbehelfs   Beispiel
Grundsteuerbeträge, die er in 01 für das Mietshaus gezahlt hat, erstattet.

- Steuerfreie Einnahmen und steuerfreie Betriebseinnahmen:

Die Gesetzgebung hat aus wirtschaftlichen und sozialen Erwägungen eine Reihe von (Betriebs-)einnahmen von der Besteuerung nach dem Einkommen ausgenommen. Als Rechtsgrundlagen wurden die §§ 3 und 3 b EStG geschaffen.

Bei einem Bezieher von steuerbefreiten Einnahmen ist insbesondere § 3 c EStG zu beachten, wonach ein Abzugsverbot für (Betriebs-)ausgaben im Zusammenhang mit steuerfreien (Betriebs-)einnahmen besteht.

Die nachstehenden Befreiungsvorschriften wollen einer beispielhaften Erwähnung dienen:

- **§ 3 Nr. 1 a EStG:**   Leistungen aus einer Krankenversicherung, aus einer Pflegeversicherung und aus der gesetzlichen Unfallversicherung.

- **§ 3 Nr. 2 EStG:**   Arbeitslosengeld, Arbeitslosenhilfe (ab 1998 Teilarbeitslosengeld) sowie übrige Leistungen nach dem Arbeitsförderungsgesetz.

- **§ 3 Nr. 5 EStG:**   Geld- und Sachbezüge an Wehrpflichtige und Zivildienstleistende.

- **§ 3 Nr. 9 EStG:**   Abfindungen an Arbeitnehmer.

- **§ 3 Nr. 14 EStG:**   Zuschüsse der gesetzlichen Rentenversicherung zur Kranken- und Pflegeversicherung der Rentner.

- **§ 3 Nr. 24 EStG:**   Leistungen nach dem Bundeskindergeldgesetz.

- **§ 3 Nr. 26 EStG:**   Aufwandsentschädigungen für bestimmte nebenberufliche Tätigkeiten bis zu einer Höhe von 3.600,00 DM.

- **§ 3 Nr. 58 EStG:**   Leistungen nach dem Wohngeldgesetz.

- **§ 3 Nr. 62 EStG:**   Aufwendungen des Arbeitgebers zur Zukunftssicherung seiner Arbeitnehmer (§ 2 Abs. 2 Nr. 3 LStDV).

- **§ 3 Nr. 64 EStG:**   Bezüge für eine Tätigkeit im Ausland, sofern der Arbeitnehmer in einem öffentlich-rechtlichen Dienstverhältnis steht (Auslandsbeamter).

- **§ 3 Nr. 67 EStG:**   Erziehungsgeld nach dem Bundeserziehungsgeldgesetz sowie Leistungen nach dem Kindererziehungszuschlaggesetz.

Die vorgenannten Leistungen lassen sich grundsätzlich in eine der sieben Einkunftsarten einordnen, ausdrücklich wurde aber durch die Gesetzgebung die Steuerfreiheit beschlossen.

Das Arbeitslosengeld sowie die übrigen Leistungen nach § 3 Nr. 2 EStG sowie das Krankengeld nach § 3 Nr. 1 a EStG unterliegen dem so genannten Progressionsvorbehalt nach § 32 b Abs. 1 Nr. 1 a und 1 b EStG. Obwohl die vorgenannten Leistungen steuerfrei sind, erhöhen sie den Steuersatz für das *übrige* steuerpflichtige Einkommen. Der Progressionsvorbehalt dient der Vermeidung ungerechtfertigter Steuervorteile. Scheidet z.B. ein Arbeitnehmer (mit Arbeitslosenbezug) nach einem halben Jahr aus der Berufswelt aus, so ist ihm – dank der zu hohen Besteuerung nach der Lohnsteuerjahrestabelle – eine niedrigere Jahressteuer festzusetzen als dem vergleichbaren gleichverdienenden Vollbeschäftigten. Das Ziel des Progressionsvorbehaltes ist. u.a. den Vollbeschäftigten nicht das Gefühl zu vermitteln, sie seien nur zum Steuerzahlen gut, während die anderen aufgrund ihrer Arbeitslosigkeit „Steuergeschenke" erhalten.

Wird eine Leistung anstelle des Arbeitslohnes gezahlt, spricht man von Lohnersatzleistungen. Das Arbeitslosen- und Krankengeld sind typische Lohnersatzleistungen. Sie erhöhen nicht das zu versteuernde Einkommen, werden aber in den Progressionsvorbehalt einbezogen. Steuerfreie (Betriebs-)Einnahmen sind im Berechnungsschema des zu versteuernden Einkommens (vgl. R 3 EStR) nicht zu berücksichtigen. Bei Lohnersatzleistungen, für die der Progressionsvorbehalt des § 32 b EStG gilt, ist erst nach Ermittlung des zu versteuernden Einkommens das Berechnungsschema zur Ermittlung der festzusetzenden Einkommensteuer des R 4 EStR zu beachten.

Liegt eine (Betriebs-)Einnahme vor, ist stets von einer so genannten Vermögensmehrung auszugehen. Fällt die Vermögensmehrung unter eine der sieben Einkunftsarten, ist diese entweder steuerpflichtig oder ausnahmsweise (§§ 3, 3 b EStG) steuerfrei. Lediglich nicht einkunftsbezogene Vermögensmehrungen, z.B. eine Erbschaft, lösen keine Besteuerung nach dem Einkommen aus.

Resümee

Das folgende Schaubild fasst die Vermögensmehrungen übersichtlich zusammen:

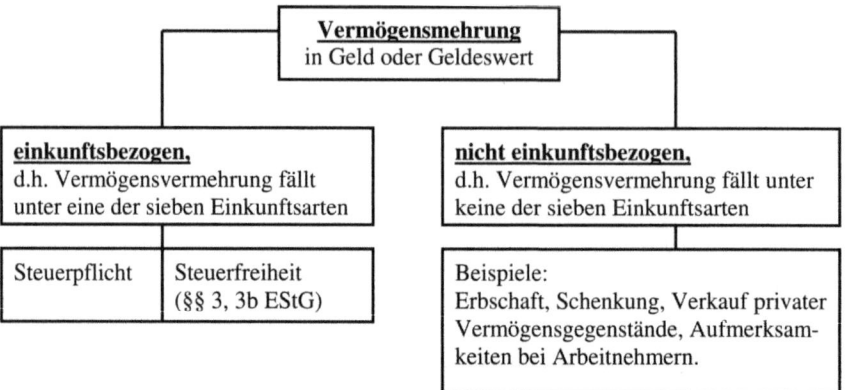

- Definition der Werbungskosten:

Unter Werbungskosten (Oberbegriff) versteht man Aufwendungen, die zur Erwerbung, Sicherung und Erhaltung der Einnahmen dienen (§ 9 Abs. 1 S. 1 EStG).

Beispiele
_____

Bewerbungskosten sind Aufwendungen zur Erlangung einer bestimmten Stelle. Führen die Bemühungen (nicht zwingend) zum Erfolg, war der Steuerpflichtige *zur Erwerbung* von Einnahmen aus nichtselbständiger Arbeit tätig.

Prozesskosten, z.B. vor dem Arbeitsgericht, sind Aufwendungen des Arbeitnehmers zur Aufhebung einer vom Arbeitgeber ausgesprochenen Kündigung. Das Anwaltshonorar, die Gerichtsgebühren, Fahrtkosten u.v.a. dienen *der Sicherung* der Einnahmen aus nichtselbständiger Arbeit.

Fortbildungskosten dienen *der Erhaltung* von Einnahmen, wenn die technische Weiterentwicklung an das Berufsbild hohe Anforderungen stellt. In Betracht kommende (abzugsfähige) Aufwendungen sind z.B. Lehrgangsgebühren, Fahrtkosten zum Lehrgangsort, Mehraufwendungen für Verpflegung, sofern diese nicht von dritter Seite erstattet werden.

Der Begriff der Werbungskosten erstreckt sich auf alle Überschusseinkunftsarten. Sie liegen immer dann vor, wenn Aufwendungen getätigt werden, deren Veranlassung sich aus einer auf Einnahmen gerichteten Tätigkeit im Rahmen einer jeweiligen Überschusseinkunft ergeben.

Werbungskosten im Zusammenhang mit Einnahmen aus Kapitalvermö- Beispiele
gen (§ 20 EStG) können z.B. sein:

Depotgebühren, Aufwendungen für spezielle Fachliteratur, Fahrtkosten
zur Aktionärsversammlung, Fremdfinanzierungszinsen sowie Kosten der
Verwaltung (beispielsweise für ein Arbeitszimmer bei sehr hohen Vermögenswerten).

Werbungskosten im Zusammenhang mit Einnahmen aus Vermietung und
Verpachtung (§ 21 EStG) sind z.B.:

Schuldzinsen, wenn das Objekt fremdfinanziert wurde, typische Erhaltungsaufwendungen, Gebäudeversicherungen, Grundsteuer usw.

Werbungskosten im Zusammenhang mit sonstigen Einnahmen (§ 22
EStG) können z.B. sein:

Inanspruchnahme von Dienstleistungen so genannter Rentenberatungen
einschließlich der Fahrtkosten dorthin, Aufwendungen, die im Zusammenhang mit privaten Veräußerungsgeschäften entstehen (z.B. Inseratskosten, Telefon usw.), sowie die pauschal nicht abgegoltenen Aufwendungen der Abgeordneten – mit Ausnahme der Aufwendungen für den
Wahlkampf –.

Die Finanzrechtsprechung geht von einer weitgehenden Deckungsgleich-
keit der Begriffe Werbungskosten und Betriebsausgaben aus. Hiernach
reicht der Werbungskostenbegriff noch über die gesetzliche Definition
des § 9 Abs. 1 S. 1 EStG hinaus. So sind beispielsweise bei den Einkünften aus nichtselbständiger Arbeit (§ 19 EStG) alle Aufwendungen Werbungskosten, die durch den Beruf veranlasst sind; bei den Einkünften aus
Vermietung und Verpachtung alle zur Erzielung von Miteinnahmen geleisteten Aufwendungen.

• Definition der Betriebsausgaben:

Die Betriebsausgaben sind begrifflich im § 4 Abs. 4 EStG geregelt. Die
Definition der Betriebsausgaben ist allerdings dürftig. Nach § 4 EStG
handelt es sich um Aufwendungen, die durch eine auf Betriebseinnahmen
gerichtete Tätigkeit im Rahmen der jeweiligen Gewinneinkunftsart veranlasst sind.

Betriebsausgaben können nur dann angenommen werden, wenn tatsächliche Aufwendungen, also echte Vermögensminderungen(-abflüsse) vorliegen. Diese Voraussetzungen müssen gleichwohl für Betriebsausgaben als
auch für Werbungskosten gegeben sein. Der Betriebsausgabenbegriff ist
demnach treffender wie folgt zu definieren:

Betriebsausgaben sind, in Umkehrung der Einnahmedefinition nach § 8 EStG, alle in Geld oder Geldeswert bestehenden Güter, die aus dem Vermögen ausscheiden.

Die Rechtsprechung des BFH vertritt zum Begriff der Betriebsausgaben folgende Auffassung:

Nach § 4 Abs. 4 EStG sind Betriebsausgaben diejenigen Aufwendungen, die durch den Betrieb veranlasst sind. Eine betriebliche Veranlassung liegt vor, wenn ein objektiver wirtschaftlicher oder tatsächlicher Zusammenhang mit dem Betrieb besteht und wenn subjektiv die Aufwendungen zur Förderung des Betriebes getätigt werden. Ein bloß rechtlicher Zusammenhang reicht nicht aus (Schmidt/Heinicke; § 4 Rz. 28). Dabei sollen Betriebsausgaben stets zwingend einen solchen objektiven Zusammenhang voraussetzen, während die subjektive Absicht, mit der Ausgabe den Betrieb zu fördern, kein in jedem Fall notwendiges Merkmal sei, weil z.B. auch unfreiwillige Aufwendungen und Zwangsabgaben nach dem objektiven Nettoprinzip Betriebsausgaben seien.

<u>Beispiel</u>

Der betriebliche Pkw wird auf einer betrieblich veranlassten Fahrt ohne Verschulden zerstört.

Die nachstehenden Ausführungen gelten entsprechend für die Betriebsausgaben (Gewinneinkunftsarten) als auch auf die Werbungskosten (Überschusseinkunftsarten):

Es müssen *zwingend* Aufwendungen vorliegen. Der Verdacht auf künftige Ausgaben rechtfertigt noch nicht den Abzug als Betriebsausgabe oder Werbungskosten.

Anschaffungs- und Herstellungskosten (vgl. § 255 HGB) eines abnutzbaren Wirtschaftsgutes (Vermögensgegenstandes) können nicht sofort als Betriebsausgaben bzw. Werbungskosten abgezogen werden. Der Aufwand ist über die betriebsgewöhnliche Nutzungsdauer mehrerer Jahre zu verteilen und anteilig als Betriebsausgaben bzw. Werbungskosten zu behandeln. Dieser Vorgang heißt im Steuerrecht Absetzung für Abnutzung (AfA) und im Handelsrecht Abschreibung (vgl. §§ 7, 9 Abs. 1 S. 3 Nr. 7 EStG, §§ 253 Abs. 1 S. 1 254 HGB). Hiervon abweichend kann wegen der Geringfügigkeit der Anschaffungs- bzw. Herstellungskosten nach der Bewertungsfreiheit des § 6 Abs. 2 EStG eine Verteilung der Aufwendungen auf die Nutzungsdauer unterbleiben. Für den Bereich der Überschusseinkunftsarten gilt (mit Ausnahme der Behandlung der Umsatzsteuer) durch § 9 Abs. 1 S. 3 Nr. 7 S. 2 EStG eine entsprechende Regelung.

Zu beachten ist, dass die Anschaffung oder Herstellung von Wirtschaftsgütern (Vermögensgegenständen), die nicht der Abnutzung unterliegen (z.B. Grund und Boden), nicht zu Betriebsausgaben bzw. Werbungskosten führt.

1.11.1 Wirtschaftlicher Zusammenhang von Aufwendungen zur Einnahmequelle

Ursache der wirtschaftlichen Abzugsfähigkeit von Betriebsausgaben und Werbungskosten ist ihr Zusammenhang (Zugehörigkeit) zur entsprechenden Einnahmequelle. Aufwendungen fallen überwiegend durch Sachzusammenhang während des Erzielungszeitraumes von (Betriebs-)Einnahmen an. Auf die künftige Erzielbarkeit von (Betriebs-)Einnahmen kommt es unter Einschränkung der notwendigen Absicht, (Betriebs-)Einnahmen erzielen zu wollen, nicht an. Denkbar ist, dass Aufwendungen auch in Zeiträumen vor oder nach der (Betriebs-)Einnahmeerzielung anfallen können. In diesen Fällen handelt es sich um vorweggenommene bzw. nachträgliche Betriebsausgaben bzw. Werbungskosten.

Frank Hantel hat ein Sportstudio eröffnet. Bis zur ersten Einnahmeerzielung sind dem Existenzgründer Aufwendungen für die Ingangsetzung des Geschäftsbetriebes entstanden. Mangels noch nicht erzielbarer Einnahmen bzw. nur geringer Anfangsumsätze entstehen Hantel so genannte Anlaufverluste. In diesem Zusammenhang wird von vorweggenommenen Betriebsausgaben gesprochen.

Beispiele

Harald Müde ist seit einem Jahr arbeitslos. In der Tageszeitung gibt er ein Stelleninserat auf. Aufgrund nicht bzw. noch nicht vorhandener Einnahmen aus nichtselbständiger Arbeit (§ 19 EStG) entstehen Müde vorweggenommene Werbungskosten.

Ursula Kamm hat ihr Friseurgeschäft wegen Unrentabilität geschlossen. Aus einem betrieblichen Darlehn entstehen ihr weiterhin Schuldzinsen. Die Abzahlung leistet sie aus dem Privatvermögen, weil ein Veräußerungserlös wegen Überalterung der Geschäftseinrichtung nicht erzielbar war (Schrottwert). Die Zahlung der Schuldzinsen nach Betriebsaufgabe führt zu nachträglichen Betriebsausgaben.

Ralf Wucher zahlt Grundsteuer für eine Eigentumswohnung, die aufgrund des Mieterverlustes bis auf Weiteres leer steht.

a)   Die Wohnung soll erneut vermietet werden, was aber aufgrund der schlechten Wohnlage bisher nicht gelang.

b)   Die Wohnung soll verkauft werden.

Lösung zu a):

Aufgrund der fortgesetzten Einnahmeerzielungsabsicht handelt es sich um vorweggenommene Werbungskosten.

Lösung zu b):

Die Einnahmeerzielungsabsicht ist entfallen. Ein Veräußerungsgewinn (oder auch Verlust: „schlechte Wohnlage") ist steuerlich unbeachtlich (außer, wenn ein privates Veräußerungsgeschäft i.S.d. § 22 Nr. 2 i.V.m. § 23 Abs. 1 S. 1 Nr. 1 a EStG vorliegt); ein entsprechender Verlust darf nur bis zur Höhe des Gewinns, den der Steuerpflichtige im gleichen Kalenderjahr aus privaten Veräußerungsgeschäften erzielt hat, ausgeglichen werden. Sie dürfen zudem nicht nach § 10 d EStG (Verlustabzug) abgezogen werden. Die Verluste mindern jedoch nach Maßgabe des § 10 d EStG die Einkünfte, die der Steuerpflichtige in dem unmittelbar vorangegangenen Veranlagungszeiträumen aus privaten Veräußerungsgeschäften nach § 23 Abs. 1 EStG erzielt hat oder erzielt.

Ein Werbungskostenabzug der Grundsteuer ist ausgeschlossen. Vgl. zum Thema Einkünfteerzielungsabsicht H 161 EStR.

1.11.2   Vergebliche (fehlgeschlagene) Aufwendungen

Es kommt häufig vor, dass Aufwendungen zur Schaffung einer Einkunftsquelle getätigt werden, der Entschluss zur Einnahmeerzielung aufgegeben wird oder aber das Vorhaben sich als undurchführbar erweist. Fraglich erscheint die steuerliche Behandlung der bis dahin aufgelaufenen (an sich abzugsfähigen) Kosten.

Beispiele

Gerda Ungeduldig will ein Ladenlokal in der City anmieten, um ein Blumengeschäft zu eröffnen. Die künftige Vermieterin, Frau Annette Pingel-Knickerig, sagte Frau Ungeduldig einen monatlichen Mietzins von nicht über 1.200,00 DM für den Gewerberaum nebst Hofstellfläche zu. Bei Unterzeichnung des Mietvertrages beharrte sie auf eine monatliche Hinzuzahlung von 300,00 DM nach dem „BAT-Tarif" (= Bar auf Tatze). Frau Ungeduldig lehnte entrüstet ab und trat vom Mietvertrag, der lediglich 1.200,00 DM Monatsmiete auswies, zurück.

Frau Ungeduldig kann ihre bis zu diesem Zeitpunkt entstandenen Aufwendungen (z.B. Anreisekosten, Telefonate, allgemeine Verwaltung) als negative Einkünfte aus Gewerbebetrieb (§ 15 Abs. 1 S. 1 Nr. 1 EStG) geltend machen (Ihr Rücktritt vom Mietvertrag war aus steuerlicher Sicht vollkommen konsequent; die Gründe für das Scheitern sind Frau Ungeduldig nicht anzulasten).

Otto Labiel entstehen Planungskosten (Architekt, Suche nach einem geeigneten Grundstück, Inseratskosten) für ein Mehrfamilienhaus, das jedoch niemals gebaut worden ist.

Otto Labiel kann die vergeblichen Planungskosten als negative Einkünfte aus Vermietung und Verpachtung i.S.d. § 21 Abs. 1 S. 1 Nr. 1 EStG geltend machen.

Das Finanzamt prüft, ob sich die ursprüngliche Absicht, Einnahmen erzielen zu wollen, anhand geeigneter Umstände feststellen lässt. Sprechen die finanziellen Verhältnisse des Steuerpflichtigen nicht generell gegen die Projektverwirklichung (Kreditrahmen), werden bei rationeller Argumentation durch den Betroffenen (bzw. durch die Steuerberatung) der Anerkennung solcher vergeblicher Planungskosten keine Steine in den Weg gelegt. Die höchstrichterliche Rechtsprechung wurde für dieses Gebiet mit zwei Urteilen tätig:

Hinweis

* BFH 1974 II, 161
* BFH 1981 II, 418.

Die Gründe für die Aufgabe eines Bauprojektes sind hauptsächlich: Widerruf bzw. Auflagen einer Baugenehmigung, Schwierigkeiten bei der Finanzierbarkeit.

1.11.3 Höhe der Aufwendungen, die als Betriebsausgaben bzw. Werbungskosten in Betracht kommen

Die Höhe, also die Angemessenheit der Aufwendungen, kann dem Steuerpflichtigen nicht vorgeschrieben oder eingeschränkt werden. Auch auf die Notwendigkeit, Üblichkeit oder Eignung, Einnahmen zu erzielen, kommt es i.d.R. ebenfalls nicht an. Fließen Geld oder Güter ohne bzw. gegen den Willen des Kostenträgers ab, z.B. aufgrund einer behördlichen oder richterlichen Anordnung, kann der Betriebs- oder Werbungskostenabzug ebenfalls in Anspruch genommen werden.

1.11.3.1 Einschränkungen durch die Gesetzgebung

Die Gesetzgebung schreibt über die Vorschriften der §§ 4 Abs. 5 und 7 EStG für den Betriebsausgabenabzug und durch 9 Abs. 5 EStG für den Werbungskostenabzug unter den dort näher bezeichneten Voraussetzungen *Abzugsbegrenzungen* vor. Der § 9 Abs. 5 EStG verweist auf die Mehrzahl der Tatbestände des § 4 Abs. 5 EStG und stellt unter Einschränkung eine Analogie zwischen den Gewinn- und den Überschusseinkunftsarten her.

Bei beiden Einkunftsarten ist der Abzug von Aufwendungen zur Förderung staatspolitischer Zwecke ausgeschlossen, vgl. §§ 4 Abs. 6 und 9 Abs. 5 EStG.

Hervorhebenswert ist die Behandlung angemessener Bewirtungskosten aus geschäftlichem Anlass. § 4 Abs. 5 S. 1 Nr. 2 EStG bestimmt hierzu, dass nur 80 v.H. der Aufwendungen unter den dort näher bezeichneten Tatbestandsmerkmalen als Betriebsausgaben abzugsfähig sind (20 v.H. werden somit zur nichtabzugsfähigen Betriebsausgabe). Über § 9 Abs. 5 EStG gilt diese Weisung entsprechend im Bereich des Werbungskostenabzuges der Überschusseinkunftsarten. Arbeitnehmer haben zudem die Provisionsabhängigkeit ihres Arbeitslohnes nachzuweisen.

Hinweis

Bei Bewirtungskosten reagiert die Finanzverwaltung häufig empfindlich, und zwar aus gutem Grund: Typische Berufsgruppen, z.B. Außendienstmitarbeiter von Versicherungen, beantragen oft hohe Bewirtungskosten als Betriebsausgaben bzw. Werbungskosten zum Abzug zuzulassen. Wird dem Finanzamt die Höhe und die betriebliche Veranlassung (berufliche Veranlassung) nicht oder nicht hinreichend anhand einer sauberen (vollständigen) Belegführung nachgewiesen, entfällt der Betriebsausgabenabzug (Werbungskostenabzug) völlig. Entsprechendes gilt für nachgewiesene Bewirtungskosten, sofern sie unangemessen sind. Maßgeblich ist hier die allgemeine Verkehrsauffassung.

1.11.3.2 Aus der Finanzrechtsprechung

Die Bewirtung, d.h. die Darreichung von Speisen und Getränken, muss eindeutig im Vordergrund stehen. Keine Bewirtung sind daher die Aufwendungen für den Besuch von Nachtbars, Striptease-Darbietungen oder Bordellen; BFH 1990 II, 575; BFH/NV 90 S. 698. Da diese Aufwendungen regelmäßig unangemessen sind, entfällt ein Abzug insgesamt (§ 4 Abs. 5 S. 1 Nr. 7 EStG).

Nicht zu den Bewirtungskosten, sondern zu den allgemeinen Kosten gehören Aufwendungen für den Besuch von Konzerten, Theater, Oper, Sportveranstaltungen u.ä. Soweit die betriebliche Veranlassung nachweisbar ist und die Aufwendungen nicht unangemessen sind, können sie in vollem Umfang als allgemeine Betriebsausgaben abgezogen werden. Entstehen vor, nach bzw. anlässlich der Veranstaltung auch Bewirtungsaufwendungen, gilt die Begrenzung auf 80 v.H. nur für diese Aufwendungen.

1.11.4 Das Abzugsverbot von Aufwendungen im Zusammenhang mit steuerfreien Einnahmen

Dem Abzugsverbot von Betriebsausgaben bzw. Werbungskosten im Zusammenhang mit steuerfreien Einnahmen i.S.d. §§ 3 und 3 b EStG kommt im Steuerrecht zentrale Bedeutung zu. Es ist im § 3 c EStG gesetzlich geregelt.

Die wirtschaftliche Verknüpfung (Kausalität) muss zwischen den steuerbefreiten Einnahmen und den Bezugsaufwendungen unmittelbar sein, damit das Abzugsverbot eingreift; allerdings erstreckt es sich auf sämtliche Tatbestandsmerkmale der §§ 3 und 3 b EStG. Der § 3 c EStG verfolgt den Grundgedanken, eine Doppelbegünstigung zu vermeiden. Einerseits ist eine steuerfreie Einnahme in der Berechnung des zu versteuernden Einkommens außer Acht zu lassen (es erhöht das zu versteuernde Einkommen also nicht), anderseits wäre es nur konsequent, die Bezugsausgaben aus der Ermittlung ebenfalls herauszulassen.

Hiervon abzugrenzen sind z.B. Aufwendungen, die in der konkreten Absicht, ein Dienstverhältnis zu begründen, getätigt worden sind (vorweggenommene Werbungskosten). Dies gilt sogar für den Fall der vergeblichen Bewerbung. Schwieriger ist die Abgrenzung, wenn bei einem ansonsten voll steuerpflichtigen Einkommen steuerfreie Einnahmen i.S.d. §§ 3, 3 b EStG hinzukommen. Häufig sind Aufwendungen dann einer Aufteilung – notfalls im Schätzungswege – zu unterziehen.

Zu beachten ist die Ausnahmeregelung des § 3 c Abs. 2 EStG, die im Zusammenhang mit steuerfreien Einkünften i.S.d. § 3 Nr. 4 b EStG steht (=Abzug zu 50 v.H.).

Der arbeitslose Handwerker Unverdrossen fährt mit dem eigenen Pkw zunächst zum Arbeitsamt (15 km), um die Zahlung seines Arbeitslosengeldes zu beschleunigen. Aufgrund eines Hinweises seiner Arbeitsvermittlerin fährt er vom Amt unmittelbar zur Firma Scheppermann (22 km), um dort eine Bewerbung persönlich abzugeben.

Beispiel

Unverdrossen kann für die Bewerbungsfahrt entsprechend die Fahrtkosten als vorweggenommene Werbungskosten (Bewerbungen) geltend machen. Die Fahrtkosten, die ihm anlässlich der Reise zum Arbeitsamt entstehen, fallen unter das Abzugsverbot des § 3 c EStG, weil das Arbeitslosengeld unter die Steuerbefreiung des § 3 Nr. 2 EStG i.V.m. § 32 b Abs. 1 Nr. 1 a EStG (Progressionsvorbehalt) fällt und somit ein Zusammenhang mit einer steuerbefreiten Einnahme gegeben ist.

Unverdrossen hat die Gesamtfahrstrecke aufzuteilen; den 22 km einfache Fahrt vom Arbeitsamt (Beginn der Reise) kann er jedoch die km der Heimfahrt hinzurechnen.

Hat Unverdrossen z.B. bis zu seiner Entlassung Einnahmen aus nichtselbständiger Arbeit erzielt, so erhält er hinsichtlich der abzugsfähigen Bewerbungskosten (vorbehaltlich der Überschreitung des Arbeitnehmerpauschbetrages von 2.000,00 DM nach § 9 a Satz 1 Nr. 1 EStG) eine Steuerermäßigung.

1.11.5   Pauschbeträge für Werbungskosten

Während es im Bereich der Gewinneinkunftsarten nur wenige pauschale Regelungen gibt, wurde für den Personenkreis der Steuerpflichtigen mit Überschusseinkunftsarten zur Vereinfachung des Besteuerungsverfahrens eine Möglichkeit der Inanspruchnahme von Pauschbeträgen geschaffen. Der § 9 a EStG bildet hierzu die gesetzliche Grundlage. Pauschbeträge im Steuerrecht bedeuten für den nicht buchführungsverpflichteten und von den üblichen Aufzeichnungspflichten befreiten Steuerpflichtigen eine wesentliche Erleichterung durch Wegfall des Belegzwanges.

Möchte der Steuerpflichtige allerdings höhere Werbungskosten als die Pauschalen geltend machen, ist er zur Erbringung des Einzelnachweises verpflichtet. Dies ist in den meisten Fällen steuerlich ohnehin günstiger, das deutsche Steuerrecht lässt darum die Möglichkeit der individuellen Einzelabrechnungen zwischen Bürger und Verwaltung ausdrücklich zu (Die Einkommensteuer ist eine Personensteuer!).

Nach § 9 a S. 1 Nr. 1 EStG lauten die Pauschbeträge:

- Nr. 1   bei den Einnahmen aus
  § 19 EStG: nichtselbständiger Arbeit   2.000,00 DM
                 (Arbeitnehmerpauschbetrag),

- Nr. 2   bei den Einnahmen aus
  § 20 EStG: Kapitalvermögen   100,00 DM
                 (Werbungskostenpauschbetrag),

- Nr. 3   bei wiederkehrenden Bezügen
                 i.S.d. § 22 Nr. 1 und 1 a EStG,
  § 22 EStG: sonstige Einkünfte   200,00 DM.
                 (Werbungskostenpauschbetrag);

Der Steuerpflichtige muss die Gewährung der genannten Pauschbeträge nicht beantragen. Weist er dem Finanzamt keine höheren Aufwendungen als die Pauschbeträge nach, werden diese von Amts wegen berücksichtigt.

Der Steuerpflichtige kann bei Einnahmen aus mehreren Einkunftsquellen der übrigen Einkunftsarten der im § 9 a EStG genannten Einkunftsarten die Pauschbeträge nur einmal beanspruchen. Dabei sind die Werbungskosten aller Einkunftsquellen mit dem jeweiligen Pauschbetrag zu vergleichen.

Nichtselbständige Arbeit § 19 EStG: Beispiel

Der Arbeitnehmer Hotz steht gleichzeitig in zwei Dienstverhältnissen. Seine wirklichen Werbungskosten belaufen sich für das erste Dienstverhältnis auf 1.600,00 DM und für das zweite Dienstverhältnis auf 80,00 DM.

Das Finanzamt gewährt dem Arbeitnehmer Hotz einen Arbeitnehmerpauschbetrag von insgesamt 2.000,00 DM. Wären die tatsächlichen Werbungskosten beider Dienstverhältnisse insgesamt höher als 2.000,00 DM gewesen, wären nur die tatsächlichen (also höheren) Werbungskosten berücksichtigt worden.

Die Vorschrift des § 9 a S. 2 EStG begrenzt den Ansatz des Arbeitnehmerpauschbetrags, dass kein Verlust entstehen kann (eine Steuerermäßigung durch Abzug vom übrigen steuerpflichtigen Einkommen findet nicht statt).

Die Einnahmen aus nichtselbständiger Arbeit eines Studenten betragen   Beispiel
lediglich 1.820,00 DM (Ferienjob).

Der Arbeitnehmerpauschbetrag beläuft sich hier auf lediglich 1.820,00 DM, da kein Verlust entstehen darf.

Würde der Student Werbungskosten von mehr als 1.820,00 DM nachweisen können, dann führen diese tatsächlich nachgewiesenen Werbungskosten zu einem Verlust aus nichtselbständiger Arbeit.

Nichtselbständige Arbeit § 19 EStG)   Beispiel

Die Studentin Anja Gehrke hatte in der Zeit vom 01.07. bis 31.07.01 aushilfsweise in einer Gärtnerei gearbeitet. Ihre Einnahmen betragen 700,00 DM, die nachgewiesenen Werbungskosten 850,00 DM.

Einnahmen aus nichtselbständiger Arbeit	700,00 DM
./. nachgewiesene Werbungskosten	850,00 DM
Verlust aus nichtselbständiger Arbeit	150,00 DM

Im vorliegenden Fall beträgt der Arbeitnehmerpauschbetrag zur Verlustvermeidung 700,00 DM. Aufgrund des höher nachgewiesenen Einzelnachweises werden diese (zum Verlust führenden) Aufwendungen als Werbungskosten von den Einnahmen abgezogen. Der Verlust entspricht den Einkünften aus nichtselbständiger Arbeit.

1.11.6   Ermittlung der Einkünfte aus Kapitalvermögen (§ 20 EStG)

Von den Einnahmen aus Kapitalvermögen ist zur Ermittlung der Einkünfte ein Pauschbetrag von 100,00 DM abzuziehen. Bei Zusammenveranlagung (§§ 26 Abs. 1 und 3, 26 b EStG) von Ehegatten wird ein gemeinsamer Pauschbetrag von 200,00 DM berücksichtigt (§ 9 a S. 1 Nr. 2 EStG). Dieser Pauschbetrag wird auch angerechnet, wenn nur einer der Ehegatten Einnahmen aus Kapitalvermögen hat. Zusammenveranlagte Ehegatten können demnach nur den gemeinsamen Pauschbetrag oder die tatsächlich höheren Werbungskosten abziehen; der Pauschbetrag kann aber beliebig unter den Ehegatten verteilt werden (R 85 Abs. 1 EStR). Eine anderweitige Aufteilung des Pauschbetrages von 200,00 DM kann Bedeutung bei der Gewährung des Altersentlastungsbetrages nach § 24 a EStG erlangen.

Beispiel

	Ehemann (80 Jahre)	Ehefrau (45 Jahre)
Einnahmen aus Kapitalvermögen	7.500,00 DM	3.200,00 DM
./. Werbungskostenpauschbetrag mit abweichender Verteilung	——— →	200,00 DM
./. Sparfreibetrag § 20 Abs. 4 EStG R 156 EStR	3.000,00 DM	3.000,00 DM
Einkünfte	4.500,00 DM	0,00 DM
./. Altersentlastungsbetrag § 24 a EStG: 40 v.H. positive Einkünfte (maximal 3.720,00 DM)	1.800,00 DM	———
Gesamtbetrag der Einkünfte § 2 Abs. 3 EStG	2.700,00 DM	0,00 DM

2.700,00 DM

Bei gleichmäßiger Verteilung des Werbungskostenpauschbetrages wäre ein Gesamtbetrag der Einkünfte von 2.740,00 DM entstanden. Die Basis (beim Ehemann) für die Berechnung des Altersentlastungsbetrages (§ 24 a EStG) wäre durch Abzug des Pauschbetrages entsprechend niedriger gewesen (4.400,00 DM anstelle 4.500,00 DM). Als Folge wäre ein niedrigerer Altersentlastungsbetrag zum Ansatz gekommen, weil dieser 40 v.H. der positiven Summe der Einkünfte beträgt.

1.11.7   Ermittlung der sonstigen Einkünfte (§ 22 EStG)

Von den wiederkehrenden Bezügen i.S.d. § 22 Nr. 1 und 1 a EStG ist ein Werbungskostenpauschbetrag von 200,00 DM abzuziehen, wenn keine höheren Werbungskosten nachgewiesen werden. Nach § 9 a Satz 2 EStG darf der Pauschbetrag (verlustvermeidend) nur bis zur Höhe der Einnahmen abgezogen werden.

Einnahmen aus wiederkehrenden Bezügen	1.000,00 DM	Beispiele
./. Freibetrag § 9 a S. 1 Nr. 1 c EStG	200,00 DM	
Einkünfte § 22 EStG	800,00 DM	
Einnahmen aus wiederkehrenden Bezügen	180,00 DM	
./. Freibetrag § 9 a S. 1 Nr. 3 EStG	180,00 DM	
Einkünfte § 22 EStG (nicht ./. 20,00 DM!)	0,00 DM	

1.11.8   Ermittlung der Einkünfte aus
Vermietung und Verpachtung (§ 21 EStG)

Von den Einnahmen aus Vermietung und Verpachtung sind als Werbungskosten ausschließlich tatsächlich entstandene Bezugsaufwendungen nach Einzelnachweisen abzuziehen. Zu den Werbungskosten gehört auch die Gebäude-AfA nach den standardisierten Sätzen des § 7 Abs. 4 und 5 EStG.

Eine vom Einzelnachweis abweichende Ermittlung der Einkünfte nach dem Pauschalwertprinzip des § 9 a EStG ist mit Wirkung für Veranlagungszeiträume ab 1999 durch Gesetz vom 24.03.1999 nicht (mehr) möglich (BGBl. I, Seite 402).

Als tatsächlich entstandene Werbungskosten aus Vermietung und Verpachtung kommen insbesondere in Betracht:

- Schuldzinsen, Geldbeschaffungskosten und Damni aus Darlehn, die dem Erwerb oder der Herstellung des vermieteten oder verpachteten Objektes dienen; § 9 Abs. 1 S. 3 Nr. 1 EStG;   Beispiele

- Abschlussgebühren für Bausparverträge (unter Einschränkung), jedoch negativ: Prämien für Risiko-Lebensversicherungen (= Sonderausgaben);

- typische Erhaltungsaufwendungen;

- Grundsteuer, Müllabfuhrgebühren, Kanalbenutzungs- und Straßen-
  reinigungsgebühren, Beiträge zur Feuerversicherung, Einbruchversi-
  cherung, Haftpflichtversicherung und sonstige Versicherungen im
  Zusammenhang mit dem Grundstück nach eventuell notwendiger
  Abgrenzung von den Lebenshaltungskosten; § 9 Abs. 1 S. 3 Nr. 2
  EStG;

- Beiträge zu Haus- und Grundbesitzervereinen; § 9 Abs. 1 S. 3 Nr. 3
  EStG;

- Reisekosten im Zusammenhang mit der Vermietung oder Verpachtung;

- verausgabte Umsatzsteuer bei Abfluss, sofern es sich nicht um Vorsteuerbeträge aus Anschaffungs- oder Herstellungskosten handelt;
  BFH 1982 II, 755.

1.11.9   Der Einfluss der Umsatzsteuer auf die Höhe der Einkünfte

Im Bereich der Gewinneinkunftsarten (§ 2 Abs. 1 S. 1 Nrn. 1 bis 3 EStG)
ist der Einfluss der Umsatzsteuer erfolgsneutral, d.h., die Umsatzsteuer
wirkt sich grundsätzlich nicht auf die Höhe der Einkünfte aus. Steuerpflichtige mit Gewinneinkunftsarten erfüllen regelmäßig den Unternehmerbegriff des § 2 Abs. 1 UStG und können grundsätzlich unter den Voraussetzungen der §§ 14, 15 UStG die ihnen in Rechnung gestellte Umsatzsteuer als Vorsteuer geltend machen. Ausnahmen im ertragsteuerlichen Sinne ergeben sich aus § 9 b EStG (R 86 EStR).

Tätigen Steuerpflichtige Aufwendungen im Bereich der Überschusseinkunftsarten, besteht für sie grundsätzlich keine Möglichkeit des Vorsteu-
erabzugs. Dies ist zum einen damit begründet, dass sie als Arbeitnehmer,
Kapitalanleger und z.B. Rentner den Unternehmerbegriff des § 2 Abs. 1
UStG nicht erfüllen bzw. nicht im Rahmen des Unternehmens tätig werden.

Zwar erfüllen Vermieter und Verpächter den umsatzsteuerlichen Unternehmerbegriff. Bei dieser Gruppe scheidet jedoch der Vorsteuerabzug
deshalb aus, weil sie nach § 4 Nr. 12 a UStG steuerbefreite Umsätze erzielen, bei denen der Vorsteuerabzug durch § 15 Abs. 2 S. 1 Nr. 1 UStG
einem Abzugsverbot unterliegt.

Aufwendungen bei Überschusseinkunftsarten sind aber fast immer mit Umsatzsteuer belastet. Aufgrund des Abzugsverbotes wird die Umsatzsteuer zum Kostenfaktor, d.h., die dem Erwerber (Leistungsempfänger) belastende nichtabzugsfähige Rechnungsvorsteuer gehört zu den Aufwendungen. Sie ist demnach in den Werbungskostenabzug bei der Einkünfteermittlung einzubeziehen.

Abzugsfähige Vorsteuer ist kein Kostenfaktor, weil diese vom Finanzamt zurückgezahlt wird bzw. mit steuerpflichtigen Umsätzen verrechnet wird. Nichtabzugsfähige Vorsteuer ist Kostenfaktor und darf in den Werbungskostenabzug einbezogen werden.

Michael Ohnesorg erwirbt eine Rechenmaschine (116,00 DM)

Beispiele

a) für die Verwaltungsarbeit in seiner Firma, die er selbständig führt;
b) für die Verwaltungsarbeit in seiner Firma, in der er Abteilungsleiter ist.

Lösung zu a):

Ohnesorg erzielt Einkünfte aus Gewerbebetrieb i.S.d. § 15 Abs. 1 S. 1 Nr. 1 i.V.m. § 2 Abs. 1 S. 1 Nr. 2 EStG. Die Betriebsausgabe (§ 4 Abs. 4 EStG) beträgt unter Anwendung der Bewertungsfreiheit des § 6 Abs. 2 EStG (Geringwertiges Wirtschaftsgut bis 800,00 DM) 100,00 DM und ist sofort abzugsfähig. Die Rechnungsvorsteuer (§ 14 Abs. 1 i.V.m. § 15 Abs. 1 Nr. 1 S. 1 UStG) in Höhe von 16,00 DM ist *erfolgsneutral*, weil Ohnesorg als Unternehmer (§ 2 Abs. 1 UStG) einen Erstattungs- bzw. Verrechnungsanspruch gegenüber dem Finanzamt hat.

Lösung zu b):

Ohnesorg erzielt Einkünfte aus nichtselbständiger Arbeit i.S.d. § 19 Abs. 1 S. 1 Nr. 1 i.V.m. § 2 Abs. 1 S. 1 Nr. 4 EStG. Er ist Arbeitnehmer (§ 1 Abs. 1 LStDV) und erhält für seine Arbeitskraft Arbeitslohn (§ 2 Abs. 1 LStDV).

Aufgrund der Nutzung am Arbeitsplatz hat Ohnesorg ein Arbeitsmittel i.S.d. § 9 Abs. 1 S. 1 Nr. 6 EStG angeschafft. Er darf dieses Arbeitsmittel als Werbungskosten von den Einnahmen aus nichtselbständiger Arbeit abziehen. Zu beachten ist § 9 a S. 1 Nr. 1 EStG (Arbeitnehmerpauschbetrag in Höhe von 2.000,00 DM).

Die Bewertungsfreiheit (GwG) des § 6 Abs. 2 EStG gilt über § 9 Abs. 1 S. 3 Nr. 7 S. 2 EStG entsprechend für die Überschusseinkunft auf nichtselbständige Arbeit.

Ohnesorg kann die Rechnungsvorsteuer (§ 14 Abs. 1 i.V.m. § 15 Abs. 1 S. 1 Nr. 1 UStG) in den Werbungskostenabzug einbeziehen. Nach allem betragen die Werbungskosten 116,00 DM.

Nach § 6 Abs. 2 S. 1 EStG beträgt zur Anerkennung eines erworbenen oder hergestellten Wirtschaftsgutes als GwG die Grenze nicht mehr als 800,00 DM, bei Gewinneinkunftsarten vermindert um einen darin enthaltenen Vorsteuerabzug (§ 9 b Abs. 1 EStG). Daraus folgt über § 9 Abs. 1 S. 3 Nr. 7 S. 2 EStG für die Überschusseinkunftsarten ein *Grenzwert einschließlich der Vorsteuer von 928,00 DM* (Steuersatz 16 v.H. gemäß § 12 Abs. 1 UStG).

1.11.10 Nicht einkunftsbezogene Aufwendungen

Kann man bestimmte Aufwendungen keiner Einkunftsart i.S.d. § 2 Abs. 1 EStG zuordnen, dann dürfen sie bei keiner Einkunftsart als Betriebsausgaben bzw. Werbungskosten abgezogen werden. Aufwendungen, die auf die Erzielung von Einnahmen i.S.d. Einkunftsarten ausgerichtet sind, sind als Betriebsausgaben bzw. Werbungskosten berücksichtigungsfähig. Auch wenn ein Abzugsverbot als Betriebsausgabe i.S.d. § 4 Abs. 5 EStG, das über § 9 Abs. 5 EStG in Teilbereichen auch sinngemäße Anwendung bei den Werbungskosten findet, zu beachten ist, sind die nicht abzugsfähigen Aufwendungen auch in diesem Fall als einkunftsbezogene Aufwendungen anzusehen.

Den abziehbaren Aufwendungen stehen die mit dem Fachbegriff der nicht abzugsfähigen Kosten der privaten Lebensführung aus der Einkünfteermittlung auszuklammernden Lebenssachverhalten gegenüber. Die Kosten der privaten Lebensführung stehen in keinem Zusammenhang mit der Erzielung von Einkünften. In dieser Frage liegen die hauptsächlichen Streitpunkte zwischen den Steuerbürgern – der Steuerberatung – und den Finanzbehörden. Derartige Kosten sind bei der Ermittlung des zu versteuernden Einkommens nicht abzugsfähig; vgl. § 12 Nr. 1 EStG. Bei so genannten gemischten Aufwendungen, das sind Aufwendungen, die teils der beruflichen und teils der privaten Sphäre zuzuordnen sind, führt R 117 Satz 3 EStR Folgendes aus:

Beachten

Lässt sich eine Trennung der Aufwendungen nicht leicht und einwandfrei durchführen oder ist nur schwer erkennbar, ob sie mehr dem Beruf oder mehr der privaten Lebensführung gedient haben, so gehört *der gesamte Betrag* nach § 12 Nr. 1 EStG zu den nicht abzugsfähigen Aufwendungen.

Erfolgskontrolle

Der Mandant Kuno Wolkenbruch erscheint in der Steuerberatungskanzlei Clemens Quast und wendet sich an Sie mit seinem Problem:

L ösungen
siehe
Anhang

Mit freudigem Gesicht teilt er Ihnen mit, er habe seiner vierzehnjährigen Tochter ein Pferd gekauft. Ferner äußert er, seine „liebe Kleine" habe dadurch derartige Motivationsschübe in der Schule, dass sie deshalb einen höherwertigen Beruf als geplant ergreifen wird, höhere Steuern zahlen wird und zur „Melkkuh" für das Finanzamt werden würde.

Er trägt Ihnen vor, dass er erwarte, das dieser Aufwandsposten als Werbungskosten in einer von Ihnen zu erstellende Steuererklärung der Tochter erscheint, weil er vorweggenommene Werbungskosten zur Erwerbung von Einnahmen darstelle. Inzwischen sehen Sie mindestens vier Augenpaare auf sich gerichtet, u.a. das Ihres schmunzelnden Chefs. Noch bevor Sie antworten können, räuspert sich Wolkenbruch darüber, dass sich das Finanzamt bei jeder seiner Nachfragen über den Bearbeitungsstand seiner Steuererklärung stets über Arbeitsüberlastung bei ihm beklage. Wolkenbruch sieht darin eine Chance, dass der vielleicht strittig werdende Aufwandsposten „Reitpferd" einfach abgehakt wird. Er bittet Sie diesbezüglich um möglichst doppeldeutige Formulierungen, jedoch so, dass ihm keiner etwas anhängen könne. Nach allem erhalten Sie das Beratungsmandat.

1.   Steuerliche Beratung des Mandanten Wolkenbruch. Deuten Sie den Sinn einer vorweggenommenen Ausgabe bei einer Schülerin a) ohne Einkommen, b) mit Einkommen (z.B. § 20 EStG).

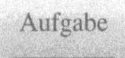

Aufgabe

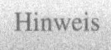

Hinweis

    ▪   R117 bis H123 EStR.

1.12   Besondere Kosten der privaten Lebensführung

Besondere Bereiche der privaten Lebensführung werden von der Gesetzgebung zum Abzug von den steuerlichen Einkünften zugelassen. Vom
Abzugsverbot ausgenommen werden Sonderausgaben und außergewöhnliche Belastungen.

1.12.1   Definition der Sonderausgaben

Unter Sonderausgaben versteht man Kosten der privaten Lebensführung,
die im § 10 EStG abschließend aufgezählt sind. Sie dürfen weder zu den
Betriebsausgaben noch zu den Werbungskosten gehören.

Aufzählung (abschließend):

- Unterhaltsleistungen an den geschiedenen oder dauernd getrennt
  lebenden Ehegatten unter den in § 10 Abs. 1 Nr. 1 EStG genannten
  Voraussetzungen.
- Auf besonderen Verpflichtungsgründen beruhende Renten und dau-
  ernde Lasten i.S.d. § 10 Abs. 1 Nr. 1 a EStG.
- Bestimmte Versicherungen nach den Tatbestandsmerkmalen des
  § 10 Abs. 1 Nr. 2 EStG.
- Gezahlte Kirchensteuer (§ 10 Abs. 1 Nr. 4 EStG).
- Steuerberatungskosten (§ 10 Abs. 1 Nr. 6 EStG).
- Berufsausbildung und Weiterbildung in einem nicht ausgeübten Be-
  ruf (§ 10 Abs. 1 Nr. 7 EStG).
- Hauswirtschaftliche Beschäftigungsverhältnisse
  (§ 10 Abs. 1 Nr. 8 EStG).
- Aufwendungen für den Besuch eines Kindes in einer Ersatz- bzw.
  Ergänzungsschule (§ 10 Abs. 1 Nr. 9 EStG).
- Mitgliedsbeiträge und Spenden für steuerbegünstigte Zwecke i.S.d.
  § 10 b EStG.

Der § 10 Abs. 2 EStG benennt weitere Voraussetzungen, nach denen eine
in Abs. 1 Nr. 2 abschließend aufgezählte Sonderausgabe als solche abzugsfähig ist.

Der § 10 Abs. 3 EStG bestimmt, nach welchen Höchstbeträgen *Vorsorgeaufwendungen* als Sonderausgaben abzugsfähig sind. Vorsorgeaufwendungen sind ausschließlich die in § 10 Abs. 1 Nr. 2 EStG aufgezählten Sonderausgaben (Versicherungsbeiträge ohne Sachversicherungen);
vgl. § 10 Abs. 2 S. 1 EStG. Diese Aufwendungen dürfen u.a. nicht in
unmittelbarem wirtschaftlichen Zusammenhang mit steuerfreien Einnahmen stehen (§§ 3, 3 b EStG).

Der § 10 Abs. 5 EStG regelt die Fälle, bei denen eine *Nachversteuerung* vorgenommen werden muss.

Nach § 2 Abs. 4 EStG werden die Sonderausgaben vom Gesamtbetrag der Einkünfte abgezogen.

1.12.2   Erläuterung der außergewöhnlichen Belastungen

Außergewöhnliche Belastungen sind durch § 33 EStG gesetzlich geregelte Lebenshaltungskosten, die auf Antrag vom Gesamtbetrag der Einkünfte (§ 2 Abs. 4 EStG) abgezogen werden.

Voraussetzung ist allerdings, dass dem Steuerpflichtigen zwangsläufig größere Aufwendungen als der überwiegenden Mehrzahl der Steuerpflichtigen gleicher Einkommensverhältnisse, gleicher Vermögensverhältnisse und gleichen Familienstandes erwachsen. Der Steuerpflichtige selbst muss belastet sein. Aufwendungen müssen ihm entstanden sein. Erstattungen und Vergütungen von dritter Hand sind grundsätzlich unter Durchbrechung des Vereinnahmungsprinzips des § 11 Abs. 1 EStG von den Aufwendungen abzuziehen. Vorgänge auf der Vermögensebene sind i.d.R. nicht zu berücksichtigen, Entsprechendes gilt für Aufwendungen, bei denen der Steuerpflichtige einen Gegenwert erhält.

Die Aufwendungen müssen *zwangsläufig* erwachsen. Dies ist der Fall, wenn sich der Steuerpflichtige ihnen aus rechtlichen, tatsächlichen oder sittlichen Gründen nicht entziehen kann und die Aufwendungen dem Grunde nach notwendig und angemessen sind.

Typische außergewöhnliche Belastungen sind z.B. (eine abschließende Aufzählung wie beim § 10 EStG ist beim § 33 EStG nicht möglich):

Krankheits- und Unfallkosten,

Kosten einer Badekur (bei ärztlichem Nachweis),

Wiederbeschaffung von Hausrat und Bekleidung (die Gegenstände müssen durch ein unabwendbares Ereignis wie Brand, Unwetter, Katastrophen verloren gegangen oder zerstört worden sein).

Kosten der Beerdigung, die den Nachlass übersteigen, jedoch ohne Aufwendungen für Trauerbekleidung und Beerdigungskaffee.

Die vorgenannten Aufwendungen sind nach Kürzung um Leistungen aus dritter Hand um die zumutbare Eigenbelastung (vgl. § 33 Abs. 3 EStG) zu mindern. Die zumutbare Eigenbelastung ergibt sich durch Anwendung eines v.H.-Satzes auf die Bemessungsgrundlage Gesamtbetrag oder Einkünfte. Die Höhe des v.H.-Satzes ist von dieser Bemessungsgrundlage und von den Familienverhältnissen des Steuerpflichtigen abhängig.

Die Vorschrift des § 33 EStG behandelt die allgemeinen außergewöhnlichen Belastungen und wird durch die §§ 33 a bis b EStG hinsichtlich besonders gesetzlich definierter außergewöhnlichen Belastungen ergänzt. Diese Regelungen behandeln folgende Bereiche:

- Unterhaltszahlungen an bedürftige Angehörige (§ 33 a Abs. 1 EStG),
- Ausbildungsfreibetrag (§ 33 a Abs. 2 EStG),
- Hausgehilfin bzw. Haushaltshilfe (§ 33 a Abs. 3 EStG),
- Heimfreibetrag (§ 33 a Abs. 3 EStG),
- Pauschbeträge für Behinderte und Hinterbliebene (§ 33 b EStG).

Fazit:

Der Betriebsausgaben- und Werbungskostenabzug ist lediglich allgemein definiert. Der § 4 Abs. 4 EStG formuliert nur äußerst dürftig; der § 9 EStG enthält nur eine beispielhafte Aufzählung. Dagegen ist die steuerliche Berücksichtigung von Sonderausgaben und außergewöhnlichen Belastungen deutlich umrissen.

Lässt sich eine Aufwendung weder als Betriebsausgabe (Gewinneinkunftsarten) bzw. Werbungskosten (Überschusseinkunftsarten) einstufen und fällt sie auch nicht dem Sonderausgabenbereich und den außergewöhnlichen Belastungen zu, dann scheidet sie endgültig aus der Ermittlung des zu versteuernden Einkommens aus.

Beispiel

Kunigunde Streit, geborene Krach, hat im Laufe des Jahres 01 u.a. Aufwendungen für ihre Ernährung, Kleidung und Wohnung (Miete) getragen. Zudem hat sie Beiträge zu ihrer Lebensversicherung geleistet. Aufgrund einer Erkrankung zahlte Frau Streit Behandlungskosten an einen Heilpraktiker, die nicht von der Krankenversicherung übernommen wurden.

Alle Aufwendungen zählen zu den Kosten der privaten Lebensführung (Lebenshaltungskosten), die grundsätzlich unter das Abzugsverbot des § 12 EStG fallen. Sie scheiden bei der Ermittlung des zu versteuernden Einkommens grundsätzlich aus.

Der Gesetzgeber lässt aber durch § 10 Abs. 1 Nr. 2 b EStG ausdrücklich die Beiträge zu Lebensversicherung zum Abzug als Sonderausgaben zu. Gleichwohl können die nicht von dritter Hand erstatteten Kosten für den Heilpraktiker nach § 33 EStG als allgemeine außergewöhnliche Belastungen Zugang zum Steuerrecht finden. Die zuletzt genannten Aufwendungen rechnen also zu den abzugsfähigen Lebenshaltungskosten. Bei den übrigen Aufwendungen handelt es sich endgültig um nicht abzugsfähige Kosten der privaten Lebensführung.

Erfolgskontrolle

Am 23.11 01 gegen 15.00 Uhr nachmittags erscheint nach telefonischer Terminvereinbarung der neue Mandant Kevin Mc Kenna in der Steuerberatungskanzlei Clemens Quast. Nachdem Sie den Mandanten begrüßt und ihm einen Platz angeboten haben, fragen Sie zunächst, ob er durch eine Beratung durch eine(n) Auszubildende(n) einverstanden sei; zur Not seien Herr Steuerberater Quast und Frau Steuerfachassistentin Klug in Reichweite. Nachdem Kevin Mc Kenna, der über ausgezeichnete Deutschkenntnisse verfügt, keinen Einwand erhob, trägt er Ihnen den Sachverhalt mit der Bitte um steuerliche Stellungnahme vor:

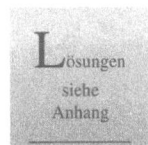

Lösungen siehe Anhang

Kevin Mc Kenna ist von Beruf Koch. Nach einer etwa einjährigen Periode der Arbeitslosigkeit in seinem Heimatland Schottland hatten seine Bemühungen Arbeit zu finden endlich Erfolg. Das Luxushotel „Prinz von Hohenzollern", bis weit über die Tore der Stadt bekannt, bot ihm zum 01.06.01 eine Dauerstellung als Koch für internationale Gerichte mit allerhöchstem kulinarischen Anspruch an.

Am 31.05.01 reiste Kevin Mc Kenna von Schottland in die Bundesrepublik ein. Sein Arbeitgeber gewährt ihm fortlaufend eine Dienstwohnung und freie Kost, wodurch sein Festgehalt entsprechend niedriger ausfällt. Die Dienstwohnung wird monatlich mit 600,00 DM (ortsüblich) und die Beköstigung mit 100,00 DM monatlich, was ebenfalls nicht zu beanstanden ist, angesetzt. Das Festgehalt beträgt brutto 3.500,00 DM im Monat.

Anlässlich des Stellenantritts sind Mc Kenna Bewerbungskosten in Höhe von insgesamt 700,00 DM entstanden. Hierunter befinden sich zum größten Teil Aufwendungen für fehlgeschlagene Bewerbungen. Die Umzugskosten betragen lediglich 400,00 DM für einen einfachen Flug nach Deutschland. Weitere Umzugskosten sind nicht entstanden, da Mc Kenna nur mit einem Koffer anreiste und nötige Gegenstände hier beschaffen will. Seine Aufwendungen für Straßenbekleidung und Dinge des täglichen Bedarfs belaufen sich bisher auf 1.100,00 DM. Ein Arbeitsmittel verursachte einen Kostenfaktor von 928,00 DM einschließlich der Mehrwertsteuer.

Anlässlich seines Stellenwechsels gab Kevin Mc Kenna seinen neuen Arbeitskollegen ein „Einstandsfest". An Bewirtungskosten für Arbeitnehmer entstanden ihm für das Fest – bei dem viel gelacht und noch mehr getrunken wurde – insgesamt 2.200,00 DM, was hauptsächlich auf echte Single Malt Highland-Whiskysorten, die für das Fest angeschafft worden sind, zurückzuführen ist.

Kevin Mc Kenna ist noch in Schottland versichert. Seine gesamten Versicherungsaufwendungen (ohne Sachversicherungen) betragen im Kalenderjahr 01 umgerechnet 4.800,00 DM.

Seit seinem Aufenthalt in Deutschland war Kevin Mc Kenna insgesamt zweimal zuhause. In seinem Sommerurlaub besuchte er seine kränkelnde Mutter in Iverness (800,00 DM Flugkosten) sowie später anlässlich des plötzlichen Todes seines Vaters zu dessen Beerdigung (800,00 DM Flugkosten).

Kevin Mc Kenna wird das Vermögen seines Vaters erben. Zum Erbe gehört ein vermietetes Haus in Iverness mit einem Mietertrag von umgerechnet 12.000,00 DM pro Jahr. Der Wert des Grundstücks beträgt umgerechnet etwa 600.000,00 DM. Aus dem Sparvermögen des Vaters rechnet Mc Kenna ab Todestag (01.12.01) mit einem Gewinn von 700,00 DM. Er möchte das Guthaben nach Deutschland transferieren.

Der Mandant möchte zum 01.01.02 mit einem Arbeitskollegen eine Köche-Gesellschaft in Rechtsform einer GbR gründen. Zweck der Gesellschaft ist die Anbietung und Zubereitung internationaler Gerichte auch „außer Haus".

Aufgabenteil 1 (Allgemeiner Teil):

Ihr Mandant lebt noch nicht lange in Deutschland. Aufgrund völlig anderer Gesetze seines Heimatlandes wünscht Kevin Mc Kenna einen generellen Überblick über die Einkommensteuer:

2.   Welche Steuer ist die Einkommensteuer finanzpolitisch?

3.   Nach welchen Rechtsgrundlagen erhebt und verwaltet die Bundesrepublik Deutschland die Einkommensteuer?

4.   Erläutern Sie kurz das Wesen der Einkommensteuer.

5.   Wodurch unterscheiden sich direkte Steuern von den indirekten Steuern hauptsächlich?

6.   Welche Erhebungsformen der Einkommensteuer sind Ihnen bekannt? Wie werden im Fall Mc Kenna die Einkommensteuern erhoben?

7.   Muss Mc Kenna mit Mehrfachbesteuerung in Deutschland und Schottland rechnen, weil er im Jahr 01 in beiden Staaten ansässig war? Rechtsgrundlagen?

Aufgabenteil 2 (persönliche Steuerpflicht):

8. Welche Steuerpflicht kommt für Kevin Mc Kenna in Betracht? Nennen Sie die Tatbestandsmerkmale der Steuerpflicht, für die Sie sich entscheiden und führen Sie die gesetzliche Rechtsgrundlage an.

9. Bekanntlich lebte der Mandant bis zum 31.05.01 in seinem Heimatland Schottland. Welche Steuerpflicht kommt für ihn bis dahin in Frage?

10. Falls Sie Ihr Mandant im Jahr 02 mit der Erstellung der Einkommensteuererklärung für das Jahr 01 beauftragt, werden Sie welchen Besteuerungszeitraum wählen? Welche Rechtsgrundlage führen Sie an?

11. Ist die Köche-GbR unbeschränkt einkommensteuerpflichtig? Wenn nein, warum nicht und wer ist es dann? Geht dem Staat nicht ein Einkommensteuerzahler (nämlich die GbR) verloren? Begründen Sie Ihre Auffassung anhand gesetzlicher Zitate. Welches Verfahren schreibt die Abgabenordnung für die Besteuerung einer Einkunftsquelle mit mehreren Beteiligten vor? Rechtsgrundlagen?

Aufgabenteil 3 (sachliche Steuerpflicht):

12. Welche Einnahmen erzielt Kevin Mc Kenna? Ordnen Sie die Einkunftsarten nach einem vorgeschriebenen Schema begrifflich ein und entscheiden Sie, ob es sich um Gewinn- bzw. Überschusseinkunftsarten handelt.

13. Nehmen Sie an, die Köche-GbR scheitert, weil die Geschäftsidee mit den Arbeitszeiten beider Gesellschafter unvereinbar ist. Können Mc Kenna und sein Partner Aufwendungen, die zur Gründung der GbR entstanden sind, als Verlust geltend machen, obwohl die Gesellschaft niemals Einnahmen erzielt hat?

14. Welche Gewinnermittlungsart würden Sie der GbR vorschlagen (im Hinblick auf ein weiteres Mandat!)? Kann die GbR die Gewinnermittlungsart wählen?

15. Muss Mc Kenna in seiner deutschen Einkommensteuererklärung die Vermietungseinkünfte und die Kapitaleinkünfte erklären? Gehen Sie davon aus, dass der Mandant wegen der Besteuerung in Schottland einem Ansatz in Deutschland widerspricht, da er Doppelbesteuerung befürchtet. Wie erklären Sie ihm das und welchen Begriff verwenden Sie unbedingt? Macht es etwas aus, dass Mc Kenna das geerbte Spargeld seines Vaters nach Deutschland transferieren will?

Stellen Sie noch einmal die Einkunftsarten des Kevin Mc Kenna fest, die er in Deutschland erzielt.

16. Aus welchen Teilen setzen sich die Einnahmen des Mandanten zusammen? Ermitteln Sie die Höhe der Einnahmen für das Kalenderjahr 01.

17. Kann Mc Kenna seine Bewerbungskosten von den Einnahmen absetzen? Wie lautet der Fachbegriff? Spielt es eine Rolle, dass sich der weitaus größte Teil der Bewerbungen aus Misserfolgen zusammensetzt?

18. Kann Mc Kenna seine Umzugskosten absetzen? Würden Sie einen höheren Pauschalwertansatz, z.B. nach dem Bundesumzugskostengesetz oder die nachgewiesenen Flugkosten mit 400,00 DM ansetzen? Siehe R 41 LStR.

19. Ist Mc Kenna berechtigt, aufgrund der Anschaffung von Straßenbekleidung und Dingen des täglichen Bedarfs eine Steuerermäßigung zu erhalten? Mc Kenna argumentiert wie folgt:

„Der Erwerb neuer Gegenstände vor Ort hat den Umzug wesentlich billiger gemacht. Wäre ich mit meinem gesamten Hausrat umgezogen, dann hätte das Finanzamt deutlich höhere Umzugskosten anerkennen müssen. Es ist deshalb nur gerecht, dass ich meine hier erworbene Straßenbekleidung und die übrigen Kleinigkeiten von der Steuer – quasi zum Ausgleich – absetze.“

Die berufliche Verwendung des Arbeitsmittels ist unstreitig. Mc Kenna hat in einem Steuerratgeber gelesen, dass Arbeitsmittel bis zu 800,00 DM sofort von der Steuer abgesetzt werden können. Seine Anschaffungskosten betragen aber 928,00 DM mit Mehrwertsteuer. Er bittet um Ihren Rat.

Hinsichtlich des Einstandsfestes beruft sich Kevin Mc Kenna auf die Vorschrift des § 4 Abs. 5 S. 1 Nr. 2 EStG, einer weiteren Information aus dem Steuerratgeber. Er möchte 80 v.H. der Aufwendungen steuermindernd berücksichtigen. Falls Sie Einwände erheben, bittet er um Prüfung, ob der Aufwandsposten als allgemeine außergewöhnliche Belastungen berücksichtigt werden kann. Aus Intergrationsgründen konnte er sich einem „Einstand“ sittlich und moralisch nicht entziehen. Schließlich habe er es als Ausländer besonders schwer, akzeptiert und anerkannt zu werden. Er bittet um Stellungnahme und Angabe von rechtlichen Grundlagen. Prüfen Sie auch, ob ein Pauschalansatz greift bzw. ob der Ansatz aller echten Aufwendungen günstiger ist.

20. Kann der Mandant Versicherungsbeiträge von der Steuer absetzen? Wie lautet der Fachbegriff? Welche Position nimmt der Fachbegriff im Berechnungsschema des zu versteuernden Einkommens ein?

Alle Beträge werden an das Versicherungsunternehmen „Black Widow" mit Sitz in Glasgow entrichtet. Die Versicherung wirbt auch in Deutschland Kunden an.

Sie bitten Herrn Mc Kenna um einen Augenblick Geduld, damit Sie in de Fachliteratur nachlesen können. Wo werden Sie nach einer Lösung suchen? Wie lautet Ihre Lösung?

21. Kann Mc Kenna seine Heimflüge zu den beiden genannten Anlässen von der Steuer absetzen? Wie lautet der Fachbegriff und welche Position nimmt dieser im Berechnungsschema des zu versteuernden Einkommens ein? Konnte sich der Mandant den beiden Besuchen in seiner Heimat sittlich und moralisch entziehen? Prüfen Sie, ob die Beerdigungskosten, sofern sie von Mc Kenna getragen worden sind, steuerlich abzugsfähig sind? Wie beurteilen Sie Erstattungen aus dritter Hand, sofern sich im Gespräch deren Zufluss herausstellt? Was ist zum Nachlass des verstorbenen Vaters zu sagen?

Nach allem bedankt sich Kevin Mc Kenna für die steuerliche Beratung und verlässt das Büro. Es wird zu einem Dauermandat kommen.

1.13   Gewinnermittlungsarten

Betriebsvermögensvergleich, Einnahme-Überschussrechnung, Unterschiede zwischen den Gewinnermittlungsarten, Übergänge in die andere Gewinnermittlungsart:

1.13.1   Der Betriebsvermögensvergleich

Bei den Gewinneinkunftsarten i.S.d. § 2 Abs. 1 S. 1 Nrn. 1 bis 3 EStG bildet der erzielte Gewinn eines Wirtschaftsjahres (§ 4 a EStG) die Besteuerungsgrundlage für die Besteuerung nach dem Einkommen (§ 2 Abs. 2 Nr. 1 EStG). Die Vorschriften der §§ 4 bis 7 k EStG werden allgemein als Bilanzsteuerrecht bezeichnet. Selbständig tätige Personen der ersten drei Einkunftsarten haben ihre wirtschaftliche Existenz in aller Regel auf einem Vermögen aufgebaut. Mit Hilfe diesen Vermögens wird gewirtschaftet, damit es durch Erträge vermehrt wird.

Aus diesem Gedanken hat der Gesetzgeber die Definition des Gewinns (§ 4 Abs. 1 EStG) hergeleitet.

Hiernach ist Gewinn der Unterschiedsbetrag zwischen dem Betriebsvermögen am Schluss des Wirtschaftsjahres und dem Betriebsvermögen am Schluss des vorangegangenen Wirtschaftsjahres, vermehrt um den Wert der Einnahmen und vermindert um den Wert der Einlagen. § 6 EStDV regelt die Besonderheiten bei Neueröffnung bzw. Einstellung im Laufe eines Kalenderjahres.

Der Grundfall einer Gewinnermittlung geht also von diesem Betriebsvermögensvergleich (auch Bestandsvergleich genannt) aus. Allerdings lässt das EStG in § 4 Abs. 3 EStG für nicht nach anderen Gesetzen (z.B. HGB) zur Buchführung Verpflichtete und Freiberuflern (§ 18 Abs. 1 Nr. 1 EStG) die vereinfachende Einnahmeüberschussermittlung, eine Darstellung, die den Betriebseinnahmen die Betriebsausgaben gegenüberstellt, zu. Voraussetzung ist, dass sich – gemessen über mehrere Gewinnermittlungszeiträume – der gleiche Gewinn einstellt. Man spricht vom Totalgewinn, bzw. von der Totalgewinngleichheit. Für die Gewinnermittlung stellt das EStG insgesamt drei Gewinnermittlungsarten zur Verfügung:

1. Betriebsvermögensvergleich   § 4 Abs. 1 EStG
2. Einnahme-Überschussrechnung   § 4 Abs. 3 EStG
3. Durchschnittssätze   § 13 a EStG

Der Kaufmann kann die Gewinnermittlungsart grundsätzlich nicht selbst bestimmen. Es gelten folgende Normen:

Zur Gewinnermittlung nach § 4 Abs. 3 EStG sind berechtigt:

*   Land- und Forstwirte (§ 13 EStG, § 2 Abs. 1 S. 1 Nr. 1 EStG), die nicht gemäß §§ 140, 141 AO zur Buchführung verpflichtet sind und auf die § 13 a EStG nicht zutrifft (vgl. R 127 EStR)
*   Gewerbetreibende (§ 15 EStG, § 2 Abs. 1 S. 1 Nr. 2 EStG), die nicht gemäß §§ 140, 141 AO zur Buchführung verpflichtet sind
*   Freiberufler (§ 18 Abs. 1 Nr. 1 EStG, § 2 Abs. 1 S. 1 Nr. 3 EStG), und zwar ohne jede Einschränkung.

Die Gewinnermittlung i.S.d. § 4 Abs. 3 EStG verpflichtet lediglich zur Einhaltung bestimmter Aufzeichnungspflichten (§§ 143, 144 AO, § 22 UStG, § 4 Abs. 7, § 6 Abs. 2 S. 4, § 4 Abs. 3 S. 5 EStG).

Land- und Forstwirte und Gewerbetreibende können nach den Bestimmungen der §§ 140, 141 AO zur Buchführung verpflichtet sein. Erfüllt dieser Personenkreis die Tatbestandsmerkmale der §§ 140, 141 AO zwar nicht, können freiwillig Bücher geführt und regelmäßige Abschlüsse gefertigt werden. Auch die nicht dem Buchführungszwang unterliegenden Freiberufler können freiwillig durch Bestandsvergleich ihren Gewinn ermitteln.

1.13.2 Umfang und Bewertung des Betriebsvermögens

Unterliegen Gewerbetreibende der Gewinnermittlung nach § 4 Abs. 1 EStG, gelten für den Umfang und die Bewertung des Betriebsvermögens fundamental die handelsrechtlichen Grundsätze ordnungsgemäßer Buchführung (GoB); vgl. hierzu § 5 Abs.1 EStG.

Widersprechen die handelsrechtlichen Bilanzansätze den Bestimmungen des EStG, hat das Steuerrecht Vorrang vor dem Handelsrecht. Man spricht vom so genannten Bewertungsvorbehalt (vgl. § 5 Abs. 6 EStG). Gewerbetreibende, die nach § 140 AO den Bestandsvergleich anwenden müssen, haben die §§ 238 ff. HGB zu beachten, wonach sich für eine doppelte Buchführung folgende Pflichten ergeben:

- Erstellung einer Gewinn- und Verlustrechnung (§ 242 Abs. 2 HGB)
- Führung mindestens eines Grundbuches zur chronologischen (vollständigen) Erfassung aller Geschäftsvorfälle
- Führung eines Hauptbuches (Bestand- und Erfolgskonten)
- Führung von Geschäftsfreundebüchern
- Inventare und Bilanzen

Die Bilanzen und die Gewinn- und Verlustrechnung bilden den Jahresabschluss (§ 242 Abs. 3 HGB).

1.13.3 Legaldefinition des Betriebsvermögensvergleichs

Das Betriebsvermögen ist die Differenz zwischen den bewerteten Güterbeständen, also den Vermögenswerten und den Schulden des Betriebs. Man bezeichnet es als Eigenkapital bzw. nur als Kapital. Sind die Schulden höher als das Vermögen, ergibt sich ein negatives Betriebsvermögen.

Haben außerbetriebliche Vorgänge innerhalb der Gewinnermittlungsperiode das Kapital beeinflusst, hat eine Hinzurechnung der Entnahmen und eine Kürzung der Einlagen zu erfolgen. Dies ist nur konsequent, denn das Steuerrecht schreibt im § 12 EStG vor, dass *private Vorgänge* den Gewinn nicht beeinflussen dürfen.

Als private Vorgänge kommen vor allem in Betracht:

- Ausgaben für den Haushalt und den Unterhalt von Familienangehörigen
- sonstige Lebenshaltungskosten
- freiwillige Zuwendungen und Zuwendungen an gesetzlich unterhaltsberechtigte Personen
- Personensteuern (z.B. Einkommensteuer)
- in einem Strafverfahren festgesetzte Geldstrafen
- Umsatzsteuer für Umsätze, die Entnahmen sind
- Vorsteuerbeträge für Aufwendungen, für die bestimmte Abzugsverbote gelten

Im Betriebsvermögensvergleich setzt sich somit eine Konformität mit allen Einkunftsarten durch, wonach vormals genannten Privataufwendungen weder bei den Überschusseinkunftsarten, noch überhaupt vom Gesamtbetrag der Einkünfte abgezogen werden dürfen. Natürlich erstrecken sich die Abzugsverbote auch auf die Gewinnermittlung durch Einnahme-Überschussrechnung (§ 4 Abs. 3 EStG). In einem weiten Sinn dient der Begriff des Betriebsvermögens, den Gegensatz zum Privatvermögen zum Ausdruck zu bringen.

Eigenkapital (Kapital):

Das (Eigen-)Kapital findet sich als Saldogröße auf der Passivseite der Bilanz, wenn die Vermögenswerte die Schulden übersteigen; im Umkehrfall ist es auf der Aktivseite ausgewiesen.

Aktiva	Bilanz	Passiva	Aktiva	Bilanz	Passiva
Anlagevermögen		**Eigenkapital**	**Eigenkapital**		langfr. Schulden
Umlaufvermögen		langfr. Schulden kurzfr. Schulden	Anlagevermögen		kurzfr. Schulden
			Umlaufvermögen		
Bilanzsumme		Bilanzsumme	Bilanzsumme		Bilanzsumme

Vermögenswerte (= Aktivseite) sind größer als die Schulden.

Schulden (= Passivseite) sind größer als die Vermögenswerte.

Betriebsvermögensvergleich (Formel):

Betriebsvermögen am Schluss des Wirtschaftsjahres	100.000,00 DM
./. Betriebsvermögen am Schluss des vorangegangen Wirtschaftsjahres	50.000,00 DM
Unterschiedsbetrag	50.000,00 DM
+ Entnahmen	70.000,00 DM
./. Einlagen	10.000,00 DM
= Gewinn:	110.000,00 DM

1.13.4 Umfang und Gegenstand des Betriebsvermögens

- Umfang:

Zum Betriebsvermögen gehören alle Wirtschaftsgüter, die im wirtschaftlichen Eigentum (vgl. § 39 Abs. 2 Nr. 1 AO) des Betriebsinhabers stehen und von diesem betrieblich angeschafft, hergestellt oder eingelegt worden sind.

Im Bilanzsteuerrecht kommt dem Begriff des wirtschaftlichen Eigentums zentrale Bedeutung zu. Demnach gehören zum Betriebsvermögen des Betriebsinhabers nicht nur die Wirtschaftsgüter, die in seinem juristischen Eigentum (vgl. § 39 Abs. 1 AO) stehen, sondern auch diejenigen, die ihm wirtschaftlich zuzurechnen sind. § 39 Abs. 2 Nr. 1 S. 1 AO definiert hierzu:

„Übt ein anderer als der Eigentümer die tatsächliche Herrschaft über ein Wirtschaftsgut in der Weise aus, dass er den Eigentümer im Regelfall für die gewöhnliche Nutzungsdauer von der Einwirkung auf das Wirtschaftsgut wirtschaftlich ausschließen kann, so ist ihm das Wirtschaftsgut zuzurechnen".

Versicherungsvertreter Lästig nutzt dauerhaft den Pkw seiner Lebensgefährtin für seine Kundenbesuche. Die betriebsgewöhnliche Nutzungsdauer des Pkw beträgt noch ein Jahr. Das Fahrzeug steht im juristischen Eigentum der Freundin. Nach der Definition des § 39 Abs. 2 Nr. 1 S. 1 AO befindet es sich im wirtschaftlichen Eigentum des Versicherungsvertreters Lästig. Es rechnet somit zum Betriebsvermögen des Lästig und ist im Fall seiner Buchführungspflicht auf der Aktivseite der Bilanz unter der Bezeichnung Fuhrpark, Fahrzeuge o.ä. auszuweisen (Aktivierung des Wirtschaftsgutes Pkw).

Beispiel

- Gegenstand:

Gegenstände des Betriebsvermögens können Wirtschaftsgüter aller Art sein, somit alle aktiven und passiven Wirtschaftsgüter. Hierunter fallen z.B. auch Rückstellungen und Rechnungsabgrenzungsposten, abnutzbare und nicht abnutzbare Wirtschaftsgüter des Anlage- und Umlaufvermögens, materielle und immaterielle Wirtschaftsgüter.

Ein Wirtschaftsgut kann nur einheitlich entweder zum Betriebsvermögen oder zum Privatvermögen gehören. Mischverhältnisse sind unzulässig.

Diesem Grundsatz folgend werden die Wirtschaftsgüter in drei Gruppen eingeteilt:

- notwendiges Betriebsvermögen
- gewillkürtes Betriebsvermögen
- (notwendiges) Privatvermögen

Vorbemerkungen:

Der eigentliche Begriff des Betriebsvermögens ist gesetzlich nicht definiert. Unter Betriebsvermögen versteht man:

die Menge sämtlicher positiver und negativer Wirtschaftsgüter, die dem Betrieb dienen, und

den Saldo aus Besitz- und Schuldposten, also das (Eigen-)Kapital. Bei überwiegenden Schulden ergibt sich ein negatives Betriebsvermögen.

Das Betriebsvermögen wird durch Inventur (vgl. §§ 240, 241 HGB) ermittelt.

1.13.5 Begriff des Wirtschaftsjahres

Der Begriff des Wirtschaftsjahres ist gesetzlich in den §§ 4 a EStG, 8 b EStDV geregelt. Es umfasst grundsätzlich 12 Monate; bei Betriebsneugründungen und -schließungen kann das Wirtschaftsjahr einen kürzeren Zeitraum als 12 Monate begründen. In diesen Fällen wird von einem Rumpfwirtschaftsjahr gesprochen. Bei Betriebsneugründungen und Handelsregistereintragungen besteht ein Wahlrecht für den Abschlusszeitpunkt eines Wirtschaftsjahres (§ 4 a Abs. 1 S. 2 Nr. 2 EStG). Eine Umstellung auf einen anderen Zeitpunkt als auf das Kalenderjahr kann nur einvernehmlich mit dem Finanzamt erfolgen (Antrag). Die Genehmigung zur Umstellung eines anderen Zeitpunktes auf das Kalenderjahr (= Regelfall) ist hingegen entbehrlich. Das Finanzamt wird einem Kaufmann die Umstellung seines Wirtschaftsjahres unter der Voraussetzung genehmigen, dass diesem keine so genannte Steuerpause zufällt.

1.13.6 Begriff der Einnahmen und der Einlagen

Entnahmen und Einlagen sind im § 4 Abs. 1 EStG gesetzlich geregelt und in R 14 EStR näher definiert: Nach R 14 Abs. 1 EStR sind Gegenstand von Einlagen abnutzbare und nicht abnutzbare, materielle und immaterielle Wirtschaftsgüter aller Art, unabhängig davon, ob sie dem Anlage- oder dem Umlaufvermögen zuzuordnen sind.

Nach R 14 Abs. 2 EStR wird ein Wirtschaftsgut entnommen, wenn es aus dem betrieblichen oder beruflichen Bereich in den privaten oder in einen anderen betriebs- oder berufsfremden Bereich übergeht oder wenn das Wirtschaftsgut von einem Betrieb in einen anderen Betrieb oder Betriebsteil übergeht und somit eine spätere einkommensteuerliche Erfassung der stillen Reserven nicht mehr gewährleistet ist.

Ein Betriebsinhaber entnimmt einen zum notwendigen Betriebsvermögen gehörenden Pkw, weil er diesen nur noch privat nutzen möchte. Der Buchwert beträgt im Zeitpunkt der Entnahme noch 10.000,00 DM; der Teilwert beträgt 18.000,00 DM, wenn ein fremder Dritter das Fahrzeug erwerben würde.   Beispiel

Es liegt eine Verwendung zu einem betriebsfremden Zweck, also eine Entnahme vor, die nach § 6 Abs. 1 Nr. 4 S. 1 EStG mit dem Teilwert zu bewerten ist. Es ergibt sich eine stille Reserve von:

Teilwert	18.000,00 DM
./. Buchwert	10.000,00 DM
	8.000,00 DM

die als laufender Gewinn ungeschmälert der Einkommensbesteuerung zuzuführen sind.

Der betriebsfremde Zweck ist weitläufig definiert. Eine Entnahme liegt z.B. auch vor, wenn der Pkw an die Tochter anlässlich des bestandenen Abiturs verschenkt wird, das Fahrzeug mit dem Willen des Betriebsführenden vom Sohn privat gefahren wird usw.

Zur privaten Fahrzeugnutzung vgl. § 6 Abs. 1 Nr. 4 S. 2 EStG.

Eine Entnahme setzt regelmäßig eine Entnahmehandlung voraus, die von einem Entnahmewillen geleitet wird. Das verlangt ein Verhalten, das nach außen den Willen des Steuerpflichtigen erkennen lässt, ein Wirtschaftsgut nicht (mehr) zur Erzielung von Betriebseinnahmen, sondern nur noch zur Erzielung von Privateinnahmen oder einkommensteuerlichen neutralen Zwecken einzusetzen. Dieser Willensentschluss muss klar und eindeutig zum Ausdruck kommen. Verlangt wird ein Verhalten des Steuerpflichtigen, durch das die Verknüpfung des Wirtschaftsgutes mit dem Betriebsvermögen unmissverständlich gelöst wird, so nach Auffassung des BFH 1990 II, 129.

Der Betriebs-Pkw wird auf einer Geschäftsreise völlig zerstört. Der Unfall geschah nicht willentlich; es liegt keine Entnahme vor (ggf. AfaA, keine RfE i.S.d. R 35 EStR!).   Beispiel

Merke

Wird ein Wirtschaftsgut teilweise betrieblich und teilweise privat genutzt und werden sämtliche Kosten in der Buchhaltung als Aufwand erfasst, so ist der Teil der Aufwendungen, der auf die private Nutzung entfällt, stets eine Entnahme.

Ein Wirtschaftsgut wird entnommen (=Grundfall), wenn es aus dem betrieblichen oder beruflichen Bereich in die private Sphäre übergeht.

Entsprechendes gilt für die Überführung eines Wirtschaftsgutes in ein anderes betriebliches oder berufliches Betätigungsfeld; siehe R 14 Abs. 2 S. 1 EStR.

Hinweis

Die so genannte Buchwertverknüpfung des § 7 Abs. 2 EStDV ist außer Kraft gesetzt worden; siehe § 84 Abs. 1 a EStDV zur letztmaligen Anwendung des § 7 EStDV:

• § 7 EStDV gilt letztmalig für das Wirtschaftsjahr
das vor dem 1. Januar 1999 endet.

Beispiel

Kunz betreibt ein Ledermodengeschäft und eine Botique. Der dem Betriebsvermögen zugerechnete Kleintransporter wird aus betrieblichen Gründen in das Betriebsvermögen der Boutique unentgeltlich überführt.

Nach dem Willen der neuen Gesetzgebung liegt bei einer Überführung eines Wirtschaftsguts von einem Betrieb in den anderen desselben Steuerpflichtigen eine Entnahme vor. Die Aufdeckung der stillen Reserve hat zu erfolgen. Es genügt nicht, dass die stille Reserve dem das Wirtschaftsgut aufnehmenden Betrieb verhaftet bleibt und etwa erst bei Entnahme aus diesem Betrieb nach Entnahmegrundsätzen aufzudecken wäre.

Wie Vorbeispiel, jedoch nutzt Kunz den Kleintransporter beim Bau eines Mehrfamilienhauses.

Der Kleintransporter dient nicht mehr dem Gewerbebetrieb, sondern der (vermögensverwaltenden) Einkunftsart Vermietung und Verpachtung (§ 21 EStG). Würde Kunz das Fahrzeug nach dem Einsatz verkaufen, wäre in der Überschusseinkunftsart Vermietung und Verpachtung die Versteuerung der stillen Reserve nicht gesichert. In diesem Fall liegt eine Entnahme vor, die im Zeitpunkt der Nutzungsänderung erfolgswirksam zu buchen ist.

Eine Entnahme liegt nicht vor in Fällen einer Strukturänderung eines Betriebs mit der Folge, dass die Einkünfte aus dem Betrieb einer anderen Einkunftsart zuzurechnen sind.

Ein land- und forstwirtschaftlicher Betrieb wird wegen Überschreitens der Grenzen des § 13 Abs. 1 Nr. 1 EStG zu einem Gewerbebetrieb.

Beispiele

Eine freiberufliche Praxis wird durch Übergang i.S.d. § 6 Abs. 3 EStG auf einen oder mehrere nicht qualifizierte Rechtsnachfolger zu einem Gewerbebetrieb.

1.13.7 Notwendiges und gewillkürtes Betriebsvermögen

Werden Wirtschaftsgüter zu mehr als 50 v.H. eigenbetrieblich genutzt, gehören sie im vollen Umfang zum notwendigen Betriebsvermögen und lösen die Bilanzierungspflicht aus.

Werden Wirtschaftsgüter zu mehr als 90 v.H. privat genutzt, gehören sie in vollem Umfang zum Privatvermögen.

Wirtschaftsgüter, die genau bzw. weniger als 50 v.H. eigenbetrieblich genutzt werden, mindestens aber zu 10 v.H. eigenbetrieblich, können als gewillkürtes Betriebsvermögen ausgewiesen werden, d.h. der Betriebsinhaber darf wählen, ob er das Wirtschaftsgut bilanziert oder nicht. Hat der Kaufmann sich für die Behandlung des Wirtschaftsgutes als gewillkürtes Betriebsvermögen entschieden, kann diese Entscheidung nur noch durch Entnahmegrundsätze rückgängig gemacht werden.

Das Betriebsvermögen in tabellarischer Übersicht:

- Notwendiges Betriebsvermögen   51 bis 100 v.H.
- gewillkürtes Betriebsvermögen   10 bis   50 v.H.
- (notwendiges) Privatvermögen   0 bis   9 v.H.

der betrieblichen Nutzung^; vgl. R 13 Abs. 1 EStR.

Wird der Gewinn durch Einnahme-Überschussrechnung i.S.d. § 4 Abs. 3 EStG ermittelt, ist gewillkürtes Betriebsvermögen nicht denkbar.

Achten Sie in einschlägigen Klausuren immer auf den Vorspann. Der Kaufmann will entweder besonders viel oder besonders wenig Betriebsvermögen in seinen Bilanzen ausweisen. Die Frage nach dem gewillkürten Betriebsvermögen ist hier besonders wichtig, da es entsprechend der Aufgabenstellung zu behandeln ist.

Klausurhinweis

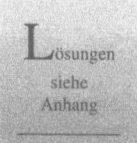

Lösungen
siehe
Anhang

Erfolgskontrolle

Aufgabe:

22. Ermitteln Sie den Gewinn bzw. den Verlust.

	1	2	3	4
BV 31.12.02	40.000 DM	25.000 DM	./. 5.000 DM	60.000 DM
BV 31.12.01	10.000 DM	35.000 DM	20.000 DM	./. 6.000 DM
Gewinn/Verlust				

	5	6	7	8
BV 31.12.02	20.000 DM	./. 6.000 DM	40.000 DM	12.000 DM
BV 31.12.01	45.000 DM	18.000 DM	30.000 DM	./. 8.000 DM
Unterschied				
Entnahmen 02	32.000 DM	16.000 DM	30.000 DM	26.000 DM
Einlagen 02	3.000 DM	8.000 DM	70.000 DM	1.000 DM
Gewinn/Verlust				

Die Gewinnermittlungsformel des § 4 Abs. 1 EStG eignet sich auch zur Gewinnberechnung von Berichtigungen.

Beispiel

Ein Wareneinkauf von 20.000,00 DM zzgl. 3.200,00 DM USt ist bei Eingang der Ware in 01 zutreffend gebucht worden, allerdings bei der Inventur und Bilanzaufstellung für 01 und 02 versehentlich unerfasst geblieben. In 02 wurden 20 v.H. der betroffenen Ware verkauft. Der Verkaufspreis dieser Ware von 5.800,00 DM wurde privat vereinnahmt und nicht gebucht.

Lösung

Der Warenendbestand ist für 01 um 20.000,00 DM und für 02 um 16.000,00 DM (4/5) zu erhöhen. Außerdem ist die Umsatzsteuer 02 verkaufsbedingt (1/5) um 800,00 DM zu erhöhen. Die Entnahmen betragen 5.800,00 DM.

BV Ende 02	+ 15.200,00 DM (+ 16.000,00 DM ./. 800,00 DM)
./. BV Ende 01	+ 20.000,00 DM
Unterschied	./. 4.800,00 DM
+ Entnahmen	+ 5.800,00 DM
./. Einlagen	./. 0,00 DM
Gewinn	+ 1.000,00 DM

Probe:

Verkaufserfolg brutto	5.800,00 DM
./. anteiliger Wareneinsatz (1/5)	4.000,00 DM
Rohgewinn brutto	1.800,00 DM
./. neutrale Umsatzsteuer	800,00 DM
Gewinn	1.000,00 DM

1.13.8 Die Einnahme-Überschussrechnung

Die Einnahme-Überschussrechnung, eine in § 4 Abs. 3 EStG geregelte (R 16 EStR) besondere Gewinnermittlungsmethode für nicht buchführungsverpflichtete Kaufleute, ermittelt den Gewinn bzw. den Verlust durch Gegenüberstellung der Betriebseinnahmen mit den Betriebsausgaben (§ 4 Abs. 4 EStG). Die Methode ist vereinfacht wie folgt darstellbar:

Betriebseinnahmen
./. Betriebsausgaben
= Gewinn bzw. Verlust

Zunächst ist der Begriff der Einnahmen, der bei den Gewinnermittlungsarten des § 2 Abs. 1 S. 1 Nr. 1 bis 3 EStG Betriebseinnahmen heißt, zu erläutern:

Betriebseinnahmen sind alle Einnahmen in Geld oder Geldeswert, die betrieblich verursacht zufließen (§ 8 EStG i.V.m. § 4 Abs. 4 EStG). Zufluss bedeutet verfügen können, siehe H 116 EStR.

Zu den (Betriebs-)Einnahmen zählt jeder wirtschaftliche Vorteil, der i.R. einer Einkunftsart gewährt wird, also Geld und greifbare Vermögensvorteile, z.B. Nutzungen und Leistungen an den Steuerpflichtigen. Gleichgültig ist die laufende oder einmalige Gewährung, der Rechtsanspruch der Leistung oder unter welcher Form und Bezeichnung sie fließen. Ersparte Aufwendungen rechnen nicht zu den (Betriebs-)Einnahmen. Verzichtet der Steuerpflichtige auf (Betriebs-)Einnahmen, ist kein Zugang zu erfassen. Nach der Bestimmung des § 8 Abs. 2 EStG gehören zu den Sacheinnahmen, also (Betriebs-)Einnahmen, die nicht in Geld bestehen, z.B. Wohnung, Kost, Waren, Dienstleistungen und sonstige Sachbezüge. Hiervon ausgenommen ist die Gewährung von Aufmerksamkeiten des Lohnsteuerrechts. Aufmerksamkeiten sind Sachzuwendungen bis zu einem Wert von 60,00 DM, z.B. Blumen, Genussmittel, ein Buch oder ein Tonträger, vgl. R 73 LStR.

Entscheidend ist, ob ein objektiver Beobachter aus der Sicht des Empfängers bei diesem einen vermögenswerten Vorteil als Gegenleistung für eine Leistung bejahen würde; BFH 1988 II, 995.

Der Rückfluss von (Betriebs-)Einnahmen rechnet bei dem Steuerpflichtigen im Rahmen derselben Einkunftsart zu den (Betriebs-)Einnahmen i.S.d. § 8 EStG.

1.13.8.1 Die wirtschaftliche Zugehörigkeit

Die wirtschaftliche Zugehörigkeit einer Betriebseinnahme zu einem bestimmten Kalenderjahr oder Sachverhalt ist grundsätzlich unbedeutend. Es herrscht das so genannte Zuflussprinzip; vgl. hierzu § 11 Abs. 1 S. 1 EStG.

__Beispiel__

Ein Gewerbetreibender mit Einnahme-Überschussrechnung vereinnahmt eine Provision über 10.000,00 DM am 12.12.01 und eine weitere gleichlautende Provision am 14.01.02 für eine Vermittlung, die er im Jahr 01 erbracht hat.

Wirtschaftlich betrachtet gehören beide Betriebseinnahmen in das Jahr 01. Das Zuflussprinzip des § 11 Abs. 1 S. 1 EStG schreibt eine Erfassung über 10.000,00 DM für das Jahr 01 und eine gleichlautende für das Jahr 02 vor.

Vom Grundsatz des Zuflussprinzips gilt eine Ausnahme (§ 11 Abs. 1 S. 2 EStG):

Regelmäßig wiederkehrende Einnahmen sind abweichend vom Grundsatz nach der so genannten 10-Tage-Regelung zu behandeln:

__Beispiel__

Ein Kaufmann vereinnahmt für das Kalenderjahr 01 am 31.12.01 fällige Darlehnszinsen am 10.01.02. Die Betriebseinnahme ist aufgrund § 11 Abs. 1 S. 2 EStG für das Kalenderjahr 01 zu erfassen. Nach Ablauf des 10-Tage-Zeitraums gilt wieder das Zuflussprinzip des § 11 Abs. 1 S. 1 EStG.

1.13.8.2 Grundzüge und Besonderheiten
der Gewinnermittlung nach § 4 Abs. 3 EStG

Bei der Gewinnermittlung durch Einnahme-Überschussrechnung ermittelt sich der Gewinn nach dem Überschuss der Betriebseinnahmen über die Betriebsausgaben. Die Einnahme-Überschussrechnung ist eine Geldrechnung, bei der sich auf lange Dauer gesehen der gleiche Totalgewinn wie beim Betriebsvermögensvergleich einzustellen hat.

Durchlaufende Posten, das sind Posten, die in fremdem Namen und für fremde Rechnung vereinnahmt werden, bleiben außer Ansatz (§ 4 Abs. 3 S. 2 EStG).

Anschaffungs- und Herstellungskosten (§ 255 HGB) für abnutzbare Wirtschaftsgüter des Anlagevermögens sind nicht im Zeitpunkt ihres Abflusses, sondern im Wege der Absetzung für Abnutzung (AfA) über die zu verteilende Nutzungsdauer als Betriebsausgabe abzugsfähig; vgl. § 7 EStG zur AfA.

Die Bewertungsfreiheit des § 6 Abs. 2 EStG für geringwertige Wirtschaftsgüter (GwG) bis 800,00 DM kann im Jahr der Anschaffung oder Herstellung beansprucht werden.

Anschaffungs- und Herstellungskosten für nicht abnutzbares Anlagevermögen sind erst im Zeitpunkt der Veräußerung oder Entnahme als Betriebsausgabe zu erfassen; vgl. § 4 Abs. 3 S. 3 und 4 EStG.

Sacheinnahmen (§ 8 Abs. 1 EStG), also Güter in Geldeswert, sind Betriebseinnahmen. Gehört die Sacheinnahme zum Umlaufvermögen, liegt in gleicher Höhe eine Betriebsausgabe vor. Zählt der Gegenstand einer Sacheinnahme zum abnutzbaren Anlagevermögen, ist § 7 EStG und gegebenenfalls § 6 Abs. 2 EStG zu beachten.

Sacheinlagen in das Umlaufvermögen stellen Betriebsausgaben unter Beachtung der Vorschrift des § 6 Abs. 1 Nr. 5 EStG dar. Sacheinlagen von abnutzbarem Anlagevermögen sind nach Maßgabe des § 7 EStG Betriebsausgaben, gegebenenfalls gilt § 6 Abs. 2 EStG.

Erlöse aus dem Verkauf von abnutzbarem Anlagevermögen sind Betriebseinnahmen; der Restbuchwert stellt eine Betriebsausgabe dar.

Ein Betriebs-Pkw mit 5.000,00 DM Buchwert wird für 20.000,00 DM zzgl. 3.200,00 DM USt verkauft. Als Betriebseinnahme sind 23.200,00 DM und als Betriebsausgabe ist der Restbuchwert von 5.000,00 DM zu erfassen.

Beispiel

Entsprechend ist beim Verkauf von nicht abnutzbarem Anlagevermögen zu verfahren (z.B. bei einem unbebauten Grundstück). Die ursprünglichen Anschaffungskosten führen dann zu Betriebsausgaben (§ 4 Abs. 3 S. 4 EStG). Im Rahmen der Aufzeichnungspflichten ist bezüglich der ursprünglichen Anschaffungskosten ein Verzeichnis zu führen.

• Darlehnsaufnahmen führen nicht zu Betriebseinnahmen
• Darlehnstilgungen sind entsprechend keine Betriebsausgaben

Damnum, Darlehnszinsen sind unter Beachtung des § 11 EStG Betriebsausgaben. Kontokorrentzinsen sind insoweit Betriebsausgaben, als sie betrieblich veranlasst sind.

• Geldentnahmen sind keine Betriebsausgaben

Sachentnahmen sind einschließlich der Umsatzsteuer für Umsätze, die Entnahmen sind (§ 12 Nr. 3 EStG) im Entnahmezeitpunkt als Betriebseinnahme zu erfassen. Zu beachten ist die Kürzung der Umsatzsteuerzahllast um die Umsatzsteuer der unentgeltlichen Wertabgabe im Zeitpunkt der Zahlung an das Finanzamt. Die Bewertung hat mit dem Teilwert zu erfolgen (§ 6 Abs. 1 Nr. 4 EStG).

Ein Kaufmann entnimmt Waren für sich selbst. Der Teilwert im Entnahmezeitpunkt beträgt 5.000,00 DM, der Buchwert 4.000,00 DM (USt-Satz = 16 v.H.).

Die Betriebseinnahme hat mit Rücksicht auf § 12 Nr. 3 EStG mit dem Teilwert von 5.000,00 DM zu erfolgen. Die Umsatzsteuerzahllast ist im Zeitpunkt der Zahlung um die Umsatzsteuer für Umsätze, die Entnahmen sind zu kürzen, der Rest ist als Betriebsausgabe aufzuzeichnen (Klausurrelevanz!).

Umsatzsteuerzahllasten sind stets Betriebsausgaben. Die Umsatzsteuer selbst stellt keinen durchlaufenden Posten dar, weil sie nicht in fremden Namen und für fremde Rechnung vereinnahmt bzw. verausgabt wird. Die Betriebseinnahme ist also eine Bruttoeinnahme und die Betriebsausgabe eine Bruttoausgabe; vgl. hierzu R 86 Abs. 4 EStR.

Die Umsatzsteuer bei Verkäufen, Honoraren und Provisionen gehört stets zu den Betriebseinnahmen.

Eine Provision beträgt 20.000,00 DM zzgl. USt. Als Betriebseinnahme sind 23.200,00 DM aufzuzeichnen.

- Nicht abziehbare Betriebsausgaben (§ 4 Abs. 5 EStG)

Ein Sachgeschenk wird im Einkauf für 200,00 DM zzgl. 32,00 DM USt erworben. Beim Erwerb des Geschenks sind 230,00 DM als Betriebsausgaben zu behandeln; bei Zuwendung ist die Betriebsausgabe wieder zu kürzen (keine Betriebseinnahme erfassen!). Die Kürzung erfolgt in Höhe von 200,00 DM nach § 4 Abs. 5 EStG und in Höhe von 32,00 DM nach § 12 Nr. 3 EStG.

Geschenke, die aus betrieblichem Anlass vereinnahmt werden, führen zu Betriebseinnahmen.

Klausurrelevantes Beispiel:

Aufgrund langjähriger Geschäftsfreundschaft erhält der Kaufmann ein wertvolles Geschenk im gemeinen Wert von 1.160,00 DM (brutto!).

Als Betriebseinnahme sind 1.000,00 DM zu erfassen, weil bei Geschenken kein Leistungsaustausch zwischen Schenker und Beschenktem gegeben ist. Die im gemeinen Wert enthaltene Umsatzsteuer von 160,00 DM ist zu ignorieren.

Achtung:

Nicht zum Vorsteuerabzug (§ 15 UStG) berechtigte Unternehmer erfassen 1.160,00 DM als Betriebseinnahme!

AfA auf Wirtschaftsgut als Betriebsausgabe, gegebenenfalls Bewertungsfreiheit, § 6 Abs. 2 EStG (800,00 DM-Grenze) beachten.

Hinweis

1.13.9   Die Betriebsausgaben in der Geldrechnung nach § 4 Abs. 3 EStG

Definition:

Betriebsausgaben sind die Aufwendungen, die durch den Betrieb veranlasst sind. § 4 Abs. 4 EStG.

Grundsatz:

Es gilt das Abflussprinzip des § 11 Abs. 2 S. 1 EStG: Ausgaben sind für das Kalenderjahr abzusetzen, in dem sie geleistet worden sind.

Ausnahme:

Für regelmäßig wiederkehrende Ausgaben gilt die 10-Tage-Regelung des § 11 Abs. 2 S. 2 EStG.

- Mieten, Zinsen für Darlehn, Versicherungsbeiträge, Kraftfahrzeugsteuer

Beispiele

1.13.9.1   Umsatzsteuer

An das Finanzamt entrichtete Umsatzsteuerzahllasten (Traglasten) sind Betriebsausgaben und im Jahr der Zahlung zu erfassen. Umsatzsteuer für Umsätze, die Entnahmen sind (§ 12 Nr. 3 EStG), ist vor Erfassung als Betriebsausgabe abzuziehen.

Rechnungsvorsteuer aus offenen Steuerausweisen der Eingangsumsätze (§ 14 Abs. 1 i.V.m. § 15 Abs. 1 Nr. 1 UStG), Leistungen an den Betrieb, sind bei Zahlung des Rechnungsbetrages als Betriebsausgabe zu erfassen.

Der Kaufmann erhält eine Rechnung seines Rechtsanwalts für Beratung seines Unternehmens vom 27.12.01 am 29.12.01. Die Bezahlung erfolgt am 13.01.02. Der Rechnungsbetrag lautet über 3.000,00 DM, die Umsatzsteuer ist mit 16 v.H. ordnungsgemäß offen ausgewiesen. Als Betriebsausgabe für das Jahr 02 sind 3.480,00 DM aufzuzeichnen.

Beispiel

1.13.9.2   Anschaffungskosten für nicht abnutzbares Anlagevermögen

Nicht abnutzbares Anlagevermögen sind:

- Grund und Boden, Beteiligungen, Konzessionen

Die genannten Wirtschaftsgüter verbrauchen sich nicht und unterliegen daher nicht der Absetzung für Abnutzung (AfA) nach § 7 EStG.

Der Kaufmann erwirbt zum 01.04.01 (Übergang von Nutzen und Lasten) ein unbebautes Nachbargrundstück für 116.000,00 DM. Der Kaufpreis wird noch am selben Tag beim Notar hinterlegt. Die Nebenkosten für Grunderwerbsteuer, Grundbuch und Notar betragen 7.425,00 DM zzgl. 378,00 DM Umsatzsteuer. Am 30.09.05 wird das Grundstück für 150.000,00 DM wieder verkauft.

Folgende Aufzeichnungen sind erforderlich:

Betriebsausgabe in 01	378,00 DM	Rechnungsvorsteuer
Verzeichniseintragung in 01	123.425,00 DM	keine Betriebsausgabe
Betriebseinnahme in 05	150.000,00 DM	
Betriebsausgabe in 05	123.425,00 DM	§ 4 Abs. 3 S. 4 EStG

Im Saldo erscheint der Veräußerungserlös in Höhe von 26.575,00 DM, der den Gewinn 05 entsprechend erhöht.

Grundstücksgeschäfte sind nach § 4 Nr. 9 a UStG von der Umsatzsteuer befreit, sofern keine Option nach § 9 UStG vorliegt.

Die Rechnungsvorsteuer resultiert aus der Rechnung des Notars.

Prüfung der Vorschrift § 6 c EStG zur Gewinnvermeidung.

1.13.9.3   Anschaffungskosten für abnutzbares Anlagevermögen

Solche Anschaffungskosten dürfen nur in Höhe der nach § 7 EStG zulässigen Absetzung für Abnutzung (AfA) als Betriebsausgaben angesetzt werden. Der Zeitpunkt der Zahlung ist hier ohne Bedeutung. Wird das Wirtschaftsgut verkauft oder entnommen, ist sein Restbuchwert als Betriebsausgabe anzusetzen.

Der Kaufmann erwirbt am 30.12.01 einen Pkw für seinen Betrieb. Die Anschaffungskosten betragen 50.000,00 DM zzgl. 8.000,00 DM Umsatzsteuer. Der Kaufpreis wird am 03.01.02 auf ein Konto des Händlers überwiesen. Der Abschreibungssatz (degressiv) beträgt 20 v.H. Den Pkw veräußert der Kaufmann am 31.12.03 für 25.000,00 DM zzgl. 4.000,00 DM Umsatzsteuer an einen Lagerarbeiter. Der Kaufpreis wird am 03.01.04 durch persönliche Übergabe vereinnahmt.

Beispiel

Folgende Aufzeichnungen sind erforderlich:

Betriebsausgabe in 01	5.000,00 DM AfA (50.000 x 20 v.H. x 0,5)
Betriebsausgabe in 02	8.000,00 DM Rechnungsvorsteuer
Betriebsausgabe in 02	9.000,00 DM AfA (45.000 x 20 v.H.)
Betriebsausgabe in 03	7.200,00 DM AfA (36.000 x 20 v.H.)
Betriebsausgabe in 03	28.800,00 DM Restbuchwert bei Veräußerung
Betriebseinnahme in 04	29.000,00 DM Veräußerungspreis zzgl. USt.

1.13.9.4 Sacheinlagen in den Betrieb

Rechtsgrundlage: § 6 Abs. 1 Nr. 5 EStG

Wird ein körperlicher Gegenstand als Sacheinlage dem Betrieb zugeführt, stellt sich die Frage nach dem Geldeswert im Zeitpunkt der Einlage. Der Gesetzgeber hat mit dem § 6 EStG eine Bewertungsvorschrift geschaffen. § 6 Abs. 1 Nr. 5 EStG hat folgenden Wortlaut:

Einlagen sind mit dem Teilwert für den Zeitpunkt der Zuführung anzusetzen; sie sind jedoch höchstens mit den Anschaffung- oder Herstellungskosten anzusetzen, wenn das zugeführte Wirtschaftsgut

- innerhalb der letzten *drei Jahre* vor dem Zeitpunkt der Zuführung angeschafft oder hergestellt worden ist oder

ein Anteil an der Kapitalgesellschaft ist und der Steuerpflichtige an der Gesellschaft i.S.d. § 17 Abs. 1 EStG beteiligt ist; § 17 Abs. 2 Satz 3 EStG gilt entsprechend.

Ist die Einlage ein abnutzbares Wirtschaftsgut, so sind die Anschaffungs- oder Herstellungskosten um Absetzungen für Abnutzung zu kürzen, die auf den Zeitraum zwischen der Anschaffung oder Herstellung des Wirtschaftsguts und der Einlage entfallen (§ 6 Abs. 1 Nr. 5 S. 2 EStG).

Nachfolgend soll nur § 6 Abs. 1 Nr. 5 a EStG interessant sein:

Begriffserläuterungen:

Anschaffungs- und Herstellungskosten sind im § 255 HGB definiert. Hiernach handelt es sich um Aufwendungen, die zum Erwerb bzw. zur Erschaffung eines Vermögensgegenstandes aufgewendet werden müssen.

Unter dem Teilwert versteht man den Betrag, den ein Erwerber im Rahmen des Gesamtkaufpreises für das einzelne Wirtschaftsgut ansetzen würde; dabei ist davon auszugehen, dass der Erwerber den Betrieb fortführt (§ 6 Abs. 1 Nr. 1 S. 3 EStG). Anders formuliert ist der Teilwert, der Betrag, den ein Betriebserwerber weniger zahlen würde, wenn er das zu bewertende Wirtschaftsgut nicht übernehmen würde.

Bei einem nicht der Abnutzung unterliegenden Wirtschaftsgut (z.B. Grund und Boden, Beteiligungen und Konzessionen) entspricht der Teilwert dem Betrag, den der Steuerpflichtige für die Wiederbeschaffung des Wirtschaftsgutes am Tag der Bewertung aufbringen müsste.

Bei einem abnutzbaren Wirtschaftsgut des Anlagevermögens entspricht der Teilwert dem Betrag, den der Steuerpflichtige für die Wiederbeschaffung des Wirtschaftsgutes im Neuzustand aufbringen müsste. Dieser Betrag ist bei gebrauchten Wirtschaftsgütern um die bis zum Tag der Bewertung eingetretene Absetzung für Abnutzung zu vermindern. Ist eine Nutzbarkeit nicht mehr erkennbar, entspricht der Teilwert dem Schrottwert.

Bei Wirtschaftsgütern des Umlaufvermögens, die einen Börsen- oder Marktpreis haben, entspricht der Teilwert diesem Wert vom Tag der Bewertung. Ist ein Börsen- oder Marktpreis nicht vorhanden, entspricht der Teilwert den Wiederbeschaffungskosten. Bei einem Betrieb des herstellenden Gewerbes sind dies die Kosten, die für die Herstellung des Wirtschaftsgutes am Bewertungsstichtag aufgewendet werden müssen. Diese werden allgemein als Reproduktionskosten bezeichnet.

Sonderfall

Hat der Kaufmann für die Anschaffung oder Herstellung eines Wirtschaftsgutes einen zu hohen Preis entrichtet, weil der Veräußerer das Interesse am Erwerb kannte und ausgenutzt hat, dann ist grundsätzlich von diesen überhöhten Anschaffungs- bzw. Herstellungskosten auszugehen. Eine Ausnahme gilt nur beim Nachweis oder bei einer Fehlinvestition.

Beispiele

Sacheinlagen nach § 6 Abs. 1 Nr. 5 EStG:

Ein Betriebsgründer legt folgende – vorher im Privatvermögen genutzte Wirtschaftsgüter – in den Betrieb ein (Einlagezeitpunkt 01.02.05).

1. Schreibtisch: AK 1/01   2.320,00 DM
                       TW 2/05   1.500,00 DM
                       betriebsgewöhnliche Restnutzungsdauer 3 Jahre

Der Dreijahreszeitraum des § 6 Abs. 1 Nr. 5 a EStG ist verstrichen. Die Einlage erfolgt zum Teilwert. Bemessen an der dreijährigen Restnutzungsdauer ist der Schreibtisch im Wege der AfA nach § 7 Abs. 2 EStG unter Beachtung der Vereinfachungsregelung der R 44 Abs. 2 S. 3 EStR wie folgt als Betriebsausgabe aufzuzeichnen:

- Betriebsausgabe 05 500,00 DM AfA § 7 Abs. 2 EStG
- Betriebsausgabe 06 500,00 DM AfA § 7 Abs. 2 EStG
- Betriebsausgabe 07 500,00 DM AfA § 7 Abs. 2 EStG

Keine Bewertungsfreiheit nach § 6 Abs. 2 EStG; Aufnahme in das Verzeichnis der abnutzbaren Anlagegüter.

Hinweis

2. Bürostuhl: AK 1/01   1.160,00 DM
                 TW 2/05   700,00 DM (Einlagezeitpunkt)
                 betriebsgewöhnliche Restnutzungsdauer 3 Jahre

Betriebsausgabe 05 700,00 DM. Es greift die Bewertungsfreiheit für ein geringwertiges Wirtschaftsgut (GwG) nach § 6 Abs. 2 EStG.

3. Kraftfahrzeug: AK 1/03   58.000,00 DM
                     TW 2/05   40.000,00 DM (Einlagezeitpunkt)
                     betriebsgewöhnliche Restnutzungsdauer 3 Jahre

Der Dreijahreszeitraum ist *nicht* verstrichen. Grundsätzlich hat die Einlage zum Teilwert zu erfolgen. Bei nicht abgelaufenem Dreijahreszeitraum, also bei Anschaffung oder Herstellung innerhalb dieser Perioden sind die AK/HK durch Fortschreibung der bisher aufgelaufenen Absetzungen für Abnutzung anzusetzen. Ausnahmsweise ist hier von den Bruttoanschaffungskosten (einschließlich MWSt.) auszugehen, da der Pkw lt. Sachverhalt zum Privatvermögen gehört hat und keine Möglichkeit zum Vorsteuerabzug (§ 15 UStG) bestanden hat.

Berechnungen zum Zwecke der Einlage:

Bruttoanschaffungskosten 01/03		58.000,00 DM
betriebsgew. Restnutzungsdauer		
im Einlagezeitpunkt: noch 3 Jahre,		
daraus folgt 5 Jahre Gesamtnutzungsdauer	= 60/60	
Verstreichungszeitraum 2 Jahre	= 24/60	
AfA § 7 Abs. 2 EStG 24/60		./. 23.200,00 DM
Restbuchwert 31.12.04		34.800,00 DM
Einlagewert = fortgeschriebene AK		
unter Beachtung von R 44 Abs. 2 S. 3 EStR		34.800,00 DM

Es hat eine Einlage grundsätzlich mit dem Teilwert (40.000,00 DM), jedoch *höchstens* mit den fortgeschriebenen Anschaffungskosten (34.800,00 DM) zu erfolgen, weil das Wirtschaftsgut innerhalb der vor Einlage vergangenen drei Jahren angeschafft oder hergestellt worden ist; § 6 Abs. 1 Nr. 5 a und Nr. 5 Satz 2 EStG.

Für die Jahre 05, 06 und 07 sind nach Maßgabe der betriebsgewöhnlichen Restnutzungsdauer (3 Jahre) jeweils 34.800,00 DM : 3 = 11.600,00 DM als Betriebsausgabe aufzuzeichnen (Absetzung für Abnutzung).

Als Angehörige(r) der steuerberatenden Berufe werden Sie gefragt, ob es bei in das Betriebsvermögen eingelegten gebrauchten Wirtschaftsgütern etwas ausmache, dass diese vor Einlage als Arbeitsmittel bei den Einkünften aus nichtselbständiger Arbeit (§ 19 EStG) abgeschrieben worden sind?

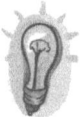

Nach BFH 1994 II, 338 ist der Umstand der vorherigen Abschreibung innerhalb einer Überschusseinkunftsart nicht zu berücksichtigen.

1.13.9.5 Teilwertabschreibungen bei Einnahme-Überschussermittlern

Kaufleute sind berechtigt, bei voraussichtlich dauerhaft gesunkenem Wiederbeschaffungspreis eine Teilwertabschreibung vorzunehmen.
Voraussetzung ist, dass der Wiederbeschaffungspreis unter den Restbuchwert gefallen ist. Im Handelsrecht heißen solche Maßnahmen Abschreibungen auf den beizulegenden Wert. Bei Einnahme-Überschussermittlern ist die Teilwertabschreibung nicht zulässig; vgl. § 6 Abs. 1 Nr. 1 und 2 EStG.

Hinweis

Die zur doppelten Buchführung verpflichteten Kaufleute haben ab dem 01.01.1999 hinsichtlich der Teilwertabschreibung Folgendes zu beachten:

Eine Teilwertabschreibung hat zwingende Voraussetzungen zu erfüllen:

Es ist eine voraussichtlich *dauernde Wertminderung* erforderlich. Diese wird definiert als ein nachhaltiges Absinken des Werts unter den Buchwert.

Nach einem Jahr tritt eine *Beweislastumkehr* zu Lasten des Steuerpflichtigen ein:

Dieser muss nachweisen, dass dann die Voraussetzungen für die Teilwertabschreibung noch vorliegen. Insofern herrscht ein striktes *Wertaufholungsgebot*.

1.13.9.6 Absetzungen für außergewöhnliche technische oder wirtschaftliche Abnutzung nach § 7 Abs. 1 S. 6 EStG

Die außergewöhnliche AfA und die AfA für Substanzverringerung (AfaA und AfS) sind auch bei Einnahme-Überschussermittlern zulässig (§ 7 Abs. 1 S. 6 und Abs. 6 EStG).

Hinweis

Die zur doppelten Buchführung verpflichteten Kaufleute haben ab dem 01.01.1999 hinsichtlich der AfaA und AfS Folgendes zu beachten:

Absetzungen für außergewöhnliche technische oder wirtschaftliche Abnutzung sind zulässig. Soweit der Grund hierfür in späteren Wirtschaftsjahren entfällt, ist in den Fällen der Gewinnermittlung nach § 4 Abs. 1 oder § 5 EStG eine entsprechende *Zuschreibung* vorzunehmen; § 7 Abs. 1 S. 6 EStG n.F. i.V.m. § 52 Abs. 21 EStG (Gesetz vom 24.03.1999; BGBl. I, Seite 402).

Abschreibungen:

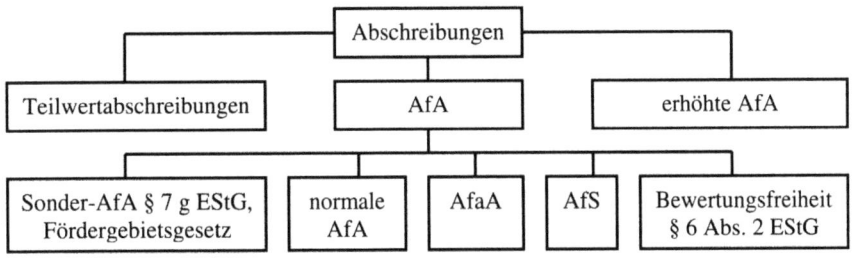

1.13.9.7 Gewillkürtes Betriebsvermögen bei Einnahme-Überschussermittlern

Der Ausweis von gewillkürtem Betriebsvermögen ist mangels Bilanzausweis unzulässig. Ein *Wirtschaftsgut* wird aber nicht dadurch entnommen, dass der Steuerpflichtige vom Betriebsvermögensvergleich des § 4 Abs. 1 EStG zur Einnahme-Überschussrechnung übergeht (vgl. § 4 Abs. 1 S. 3 EStG). Eine Änderung der Nutzung eines Wirtschaftsgutes, die beim Betriebsvemögensvergleich nicht zu einer Entnahme führt, ist auch bei der Einnahme-Überschussrechnung keine Entnahme (vgl. § 4 Abs. 1 S. 4 EStG); vgl. hierzu H 16 Abs. 6 EStR.

Beispiel

Ein Kaufmann mit Betriebsvermögensvergleich nach § 4 Abs. 1 EStG hat Wertpapiere und Grundstücke zulässig als gewillkürtes Betriebsvermögen ausgewiesen. Er geht zur Einnahme-Überschussrechnung über, weil er die Voraussetzungen der Buchführungspflicht nach § 141 AO nicht mehr erfüllt.

Als so genanntes „geduldetes" Betriebsvermögen kommt gewillkürtes Betriebsvermögen nur in den Fällen des Wechsels der Gewinnermittlungsart (und der Nutzungsänderung) in Betracht, vgl. § 4 Abs. 1 S. 3 und 4 EStG und H 16 Abs. 6 EStR.

1.13.9.8 Darlehn und Darlehnsschuld

Die Gewinnermittlung nach § 4 Abs. 3 EStG ist begrifflich eine reine Geldrechnung (die aber auch Einnahmen und Ausgaben in Sachwerten berücksichtigt, vgl. § 8 EStG). Es werden lediglich Betriebseinnahmen und Betriebsausgaben erfasst.

Die Darlehnsaufnahme bzw. -tilgung ist als Vorgang auf der Vermögensebene unbeachtlich. Ein einbehaltenes Damnum/Disagio (= Darlehnsabgeld) sowie gezahlte betriebliche Schuldzinsen stellen sofort abzugsfähige Betriebsausgaben dar. Der Verlust einer eindeutig betrieblich veranlassten Darlehnsforderung ist jedoch als Betriebsausgabe in dem Zeitpunkt zu berücksichtigen, in dem der Verlust feststeht (BFH 1972 II, 334). Zinsen aus negativen Kontokorrentsalden sind nur insoweit Betriebsausgaben, als der Negativsaldo betrieblich veranlasst ist.

1.13.9.9 Darlehnsforderungen

Die Darlehnsgewährung durch einen Einnahme-Überschussrechner ist nur ausnahmsweise betrieblich veranlasst:

- bei Gewährung an einen Mandanten zur Rettung einer Honorarforderung (§ 607 Abs. 2 BGB Schuldumwandlung oder Novation führt zu Betriebseinnahmen)
- an Arbeitnehmer

Folgen

Zinsen stellen Betriebseinnahmen dar.

Forderungsausfälle führen zu Betriebsausgaben, wenn die betriebliche Veranlassung nachgewiesen werden kann.

Die Darlehnsgewährung an Fremde führt nicht zu Betriebseinnahmen bzw. Betriebsausgaben, da es an der betrieblichen Veranlassung mangelt.

1.13.9.10 Verluste, die durch den gewöhnlichen Geschäftsbetrieb entstehen

Beispiele

- Forderungsverluste (pauschal, Delkredere)
- Forderungsausfälle konkret
- Warenverluste, z.B. durch Schwund, Diebstahl, Verderb
- Gelddiebstähle

führen nicht zu Betriebsausgaben in der Einnahme-Überschussrechnung. Bei Forderungsverlusten und -ausfällen sind keine Betriebseinnahmen gewinnerhöhend erzielt worden; folglich führen Verluste und Ausfälle nicht zu Betriebsausgaben.

Bei den Warenverlusten führte der Einkauf zu Betriebsausgaben. Durch den nicht möglichen Verkauf gleicht sich durch die fehlende Betriebseinnahme der Verlust bzw. Ausfall wieder aus.

Der Gelddiebstahl aus der Betriebskasse führt nur beim Nachweis ausnahmsweise zu Betriebsausgaben, ansonsten bleibt es bei der Aussage: keine Betriebsausgabe.

1.13.9.11 Rechnungsabgrenzungsposten § 5 Abs. 5 EStG; § 250 HGB

Die Einnahme-Überschussrechnung ist aufgrund des Istprinzips nach § 11 EStG keine periodengerechte Gewinnermittlung wie der Bestandsvergleich nach § 4 Abs. 1 EStG. Rechnungsabgrenzungsposten (sog. transitorische und antizipative Posten, vgl. R 31 b EStR) sind bei der Gewinnermittlung nach § 4 Abs. 3 EStG nicht denkbar.

1.13.9.12 Rückstellungen § 5 Abs. 3, Abs. 4, Abs. 4 a und 4 b EStG; § 249 HGB

sind mit selber Begründung – wie vor – bei der Gewinnermittlung nach § 4 Abs. 3 EStG nicht denkbar.

1.13.9.13 Geringwertige Wirtschaftsgüter § 6 Abs. 2 EStG

Beim Erwerb von geringwertigen Wirtschaftsgütern (GwG) kommt es für den Zeitpunkt des sofortigen Betriebsausgabenabzugs auf den Anschaffungszeitpunkt an. Der Zahlungszeitpunkt ist hier unbeachtlich; vgl. R 40 Abs. 4 EStR.

1.13.9.14 Rücklage für Ersatzbeschaffung R 35 EStR
sowie Gewinne aus der Veräußerung bestimmter
Anlagegüter auf Reinvestitionsgüter § 6 c EStG

Sinngemäß findet die Rücklage für Ersatzbeschaffung auch Berücksichtigung bei der Einnahme-Überschussermittlung; vgl. R 35 Abs. 5 EStR. Gewinne, die aus der Veräußerung bestimmter Anlagegüter der Einkommensbesteuerung zugeführt werden müssen, können durch § 6 c EStG auf Reinvestitionsgüter übertragen werden. Die Vorschrift des § 6 c EStG wurde speziell für den Einnahme-Überschussrechner in das Gesetz aufgenommen. Steuerpflichtige mit Bestandsvergleich nach § 4 Abs. 1 EStG verfahren nach der Vorschrift des § 6 b EStG.

Bei den Bestimmungen der §§ 6 b, 6 c EStG ist mit Wirkung ab dem 01.01.1999 einschränkend zu beachten, dass nur noch der Gewinn aus der Veräußerung von Grund und Boden oder Gebäuden begünstigt ist, wenn der Veräußerungsgewinn auf derartige Wirtschaftsgüter übertragen und somit eine begünstigte Neuinvestition vorgenommen wird (Gesetz zum 24.03.1999; BGBl. I, S. 402 sowie § 52 Abs. 18 n.F. und Abs. 19 EStG zur erstmaligen Anwendung.

1.13.10 Sonderfälle der Einnahme-Überschussrechnung; Erwerb von Wirtschaftsgütern gegen Rente

Behandelt wird die Sicht des Gebers.

Zu beachten ist die Auswirkung auf die Gewerbesteuer: Die Vorschrift des § 8 Nr. 2 GewStG ist anwendbar. Hiernach sind dem Gewinn aus Gewerbebetrieb (§ 7 GewStG) Renten und dauernde Lasten, die wirtschaftlich mit der Gründung oder dem Erwerb des Betriebs (Teilbetriebs) oder eines Anteils am Betrieb hinzuzurechnen, soweit sie bei der Ermittlung des Gewinns abgesetzt worden sind. Das gilt nicht, wenn diese Beträge beim Empfänger zur Steuer nach dem Gewerbeertrag heranzuziehen sind (§ 8 Nr. 2 S. 2 GewStG).

R 16 Abs. 4 EStR bietet eine Hilfestellung bei Erwerb von Wirtschaftsgütern auf Rentenbasis an. Erwirbt der Steuerpflichtige Anlagevermögen, hat er ein Wahlrecht:

Der in den Rentenzahlungen enthaltene Zinsanteil ist Betriebsausgabe im Jahr der Zahlung. Der Zinsanteil ist nach der Barwertvergleichsmethode zu ermitteln;

die Rentenzahlungen können auch erfolgsneutral mit dem Rentenbarwert verrechnet werden und nach dessen Verbrauch in voller Höhe als Betriebsausgaben geltend gemacht werden. Diese Methode wird buchhalterische Methode genannt.

Erwirbt der Steuerpflichtige Umlaufvermögen auf Rentenbasis, sind die Rentenzahlungen in voller Höhe Betriebsausgaben. Stirbt der Rentenberechtigte, führt das Ableben zu keiner Betriebseinnahme des noch nicht abgelösten Werts des Umlaufvermögens. Dies ist anders als beim Erwerb von Anlagevermögen, bei dem es sich umgekehrt verhält.

Erwerb von Anlagevermögen: Beispiel 1

Der Kaufmann erwirbt ein unbebautes Grundstück gegen Zahlung einer monatlichen Rente von 3.000,00 DM an den Veräußerer. Der Kaufmann ermittelt seinen Gewinn zulässig durch Einnahme-Überschussrechnung nach § 4 Abs. 3 EStG.

Barwert bei Erwerb in 04/01	200.000,00 DM
Barwert am 31.12.01	190.000,00 DM
Notarkosten (inklusive 16 v.H. USt)	2.320,00 DM
Gerichtskosten	500,00 DM

Lösung nach der Barwertvergleichsmethode; Verwaltungsanweisung:

R 16 Abs. 4 S. 1 bis 3 EStR:

Für das Jahr 01 sind folgende Betriebsausgaben aufzuzeichnen:

1.) Betriebsausgabe 01:
    320,00 DM aus Rechnungsvorsteuer Notariat.

2.) Betriebsausgaben 01:
    Zur Ermittlung des abzugsfähigen Zinsanteils, der in jeder Rentenzahlung enthalten ist, ist zunächst der Tilgungsfaktor durch Gegenüberstellung der Barwerte von 04/01 und dem 31.12.01 zu ermitteln:

Barwert 04/01	200.000,00 DM
./. Barwert 31.12.01	190.000,00 DM
ergibt Tilgung	10.000,00 DM

Im nächsten Schritt sind die Rentenzahlungen für das Jahr 01 zu berechnen (es sind 9 Monate):

9 Monate x 3.000,00 DM = 27.000,00 DM

Die Gesamtleistung von 27.000,00 DM setzt sich aus Tilgungsleistung und Zinsanteil zusammen. Zieht man von der Gesamtleistung den vormals ermittelten Tilgungsfaktor ab, erhält man rechnerisch den als Betriebsausgabe abzugsfähigen Zinsanteil:

Gesamtleistung 01	27.000,00 DM
./. Tilgung 01	10.000,00 DM
ergibt Zinsanteil (BA)	17.000,00 DM
Betriebsausgabe 01 somit	17.000,00 DM

Lösung nach der buchhalterischen Methode; Verwaltungsanweisung:

R 16 Abs. 4 S. 4 und 5 EStR:

Zunächst stellen die Rentenzahlungen bis zum Zeitpunkt der Aufzehrung des Rentenbarwertes keine Betriebsausgaben dar. Geht man von einer Tilgungsquote von 13.333,00 DM pro Jahr aus (aus Vereinfachungsgründen ohne Wertsicherungsklausel nach § 323 ZPO), ist der ursprüngliche Rentenbarwert von 200.000,00 DM nach 15 Jahren verbraucht.

Ab diesem Zeitpunkt wäre ein Jahreswert von

12 x 3.000,00 DM = 36.000,00 DM als Betriebsausgabe voll abzugsfähig.

Praxis Hinweis

Es zählt zu den Aufgaben der Steuerberatung, den Mandanten steuerlich zulässige Gestaltungsspielräume darzulegen. Die Steuerverwaltung ist – wie R 16 Abs. 4 EStR beweist – mit beiden Methoden einverstanden. Steuerberatung ist vielseitig und abhängig von den persönlichen Verhältnissen jedes einzelnen Mandanten. Stellen Sie Ihre Klienten vor die Wahl. Ist der zu Beratende allerdings schon z.B. 50 Jahre oder älter, also nach Ablauf der 15 Jahre im Rentenalter, dann werden Sie vernünftigerweise zur Barwertvergleichsmethode mit (sofortigen) jährlichen Gewinnminderungen von 17.000,00 DM pro Jahr anraten.

Hinweis

Das unbebaute Grundstück ist mit einem Wert von 209.500,00 DM in das Verzeichnis aufzunehmen. Dieser Wert setzt sich wie folgt zusammen:

Rentenbarwert	200.000,00 DM
Grunderwerbsteuer	7.000,00 DM (!)
Notarkosten (natürlich ohne USt)	2.000,00 DM
Gerichtskosten	500,00 DM
Anschaffungskosten für Verzeichnis	209.500,00 DM

Beachten Sie bitte unbedingt die Klausurgemeinheit: Der Sachverhalt verrät nicht, dass der Grundstückserwerb einen Tatbestand i.S.d. Grunderwerbsteuergesetzes (§ 1 Abs. 1 Nr. 1 GrEStG) auslöst. Dies ist ein Erkennungsfaktor, auf den Sie nunmehr nicht hereinfallen!

Erwerb von Umlaufvermögen:

Vorbemerkung:

Es herrscht das reine Abflussprinzip des § 11 Abs. 2 EStG. Ein Betrieb mit Gewinnermittlung des § 4 Abs. 3 EStG erwirbt vom Betriebsvorgänger ein Warenlager gegen Rentenzahlungen von monatlich 3.000,00 DM.

Barwert bei Erwerb in 04/01	200.000,00 DM
Barwert am 31.12.01	190.000,00 DM

Die Gesamtzahlungen des Übernehmers betragen 9 x 3.000,00 DM, also 27.000,00 DM. Dieser Betrag setzt sich in Anlehnung an das Vorbeispiel aus 17.000,00 DM Zinsen und 10.000,00 DM Tilgung (200.000,00 DM ./. 190.000,00 DM) zusammen. Beide Beträge sind im Jahr 01 als Betriebsausgaben abzugsfähig.

Die Tilgung ist bei Erwerb von Umlaufvermögen ausdrücklich Betriebsausgabe, da diese einer Anschaffung von Warenbeständen – quasi wie Ratenzahlungen – gleichkommt; vgl. R 16 Abs. 4 S. 6 EStR. Der Fortfall einer solchen Leibrentenverpflichtung führt nicht zu einer Betriebseinnahme; vgl. R 16 Abs. 4 S. 7 EStR.

Betriebsausgabe 01:   27.000,00 DM

Tod des Rentenberechtigten:

Ein Gewerbetreibender erwirbt ein Grundstück gegen Rentenzahlung am 10.01.01. Die Rentenzahlungen des Jahres 01 belaufen sich auf 40.000,00 DM.

Barwert bei Erwerb 01/01	400.000,00 DM
Barwert am 31.12.01	388.000,00 DM

Der Rentenberechtigte verstirbt am 02.01.02.

Als Betriebsausgabe ist der Zinsanteil aus den Rentenzahlungen abzugsfähig:

Betriebsausgabe 01:

Rentenzahlungen (Zinsen + Tilgung)		400.000,00 DM
Barwert 01/01	400.000,00 DM	
./. Barwert 31.12.01	388.000,00 DM	
ergibt Tilgung	12.000,00 DM	
abzüglich Tilgung		./. 12.000,00 DM
Zinsanteil Rentenzahlungen		28.000,00 DM
Betriebsausgaben 01:		28.000,00 DM

Nach R 16 Abs. 4 S. 5 EStR ist bei vorzeitigem Fortfall der Rentenverpflichtung (durch Tod) der Betrag als Betriebseinnahme anzusetzen, der
nach Abzug aller bis zum Fortfall geleisteten Rentenzahlungen von dem
ursprünglichen Barwert verbleibt.

Betriebseinnahme 02:

vgl. H 16 Abs. 4 EStR „Fortfall der Rentenverpflichtung".

Hinweis

Der u.U. durch Erfassung der Betriebseinnahme von 388.000,00 DM sehr
hoch ausfallende Gewinn für das Jahr 02 ist nicht nach § 34 Abs. 1 i.V.m.
Abs. 2 EStG steuerlich begünstigt (laufender Gewinn). Er unterliegt bei
Gewerbetreibenden zudem der Gewerbesteuer. Man muss sich aber vor
Augen halten, dass dem Erwerber das Grundstück insgesamt nur
40.000,00 DM gekostet hat.

Sonderfall: Nachträgliche Erhöhung der Rente:

Die meisten Rentenvereinbarungen erhalten eine so genannte Wertsicherungsklausel (§ 323 ZPO). Diese Abmachung berücksichtigt den Lebens-
haltungskostenindex, Preissteigerungen und inflationäre Tendenzen, gegebenenfalls sogar ein sich änderndes Zinsniveau am Kapitalmarkt. Dies
hat den Sinn, den Wert der heutigen Zahlung, z.B. 2.000,00 DM, in die
Zukunft hinein zu sichern. Nachträgliche Erhöhungen der ursprünglich
festgelegten Rentenhöhe sind also an der Tagesordnung. H 16
Abs. 4 EStR regelt zur nachträglichen Erhöhung der Rente:

„Die infolge einer Wertsicherungsklausel nachträglich eingetretene Erhöhung einer Rente ist in vollem Umfang beim Betriebsausgabenabzug im
Zeitpunkt der jeweiligen Zahlung zu berücksichtigen (BFH)".

Beispiel 4

Tod des Rentenberechtigten, jedoch Erwerb von Umlaufvermögen:

Abzug der gesamten Rentenzahlungen (Zinsen und Tilgung) wie vorletz-
tes Beispiel, jedoch keine Erfassung einer Betriebseinnahme wie vorangegangenes Beispiel; vgl. R 16 Abs. 4 S. 7 EStR.

Betriebseinnahme   0,00 DM
Betriebsausgabe   voller Betrag

Quasi entfällt durch Tod des Rentenberechtigten eine Ratenzahlungsver-
pflichtung, die in voller Höhe als Betriebsausgabe abzugsfähig war.

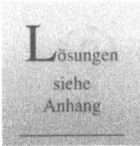

Lösungen
siehe
Anhang

Erfolgskontrolle

Übungsfälle zur Einnahme-Überschussrechnung nach § 4 Abs. 3 EStG:

Beurteilen Sie, wie sich die folgenden Sachverhalte innerhalb der Einnahme-Überschussrechnung auswirken:

23. Abels erwirbt ein Grundstück für 90.000,00 DM. Die Grunderwerbsteuer und die Gerichtskosten belaufen sich auf 3.650,00 DM, die Nebenkosten auf 800,00 DM zzgl. 128,00 DM Umsatzsteuer.

24. Am 30.12.01 erwirbt Abels einen Pkw für betriebliche Zwecke für 60.000,00 DM zzgl. 9.600,00 DM Umsatzsteuer. Die Bezahlung erfolgt per Scheck am 03.01.02.

25. Am 30.12.01 schafft Abels eine Schreibmaschine an, die er noch am selben Tag durch Scheck begleicht. Die Belastung auf dem betrieblichen Bankkonto erfolgt mit Wertstellung vom 07.01.02. Die Anschaffungskosten betragen:

    2.000,00 DM zzgl. 320,00 DM Umsatzsteuer
      600,00 DM zzgl. 96,00 DM Umsatzsteuer

26. Abels leistet Anzahlungen:

für Wareneinkauf	10.000,00 DM zzgl. 1.600,00 DM USt
für eine Maschine	15.000,00 DM zzgl. 2.400,00 DM USt

27. Abels tritt eine Forderung, die er gegenüber einem Kunden hat, zum Ausgleich einer eigenen Verbindlichkeit an seinen Lieferanten Bachmann ab. Die Forderung lautet über 1.160,00 DM.

28. Abels befand sich vorübergehend in Liquidationsschwierigkeiten. Sein Schwager und Steuerberater, Konrad Geduldig, erließ ihm aus privaten Gründen eine Honorarforderung über 2.320,00 DM.

29. Abels wandelte durch Novation (§ 607 Abs. 2 BGB) einem langjährigen Kunden eine Warenforderung in eine Darlehnsforderung um. Die Forderung beträgt 5.800,00 DM.

30. Die Darlehnsforderung (siehe vorige Aufgabe) fällt in Höhe von 2.000,00 DM durch Konkurs des Kunden für immer aus.

31. Dem Abels fällt eine andere Forderung über eine Warenforderung in Höhe von 3.480,00 DM endgültig aus, weil der Kunde sich nach Russland abgesetzt hat.

32. Das Finanzamt bucht ein Einkommensteuerguthaben des Abels um auf seine Umsatzsteuerschuld in Höhe von 5.500,00 DM.

33. Ein Vorsteuerüberhang aus der Voranmeldung 12/01 wird vom Finanzamt in 02/02 gemäß Umbuchungsmitteilung auf eine Einkommensteuerschuld des Abels in Höhe von 3.000,00 DM umgebucht.

34. Abels musste verdorbene Ware vernichten. Der Einkaufspreis betrug 500,00 DM zzgl. 80,00 DM USt.

35. Zur Verstärkung seines Betriebskapitals nimmt Abels bei der Bank für Misswirtschaft ein Darlehn über 120.000,00 DM auf. Zur Auszahlung gelangen 114.000,00 DM.

36. Abels nimmt bisher im Privatvermögen genutzte Gegenstände, die alle über drei Jahre alt sind, in den Betrieb auf:

Personalcomputer, Teilwert	500,00 DM, bND	2 Jahre
Schreibtisch, Teilwert	900,00 DM, bND	10 Jahre
Fachliteratur, Teilwert	900,00 DM, bND	5 Jahre

Bei der Fachliteratur handelt es sich insgesamt um 40 einzelne Fachbücher.

Erfolgskontrolle

Übungsfall Berthold Maibaum:

Berthold Maibaum betreibt ein Radio- und Fernsehfachgeschäft am Ort, das er vor einigen Jahren von seinem Vater übernommen hat. Maibaum wird seither steuerlich vom Beratungsbüro Clemens Quast vertreten.

Am 30.11.02 erscheint er kleinlaut in Ihrem Büro und bittet dringend um Ihre Mithilfe. Maibaum trägt vor, er habe die Einkommen-Umsatz- und Gewerbesteuererklärung für das Jahr 00 selbst gefertigt, da er sich die nicht unerheblichen Steuerberatungsgebühren sparen wolle. Im Übrigen habe er ja sämtliche Vorlagen der vergangenen Jahre als Vorbild gehabt. Er bittet um Verständnis, denn seine Ertragslage sei in den letzten Jahren kontinuierlich rückläufig gewesen. Er zeigt Ihnen ein dreiseitiges Erörterungsschreiben des Finanzamtes, dem Sie entnehmen, dass die von Maibaum gefertigte Einnahme-Überschussrechnung für das Jahr 00 dem Unterzeichner, Steueroberinspektor Rigobert Raubein, „den Magensäurespiegel erhöht hat". Sie wissen, dass Raubein als Koordinator eines Lehrbezirkes für die Ausbildung des gehobenen und mittleren Beamten-

nachwuchses „ganze Arbeit leistet". Nachdem Sie den Mandanten mit den Worten, dass Ihr Chef und Rauhbein vor Jahren zusammen die Inspektorenprüfung abgelegt haben, beruhigt haben, nehmen Sie sich die von Maibaum gefertigte Einnahme-Überschussrechnung vor, die folgendes Aussehen hat:

Einnahme-Überschussrechnung B. Maibaum nach § 4 Abs. 3 EStG für das Wirtschaftsjahr 01.01.00 bis 31.12.00:

Erlöse Warenverkäufe einschl. USt		100.000,00 DM
Einlage gebrauchte Rundfunkgeräte		
aus dem Privatvermögen, Teilwert	1.000,00 DM	
gemeiner Wert 1.800,00 DM		1.800,00 DM
Dividenden aus Aktienbesitz		
Bruttodividende	500,00 DM	
Kapitalertragsteuer	100,00 DM	400,00 DM
Summe der Betriebseinnahmen:		**102.200,00 DM**

Betriebsausgaben:

Geschäftsraummiete		
Dezember 00, bezahlt 15.01.01	1.000,00 DM	
Januar 01, bezahlt 23.12.00	1.000,00 DM	
Kfz-Steuer Betriebsfahrzeug		
fällig und bezahlt für ein Jahr		
im Voraus am 01.12.00	800,00 DM	
Kfz-Versicherung dito	1.000,00 DM	
USt-Zahllast Dezember		
00 gezahlt am 15.01.01	300,00 DM	
Anschaffung Lieferwagen		
AK 30.000,00 DM;		
bND 4 Jahre Kaufdatum 07.01.00	30.000,00 DM	
Zinsen (800,00 DM) und		
Tilgung (200,00 DM) Betriebs-		
darlehn, bezahlt 05.01.01	1.000,00 DM	
übrige Betriebsausgaben	12.000,00 DM	
Summe der Betriebsausgaben:	**47.100,00 DM**	
<u>Gewinn 01.01.-31.12.00:</u>		<u>**55.100,00 DM**</u>

Maibaum ergänzt mündlich eine am 01.10.00 erfolgte Warenentnahme. Die Gegenstände kosteten im Einkauf 2.000,00 DM zzgl. 16 v.H. Umsatzsteuer.

Damit Sie dem Mandanten nicht den Teilwertbegriff erläutern müssen, fragen Sie nach dem Wiederbeschaffungspreis der Güter im Zeitpunkt der Entnahme. Maibaum, als Branchenkenner über Marktpreise bestens orientiert, beziffert den Wiederbeschaffungspreis auf 2.500,00 DM.

37. Der Mandant bittet um Erstellung einer korrigierten Einnahme-Überschussermittlung nach § 4 Abs. 3 EStG.

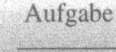

Aufgabe

Das Finanzamt hat Maibaum ab dem nächsten 01.01., also ab dem 01.01.03 verpflichtet, Bücher zu führen und regelmäßig Abschlüsse zu fertigen (Betriebsvermögensvergleich nach § 4 Abs. 1 EStG); § 141 Abs. 1 S.1 Nr. 4 i.V.m. Abs. 2 AO.

Hinweis

1.13.11 Unterschiede zwischen den Gewinnermittlungsarten

Das Einkommensteuergesetz unterscheidet zwischen verschiedenen Methoden der Gewinnermittlung:

- Betriebsvermögensvergleich §§ 4 Abs. 1 oder 5 EStG
- Einnahme-Überschussrechnung § 4 Abs. 3 EStG
- Durchschnittssätze § 13 a EStG

1.13.11.1 Betriebsvermögensvergleich

Eine Gewinnermittlung durch Buchführung (Bestandsvergleich mit regelmäßigen Abschlüssen nach GoB) erfolgt entweder nach § 4 Abs. 1 EStG oder § 5 EStG. Diese beiden Gewinnermittlungsvorschriften gelten für verschiedene Personenkreise:

1.13.11.2 Personenkreis für den BV-Vergleich nach § 4 Abs. 1 EStG

Land- und Forstwirte, die nach den §§ 140, 141 AO zur Buchführung verpflichtet sind oder die freiwillig Bücher führen und Abschlüsse machen, wenn der Antrag nach § 13 a Abs. 2 EStG gestellt worden ist oder der Gewinn aus anderen Gründen nicht nach § 13 a EStG zu ermitteln ist; vgl. R 12 Abs. 1 EStR.

Gewerbetreibende, für die **keine Buchführungspflicht** besteht; die freiwillig keine Bücher führen und für die nicht festgestellt werden kann, dass sie die Einnahme-Überschussrechnung nach § 4 Abs. 3 EStG gewählt haben; vgl. R 12 Abs. 2 EStR.

Angehörige der freien Berufe (§ 18 Abs. 1 Nr. 1 EStG), die freiwillig Bücher führen und regelmäßig Abschlüsse machen (A 142 Abs. 2 EStR 1990, nachfolgend nicht mehr besetzt).

1.13.11.3 Personenkreis für den BV-Vergleich nach § 5 EStG

Der Betriebsvermögensvergleich nach § 5 EStG i.V.m. § 4 Abs. 1 EStG gilt für Personen, die zur Buchführung **aufgrund gesetzlicher Vorschriften** (insbes. HGB) verpflichtet sind und für Gewerbetreibende, die freiwillig Bücher führen.

1.13.11.3.1 Gewinnbegriff

Der Gewinnbegriff beider Gewinnermittlungsarten ist identisch (erkennbar daran, dass § 5 Abs. 1 EStG auf § 4 Abs. 1 EStG verweist).

Gewinn ist demnach der Unterschied zwischen dem Betriebsvermögen am Schluss des Wirtschaftsjahres und dem Betriebsvermögen am Schluss des vorangegangenen Wirtschaftsjahres, vermehrt um den Wert der Entnahmen und vermindert um den Wert der Einlagen.

1.13.11.3.2 Merkmale des BV-Vergleichs nach § 5 EStG

Nach § 5 Abs. 1 S. 1 EStG ist das Betriebsvermögen anzusetzen, das nach den handelsrechtlichen Grundsätzen ordnungsgemäßer Buchführung auszuweisen ist. Die Handelsbilanz bildet demnach die Grundlage für die Aufstellung der Steuerbilanz. Aus § 5 Abs. 1 S. 1 EStG folgt also der Grundsatz der Maßgeblichkeit der Handelsbilanz für die Steuerbilanz. Dies bedeutet, dass die Bilanzansätze der Handelsbilanz (§ 238 bis 263 HGB für alle Kaufleute und § 264 bis 289 HGB ergänzend für Kapitalgesellschaften) für die steuerrechtliche Gewinnermittlung immer dann maßgebend sind, wenn nach dem EStG Bilanzierungs- und Bewertungswahlrechte bestehen und die Ansätze in der Handelsbilanz steuerrechtlich zulässig sind.

§ 5 Abs. 1 S. 2 EStG bestimmt, dass steuerrechtliche Wahlrechte bei der Gewinnermittlung in Übereinstimmung mit der handelsrechtlichen Jahresbilanz auszuüben sind. Dies wird als umgekehrte Maßgeblichkeit der Steuerbilanz für die Handelsbilanz bezeichnet.

1.13.11.3.3 Personenkreis, der für einen BV-Vergleich nicht in Frage kommt

Land- und Forstwirte, die nicht buchführungspflichtig sind, können ihren Gewinn nach Durchschnittssätzen i.S.d. § 13 a EStG ermitteln. Land- und Forstwirte dürfen freiwillig Bücher führen oder den Gewinn nach § 4 Abs. 3 EStG ermitteln.

Steuerpflichtige, die nicht aufgrund gesetzlicher Vorschriften zur Führung von Büchern verpflichtet sind, können den Gewinn als Überschuss der Betriebseinnahmen über die Betriebsausgaben ansetzen (Einnahme-Überschussrechnung i.S.d. § 4 Abs. 3 EStG).

1.13.11.4 Wesentliche Unterschiede zum Betriebsvermögensvergleich

Die wesentlichen Unterschiede des Betriebsvermögensvergleichs zur Einnahme-Überschussrechnung bestehen in Folgendem:

Veränderungen innerhalb des Betriebsvermögens werden bei der Einnahme-Überschussrechnung nicht berücksichtigt. Inventuren sind daher bei der Gewinnermittlung nach § 4 Abs. 3 EStG nicht erforderlich.

Bei der Einnahme-Überschussrechnung reicht grundsätzlich eine Zusammenstellung der Betriebseinnahmen und der Betriebsausgaben aus. Hinzu kommen einige Aufzeichnungspflichten, z.B. nach § 22 UStG.

Teilwertabschreibungen sind bei der Gewinnermittlung nach § 4 Abs. 3 EStG nicht zulässig. Abschreibungen für außergewöhnliche Abnutzung (AfaA) sind möglich.

Erfolgsabgrenzungen, also Rechnungsabgrenzungsposten, Rückstellungen, sonstige Verbindlichkeiten und sonstige Forderungen sind bei der Einnahme-Überschussrechnung nicht zu bilden.

Der Ansatz (Ausweis) von gewillkürtem Betriebsvermögen bei der Gewinnermittlung nach § 4 Abs. 3 EStG ist nicht zulässig.

1.13.11.5 Folgen aus den Unterschieden beider Gewinnermittlungsarten

Durch die Unterschiede, die bei beiden Gewinnermittlungsarten zu berücksichtigen sind, kann es zu Vermögensverschiebungen und unterschiedlichen Periodengewinnen kommen. Auf die Zeitdauer der Eröffnung bis zur Schließung eines Betriebes ergibt sich jedoch derselbe Gewinn. Dies wird als Totalgewinngleichheit bezeichnet.

Beispiel

Ein Warenverkauf ist am 30.12.01 realisiert. Die Bezahlung erfolgt am 18.01.02.

Betriebsvermögensvergleich:

Durch Buchung Forderung an Erlöse und USt ist die Gewinnauswirkung bereits (vorgezogen) im Wirtschaftsjahr 01 entstanden. Dies nennt man periodengerechte Gewinnermittlung; der Gewinn wird dem Verkaufszeitraum 01, dort, wo er entstanden ist, zugerechnet. Gewinn 01 = +.

Bei Geldeingang in 02 ist erfolgsneutral zu buchen: Bank an Forderung. Die Forderung geht somit unter. Gewinn 02 = 0.

Einnahme-Überschussrechnung:

Der Warenverkauf am 30.12.01 löst keine Aufzeichnung aus, da es auf den Geldzufluss i.S.d. § 11 Abs. 1 S. 1 EStG ankommt. Dieses System wird Istprinzip genannt; hiernach ist im Wirtschaftsjahr 02 eine Betriebseinnahme zu erfassen. Gewinnauswirkungen ergeben sich wie folgt: Gewinn 01 = 0. Gewinn 02 = +.

Das Beispiel zeigt bei beiden Gewinnermittlungsarten aufgrund verschiedener Prinzipe Gewinnauswirkungen in unterschiedlichen Wirtschaftsjahren. Dennoch ergibt sich für den Zeitraum 01.01.01 bis 31.12.02 eine Totalgewinngleichheit. Eine solche Totalgewinngleichheit kann sich oft über viele Geschäftsjahre erstrecken.

1.13.12 Übergänge in die jeweils andere Gewinnermittlungsart

Praktische Bedeutung eines Wechsels in eine andere Gewinnermittlungsart:

Die Gewinnermittlungsmethode kann gewechselt werden. In Betracht kommt:

- der Übergang von der Einnahme-Überschussrechnung gemäß § 4 Abs. 3 EStG zum Betriebsvermögensvergleich nach § 4 Abs. 1 EStG

  und

- der Übergang vom Betriebsvermögensvergleich nach § 4 Abs. 1 EStG zur Einnahme-Überschussrechnung nach § 4 Abs. 3 EStG

1.13.12.1 Übergang von der Einnahme-Überschussrechnung zum Betriebsvermögensvergleich

Dieser Übergang kommt in Betracht, wenn ein Steuerpflichtiger aufgrund eintretender Buchführungspflicht i.S.d. §§ 140, 141 AO die Einnahme-Überschussrechnung nicht mehr anwenden darf oder weil wegen Betriebsaufgabe bzw. -veräußerung ein Veräußerungsgewinn zu ermitteln ist; vgl. § 16 Abs. 2 S. 2 i.V.m. Abs. 3 S. 1 EStG.

Auch ohne Pflicht zur Buchführung kann jederzeit von der Einnahme-Überschussrechnung zum Betriebsvermögensvergleich übergegangen werden. Die freiwillige Einrichtung einer Buchführung richtet sich bei:

- Gewerbetreibenden durch § 15 EStG i.V.m. § 5 EStG
- selbständig tätigen Freiberuflern durch § 18 EStG i.V.m. § 4 EStG
- bei Land- und Forstwirten durch § 13 EStG i.V.m. § 4 EStG

Maßgebliche Vorschriften und Richtlinien:
- §§ 140, 141 AO i.V.m. § 238 HGB
- R 17 EStR und Anlage 1 der EStR

1.13.12.2 Folgen des Wechsels

Bedingt durch den Wechsel der Gewinnermittlungsart treffen zwei höchst unterschiedliche Gewinnermittlungsprinzipien aufeinander. Die Überschussermittlung verfährt nach dem Istprinzip; der Bestandsvergleich bedeutet periodengerechte Gewinnermittlung.

Wird ein Betrieb veräußert oder aufgegeben und wurde der Gewinn bisher durch die Einnahme-Überschussrechnung ermittelt, so gilt es, die Versteuerung der stillen Reserven nunmehr durch Bestandsvergleich sicherzustellen und vom laufenden Gewinn (Verlust) zutreffend abzugrenzen. Diese Abgrenzung ist besonders wichtig, weil für den Veräußerungsgewinn die (ggf. eingeschränkte) begünstigte Besteuerung greift und für den laufenden Gewinn keine Steuerermäßigung angewendet werden darf.

Maßgebliche Vorschriften und Richtlinien:
- § 16 Abs. 2 S. 2 und Abs. 3 S. 1 EStG
- § 16 Abs. 4 EStG zum Freibetrag
- § 34 Abs. 2 Nr. 1 i.V.m. § 34 Abs. 1 EStG zum ermäßigten Steuersatz (Abs. 3), R 139 EStR zur Veräußerung und Aufgabe eines Betriebs

Zu beachten sind die Neufassungen des § 34 Abs. 2 Nr. 1 und Abs. 3 EStG nach den G.v. 23.10.2000 (BGBL. I S. 1433) und v. 19.12.2000 (BGBL. I S. 1812). Siehe zu den jeweiligen Anwendungsbereichen § 52 Abs. 47 EStG.

Beispiel

Ein Betrieb mit Einnahme-Überschussrechnung nach § 4 Abs. 3 EStG wird aus Altersgründen aufgegeben und an den Nachfolger für 500.000,00 DM verkauft.

Die Betriebsveräußerung kommt praktisch dem letzten Geschäftsvorfall gleich. Die durch Wechsel der Gewinnermittlungsart zu erstellende Schlussbilanz weist ein Kapital von 250.000,00 DM aus. Widerlegbar kann vermutet werden, dass die Überzahlung ein Entgelt zum Erwerb der stillen Reserven darstellt. Somit ergibt sich folgende Rechnung:

Veräußerungserlös	500.000,00 DM
./. evtl. Veräußerungskosten	0,00 DM
./. steuerliches Kapitalkonto	250.000,00 DM
Steuerbegünstigter Veräußerungsgewinn §§ 16, 34 EStG	250.000,00 DM

(aus Vereinfachungsgründen ohne Tatbestände nach §§ 3 Nr. 40 b, 3 c Abs. 2 EStG).

Hiervon abzugrenzen ist der übrige Gewinn, denn der Betrieb hat durch seine gewöhnliche Geschäftstätigkeit (z.B. Handel) Gewinn (bzw. Verlust) erzielt, der mit der betrieblichen Einstellung und anschließender Veräußerung an den Nachfolger nichts zu tun hat. Er heißt laufender Gewinn und ist nicht nach den §§ 16, 34 EStG steuerbegünstigt. Die beiden Gewinne sind aus der Gewinn- und Verlustrechnung zur Schlussbilanz zu ermitteln.

1.13.12.3 Erforderliche Gewinnberichtigungen (Maßnahmen) bei einem Wechsel zum Betriebsvermögensvergleich

Die beiden Gewinnermittlungsarten sind durch unterschiedliche Periodengewinne gekennzeichnet. Auf (lange) Dauer gesehen hat sich jedoch eine Totalgewinngleichheit einzustellen. Ein geringerer Periodengewinn muss also in einem späteren Wirtschaftsjahr zu einem höheren Gewinn führen, damit sich der Unterschied wieder ausgleicht. Ein mit jeder Gewinnermittlungsart verbundener Ausgleich wird durch einen Wechsel in die andere Gewinnermittlungsart durchbrochen.

Ein Übergang verlangt demnach zwingend Eingriffe durch Korrekturen, weil ansonsten ein unrichtiger Gesamtgewinn ausgewiesen würde. Es gilt – anders formuliert – eine Nicht- bzw. Doppelerfassung von Geschäftsvorfällen zu verhindern.

Bei einem Wechsel in den Betriebsvermögensvergleich sind Betriebsvorgänge, die bisher nicht oder schon erfasst worden sind, beim ersten Bestandsvergleich zu berücksichtigen:

Merke

- Die übergangsbedingte Nichterfassung von Geschäftsvorfällen ist durch *Hinzurechnung zum Gewinn* in die Versteuerung einzubeziehen
- Durch den Übergang verursachte Doppelbelastungen sind durch *Kürzung des Gewinns* zu verhindern
- Durch den Übergang darf der Totalgewinn nicht verändert werden (Totalgewinngleichheit)

Diese Korrekturen, die den alleinigen Zweck einer zutreffenden Totalgewinnermittlung haben, bedeuten eine einmalige Nachholung des noch nicht berücksichtigten Teils des gesamten Betriebsvermögens aller vergangenen Vorwirtschaftsjahre.

Falls sich Geschäftsvorfälle bereits in der Einnahme-Überschussrechnung ausgewirkt haben und diese sich beim Betriebsvermögensvergleich erneut erfolgswirksam zeigen, dann sollen die Korrekturen die in der Vergangenheit vorhandene Erfolgswirkung wieder neutralisieren.

Gewinnberichtigungen durch Hinzurechnung und Kürzung beruhen daher auf der nicht periodengerechten Gewinnermittlung der vergangenen Wirtschaftsjahre, was die Einnahme-Überschussrechnung zulässt.

Beispiele unter Zuhilfenahme schematischer Darstellungen:

Beispiel 1

Kaufmann A geht mit Wirkung vom 01.01.02 zum Betriebsvermögensvergleich gemäß § 5 EStG über. In seiner Eröffnungsbilanz auf den 01.01.02 sind *Forderungen* in Höhe von 50.000,00 DM aktiviert worden.

Gewinnermittlung	WJ 01	WJ 02
§ 4 Abs. 3	-----------------------	[Betriebseinnahme]
§ 5	[Ertrag]	Geld an Forderungen

Beispiel 1 erfordert eine übergangsbedingte Hinzurechnung von 50.000,00 DM. Typischerweise wäre ohne Wechsel nach dem Istprinzip erst im WJ 02 eine Betriebseinnahme gewinnerhöhend aufgezeichnet worden. Die Forderungen in 01 sind unbeachtlich. Periodengerecht hätte sich bei Abschluss der Geschäfte durch die Buchung Forderungen 50.000,00 DM an Erlöse 50.000,00 DM (aus Vereinfachungsgründen hier keine Umsatzsteuer) die Gewinnauswirkung bereits im WJ 01 ergeben (Gewinnerhöhung um 50.000,00 DM). Ohne Hinzurechnung zum Gewinn 01 ginge die gesamte Gewinnauswirkung in Höhe von 50.000,00 DM verloren.

Beispiel 2

Sachverhalt wie 1. Beispiel. Der Kaufmann A hat in seiner Eröffnungsbilanz auf den 01.01.02 *Verbindlichkeiten* aus Wareneinkäufen in Höhe von 30.000,00 DM passiviert.

Gewinnermittlung	WJ 01	WJ 02
§ 4 Abs. 3	----------------------	[Betriebsausgabe]
§ 5	[Wareneinsatz]	Verbindlichkeiten an Geld

Beispiel 2 erfordert eine übergangsbedingte Kürzung von 30.000,00 DM. Typischerweise wäre ohne Wechsel nach dem Istprinzip erst im WJ 02 eine Betriebsausgabe gewinnmindernd aufgezeichnet worden. Die Verbindlichkeiten in 02 sind unbeachtlich.

Periodengerecht hätte sich bei Abschluss der Geschäfte durch die Buchung Wareneinkauf an Verbindlichkeiten die Gewinnauswirkung bereits im WJ 01 ergeben (Gewinnminderung durch Erhöhung des Wareneinsatzes mit Korrektur um Inventurbestand). Ohne Kürzung des Gewinns 02 ginge die gesamte Gewinnauswirkung in Höhe von 30.000,00 DM verloren.

Sachverhalt wie 1. Beispiel. Der Kaufmann A hat in seiner Eröffnungsbilanz auf den 01.01.02 die **Umsatzsteuer** für den Voranmeldungszeitraum 12/01 passiviert, die wie folgt ermittelt hat:

Umsatzsteuer	28.000,00 DM
./. Vorsteuer	13.000,00 DM
Zahllast	15.000,00 DM

Gewinnermittlung	WJ 01	WJ 02
§ 4 Abs. 3	----------------------	[Betriebsausgabe]
§ 5	[Erfolgsneutralität]	-------------------------------

Im Beispiel 3 ist übergangsbedingt eine Kürzung um 15.000,00 DM erforderlich, da es sich periodengerecht um einen erfolgsneutralen Vorgang handelt.

Buchung in 01:	Umsatzsteuerkonto 15.000,00 DM	an	USt-Verbindlichkeiten 15.000,00 DM
Buchung in 02:	USt-Verbindlichkeiten 15.000,00 DM	an	Bank 15.000,00 DM

Ohne Kürzung würde nach dem Istprinzip die Aufzeichnung einer Betriebsausgabe im WJ 02 den Gewinn 02 zu Unrecht in Höhe von 15.000,00 DM mindern.

1.13.12.4 Behandlung der Umsatzsteuer

Wird von der Einnahme-Überschussrechnung zum Betriebsvermögensvergleich gewechselt, sind noch nicht verrechnete Vorsteuern und noch abzuführende Umsatzsteuerzahllasten in die Gewinnkorrektur einzubeziehen. Die Umsatzsteuer für Umsätze, die Entnahmen sind (§ 12 Nr. 3 EStG) ist nur zu berücksichtigen, wenn diese dem Unterschied zwischen den Betriebseinnahmen und den Betriebsausgaben hinzugerechnet worden ist.

Zur Erinnerung:

Die Umsatzsteuerlast ist im Zeitpunkt der Zahlung um die Umsatzsteuer für Umsätze die Entnahmen sind zu kürzen.

Bei dem Kaufmann B, der nach Aufforderung des Finanzamtes zum 01.01.02 zum Bestandsvergleich übergehen muss, betragen die noch nicht verrechneten Vorsteuern 1.000,00 DM und die Umsatzsteuer 1.800,00 DM. In der Eröffnungsbilanz 01.01.02 wurde die Umsatzsteuerschuld in Höhe von 800,00 DM ordnungsgemäß passiviert.

Die an andere Unternehmer gezahlte Vorsteuer ist in den abgesetzten Betriebsausgaben enthalten. Aufgrund der noch nicht eingetretenen Verrechnung mit der Umsatzsteuer hat sie die als Betriebsausgabe absetzbare Umsatzsteuer noch nicht gemindert.

Folglich würden 1.000,00 DM zu Unrecht mehr als Betriebsausgabe berücksichtigt, als bei der Gewinnermittlung durch Betriebsvermögensvergleich möglich gewesen wäre (erfolgsneutraler Vorgang).

Die noch nicht abgeführte Umsatzsteuer steckt in den Betriebseinnahmen. Aufgrund der noch nicht geleisteten Zahlung sind 1.800,00 DM noch nicht als Betriebsausgabe abgesetzt. Somit würden gegenüber einem Buchführungsverpflichteten 1.800,00 DM zuviel versteuert.

Die erforderliche Gewinnkürzung für das Wirtschaftsjahr 02 beträgt demnach 1.800,00 DM ./. 1.000,00 DM = 800,00 DM.

Sachverhalt wie vor:

In der Umsatzsteuerschuld von 800,00 DM sind 100,00 DM Umsatzsteuer für Umsätze, die Entnahmen sind (§ 12 Nr. 3 EStG) enthalten.

Die Gewinnkürzung des ersten Bilanzgewinns (02) beträgt 800,00 DM ./. 100,00 DM = 700,00 DM, denn die Umsatzsteuer für Umsätze, die Entnahmen sind, ist bei Zahlung von der Traglast abzuziehen.

Es kommt aber auf die Methode an: Wurde bei der Einnahme-Überschussrechnung des Jahres 01 der Bruttobetrag einschließlich Umsatzsteuer als Entnahme behandelt, ist von einem ungekürzten Abschlag in Höhe von 800,00 DM (Vorbeispiel) auszugehen.

Fortsetzung der Beispiele unter Zuhilfenahme schematischer Darstellungen:

Beispiel 4

Kaufmann A, der mit Wirkung zum 01.01.02 zum Betriebsvermögensvergleich übergeht, hat in 01 Anzahlungen für betriebliche Fremdleistungen getätigt.

Gewinnermittlung	WJ 01	WJ 02
§ 4 Abs. 3	[Betriebsausgabe]	------------------------------
§ 5	[Wareneinsatz]	Aufwand an Anzahlungen

Im Beispiel 4 ist übergangsbedingt eine Hinzurechnung in Höhe der im Vorjahr geleisteten Anzahlungen vorzunehmen. Ohne Gewinnkorrektur durch Hinzurechnung würde der Bilanzgewinn 02 gemindert, obwohl er bei der Einnahme-Überschussrechnung den Gewinn 01 bereits gemindert hat. Es käme zu einer doppelten Gewinnminimierung.

Kaufmann A hat im Wirtschaftsjahr 01 45.000,00 DM auf den jetzt vorhandenen Warenbestand geleistet. Der Teilwert ist am Tag des Übergangs (01.01.02) auf 41.000,00 DM gesunken.

Beispiel 5

Gewinnermittlung	WJ 01	WJ 02
§ 4 Abs. 3	Betriebsausgabe 45.000,00 DM	--------------------------------
§ 5	Teilwert-AfA i.H.v. 4.000,00 DM	Wareneinsatz 41.000,00 DM

Im Beispielfall 5 ist eine Gewinnkorrektur 02 in Höhe von 41.000,00 DM durch Hinzurechnung erforderlich. Bei der Einnahme-Überschussrechnung haben 45.000,00 DM zulässig den Gewinn 01 gemindert.

Eine Teilwertabschreibung ist bei der Gewinnermittlungsart nach § 4 Abs. 3 EStG unzulässig. Durch den Wechsel in den Betriebsvermögensvergleich nach § 5 Abs. 1 i.V.m. § 4 Abs. 1 EStG ist das Verbot, keine Teilwertabschreibungen vorzunehmen, nicht mehr zu beachten. Damit der Kaufmann A gegenüber anderen bilanzierenden Steuerpflichtigen nicht schlechter gestellt wird, ist es nicht zu beanstanden, wenn er die Hinzurechnung 02 mit 41.000,00 DM vornimmt; dies kommt praktisch einer Teilwertabschreibung gleich.

Ab dem 01.01.1999 ist die Teilwertabschreibung von einer voraussichtlich dauernden Wertminderung abhängig gemacht worden. Die dauernde Wertminderung wird definiert als ein nachhaltiges Absinken des Werts unter den Buchwert. Nach Ablauf eines Jahres tritt eine Beweislastumkehr zu Lasten des Steuerpflichtigen ein:

Dieser hat nachzuweisen, dass dann die Voraussetzung für die Teilwertabschreibung noch vorliegen. Es herrscht ein striktes Wertaufholungsgebot.

Der Kaufmann A hat im Dezember 01 die Miete für seine Geschäftsräume in Höhe von 3.000,00 DM für den Monat 01.02 im voraus entrichtet (10-Tage-Regelung hier unbeachtlich).

Beispiel 6

Gewinnermittlung	WJ 01	WJ 02
§ 4 Abs. 3	Betriebsausgabe 3.000,00 DM	--------------------------------
§ 5	aRAP an Bank 3.000,00 DM	Aufwand an aRAP 3.000,00 DM

Im Beispielfall 6 ist eine übergangsbedingte Hinzurechnung in Höhe von 3.000,00 DM erforderlich. Bei der Einnahme-Überschussrechnung haben nach dem Istprinzip Betriebsausgaben in Höhe von 3.000,00 DM zutreffend den Gewinn 01 gemindert.

Bei der periodengerechten Gewinnermittlung wäre der Aufwandsposten gemäß § 5 Abs. 5 S. 1 Nr. 1 EStG aktivisch abzugrenzen. Hiernach stellt sich durch Auflösung des aRAP in 02 die Gewinnauswirkung im Wirtschaftsjahr 02 ein. Ohne Hinzurechnung wäre der Bilanzgewinn 02 gemindert, obwohl bereits der Gewinn 01 entsprechend verringert wurde (= Doppelerfassung).

Beispiel 7

Kaufmann A rechnet Ende 01 mit einem voraussichtlichen Gewerbesteueraufwand für 01 in Höhe von 12.000,00 DM.

Gewinnermittlung	WJ 01	WJ 02
§ 4 Abs. 3	------------------------------	Betriebsausgabe
§ 5	Steueraufwand an GewSt-RS	GewSt-RS an Bank

Im Beispielfall 7 ist der Gewinn 02 um 12.000,00 DM zu kürzen.

Nach der Gewinnermittlung des § 4 Abs. 3 EStG kommt es nach dem Istprinzip durch Zahlung der Gewerbesteuer zu einer Betriebsausgabe in 02 in Höhe von 12.000,00 DM.

Innerhalb des Betriebsvermögensvergleichs wäre periodengerecht im Jahr 01 eine entsprechende Rückstellung (§ 249 HGB i.V.m. § 5 Abs. 1 S. 1 EStG) zu bilden. Buchungstechnisch ergibt sich in 01 die Gewinnminderung. Ohne die gleichlautende Kürzung des Gewinns 02 wäre der Periodengewinn zu hoch, denn aufgrund des für 01 herrschenden Istprinzips bestand keine Möglichkeit der Gewinnminderung durch Bildung einer Rückstellung.

Beispiel 8

Dem Kaufmann A entstehen im Dezember 01 betriebliche Aufwendungen, die er Anfang 02 bezahlt.

Gewinnermittlung	WJ01	WJ02
§ 4 Abs. 3		Betriebsausgabe
§ 5	Aufw. an so. Verbind.	so. Verbind. an Bank

Im Beispiel 8 ist der Gewinn 02 durch Kürzung in Höhe der Aufwendungen zu berichtigen.

Wäre die Einnahme-Überschussermittlung beibehalten worden, hätte die Betriebsausgabe den Gewinn 02 zutreffend gemindert. Der Vorgang ist innerhalb des Bestandsvergleichs für das Jahr 02 erfolgsneutral, da der Aufwand bereits periodengerecht im Wirtschaftsjahr 01 gebucht worden wäre.

Ohne die erforderliche Kürzung wäre der Gewinn 02 überhöht ausgewiesen; er hätte sich bei beibehaltener Überschussermittlung ohnehin entsprechend mindern dürfen.

Gewinnkorrekturen durch Hinzurechnungen und Kürzungen haben in allen Beispielen die Totalgewinngleichheit wieder hergestellt.

1.13.12.1 Behandlung von Anlagevermögen beim Übergang von der Einnahme-Überschussrechnung zum Betriebsvermögensvergleich

Eine Korrektur beim Anlagevermögen erfolgt nicht. Wirtschaftsgüter des Anlagevermögens werden bei beiden Gewinnermittlungsarten nicht unterschiedlich behandelt. Entsprechendes gilt für Betriebsschulden, die in wirtschaftlichem Zusammenhang mit der Anschaffung von Wirtschaftsgütern des Anlagevermögens stehen.

Auf einem Anlagegut des Kaufmanns C lastet eine Kaufpreisschuld von 100.000,00 DM. Zum 01.01.02 geht Kaufmann C von der Gewinnermittlung nach § 4 Abs. 3 EStG zum Betriebsvermögensvergleich nach § 5 EStG über.

Beispiel

Die Kaufpreisschuld beeinflusst bei beiden Gewinnermittlungsarten nicht den Gewinn. Eine Korrektur ist aus diesem Grunde nicht erforderlich.

1.13.12.2 Die Bewertung von Wirtschaftsgütern in der Eröffnungsbilanz bei vorheriger Gewinnermittlung nach § 4 Abs. 3 EStG:

Wurde der Gewinn bisher durch Einnahme-Überschussrechnung ermittelt, stellt sich für die erste Eröffnungsbilanz, die dem Übergang in den Bestandsvergleich folgt, die Frage, mit welchem Wert die Wirtschaftsgüter anzusetzen sind. Die Ermittlung dieser Bilanzansätze wird als *Bewertung* bezeichnet. Für die Erstellung der Steuerbilanz ist die Vorschrift des § 6 EStG zu beachten (R 32 bis H 40 EStR).

Die höchstrichterliche Rechtsprechung des BFH vertritt zur Bewertungsfrage seit Jahrzehnten folgende Auffassung (BFH 1962 III, 199):

Die einzelnen Wirtschaftsgüter sind beim Übergang zum Bestandsvergleich nach § 4 Abs. 1 EStG mit den Werten anzusetzen, mit denen sie zu Buch stehen würden, wenn von Anfang an der Gewinn durch Betriebsvermögensvergleich ermittelt worden wäre. Nicht abnutzbare Wirtschaftsgüter, z.B. Grund und Boden, sind mit dem Wert anzusetzen, mit dem sie in das Verzeichnis aufgenommen worden sind.

Zeitpunkt der Erfassung der Hinzurechnungen und Kürzungen:

Durch Zu- und Abschläge wird die Totalgewinngleichheit wieder hergestellt. Gewinnunterschiede, oft vieler Jahre, die den unterschiedlichen
Gewinnermittlungsarten zu eigen sind, werden durch die Korrekturposten
auf einen Schlag bereinigt.

Merke

> Die Wiederherstellung der Totalgewinngleichheit erfolgt **beim ersten
> Bilanzgewinn**, der dem Jahr des Übergangs folgt.

1.13.12.3 Folgen einer fehlerhaften oder unterbliebenen Ermittlung der Korrekturposten

Die Berichtigung einer fehlerhaft ermittelten Totalgewinngleichheit
knüpft an den Tatbestand an, ob eine Einkommensteuerveranlagung, die
den fehlerhaften Ansatz enthält, bestandskräftig ist oder nach den allgemeinen Berichtigungsvorschriften der Abgabenordnung (§§ 172 bis 177
AO) berichtigt werden kann. Eine fehlerbereinigende Korrektur ist ausgeschlossen, wenn die Steuerfestsetzung nach der AO nicht mehr geändert
werden kann.

1.13.12.4 Übergang zum Bestandsvergleich und Betriebsveräußerung

R 16 Abs. 7 EStR vertritt hierzu folgende Auffassung:

Veräußert ein Steuerpflichtiger, der den Gewinn nach § 4 Abs. 3 EStG
ermittelt, den Betrieb, so ist er so zu behandeln, als wäre er im Augenblick der Veräußerung zunächst zur Gewinnermittlung nach § 4 Abs. 1
EStG übergegangen.

Die Korrekturen zur Wiederherstellung der Totalgewinngleichheit sind
beim laufenden Gewinn und nicht beim Veräußerungsgewinn (§§ 16, 34
EStG!) zu berücksichtigen (BFH 1962 III, 109) und können auf drei Jahre
verteilt werden (BFH 1967 III, 755).

1.13.12.5 Die Härteregelung des R 17 Abs. 1 S. 4 EStR

Die Einnahme-Überschussrechnung und der Betriebsvermögensvergleich
sind durch abweichende Abschnittsgewinne geprägt. Wird durch Zu- und
Abschläge beim Übergang zum Bestandsvergleich die Totalgewinngleichheit erreicht, kann sich gegebenenfalls ein Übergangsgewinn ergeben, der grundsätzlich dem Bilanzgewinn des ersten Jahres nach dem
Wechsel hinzuzurechnen ist.

Dies kann für den Steuerpflichtigen eine erhebliche Härte, die sich in einer regelmäßig nicht wiederkehrenden, hohen Steuerzahlung ausdrückt, bedeuten. R 17 Abs. 1 S. 4 EStR gestattet dem betroffenen Personenkreis folgende Handhabung:

Beim Übergang in den Betriebsvermögensvergleich kann *auf Antrag* der Übergangsgewinn (Saldo aus Zu- und Abrechnungen) gleichmäßig entweder auf das Jahr des Übergangs und das folgende Jahr oder auf das Jahr des Übergangs und die beiden folgenden Jahre verteilt werden.

Im Prinzip hat der Steuerpflichtige die Wahl, den Übergangsgewinn auf zwei Jahre bzw. auf drei Jahre zu verteilen. Voraussetzungen sind:

- Antrag beim Finanzamt
- keine willkürliche, sondern gleichmäßige Verteilung
- Zuordnung zum laufenden Gewinn ohne Tarifbegünstigung nach § 34 EStG

Der andere Steuersatz würde den Fall der hier verloren gegangenen Tarifermäßigung wie folgt berechnen:

Steuer mit $\frac{1}{5}$ der außerordentlichen Einkünfte
./. Steuer ohne die außerordentlichen Einkünfte
= Differenz x 5 = Steuerbetrag

Der Übergangsgewinn gehört bei Gewerbetreibenden auch zum Gewerbeertrag.

Erfolgskontrolle

Übungsfall Martin Gansbart:

Martin Gansbart wird seit Jahren durch das Steuerberatungsbüro Clemens Quast vertreten. Der Mandant, der am Ort eine Handelsvertretung erfolgreich betreibt, ermittelte bisher zulässigerweise seinen Gewinn durch Einnahme-Überschussrechnung nach § 4 Abs. 3 EStG.

Wegen Überschreitung der Umsatzgrenze von 500.000,00 DM forderte ihn das Finanzamt auf, zum 01.01.02 zur Gewinnermittlung durch Betriebsvermögensvergleich überzugehen (§ 141 Abs. 1 S. 1 Nr. 1 AO; die Firma ist nicht im Handelsregister eingetragen).

Wir schreiben den 17.05.02. Die Eröffnungsbilanz auf den 01.01.02 wurde auftragsgemäß vom Steuerberatungsbüro Quast erstellt und liegt vor. Ihr Chef, Herr Steuerberater Clemens Quast, kommt mit der soeben ausgedruckten Bilanz auf den 01.01.02 zu Ihnen und bittet Sie, den Übergangsgewinn zu ermitteln.

Er erteilt mündlich noch folgende Hinweise:

38. Die Anschaffungskosten der Waren betrugen 45.000,00 DM. Ihr Chef lächelt Sie freundlich an und spricht den bedeutungsvollen Begriff des Niederstwertprinzips aus und bietet damit offensichtlich eine Hilfe an.

Die sonstigen Verbindlichkeiten setzen sich wie folgt zusammen:

- Ausgewiesener (passivierter) Betrag   3.480,00 DM
  Restkaufpreis Büromöbel:
  1.000,00 DM zzgl. 160,00 DM USt
  Reparaturrechnung Betriebs-Pkw:
  2.000,00 DM zzgl. 320,00 DM USt
  Summe: 3.480,00 DM

Die vorgelegte Eröffnungsbilanz hat folgendes Bild:

Aktiva	EB 01.01.02	Passiva	
Grund und Boden	32.500	Eigenkapital	113.000
Gebäude	191.000	Rückstellungen	3.500
Betr.- u. Geschäftsausstattung	12.000	Darlehn	181.000
Geleistete Anzahlungen	5.000	Verbindlichkeiten	34.500
Warenbestand	41.000	Kundenanzahlungen	12.000
Forderungen	57.500	Sonstige Verbindlichkeiten	3.480
Bank/Kasse	7.000	Umsatzsteuerschuld	2.520
akt. RAP	3.000		
Damnum	1.000		
	350.000		350.000

39. Benutzen Sie zur Berechnung des Übergangsgewinns folgendes Schema:

Aktiva	Zuschlag Abschlag		Zuschlag Abschlag
Grund und Boden		Eigenkapital	
Gebäude		Rückstellungen	
Betriebs- u.		Darlehn	
Geschäftsausstattung		Verbindlichkeiten	
Geleistete Anzahlungen		Kundenanzahlungen	
Warenbestand		Sonstige Verbindlichkeiten	
Forderungen		Umsatzsteuerschuld	
Bank/Kasse			
akt. RAP			
Damnum			
Summe aus Aktiva	-------------	Summe aus Passiva	--------------------

Erfassung des Übergangsgewinns/Übergangsverlustes:

Hinzurechnungen

./. Kürzungen
--   ------------------

= Übergangsgewinn/Übergangsverlust

                                                              ==================

40. Herr Quast hat noch folgende Fragen an Sie:

40a. Welchem Gewinn ist der Übergangsgewinn bzw. -verlust außerhalb der Buchführung grundsätzlich zuzurechnen?

40b. Falls sich ein Übergangsgewinn ergibt: Wie beraten Sie den Mandanten, wenn er von der vollen Steuerpflicht seines Übergangsgewinns erfährt und Sie um eine Ausweglösung bittet? Wie beraten Sie den Mandanten, wenn er empört erwidert, er habe „auf seinem Konto nie einen Übergangsgewinn gesehen" und im übrigen einen miserablen Steuerberater, der offensichtlich „dem Finanzamt Pfötchen gibt?"

40c. Was sagen Sie einem besonders hartnäckigen Mandanten, der wegen der Mehrsteuer (und den höheren Steuerberatergebühren für die Buchführung) das Geschäft veräußern will und Sie bezüglich einer Härteklausel befragt? Gilt diese Regelung auch für den Fall einer Betriebsveräußerung oder Aufgabe?

40d. Auf welches Gesetz weisen Sie hin, wenn sich der Mandant mit einem Veräußerungserlös in eine Steueroase (z.B. Monaco) absetzen will?

Überschuss bis Veräußerung	=	laufender Gewinn und GewSt
+ Übergangsgewinn	=	laufender Gewinn und GewSt
+ Veräußerungsgewinn	=	begünstigt §§ 16, 34 EStG ohne GewSt
= Einkünfte aus Gewerbebetrieb § 15 EStG		

1.13.13 Übergang vom Betriebsvermögensvergleich zur Einnahme-Überschussrechnung

Der Umkehrfall eines Wechsels vom Betriebsvermögensvergleich in die Einnahme-Überschussrechnung ist vorstellbar und rechtlich zulässig. Dies setzt voraus, dass der Steuerpflichtige nicht aufgrund gesetzlicher Vorschriften zur Führung von Büchern verpflichtet ist, keine regelmäßigen Abschlüsse macht und dies auch nicht freiwillig tut. Die Ursachen für einen Wechsel in die Einnahme-Überschussrechnung sind also:

Wegfall der Buchführungspflicht:

- durch Löschung der Firma eines Gewerbetreibenden im Handelsregister oder
- durch Aufgabe eines Grundhandelsgewerbes (§ 140 AO i.V.m. §§ 238, 239 HGB) und
- durch Feststellung des Finanzamtes, dass Umsatz oder Gewinn, unter die Grenzen des § 141 AO gefallen sind oder

wenn der Steuerpflichtige bisher freiwillig Bücher geführt hat und zur Einnahme-Überschussrechnung übergehen will.

1.13.13.1 Erforderliche Gewinnberichtigungen (Maßnahmen) bei einem Wechsel zur Einnahme-Überschussrechnung

Auch bei diesem Wechsel ist die Nicht- oder Doppelerfassung von Geschäftsvorfällen zu verhindern. Die Totalgewinngleichheit ist durch Zu- und Abschläge zum laufenden Gewinn wieder herzustellen.

Beispiele

Vorbemerkung:

Beim Übergang in die Einnahme-Überschussrechnung sind die **Umkehrschlüsse** des Gesagten zum Übergang in den Betriebsvermögensvergleich zu ziehen:

- Werte der Aktivseite kürzen (ohne Posten des Anlagevermögens und Geldkonten)
- Werte der Passivseite hinzurechnen (ohne Eigenkapital und Darlehn)

Beispiel 1

Kaufmann D, der bisher seinen Gewinn durch Betriebsvermögensvergleich ermittelt hat, geht zulässig ab 01.01.02 zur Einnahme-Überschussrechnung über. Zu diesem Zeitpunkt betragen seine **Forderungen** 23.200,00 DM (Buchung: Forderungen 23.200,00 DM an Erlöse 20.000,00 DM und USt 3.200,00 DM). Bei Zufluss in 02 hat D eine Betriebseinnahme in Höhe von 23.200,00 DM aufzuzeichnen. Aufgrund der bereits in 01 eingetretenen (periodengerechten) Gewinnauswirkung tritt eine doppelte Erfassung ein. Die Totalgewinngleichheit erfolgt hier durch Kürzung in Höhe von 23.200,00 DM.

Beispiel 2

Kaufmann D schuldet im Übergangszeitpunkt dem Finanzamt **Umsatzsteuer** für das abgelaufene Kalenderjahr in Höhe von 7.000,00 DM (Buchung: Bank an Warenverkäufe und USt). Bei Zahlung in 02 hat D eine Betriebsausgabe in Höhe von 7.000,00 DM zu erfassen. Die Umsatzsteuer hat sich in 01 erfolgsneutral ausgewirkt. Der Totalgewinn wird durch die Betriebsausgabe um 7.000,00 DM stärker gemindert, als bei der periodengerechten Gewinnermittlung. Somit ist ein Zuschlag zum ersten Überschussgewinn erforderlich.

Beispiel 3

Kaufmann D hat eine **Kfz-Haftpflichtprämie** in Höhe von 1.200,00 DM für den Zeitraum 01.10.01 bis 30.09.02 am 28.09.01 entrichtet (Buchung: Versicherungsaufwand 300,00 DM und aRAP 900,00 DM an Bank 1.200,00 DM). Mangels Zahlung kann im Jahr 02 keine Betriebsausgabe aufgezeichnet werden. Für 01 beträgt die periodengerechte Gewinnauswirkung 300,00 DM mit der Folge eines zu hohen Gewinns 02 in Höhe von 900,00 DM. In Höhe des gebildeten aRAP von 900,00 DM ist ein entsprechender Abschlag zu bilden.

D hat in 01 eine **Vorauszahlung auf ein Honorargeschäft** erhalten (Buchung: Bank an Vorschüsse). Für das Jahr 02 fehlt eine Betriebseinnahme. Wegen der erfolgsneutralen Buchung in 01 kommt es weder in 01 noch in 02 zu irgendeiner Gewinnauswirkung. Der Überschussgewinn 02 ist durch einen geeigneten Zuschlag in Höhe des in 01 vereinnahmten Teilhonorars zu erhöhen.

Beispiel 4

Der **Warenbestand** des Kaufmanns D beträgt im Zeitpunkt des Wechsels 30.000,00 DM (Buchungen: a) Wareneinkäufe und Vorsteuer an Lieferanten; b) Inventurbuchung: Schlussbilanzkonto an Wareneinkauf). Durch Gegenbuchung des Inventurbestandes zum 31.12.01 werden die Wareneinkäufe 01 nicht gewinnmindernd erfasst. In 02 wird mangels Zahlung keine Betriebsausgabe aufgezeichnet. Die Verkaufserlöse 02 sind Betriebseinnahmen. Der Wareneinkauf in Höhe von 30.000,00 DM geht übergangsbedingt unter. Vom ersten Überschussgewinn ist ein Abschlag in Höhe von 30.000,00 DM vorzunehmen, damit sich der zutreffende Totalgewinn einstellt.

Beispiel 5

Wie Beispiel 5, jedoch ist der Teilwert der eingekauften Ware auf 25.000,00 DM gesunken. Der Kaufmann D nahm zulässigerweise eine **Teilwertabschreibung** auf den Warenbestand in Höhe von 5.000,00 DM vor.

Beispiel 6

Durch die Teilwertabschreibung in Höhe von 5.000,00 DM beträgt der tatsächliche Aufwand rechnerisch nur 25.000,00 DM. Der Unterschiedsbetrag hat sich bereits im Jahr 01 gewinnmindernd ausgewirkt. Der Abschlag zur Korrektur des Totalgewinns darf nur 25.000,00 DM betragen.

Wie Beispiel 5, jedoch ist die in 01 eingekaufte Ware zum Übergangszeitpunkt **noch nicht bezahlt**. Die Bezahlung erfolgt im Rahmen einer aufzuzeichnenden Betriebsausgabe in 02. Mangels Gewinnauswirkung in 01 darf kein Abschlag vom Überschussgewinn erfolgen (bei teilweiser Bezahlung darf nur der Anteil berücksichtigt werden).

Beispiel 7

Diese Handhabung bereitet der Praxis erhebliche Schwierigkeiten, da i.d.R. nicht festgestellt werden kann, ob die Lieferantenschulden den noch vorhandenen oder den bereits verkauften Warenbestand betreffen. Hilfsweise sind der gesamte Warenbestand des Übergangszeitpunktes als Abschlag und die gesamten Lieferantenschulden im Wege des Zuschlags zu erfassen. Die Totalgewinngleichheit wird durch Saldierung des Zuschlags mit dem Abschlag hergestellt.

Hinweis

Waren also von den Wareneinkäufen 01 in Höhe von 30.000,00 DM noch 10.000,00 DM unbezahlt, lautet die Herstellung der Totalgewinngleichheit wie folgt:

- Abschlag gemäß Beispiel 5:   30.000,00 DM
- Zuschlag für unbezahlte Waren: 10.000,00 DM
- Überschussgewinnminderung 02   20.000,00 DM

Auch beim Übergang vom Betriebsvermögensvergleich zur Einnahme-Überschussrechnung haben Gewinnkorrekturen durch Hinzurechnungen und Kürzungen die Totalgewinngleichheit wieder hergestellt. Es gelten dabei die *Umkehrschlüsse* zum Übergang von der Einnahme-Überschussrechnung zum Betriebsvermögensvergleich.

1.13.13.2 Behandlung von Anlagevermögen beim Übergang vom Betriebsvermögensvergleich zur Einnahme-Überschussrechnung

Eine Korrektur beim Anlagevermögen erfolgt nicht. Wirtschaftsgüter des Anlagevermögens werden bei beiden Gewinnermittlungsarten grundsätzlich auch gleich behandelt. Entsprechendes gilt für Darlehnsschulden, die beim Übergang zur Einnahme-Überschussrechnung ebenfalls nicht zu berücksichtigen sind.

Beispiel

Auf dem betrieblichen Pkw mit Buchwert von 8.000,00 DM lastet noch eine Kaufpreisschuld in Höhe von 12.000,00 DM. Der Kaufmann geht zum 01.01.02 zur Gewinnermittlung nach § 4 Abs. 3 EStG über.

Bei beiden Gewinnermittlungsarten werden die Anschaffungskosten abnutzbarer Anlagegüter im Wege der Absetzung für Abnutzung (AfA) gem. § 7 EStG über die gesamte betriebsgewöhnliche Nutzungsdauer als Aufwand erfasst. Der Totalgewinn bleibt gleich. Korrekturposten sind bei Anlagegütern entbehrlich.

1.13.13.3 Besonderheit beim Übergang in die Einnahme-Überschussrechnung

Überschussrechner haben ein Verzeichnis über die nicht der Abnutzung unterliegenden Anlagegüter (z.B. Grund und Boden, Beteiligungen, Konzessionen) zu führen, vgl. § 4 Abs. 3 S. 5 EStG. Die Werte lt. Verzeichnis, hauptsächlich Tag und Wert der Anschaffung oder Herstellung eines nicht abnutzbaren Wirtschaftsgutes, dienen der späteren Aufzeichnung als Betriebsausgabe, wenn das Gut entnommen oder veräußert wird.

Solche Wirtschaftsgüter müssen bei einem Übergang zur Einnahme-Überschussrechnung aus der letzten Schlussbilanz in das Verzeichnis übernommen werden. Sind die Bilanzposten durch frühere Teilwertabschreibungen gemindert worden, ist dies zusätzlich im Verzeichnis zu vermerken (Ableitungsgedanke aus dem Gesetzeswortlaut: Hiernach sind AK bzw. HK oder der an die Stelle tretende Wert in das Verzeichnis aufzunehmen.).

1.13.13.3 Die letzte Schlussbilanz enthält gewillkürtes Betriebsvermögen

Hat sich der Kaufmann zum Ausweis von gewillkürtem Betriebsvermögen in seinen Bilanzen entschieden, dann ist ein Ausscheiden aus dem Betriebsvermögen ausschließlich nach Entnahmegrundsätzen möglich. Dies erscheint beim Übergang in die Einnahme-Überschussrechnung zumindest fraglich, da bei dieser Gewinnermittlungsmethode der Ansatz von gewillkürtem Betriebsvermögen nicht möglich ist. § 4 Abs. 1 S. 3 EStG stellt hierzu klar:

Ein Wirtschaftsgut wird nicht dadurch entnommen, dass der Steuerpflichtige zur Gewinnermittlung nach § 4 Abs. 3 EStG (oder nach § 13 a EStG) übergeht.

Entnahmehandlungen sind im Regelfall:

*   ausdrückliche Entnahmehandlungen, schlüssige Handlungen oder entsprechende Rechtsvorgänge
*   gänzliche oder teilweise Nutzungsänderungen, z.B. Ausbau des Speichers eines Betriebsgebäudes und Nutzung zu eigenen Wohnzwecken

Siehe zu den Einzelheiten einer Entnahmehandlung R 14 Abs. 3 EStR.

1.13.13.4 Zeitpunkt für die Erfassung der Zu- und Abschläge

Die Erfassung der die Totalgewinngleichheit wieder herstellenden Zu- und Abschläge ist regelmäßig im ersten nach § 4 Abs. 3 EStG zu ermittelnden Überschussgewinn vorzunehmen. Die dem Gewinn hinzuzurechnenden Beträge können nicht auf drei Jahre verteilt werden; vgl. H 16 Abs. 7 EStR „Übergangsgewinn" und R 17 EStR „Wechsel der Gewinnermittlungsart".

Gesetzgebung und jahrzehntelange Rechtsprechung erlauben also keine Gewinnverteilung auf drei Jahre, wenn der Steuerpflichtige zur Gewinnermittlung nach § 4 Abs. 3 EStG übergeht. Dies hängt damit zusammen, dass dieser Übergang zumeist freiwillig durch den Steuerpflichtigen geschieht, während der Übergang zum Betriebsvermögensvergleich sehr häufig einem gesetzlichen Zwang unterliegt. H 17 EStR „Wechsel zur Einnahme-Überschussrechnung" sieht jedoch eine Ausnahme vor:

Soweit sich die Betriebsvorgänge, die den durch den Wechsel der Gewinnermittlungsart bedingten Korrekturen entsprechen, noch nicht im ersten Jahr nach dem Übergang zur Gewinnermittlung nach § 4 Abs. 3 EStG ausgewirkt haben, können die Korrekturen auf Antrag grundsätzlich in dem Jahr vorgenommen werden, in dem sich die Betriebsvorgänge auswirken.

Beispiel

Ein Kaufmann hat einem guten Kunden am 17.12.01 einen größeren Warenposten (= Umlaufvermögen) auf Ziel veräußert. Als Zahlungsziel wurde der 10.01.03 vereinbart. Zum 01.01.02 geht der Kaufmann zur Gewinnermittlung nach § 4 Abs. 3 EStG über. Am 10.01.03 ist aufgrund des Geldeingangs eine entsprechende Betriebseinnahme aufzuzeichnen. Die Gewinnauswirkung findet somit nicht im ersten Jahr nach dem Übergang zur Einnahme-Überschussrechnung statt. Auf Antrag darf die Totalgewinnkorrektur in 03 vorgenommen werden, weil sich erst dann die Betriebsvorgänge ausgewirkt haben.

Hinweis

Im vorliegenden Beispielfall wird weder der Mandant, noch sein Steuerberater an einer Gewinnkürzung interessiert sein, die sich um ein volles Kalenderjahr verzögert. Dennoch ist dieses Beispiel für die gestalterische Steuerberatung bedeutsam. Ist z.B. bekannt, dass der Überschussgewinn 03 übermäßig hoch ausfallen wird, z.B. weil ein hoher Geldeingang eines Vermittlungsgeschäftes zu erwarten ist, wird der Mandant für einen Kürzungsbetrag, der nach 03 übertragen werden kann, dankbar sein. Eine erneute Buchführungspflicht, die sich durch den hohen Gewinn 03 ergeben dürfte, wird dem Finanzamt frühestens durch Erklärungsabgabe in 04 bekannt; eine behördliche Anordnung, die den Übergang zum Bestandsvergleich fordert, ist dann frühestens zum 01.01.05 möglich; vgl. § 141 Abs. 1 S. 1 Nr. 4 i.V.m. Abs. 2 S. 1 AO.

Das Kapitel Wechsel der Gewinnermittlungsart lässt sich in wenige Merksätze zusammenfassen:

1. Übergang EU-Rechnung – BV-Vergleich:
    Werte der *Aktivseite* hinzurechnen, nicht beim Anlagevermögen und bei Geldkonten.
    Werte der *Passivseite* kürzen, nicht beim Eigenkapital und bei Darlehn.
2. Übergang BV-Vergleich – EU-Rechnung:
    Werte der *Aktivseite* kürzen (Umkehrung), nicht beim Anlagevermögen und bei Geldkonten.
    Werte der *Passivseite* hinzurechnen (Umkehrung), nicht beim Eigenkapital und bei Darlehn.

Schematische Darstellungen:

1. EU-Rechnung – BV-Vergleich:

Aktiva	EB 01.01. ... Passiva
Hinzurechnungen nie: AV + Geldkonten	Kürzungen nie: Eigenkapital + Darlehn

2. BV-Vergleich – EU-Rechnung:

Aktiva	SB 31.12. ... Passiva
Kürzungen nie: AV + Geldkonten	Hinzurechnungen nie: Eigenkapital + Darlehn

Zusammenfassung:

Ein Wechsel der Gewinnermittlungsart erfordert, dass Betriebsvorgänge, die bisher unberücksichtigt waren, nunmehr berücksichtigt werden. Dies gilt gleichermaßen für den Wechsel zum Betriebsvermögensvergleich als auch zur Einnahme-Überschussrechnung. Die Berücksichtigung erfolgt grundsätzlich durch Zu- bzw. Abschläge zum Gewinn im ersten Jahr nach dem Wechsel der Gewinnermittlungsart.

Beim Übergang in den Betriebsvermögensvergleich kann zur Härtevermeidung auf Antrag der Übergangsgewinn gleichmäßig auf bis zu drei Jahre verteilt werden (vgl. R 17 Abs. 1 S. 4 EStR).

Für die Zu- und Abschläge gilt gemäß Anlage 1 zu den amtlichen EStR folgendes Schema:

1. Von der Einnahme-Überschussrechnung zum Betriebsvermögensvergleich, aber auch zur Durchschnittssatzgewinnermittlung oder zur Richtsatzschätzung:

    Der Gewinn des ersten Jahres ist insbesondere um die folgenden Hinzurechnungen und Abrechnungen zu berichtigen:

    + Warenanfangsbestand
    + Warenforderungsanfangsbestand
    + Sonstige Forderungen
    ./. Warenschuldenanfangsbestand
    + Anfangsbilanzwert (Anschaffungskosten) der nicht abnutzbaren Wirtschaftsgüter des Anlagevermögens (mit Ausnahme des Grund und Bodens)

2. Vom Bestandsvergleich, aber auch von der Durchschnittssatz-
    gewinnermittlung oder von der Richtsatzschätzung zur Einnahme-
    Überschussrechnung:

Der Überschuss der Betriebseinnahmen über die Betriebsausgaben
ist im ersten Jahr insbesondere um die folgenden Hinzurechnungen
und Abrechnungen zu berichtigen:

+ Warenschuldenendbestand des Vorjahres
./. Warenendbestand des Vorjahres
./. Warenforderungsbestand des Vorjahres
./. Sonstige Forderungen

Sind in früheren Jahren Korrektivposten gebildet und noch nicht oder
noch nicht in voller Höhe aufgelöst worden, so ist dies bei Hinzurechnung
des Unterschiedsbetrages zu berücksichtigen; noch nicht aufgelöste Zu-
schläge vermindern, noch nicht aufgelöste Abschläge erhöhen den Unterschiedsbetrag.

Die vorstehende Übersicht ist nicht erschöpfend. Beim Wechsel der Gewinnermittlungsart sind auch andere als die vormals bezeichneten Positi-
onen durch Zu- und Abrechnungen zu berücksichtigen. Das gilt insbesondere für die Rechnungsabgrenzungsposten, z.B. im Voraus gezahlte Miete
und im Voraus vereinnahmte Zinsen, sowie für Rückstellungen, z.B. für
Gewerbesteuer des abgelaufenen Wirtschaftsjahres.

Erfolgskontrolle

Übungsfall Gerlinde Weissgerber:

Lösungen
siehe
Anhang

Gerlinde Weissgerber betreibt seit dem 01.01.02 einen Handel mit Computern, Computerzubehör und Ersatzteilen. Seit Eröffnung des Betriebs wurde der Gewinn aus Gewerbebetrieb durch die Steuerberatungskanzlei Clemens Quast i.S.d. § 4 Abs. 3 EStG ermittelt.

Mit Schreiben vom 17.11.03 hat das örtlich zuständige Finanzamt, dem eine Zustellungsvollmacht Ihres Büros vorliegt, mitgeteilt, dass Ihre Mandantin gemäß § 141 Abs. 2 AO ab dem 01.01.04 Bücher zu führen und aufgrund jährlicher Bestandsaufnahmen Abschlüsse zu fertigen habe. Umgehend hatte Ihre Kollegin, Frau Steuerfachassistentin Claudia Klug, die Mandantin schriftlich über diesen Umstand in Kenntnis gesetzt. Auch Frau Weissgerber reagierte zügig, was von der übrigen Mandantschaft nicht immer erwartet werden kann.

Am 05.01.04 öffnen Sie einen Brief Ihrer Mandantin, die hiermit mitteilt, dass sie zum Schluss des Jahres 03 erstmalig eine Bestandsaufnahme durchgeführt und die nachstehenden Anfangsbestände auf den 01.01.04 ermittelt hat:

Fahrzeuge	65.000,00 DM
Betriebs- und Geschäftsausstattung	87.500,00 DM
Warenbestand	141.000,00 DM
Kundenforderungen	138.000,00 DM
Lieferantenverbindlichkeiten	69.000,00 DM
Geleistete Anzahlungen	23.000,00 DM
Erhaltene Anzahlungen	34.500,00 DM
Geld- und Bankbestände	24.500,00 DM
Rückstellungen (GewSt)	17.400,00 DM
Umsatzsteuerschuld	14.200,00 DM
Aktive Rechnungsabgrenzung	15.000,00 DM
Sonstige Verbindlichkeiten	5.710,00 DM

Frau Weissgerber teilt weiterhin mit:

1. Der Warenbestand wurde mit den Anschaffungskosten in Höhe von 155.000,00 DM zutreffend bewertet. Die Bewertung mit dem niedrigeren Teilwert in Höhe von 141.000,00 DM ist weder dem Grunde noch der Höhe nach zu beanstanden. Der gesunkene Wiederbeschaffungspreis ist nämlich auf den raschen Preisverfall der EDV-Branche mit immer neuen technischen Neuheiten zurückzuführen. Das strenge Wertaufholungsgebot dürfte in der EDV-Branche leer laufen.

2. Die sonstigen Verbindlichkeiten setzen sich aus den folgenden Beträgen zusammen:

a)	Notarkosten Grundstückserwerb	1.000,00 DM
	zzgl. Umsatzsteuer 16 v.H.	160,00 DM
b)	Lohnsteuer und Sozialversicherungsbeiträge für einen Arbeitnehmer	3.550,00 DM
c)	Haftpflicht Betriebs-Pkw	1.000,00 DM
	Summe:	5.710,00 DM

Die Pkw-Haftpflicht betrifft den Zeitraum 01 bis 12/04 und wurde am 20.12.03 mit Bescheid der „Versicherung für das Unmögliche" angefordert und am 06.01.04 mittels Banklastschrift beglichen.

3. Der aktive Rechnungsabgrenzungsposten setzt sich folgendermaßen zusammen:

Büro- und Ladenmiete für 01.01.04 in Höhe von 3.000,00 DM, die am 01.01.04 fällig war und am 28.12.03 bereits an den Vermieter überwiesen worden war.

Ein Disagio (= Darlehnsabgeld) in Höhe von 12.000,00 DM. Dieses Disagio war bei der „Bank für kleine Leute" bei Darlehnsaufnahme anlässlich der Firmengründung einbehalten worden. Das Darlehn ist ein Fälligkeitsdarlehn und ist Ende 07 zurückzuzahlen.

4. Die Rückstellungen erhalten die von Frau Weissgerber zutreffend ermittelte voraussichtliche Gewerbesteuernachzahlung für 03.

41. Ermitteln Sie den Übergangsgewinn, der sich durch den Wechsel der Gewinnermittlungsart ergibt. Orientieren Sie sich dabei am nachfolgenden Schema.

42. Geben Sie den Veranlagungszeitraum der Versteuerung des Übergangsgewinns an. Handelt es sich um laufenden oder nach § 34 EStG begünstigten Gewinn (Frau Weissgerber ist sich nicht ganz sicher)? Zuletzt deutet die Mandantin an, dass Sie eine möglichst günstige Sachbehandlung wünscht.

Lösungsschema:

Bilanzposten:		Übergangsgewinn; Hinzurechnung oder Kürzung:
Fahrzeuge	65.000 DM	
Betriebs- und Geschäftsausstattung	87.500 DM	
Warenbestand	141.000 DM	
Kundenforderungen	138.000 DM	
Lieferantenverbindlichkeiten	69.000 DM	
Geleistete Anzahlungen	23.000 DM	
Erhaltene Anzahlungen	34.500 DM	
Geld- und Bankbestände	24.500 DM	
Rückstellungen	17.400 DM	
Umsatzsteuerschuld	14.200 DM	
Aktive Rechnungsabgrenzung	15.000 DM	
Sonstige Verbindlichkeiten	5.710 DM	

ergibt Übergangsgewinn:　---------------　=========

1.14　Die Grundlagen der Gewinnermittlung

- Betriebsvermögen, Privatvermögen
- Entnahmen und Einlagen
- Betriebseinnahmen, Betriebsausgaben
- Nichtabzugsfähige Betriebsausgaben

1.14.1　Betriebsvermögen

Das Betriebsvermögen ist begrifflich in R 13 Abs. 1 EStR definiert und dort auch näher erläutert.

Unter dem Betriebsvermögen versteht man die Gesamtheit aller Wirtschaftsgüter, die in den Betriebsvermögensvergleich (§ 4 Abs. 1 EStG) einzubeziehen sind.

Ein Wirtschaftsgut gehört immer dann zum Betriebsvermögen, wenn es in einem wirtschaftlichen Zusammenhang mit dem Betrieb steht. Dieser wirtschaftliche Zusammenhang mit dem Betrieb gilt für Aktivposten in der Bilanz, aber auch für Schulden (Passivseite der Bilanz).

1.14.1.1 Einteilung des Betriebsvermögens

R 13 Abs. 1 EStG teilt das Betriebsvermögen in notwendiges und gewillkürtes Betriebsvermögen ein.

Merke

Bei notwendigem Betriebsvermögen, d.h. die eigenbetriebliche Nutzung
beträgt über 50 v.H. und es handelt sich nicht um Grundstücke oder
Grundstücksteile, herrscht ein zwingendes Bilanzierungsgebot. Das Wirtschaftsgut *muss* bilanziert werden.

Bei gewillkürtem Betriebsvermögen, d.h. die betriebliche Nutzung beträgt
zwischen 10 und bis zu 50 v.H. *kann* ein Bilanzierungswahlrecht genutzt
werden, sofern es sich um Einzelkaufleute handelt (s.u.).

Personen- und Kapitalgesellschaften können kein Betriebsvermögen als
gewillkürtes Betriebsvermögen behandeln. Grundsätzlich gehören sämtliche Wirtschaftsgüter, die dem Gesellschaftsvermögen der Personen- und
Kapitalgesellschaften zuzurechnen sind, zum notwendigen Betriebsvermögen.

Wirtschaftsgüter sind dem Privatvermögen zuzurechnen, wenn sie in keinem Zusammenhang mit dem Betrieb stehen. Bezüglich der Bagatellgrenze von 10 v.H. vgl. R 13 Abs. 1 S. 5 EStR. Zu Ausnahmen beim Gesamthandsvermögen einer Personengesellschaft vgl. R 13 Abs. 11 und H
13 Abs. 11 EStR.

1.14.1.2 Notwendiges Betriebsvermögen

Sind Wirtschaftsgüter ausschließlich und unmittelbar betrieblichen Zwecken dienlich und geeignet, dann erfüllen sie den Begriff notwendiges
Betriebsvermögen. Sie können einem Betriebsbetreiber auf verschiedene
Weise zugerechnet werden; vgl. § 39 AO. Diese Zurechnung ist unabdingbar, kann aber bei jedem einzelnen bilanzierungsfähigen Wirtschaftsgut anders auslegbar sein:

- Die Zurechnung erfolgt im *juristischen* Eigentum:
  Mögliche Formen:
    - Alleineigentum
    - Bruchteilseigentum (mehrere Personen); steuerrechtliche
      Rechtsgrundlage: § 39 Abs. 1 AO
- Die Zurechnung erfolgt im *wirtschaftlichen* Eigentum:
    - Sicherungsübereignung: Bilanzierung durch Sicherungsgeber
    - Kommissionsgeschäfte: Bilanzierung durch Kommittenten
    - Mietereinbauten: Bilanzierung ggf. durch Mieter; steuer-
      rechtliche Rechtsgrundlage: § 39 Abs. 2 Nr. 1 AO

- *Gesamthandseigentum*:
    - Quotale Zurechnung wie beim Bruchteilseigentum; steuerrechtliche Rechtsgrundlage: § 39 Abs. 2 Nr. 2 AO.

1.14.1.3 Die Stellung des Wirtschaftsgutes im Betriebsvermögen

- Begriff des Wirtschaftsgutes:

Unter dem Begriff des Wirtschaftsgutes werden nicht nur Sachen und Rechte im bürgerlich-rechtlichen Sinne, sondern alle positiven und negativen Güter, also Vermögenswerte und Schulden, verstanden. Diese müssen dem Betrieb dienen und nach der allgemeinen Verkehrsauffassung selbständig bewertungsfähig sein. Hierzu zählen auch tatsächliche Zustände, konkrete Möglichkeiten und Vorteile für den Betrieb, deren Erlangung der Kaufmann sich etwas kosten lässt und die nach der Verkehrsauffassung einer besonderen Bewertung zugänglich sind (BFH 1970 II, 842).

- Negativabgrenzung:

Immaterielle Wirtschaftsgüter dürfen gem. § 248 Abs. 2 HGB nur aktiviert werden, wenn diese entgeltlich erworben worden sind.

Ein Softwareentwickler arbeitet mit selbst geschaffenen Computerprogrammen. Mangels entgeltlichem Erwerb greift des Aktivierungsverbot des § 248 Abs. 2 HGB; über § 5 Abs. 1 S. 1 EStG entfaltet die Vorschrift Maßgeblichkeit für die Steuerbilanz im Steuerrecht. | *Beispiel*

- Keine Wirtschaftsgüter sind auch:

Eigenkapital, Wertberichtigungen und die eigene Arbeitskraft des Unternehmers.

Rechnungsabgrenzungen und Damnen. Die höchstrichterliche Rechtsprechung des BFH sieht hierin eine nicht bewertungsfähige, nur der periodengerechten Verteilung dienende Aktivierung vorweggenommener Ausgaben, bzw. Passivierung vorweggenommener Einnahmen.

1.14.1.4 Das Wirtschaftsgut im Betriebsvermögen

Ob ein Wirtschaftsgut zum Betriebsvermögen gehört, ist für jedes einzelne Wirtschaftsgut gesondert zu prüfen:

Betriebsgrundstücke, Betriebsvorrichtungen, Maschinen, soziale Einrichtungen, Forderungen, Darlehn, Verbindlichkeiten, Beteiligungen (insbesondere GmbH-Beteiligung bei einer Betriebsaufspaltung). | *Beispiele*

Die Frage, ob ein Wirtschaftsgut zum Betriebsvermögen gehört, stellt die Praxis häufig vor Probleme.

Hilfe:

BFH 1991 II, 829 sieht in einem Wirtschaftsgut notwendiges Betriebsvermögen, wenn der Steuerpflichtige dem Wirtschaftsgut eine betriebliche Funktion zugewiesen hat.

Beispiel

Der Betriebsinhaber erwirbt ein unbebautes Grundstück. Das Gelände soll erst später als Vorratsgelände und Lagerplatz betrieblich nutzbar sein. Ab Nutzungs- und Lastenübergang liegt notwendiges Betriebsvermögen vor, da dem Grundstück schon zu diesem Zeitpunkt eine (wenn auch spätere) betriebliche Verwendung zugewiesen war.

Sonderfall

Notwendiges Betriebsvermögen sind auch solche Wirtschaftsgüter, die als Gegenleistung für eine betriebliche Leistung angenommen werden oder zur Rettung betrieblicher Forderungen an Erfüllungs-Statt angenommen werden.

Beispiele

Ein Kunde bietet zur Begleichung einer betrieblichen Forderung ein Schmuckstück an.

- Ein Kaufmann ersteigert ein Grundstück seines Kunden zur Rettung seiner betrieblichen Forderungen.

Das Schmuckstück und das Grundstück erlangen die Eigenschaft notwendiges Betriebsvermögen. Die erlöschende Forderung war ebenfalls notwendiges Betriebsvermögen.

1.14.1.5 Gemischt genutzte Wirtschaftsgüter

Unter dem Begriff gemischt genutztes Wirtschaftsgut versteht man ein Gut, das sowohl betrieblichen als auch privaten Zwecken dient. Beträgt die betriebliche Nutzung mehr als 50 v.H., liegt notwendiges Betriebsvermögen vor. Notwendiges Betriebsvermögen ist grundsätzlich in vollem Umfang zu bilanzieren, es gilt ein grundsätzliches Aufteilungsverbot.

Ausnahme

Bei Grundstücken gilt ein Aufteilungsgebot. Nach R 13 Abs. 4 EStR kann ein Grundstück aus *bis zu vier Wirtschaftsgütern* bestehen:

- eigenbetriebliche Nutzung
- fremdbetriebliche Nutzung
- eigene Wohnzwecke
- fremde Wohnzwecke

Wegen der umfassenden Bilanzierung der gemischt genutzten Wirtschaftsgüter und der damit einhergehenden (konsequenten) vollständigen Buchung der Kosten als Betriebsausgabe muss die private Mitbenutzung etwa bei Fahrzeugen als Entnahme mit den anteiligen Kosten (entspricht dem Teilwert) erfasst werden; vgl. § 4 Abs. 1 S. 2 i.V.m. § 6 Abs. 1 Nr. 4 EStG. Zu diesen Kosten zählen die Gesamtaufwendungen (Einzel- und Gemeinkosten) sowie auch etwaige Finanzierungskosten.

Ein vor dem 01.04.1999 angeschaffter Pkw wird nach Ermittlung durch die Fahrtenbuchmethode zu 80 v.H. betrieblich und zu 20 v.H. privat genutzt. Die Buchhaltung hat folgende Kfz-Aufwendungen zu 100 v.H. erfasst, weil der Pkw zum notwendigen Betriebsvermögen gehört (unstrittig):

Beispiel

- Benzin, Reparaturen, AfA   50.000,00 DM
- Haftpflicht, Kfz-Steuer   2.000,00 DM
- Kreditkosten Finanzierung   3.000,00 DM

Die Erfassung des nicht als Betriebsausgabe abzugsfähigen Privatanteils erfolgt erfolgswirksam über *Entnahmen*. Der Vorgang unterliegt als Gegenstandsverwendungs-Eigenverbrauch i.S.d. § 3 Abs. 9 a S. 1 Nr. 1 UStG auch insoweit der Umsatzsteuer, da der PKW durch Unternehmenszuordnung zum vollen Vorsteuerabzug (§ 15 UStG) berechtigt hat. Die Kosten ohne Vorsteuerabzugsberechtigung (= Haftpflicht, Kfz-Steuer und Kreditkosten) sind jedoch aus der umsatzsteuerlichen Bemessungsgrundlage (§ 10 Abs. 4 S. 1 Nr. 2 UStG) auszuscheiden (Für so genannte „Neufahrzeuge", die ab dem 01.04.1999 angeschafft worden sind, gilt eine hiervon abweichende Regelung.).

Berechnung:

Gesamtkosten	55.000,00 DM			
20 v.H. Privatanteil	11.000,00 DM	→	→	11.000,00 DM
USt 16 v.H. von 50.000,00 DM	8.000,00 DM			
davon 20 v.H. Privatanteil	1.600,00 DM	→	→	1.600,00 DM
Summe Entnahmen:				12.600,00 DM

Die Buchhaltung hat den Vorgang wie folgt zu erfassen:

Buchungssatz:

Entnahmen 12.600,00 DM an Kfz-Kosten 11.000,00 DM und Umsatzsteuer 1.600,00 DM

1.14.1.6 Fehlerhafte (unterlassene) Bilanzierung

Gehört ein Wirtschaftsgut zum notwendigen Betriebsvermögen und wurde es nicht bilanziert, so verliert es seine Eigenschaft nicht dadurch, dass es nicht bilanziert wurde. Die Bilanz ist in einem solchen Fall falsch und muss berichtigt werden. Zur Bilanzberichtigung siehe R 15 EStR.

1.14.1.7 Schulden sind als Betriebsschulden notwendiges Betriebsvermögen

Stehen Schulden in einem wirtschaftlichen Zusammenhang mit dem Betrieb, oder sind sie zu einem Zweck übernommen worden, dem Betrieb Mittel zuzuführen, dann gehören sie zum notwendigen Betriebsvermögen. Der Anlass der Schuldentstehung ist regelmäßiges Zuordnungskriterium zum Betriebs- oder Privatvermögen.

Ein betrieblicher Anlass liegt vor, wenn der auslösende Vorgang im betrieblichen Bereich liegt. Bei Schulden gibt es grundsätzlich kein gewillkürtes Betriebsvermögen, somit kein Wahlrecht. Die Eigenschaft einer Schuld als notwendiges Betriebsvermögen geht verloren, wenn das schuldenbelastete Wirtschaftsgut durch Entnahme aus dem Betriebsvermögen ausscheidet (und Privatvermögen wird).

Beispiel

Auf einem Grundstück des Betriebsvermögens lastet eine Kaufpreisschuld. Das Grundstück wird ab 01.01.02 vom Betriebsinhaber und seiner Familie ausschließlich zu eigenen Wohnzwecken genutzt.

Zwischen dem Grundstück und der Schuld besteht ein wirtschaftlicher Zusammenhang. Durch die Entnahme des Grundstücks wandelt die Betriebsschuld zur privaten Schuld. Darlehnszinsen sind ab dem 01.01.02 nicht mehr als Betriebsausgabe abzugsfähig. Entsprechendes gilt für die AfA und die sonstigen Gebäudeaufwendungen (z.B. Grundsteuer). Die Entnahme erfolgt gemäß § 6 Abs. 1 Nr. 4 S. 1 EStG *mit dem Teilwert*, in Höhe des Unterschiedsbetrags zum Buchwert ist ein sonstiger betrieblicher Ertrag realisiert, der mangels Veräußerung nicht nach § 6 b EStG begünstigt ist.

Hinweis

Grund und Boden und Gebäude stellen (getrennte) Wirtschaftsgüter dar.

Ausnahme

Lag zwischen dem Grundstück und der Betriebsschuld lediglich ein rechtlicher Zusammenhang vor, z.B. eine dingliche Sicherheit, und erfolgte die Schuldaufnahme aus anderem betrieblichen Anlass, bleibt die Schuld weiterhin eine betriebliche Schuld.

Umkehrfall:

Ein mit Schulden belastetes Grundstück des Privatvermögens wird notwendiges oder gewillkürtes Betriebsvermögen. Die Darlehnsschuld wird ebenfalls Betriebsvermögen (Buchung: Grundstück an Darlehn an Einlage); beachte: § 6 Abs. 1 Nr. 5 EStG).

1.14.1.8   Schuld, Schuldentilgung, Schuldzinsen, Verbindlichkeiten

- Begriff der Schuld

Zivilrechtlich bedeutet Schuld die Bezeichnung einer Verpflichtung. Im Steuerrecht ist eine Schuld Voraussetzung bestimmter Rechtsfolgen.

- Schuldentilgung

Die Aufwendungen, die der Tilgung (= Rückzahlung) einer Darlehnsschuld dienen, sind als Vorgang auf der Vermögensebene zu betrachten. Tilgungsleistungen sind steuerlich nicht (als Betriebsausgabe oder Werbungskosten) abzugsfähig.

Der Zugang eines Darlehnsbetrags fällt unter keine Einkunftsart, folglich ist auch die Rückzahlung steuerlich unbeachtlich.

- Schuldzinsen

Schuldzinsen sind bei betrieblicher Veranlassung des Kredits – ebenso wie ein Disagio – gemeinsam mit den Kreditkosten und Gebühren als Betriebsausgaben (gegebenenfalls Werbungskosten) abzugsfähig.

Besonderheit bei Annuitätendarlehn (z.B. Tilgungshypotheken):

Die Zinsaufwendungen verringern sich bei gleichbleibenden Raten ständig, weil der geringer werdende Schuldensaldo die Bemessungsgrundlage für die Verzinsung darstellt. Bleibt die Rate gleich, erhöht sich der Tilgungsfaktor (man spricht von so genannten „ersparten Zinsen"). Die ersparten Zinsen sind nicht abzugsfähig, weil sie in einen Tilgungsbetrag gewandelt sind.

Schuldzinsen für Fremdkapital sind bei betrieblicher Veranlassung sofort abzugsfähige Betriebsausgaben. Es ist unbeachtlich, ob das Fremdkapital für die Anschaffung von Anlage- oder Vorratsvermögen bereitgestellt wurde.

Nach § 255 Abs. 3 HGB und R 33 Abs. 4 EStR können Schuldzinsen, die zur Finanzierung der Herstellung eines Vermögensgegenstandes verwendet worden sind, den *Herstellungskosten* hinzugerechnet werden, soweit sie auf den Zeitraum der Herstellung entfallen (Wahlrecht).

Das zu versteuernde Einkommen eines Steuerpflichtigen beträgt auch ohne Behandlung der Schuldzinsen als Betriebsausgaben bereits 0,00 DM. Ein Verlustrücktrag (§ 10 d EStG) ist uninteressant, da auch in den beiden Vorjahren keine Einkommensteuer festgesetzt worden ist.

Die Behandlung der Schuldzinsen durch Einbeziehung in die Herstellungskosten kann hier interessant sein, da diese sich langjährig über die Absetzung für Abnutzung (AfA § 7 EStG) auswirken werden. Fragen Sie aber vorsichtshalber Ihren Mandanten, ob er den Verlustvortrag (§ 10 d EStG) bevorzugt.

Voraussetzung für die Behandlung der Schuldzinsen als Herstellungskosten ist ein gleichlautender Ansatz in der Handelsbilanz.

Das vorstehende Beispiel hat für Klausurzwecke kaum Bedeutung, da diese meistens das steuerlich niedrigste Ergebnis verlangen. Achten Sie jedoch stets auf die Aufgabenstellung und Ihren Gutachterstil.

Kontokorrentkredite:

Kontokorrentkredite sind in der Praxis häufig anzutreffen. Das Wesen des Kontokorrents ist im § 355 HGB gesetzlich geregelt.

Kontokorrentkredite, über die auch private Zahlungen abgewickelt werden, sind bei Gewinnermittlung durch Bestandsvergleich, aber auch bei der Einnahme-Überschussrechnung nur insoweit Betriebsschulden, als der Schuldsaldo durch betriebliche Zahlungsvorgänge entstanden ist.

Siehe hierzu BMF vom 10.11.1993 (BStBl. I, 930) mit Beispiel (TZ 16) und Formel (TZ 14, 15) sowie BFH vom 08.12.1997 GrS 1-2/95 (BStBl. 1998 II, 193).

Das genannte BMF-Schreiben ist durch jüngere höchstrichterliche Rechtsprechung des BFH in Teilen überholt. Zu beachten sind die Fußnoten im BMF-Schreiben.

• Verbindlichkeiten und Rückstellungsbildung

Unter dem Begriff der Verbindlichkeiten versteht man regelmäßig negatives Umlaufvermögen.

Der Ansatz der Verbindlichkeiten hat mit den Anschaffungskosten zu erfolgen; siehe § 6 Abs. 1 Nr. 3 S. 1 EStG. Als Anschaffungskosten gilt der Nennwert, der dem Rückzahlungsbetrag der Verbindlichkeit entspricht; vgl. § 253 Abs. 1 S. 2 HGB und BFH 1977 II, 802.

Bei Rückstellungen für Geldleistungsverpflichtungen ist ein gesetzliches Abzinsungsgebot mit einem Zinssatz von 5,5 v.H. zu beachten. Von der Abzinsung ausgenommen sind Verbindlichkeiten, deren Laufzeit am Bilanzstichtag weniger als 12 Monate beträgt, und Verbindlichkeiten, die verzinslich sind oder auf einer Anzahlung oder Vorausleistung beruhen; siehe § 6 Abs. 1 Nr. 3 S. 2 EStG.

Siehe BMF-Schreiben vom 23.08.1999 – BStBl. I, S. 818 – zu den Grundsätzen für die Abzinsung von Verbindlichkeiten sowie H 37 EStR hinsichtlich weiterer Zweifelsfragen.

Beachten

Rückstellungen für Sach- und Dienstleistungsverpflichtungen (einschließlich Schadensverpflichtungen) sind mit den *variablen Kosten* i.S.d. § 6 Abs. 1 Nr. 3 a Buchstaben a) bis e) EStG zu bewerten. Diese Bewertung hat demzufolge mit den Einzelkosten und den angemessenen Teilen der notwendigen Gemeinkosten zu erfolgen; siehe § 6 Abs. 1 Nr. 3 a Buchstabe b) EStG.

Künftige Vorteile, die mit der Erfüllung der Verpflichtung voraussichtlich verbunden sein werden, sind, soweit sie nicht als Forderung zu aktivieren sind, bei ihrer Bewertung wertmindernd zu berücksichtigen; siehe § 6 Abs. 1 Nr. 3 a Buchstabe c) EStG. Bei Rückstellungen für gleichartige Verpflichtungen ist auf der Grundlage der Erfahrungen in der Vergangenheit aus der Abwicklung solcher Verpflichtungen die Wahrscheinlichkeit zu berücksichtigen, dass der Steuerpflichtige nur zu einem Teil der Summe dieser Verpflichtungen in Anspruch genommen wird; siehe § 6 Abs. 1 Nr. 3 a Buchstabe a) EStG.

Die Ansammlungsfrist für eine Stilllegungsverpflichtung beträgt ab dem 01.01.1999 = 25 Jahre; siehe § 6 Abs. 1 Nr. 3 Buchstabe d) EStG:

Rückstellungen für Verpflichtungen sind mit einem Zinssatz von 5,5 v.H. abzuzinsen; vgl. § 6 Abs. 1 Nr. 3 a Buchstabe e) EStG.

Merke

Siehe zum zeitlichen Anwendungsbereich der Bestimmungen der §§ 6 Abs. 1 Nrn. 3 und 3 a EStG § 52 Abs. 16 EStG mit den dort genannten Möglichkeiten der steuermindernden Rücklagenbildung.

Beachten

1.14.1.9   Schulden als notwendiges Betriebsvermögen

R 13 Abs. 13 bis 15 und H 13 Abs. 15 EStR enthalten die Verwaltungsmeinung zur Behandlung von Verbindlichkeiten. Die Fundquelle enthält ein Bündel von Einzelentscheidungen und behandelt eine Reihe von Zweifels-, Auslegungs- und Abgrenzungsfragen.

1.14.1.10 Der Abzug von Schuldzinsen als Betriebsausgaben (§ 4 Abs. 4 a EStG)

Nach der höchstrichterlichen Rechtsprechung des BFH durch Beschluss des GrS vom 08.12.1997, BStBl. 1998 II, S. 193 und mit Urteil vom 04.03.1998, BStBl. 1998 II, S. 511 ist ein Steuerpflichtiger berechtigt, seine Verhältnisse durch die Nutzung des so genannten *Zwei- oder Mehrkontenmodells* so zu gestalten, dass

- seine der Einkunfterzielung dienenden Aktivitäten weitgehend mit Fremdmitteln finanziert und zur Bestreitung der Lebenshaltung Eigenmittel eingesetzt werden können. Als Folgen der BFH-Rechtsprechung kommt für die anfallenden Schuldzinsen der Abzug als Betriebsausgaben (§ 4 Abs. 4 EStG) in Betracht

Der Gesetzgeber hat mit § 4 Abs. 4 a EStG Maßnahmen ergriffen, die den rechtlichen Folgen der vorgenannten höchstrichterlichen Rechtsprechung entgegenwirken. Zur erstmaligen Anwendung des § 4 Abs. 4 a EStG siehe § 52 Abs. 11 EStG.

Abziehbare Betriebsausgaben sind nach § 4 Abs. 4 a EStG nur Schuldzinsen, die dem Gedanken des § 4 Abs. 4 EStG folgend, betrieblich veranlasste Aufwendungen sind. Schuldzinsen sind also nur insoweit als Betriebsausgaben abziehbar, als sie für Verbindlichkeiten entstanden sind, die nicht durch private Entnahmen begründet wurden.

1.14.1.11 Zweistufenprüfung

Sollten Schuldzinsen nach ihrer Abzugsfähigkeit als Betriebsausgaben beurteilt werden, ist eine Zweistufenprüfung notwendig.

- In der ersten Stufe ist festzustellen, ob und inwieweit Schuldzinsen zu den betrieblich veranlassten Aufwendungen gehören (Schulden des Privatvermögens unterliegen dem Abzugsverbot des § 12 Nr. 1 EStG.)
- In der zweiten Stufe muss geprüft werden, ob der zulässige Betriebsausgabenabzug im Hinblick auf so genannte Überentnahmen Einschränkungen zu unterwerfen ist. Unter einer Überentnahme versteht man den Betrag, um den die Entnahme die Summe des Gewinns und der Einlagen des Wirtschaftsjahres übersteigt (Beispiele folgen)

Zweifels- und Auslegungsfragen regelt das BMF-Schreiben betreffend Neuregelung des Schuldzinsenabzugs gemäß § 4 Abs. 4 a EStG vom 22. Mai 2000 (BStBl. I, Seite 588).

1.14.1.12   1. Stufe: Prüfung der betrieblichen Veranlassung von Schuldzinsen

Schuldzinsen sind anhand ihres tatsächlichen Verwendungszwecks der Darlehnsmittel der Erwerbs- oder Privatsphäre zuzuordnen. Keine betriebliche Veranlassung eines Darlehns liegt bei einer Finanzierung von Entnahmen vor. Hier greift das Abzugsverbot des § 12 Nr. 1 EStG.

Der BFH hat zur Beurteilung der betrieblichen Veranlassung von Schuldzinsen Grundsätze entwickelt, die der Rechtsfindung dienen können. Im Einzelnen handelt es sich um folgende Urteile:

- BFH 1990 II, 817
- BFH 1998 II, 193
- BFH 1998 II, 511
- BFH 1998 II, 513

Problematisch verhält sich die Rechtsfindung, wenn der Steuerpflichtige gemischte Aufwendungen, also teils betrieblich und teils privat veranlagte Aufwendungen über ein einheitliches Kontokorrentkonto buchen lässt. In diesem Fall sind die Schuldzinsen des negativen Abschlusssaldos grundsätzlich aufzuteilen. Eine Hilfestellung, wie in einschlägigen Fällen zu verfahren ist, bietet die TZ 11 bis TZ 18 des BMF-Schreibens vom 10.11.1993 (BStBl. I, S. 930).

Der Steuerpflichtige kann grundsätzlich entscheiden, ob er zunächst dem Betrieb Barmittel ohne Begrenzung auf einen Zahlungsmittelüberschuss entnimmt und im Anschluss betriebliche Aufwendungen durch Darlehn finanziert. Diese Methode wird Zwei-Konten-Modell genannt. Auch Mehrfach-Kontenmodelle sind vorstellbar.

Verwendet der Steuerpflichtige ein Darlehn nicht zur Finanzierung betrieblicher Aufwendungen, sondern in Wirklichkeit zur Finanzierung einer Entnahme, so ist dieses Darlehn außerbetrieblich veranlasst mit der Folge, dass die Schuldzinsen nicht als Betriebsausgaben behandelt werden dürfen. Ein derartiger Fall läge dann vor, wenn dem Betrieb keine oder nur geringe entnahmefähigen Barmittel zur Verfügung stünden und die Entnahme solcher Barmittel erst durch die in das Unternehmen fließenden Darlehn ermöglicht würde.

Ein Geschäftskonto weist ein Negativsaldo von 100.000,00 DM aus. Auf einem weiteren Geschäftskonto befinden sich 50.000,00 DM Guthaben. Der Steuerpflichtige hebt hier 40.000,00 DM für private Zwecke ab.

Beispiel 1

Die Schuldzinsen aus dem Negativsaldo stellen in vollem Umfang Betriebsausgaben dar.

<table>
<tr><td>

Beispiel 2

</td><td>

Das einzige Geschäftskonto des Steuerpflichtigen weist im Entnahmezeitpunkt einen Negativsaldo von 50.000,00 DM aus. Die Gründe für diesen Sollbetrag sind ausschließlich betrieblicher Natur. Der Steuerpflichtige entnimmt weitere 40.000,00 DM für private Zwecke. Die Erhöhung des Negativsaldos auf nunmehr 90.000,00 DM ist außerbetrieblicher Art. Der privat veranlasste Anteil der Schuldzinsen ist durch die so genannte Zinsstaffelmethode rechnerisch zu ermitteln. Die Entnahme von 40.000,00 DM ist demnach nicht bei der Entnahmenermittlung nach § 4 Abs. 4 a EStG zu berücksichtigen.

</td></tr>
<tr><td>

Hinweis

</td><td>

Siehe zur Zinsstaffelmethode BMF vom 10.11.1993 (BStBl. I, S. 930), TZ 11 bis TZ 18.

</td></tr>
<tr><td>

Beispiel 3

</td><td>

Der Steuerpflichtige benötigt aus privatem Anlass 30.000,00 DM. Sein debitorisch geführtes Geschäftskonto erhält einen Zugang aus Darlehnsmitteln, die der Steuerpflichtige aus geschäftlichem Anlass besorgt. Nunmehr entnimmt er die 30.000,00 DM zu außerbetrieblichen Zwecken.

</td></tr>
</table>

Das Darlehn ist privat veranlasst, da es in Wirklichkeit zur Finanzierung einer Entnahme verwendet worden ist und dem Betrieb keine entnahmefähigen Barmittel zur Verfügung gestanden haben. Die Schuldzinsen dieses Darlehns sind der Privatsphäre zuzuordnen. Der Betrag von 30.000,00 DM ist nicht bei der Entnahmeermittlung i.S.d. § 4 Abs. 4 a EStG zu berücksichtigen.

Die übrigen Schuldzinsen des debitorisch geführten Geschäftskontos sind Betriebsausgaben, wenn die Gründe für den Negativsaldo betrieblicher Art waren.

1.14.1.13   2. Stufe: Prüfung, ob Überentnahmen vorliegen

Überentnahme ist der Betrag, um den die Entnahme die Summe des Gewinns und der Einlagen des Wirtschaftsjahres übersteigt.

Liegen Überentnahmen vor, ist der Abzug betrieblich veranlasster Schuldzinsen eingeschränkt. Die Vorschrift des § 4 Abs. 4 a EStG enthält zu den Begriffen Gewinn, Entnahmen und Einlagen keine vom Betriebsvermögensvergleich des § 4 Abs. 1 EStG abweichenden Bestimmungen. Es gelten die allgemeinen Grundsätze.

Zu beachten ist aber, dass der Steuerbilanzgewinn unter Berücksichtigung von außerbilanziellen Hinzurechnungen vor Anwendung des § 4 Abs. 4 a EStG die Grundlage bildet. Steuerfrei zu belassende Gewinne gehören zum Gewinn i.S.d. § 4 Abs. 4 a EStG. Bei Einnahmen, die keiner Steuerpflicht unterliegen – etwa aufgrund von § 13 Abs. 4 und 5 oder § 14 a Abs. 4 EStG – ist grundsätzlich der sich aus § 6 Abs. 1 Nr. 4 EStG ergebende Wert anzusetzen. Der Einfachheit halber kann die Entnahme mit dem Buchwert angesetzt werden, wenn die darauf beruhende Gewinnerhöhung ebenfalls außer Ansatz bleibt. In den Fällen des § 55 Abs. 6 EStG darf der Steuerpflichtige sinngemäß verfahren.

Gewinne aus der Veräußerung oder Aufgabe eines Betriebs gehören ebenfalls zum Gewinn i.S.d. § 4 Abs. 4 a EStG. Entsprechendes gilt bei Entnahmen durch Überführung von Wirtschaftsgütern des Betriebsvermögens in das Privatvermögen anlässlich einer Betriebsausgabe sowie bei Veräußerungserlös eines Betriebs, soweit er in das Privatvermögen überführt wird oder ohnehin privat vereinnahmt worden ist.

Die Überführung bzw. Übertragung von Wirtschaftsgütern aus einem Betriebsvermögen in ein anderes Betriebsvermögen ist durch Abschaffung des Buchwertprivilegs (§ 7 Abs. 2 EStDV a.F.) nach Entnahme- bzw. Einlagegrundsätzen zu behandeln. Das gilt sogar dann, wenn der Übergang zu Buchwerten erfolgt.

Aufgrund des eigenständigen Gewinnbegriffs waren *Verluste* grundsätzlich in die Berechnung der Überentnahmen einzubeziehen. Nach Sinn und Zweck des Gesetzes ist in einem Verlustjahr die Überentnahme nicht höher als der Betrag anzusetzen, um den die Entnahmen die Einlagen des Wirtschaftsjahres übersteigen (sog. Entnahmenüberschuss). Der Verlust kann aber mit den Unterentnahmen vergangener und künftiger Wirtschaftsjahre verrechnet werden. Gleichlautendes gilt für einen Verlust, soweit er nicht durch einen Einlagenüberschuss ausgeglichen wird.

Ein Gewerbebetrieb erzielte im Wirtschaftsjahr 02 einen Verlust von 100.000,00 DM. Der Inhaber hatte mit Rücksicht auf diese Ertragslage keine Entnahmen getätigt. Allerdings leistete er auch keine Einlagen. Eine Unterentnahme des Wirtschaftsjahres 01 lautet auf 10.000,00 DM. Der Verlust des Wirtschaftsjahres 02 bewirkt keine Überentnahme. Er ist mit der Unterentnahme des Vorjahres 01 zu verrechnen. Insgesamt verbleibt ein Verlustbetrag von 90.000,00 DM zur Verrechnung mit zukünftigen Unterentnahmen. Entsprechendes gilt, wenn der Inhaber in einer Verlustsituation Entnahmen tätigt, die zu einem Entnahmenüberschuss dieses Wirtschaftsjahres führen. Insoweit ergeben sich bezogen auf diese Entnahmen Überentnahmen, die sich aber nicht um den Verlust erhöhen.

Beispiel 1

Ein Gewerbebetrieb erwirtschaftete für das Wirtschaftsjahr 01 einen Verlust von 100.000,00 DM. Der Eigentümer leistete Einlagen von 80.000,00 DM; Barentnahmen wurden keine getätigt.

Beispiel 2

Ein Betriebsfahrzeug wird seit Jahren auch für private Fahrten verwendet. Die Nutzungsentnahme wird nach der 1-v.H.-Methode behandelt; dabei wird von einem Jahreswert von 7.200,00 DM, bezogen auf den Listenpreis von 60.000,00 DM, ausgegangen.

Im vorangegangenen Wirtschaftsjahr 00 tätigte der Gewerbetreibende eine Unterentnahme von 10.000,00 DM.

Die Einlagen von 80.000,00 DM, vermindert um die Entnahmen von 7.200,000 DM ergeben einen Überschuss zugunsten der Einlagen von 72.800,00 DM. Dieser Einlagenüberschuss ist mit dem Verlust des Wirtschaftsjahres 01 zu verrechnen. Soweit der Verlust von 100.000,00 DM mit dem Einlagenüberschuss von 72.800,00 DM nicht verrechnet werden kann, ist er mit der Unterentnahme des vorangegangenen Wirtschaftsjahres 00 zu verrechnen. Der so verbleibende Verlust von 17.200,00 DM ist mit künftigen Unterentnahmen zu verrechnen (100.000,00 DM – 72.800,00 DM – 10.000,00 DM).

1.14.1.14 Vermeidung von Missbrauchsfällen

Entnahmen und Einlagen, die in den letzten drei Monaten eines Wirtschaftsjahres getätigt werden, sind nicht zu berücksichtigen, soweit sie in der Summe in den nächsten drei Monaten des Folgejahres wieder rückgängig gemacht werden (§ 4 Abs. 4 a S. 3 EStG).

Dieses zur Vermeidung von Missbräuchen eingeführte Gesetzeszitat bedeutet, dass ein Einlagen- bzw. Entnahmenüberschuss des letzten Vierteljahres des Wirtschaftsjahres durch einen gegenläufigen Entnahmen- bzw. Einlagenüberschuss im ersten Vierteljahr des folgenden Wirtschaftsjahres korrigiert wird. Kommt es nämlich zu einer Korrektur der Einlagen bzw. Entnahmen des vierten Quartals, ist der Teil des Entnahmen- bzw. Einlagenüberschusses des ersten Quartals des darauf folgenden Wirtschaftsjahres, der für die Korrektur verbraucht wurde, bei der Berechnung der Einlagen bzw. Entnahmen des folgenden Wirtschaftsjahres nicht nochmals anzusetzen. Abweichend hiervon käme es zu einer doppelten Erfassung dieses Teils der Einlagen bzw. Entnahmen.

Beispiel 1

Ein Gewerbebetrieb erzielte im Wirtschaftsjahr (= Kalenderjahr) 01 einen Gewinn von 500.000,00 DM. Der Inhaber leistete unterjährig insgesamt 200.000,00 DM an Einlagen. Hiervon wurden 50.000,00 DM alleine während des vierten Quartals des Wirtschaftsjahres 01 in den Betrieb eingelegt. Gleichwohl entnahm der Inhaber während des gesamten Wirtschaftsjahre 01 insgesamt 800.000,00 DM; hiervon wurden 200.000,00 DM während des vierten Quartals entnommen.

Im ersten Quartal des Wirtschaftsjahres 02 entnahm der Kaufmann weitere 60.000,00 DM, und er legte weitere 100.000,00 DM in den Betrieb ein.

- In Nebenrechnungen sind Einlagen und Entnahmen des vierten Quartals 01 zu saldieren. Alsdann ist der Einlagen- bzw. Entnahmenüberschuss festzusetzen

Einlage 4. Qu.	50.000,00 DM
./. Entnahme 4 Qu.	200.000,00 DM
Entnahmeüberschuss	150.000,00 DM

• Im Anschluss hieran ist die gleiche Rechnung für das erste Quartal 02 durchzuführen

Einlage 4. Qu.	60.000,00 DM
./. Entnahme 4 Qu.	100.000,00 DM
Entnahmeüberschuss	40.000,00 DM

• Der Entnahmeüberschuss des vierten Quartals 01 von 150.000,00 DM ist um den Einlagenüberschuss des ersten Quartals 02 von 40.000,00 DM zu kürzen

• Die Überentnahme ist nunmehr wie folgt zu berechnen

Gewinn Wirtschaftsjahr 01	500.000,00 DM
+ Einlagen	200.000,00 DM
./. Entnahmen	800.000,00 DM
tatsächliche Überentnahme	100.000,00 DM
./. Entnahmekorrektur lt. Nebenrechnung	40.000,00 DM
zu berücksichtigende Überentnahme	60.000,00 DM

Der Einlagenüberschuss des ersten Quartals 02 ist in voller Höhe für die Entnahmekorrektur untergegangen. Er ist bei der Einlagenberechnung des Folgejahres nicht nochmals anzusetzen.

Hinweis

Der Gewerbebetrieb aus dem vorigen Beispiel erwirtschaftete im Wirtschaftsjahr 02 wiederum 500.000,00 DM Gewinn. Der Inhaber leistete ab dem zweiten Quartal 200.000,00 DM Einlagen. Für die gleiche Periode beliefen sich die Entnahmen auf 800.000,00 DM.

Beispiel 2

Der noch nicht verbrauchte Einlagenüberschuss des ersten Quartals 02 beträgt 0,00 DM; siehe voriges Beispiel.

Die Überentnahme berechnet sich wie folgt:

Gewinn Wirtschaftsjahr 01	500.000,00 DM
+ Einlagen	200.000,00 DM
./. Entnahmen	800.000,00 DM
Überentnahme	100.000,00 DM
+ Überentnahme-Vortrag aus 01	60.000,00 DM
anzusetzende Überentnahme	160.000,00 DM

1.14.1.15 Ermittlung der nicht abzugsfähigen Schuldzinsen

Die nicht abziehbaren Schuldzinsen werden typisiert mit sechs vom Hundert der Überentnahme des Wirtschaftsjahres zuzüglich der Überentnahmen vorangegangener Wirtschaftsjahre und abzüglich der Beträge, um die in den vorangegangenen Wirtschaftsjahren der Gewinn und die Einlagen die Entnahmen überstiegen haben (Unterentnahmen), ermittelt (§ 4 Abs. 4 a S. 4 EStG).

Diese Bestimmung ordnet an, dass betrieblich veranlasste Schuldzinsen pauschal i.H.v. 6 v.H. der Überentnahme des Wirtschaftsjahres zuzüglich der Überentnahmen und abzüglich der Unterentnahmen vorangegangener Wirtschaftsjahre zu nicht abziehbaren Betriebsausgaben *umqualifiziert* werden müssen.

Der sich dabei ergebende Betrag, höchstens jedoch der um 4.000,00 DM verminderte Betrag der im Wirtschaftsjahr anfallenden Schuldzinsen, ist dem Gewinn hinzuzurechnen (§ 4 Abs. 4 a S. 5 EStG).

Beispiel 1

Am 01.06.2000 wurde ein Gewerbebetrieb mit einer Einlage von 50.000,00 DM eröffnet. Der Verlust des Wirtschaftsjahres (= Kalenderjahres) 2000 belief sich auf 50.000,00 DM. Der Gewerbetreibende entnahm insgesamt 70.000,00 DM. Zur Existenzgründung wurde ein Darlehn aufgenommen. Die betrieblich veranlassten Schuldzinsen betragen 15.000,00 DM. Hierin sind die Schuldzinsen für das Existenzgründungsdarlehn nicht enthalten.

Berechnung der Überentnahme:

Einlage	50.000,00 DM
./. Entnahme	70.000,00 DM
Entnahmeüberschuss	20.000,00 DM
Verlust	50.000,00 DM
Überentnahme	20.000,00 DM

Berechnung des Hinzurechnungsbetrags gemäß § 4 Abs. 4 a S. 5 EStG:

20.000,00 DM x 6 v.H.	=	1.200,00 DM

Berechnung des Höchstbetrags:

Tatsächliche Schuldzinsen	15.000,00 DM
./. Kürzungsbetrag	4.000,00 DM
ergibt	11.000,00 DM

Der Hinzurechnungsbetrag übersteigt nicht den Höchstbetrag. Somit ist der Hinzurechnungsbetrag von 1.200,00 DM in voller Höhe dem Gewinn hinzuzurechnen. Dies bedeutet, dass 1.200,00 DM als nicht abzugsfähige Schuldzinsen umqualifiziert worden sind und nicht als Betriebsausgaben behandelt werden dürfen.

Hinweis

Die pauschalisierte Ermittlung des Hinzurechnungsbetrags ist ein Berechnungsmodus, bei dem die unmittelbare und mittelbare Gewinnauswirkung nicht auf andere Fragen der steuerlichen Gewinnermittlung durchgreift. So ist z.B. eine Neuberechnung der Gewerbesteuerrückstellung nicht erforderlich.

Zu den Schuldzinsen gehört begrifflich auch ein grundsätzlich steuerlich absetzbares Damnum, soweit es den steuerlichen Gewinn des Wirtschaftsjahres mindern durfte. Geldbeschaffungskosten können bei der Berechnung nach § 4 Abs. 4 a S. 5 EStG außer Acht gelassen werden. Insoweit handelt es sich um voll abziehbare Betriebsausgaben.

Eine Überentnahme liegt ebenfalls vor, wenn sie sich aus Überentnahmen vorangegangener Wirtschaftsjahre ergibt.

Eine Unterentnahme des Wirtschaftsjahres 02 lautet auf 50.000,00 DM. **Beispiel 2** Die Überentnahme des Wirtschaftsjahres 01 betrug 60.000,00 DM.

Die Überentnahme für das Wirtschaftsjahr 02 ist wie folgt zu berechnen:

Unterentnahme Wirtschaftsjahr 02	./. 50.000,00 DM
Überentnahme Wirtschaftsjahr 01	+ 60.000,00 DM
verbleibende Überentnahme	+ 10.000,00 DM

1.14.1.16 Ausnahmen von der Abzugsbeschränkung

Der Abzug von Schuldzinsen für Darlehn zur Finanzierung von Anschaffungs- oder Herstellungskosten von Wirtschaftsgütern des Anlagevermögens bleibt unberührt (§ 4 Abs. 4 a S. 6 EStG). Hieraus folgt, dass Schuldzinsen für Darlehn zur Finanzierung von Wirtschaftsgütern des Anlagevermögens stets zu den voll abzugsfähigen Betriebsausgaben gehören. Man spricht in diesem Zusammenhang von so genannten Investitionsdarlehn.

Hierzu bedarf es aus Gründen einer klaren Trennung grundsätzlich der Aufnahme eines eigenständigen Darlehns. Es genügt nicht, die Finanzierung von Wirtschaftsgütern des Anlagevermögens durch Belastung des Kontokorrentkontos vorzunehmen. In einem solchen Fall gerät die Ausnahme von Abzugsbeschränkung nach § 4 Abs. 4 a S. 6 EStG in Gefahr.

Nimmt der Steuerpflichtige demgegenüber ein gesondertes Darlehn auf, mit dem er teilweise Wirtschaftsgüter des Anlagevermögens finanziert, aber teilweise auch sonstigen betrieblichen Aufwand bedient, können die Schuldzinsen – ungeachtet etwaiger Überentnahmen – als Betriebsausgaben abgezogen werden, soweit die Schuldzinsen nachweislich auf die Finanzierung von Anlagevermögen entfallen. Dem Steuerpflichtigen obliegt hier die Beweispflicht.

Wird ein betrieblich veranlasster Negativsaldo eines Kontokorrentkontos in ein langfristiges Darlehn umgeschuldet, kann ein Finanzierungszusammenhang zur Finanzierung von Anlagevermögen im Nachhinein grundsätzlich nicht mehr hergestellt werden (strittig!).

Schuldzinsen für Darlehn zur Finanzierung von Wirtschaftsgütern des Anlagevermögens sind voll abzugsfähige Betriebsausgaben (Grundsatz).

1.14.1.17 Mitunternehmerschaften

Die Überentnahmeregelung stellt bei Mitunternehmerschaften auf den gesellschaftsrechtlichen Hintergrund ab. Es ist auf den Gesamtgewinn der Mitunternehmerschaft im Wege der so genannten „additiven Gewinnermittlung" abzustellen. Der Gesamtgewinn vereint die steuerlichen Gewinne der Gesamthandsbilanz einschließlich aller vorhandenen Sonder- und Ergänzungsbilanzen.

Maßgeblich ist die Summe der Einlagen und Entnahmen aller an der Mitunternehmerschaft beteiligten Gesellschafter. Der Hinzurechnungsbetrag ist den Mitunternehmern gemäß ihrem Gewinnverteilungsschlüssel zuzuweisen. Ausnahmsweise kann hiervon abgewichen werden, wenn die Mitunternehmer in ihrem Gesellschaftsvertrag abweichende Regelungen vereinbart haben. Es ist nicht zu beanstanden, wenn die Mitunternehmer eine rückwirkende Vereinbarung für die ersten beiden Wirtschaftsjahre, in denen § 4 Abs. 4 a EStG Anwendung findet, treffen.

Der Kürzungsbetrag von höchstens 4.000,00 DM ist betriebsbezogen. Bei Personengesellschaften (Mitunternehmerschaften) ist der Kürzungsbetrag nur einmal anzusetzen.

Beispiel   An der Nussbaum und Söhne OHG sind

- Franz Nussbaum (Vater)
- Detlef Nussbaum und
- Manfred Nussbaum

zu jeweils einem Drittel beteiligt. Besondere gesellschaftsrechtliche Abreden wurden nicht vereinbart.

Die OHG erzielte im Wirtschaftsjahr (= Kalenderjahr) 01 einen Gewinn von 120.000,00 DM.

Der Gesamtbetrag der Entnahmen aller Gesellschafter hat im Wirtschaftsjahr 01 180.000,00 DM betragen. Die Entnahmen gliedern sich auf die Mitunternehmer wie folgt auf:

- 20.000,00 DM Franz Nussbaum
- 80.000,00 DM Detlef Nussbaum
- 80.000,00 DM Manfred Nussbaum

Die Personengesellschaft hatte laufende Betriebsausgaben der Gewinnberechnungsperiode mit Krediten fremdfinanziert. Diese Maßnahmen haben insgesamt + 10.000,00 DM Schuldzinsen verursacht.

Bei der OHG liegen Überentnahmen von insgesamt 60.000,00 DM vor, da die Entnahmen den Gewinn um diesen Betrag übersteigen.

Nach § 4 Abs. 4 a S. 4 EStG dürfen typisierend Schuldzinsen von 3.600,00 DM nicht als Betriebsausgaben behandelt werden. Dieser Wert berechnet sich aus 6 v.H. von 60.000,00 DM Überentnahme.

Nach allem ergibt sich ein berichtigter Gewinn von 123.600,00 DM, der den Gesellschaftern nach ihrem vertraglich zugesicherten Verteilungsschlüssel zu je einem Drittel mit 41.200,00 DM zuzurechnen ist.

1.14.1.18 Mitunternehmerschaften und Zinsaufwendungen

Zinsaufwendungen dürfen den Gesamthandsgewinn einer Personengesellschaft nur dann mindern, wenn die Fremdmittel der Finanzierung von Betriebsvermögen gedient haben. Zinsaufwendungen sind nur beachtlich, sofern sie im Rahmen der additiven Gewinnermittlung der Personengesellschaft als Betriebsausgaben berücksichtigt werden durften und den Gewinn gemindert haben.

Entnahmen liegen vor, wenn Wirtschaftsgüter des Gesamthandsvermögens (= Betriebsvermögen) in den privaten Bereich der Gesellschafter oder in einen anderen betriebsfremden Bereich überführt worden sind.

Barentnahmen, Waren, Erzeugnisse, Nutzungen und Leistungen.

Beispiele

Zu den Entnahmen zählt die Überweisung eines „Geschäftsführergehalts" auf ein Privatkonto des Gesellschafters. Die bloße Gutschrift auf dem Kapitalkonto des Gesellschafters stellt hingegen keine Entnahme dar.

Haben die Gesellschafter Darlehn mit der Gesellschaft vereinbart, so gleichen sich Zinsen aus solchen Darlehnsverhältnissen im Rahmen der Gesamtauswirkung aus. Betriebsausgaben im Gesamthandsvermögen führen zu Betriebseinnahmen im Sonderbetriebsvermögen. Konsequenzen im Sinne des § 4 Abs. 4 a EStG ergeben sich hierdurch nicht.

1.14.1.19 Mitunternehmerschaften und Zuführung von
Darlehnsvaluta

Eine Zuführung von Darlehnsvaluta in das Gesamthandsvermögen ist eine Einlage. Entsprechend ist die Rückzahlung eines Darlehns an den oder die Gesellschafter eine Entnahme.

1.14.1.20 Einnahme-Überschussrechnung und § 4 Abs. 4 a EStG

Die Ausführungen zum Thema des § 4 Abs. 4 a EStG gelten entsprechend bei der Gewinnermittlung durch Einnahme-Überschussrechnung nach § 4 Abs. 3 EStG. Hierzu bedarf es ab dem Jahr 2000 der Aufzeichnung aller „Einlagen und Entnahmen". Diese systemwidrige Aussage dient nur dem Zweck, die Typisierungsvorschrift des § 4 Abs. 4 a S. 4 EStG greifbar zu machen. Werden nämlich entsprechende Aufzeichnungen nicht geführt, sind zumindest die nach § 4 Abs. 4 a S. 6 EStG privilegierten Schuldzinsen für so genannte Investitionsdarlehn sowie tatsächlich entstandene nicht begünstigte Schuldzinsen bis zum Sockelbetrag von 4.000,00 DM als Betriebsausgaben abziehbar.

Die Vorschrift des § 4 Abs. 4 a EStG findet bei den Gewinnermittlungen nach § 5 a oder § 13 a EStG keine Anwendung.

1.14.1.21 Anwendungsbereich des § 4 Abs. 4 a EStG

Die Abzugsbeschränkung für Schuldzinsen nach § 4 Abs. 4 a EStG ist erstmals für Wirtschaftsjahre anzuwenden, die nach dem 31.12.1998 enden; vgl. § 52 Abs. 11 S. 1 EStG. Über- und Unterentnahmen in Wirtschaftsjahren, die vor 1999 geendet haben, bleiben unberücksichtigt. Der Anfangsbestand dieser Über- und Unterentnahmen ist insoweit mit 0,00 DM zu berücksichtigen.

Die Aufzeichnungspflichten i.S.d. § 4 Abs. 4 a S. 7 EStG sind erstmals ab dem 01.01.2000 zu erfüllen (§ 52 Abs. 11 S. 2 EStG).

1.14.1.22 Gewillkürtes Betriebsvermögen

Als gewillkürtes Betriebsvermögen bezeichnet man Wirtschaftsgüter, die nicht eindeutig zum betrieblichen oder privaten Bereich gehören. Der Kaufmann hat ein Wahlrecht, ob er ein Wirtschaftsgut dem betrieblichen Bereich zuordnet. Voraussetzung ist, dass die Wirtschaftsgüter in einem objektiven Zusammenhang mit dem Betrieb stehen und ihn zu fördern bestimmt und geeignet sind. Die betriebliche Nutzung muss zwischen 10 und 50 v. H. betragen, vgl. R 13 Abs. 1 S. 6 EStR.

Die Bildung von gewillkürtem Betriebsvermögen ist hingegen unzulässig, wenn zum Zeitpunkt der Einlage bereits feststeht, dass das Wirtschaftsgut dem Betrieb keinen Nutzen, sondern nur Verluste bringen wird.

Im Zweifel und auf Verlangen muss dem Finanzamt dargelegt werden, welche vernünftigen wirtschaftlichen Überlegungen die Behandlung als Betriebsvermögen veranlasst haben. Die Bildung von gewillkürtem Betriebsvermögen ist nur zulässig bei der Gewinnermittlungsart durch Betriebsvermögensvergleich nach § 4 Abs. 1 und § 5 EStG.

Gewillkürtes Betriebsvermögen setzt den Ausweis in der Bilanz voraus. Es kann durch eine eindeutige Einlagehandlung entstehen (Einlagebuchung). Durch Nutzungsänderung kann ein Wirtschaftsgut des notwendigen Betriebsvermögens zum gewillkürten Betriebsvermögen werden, sofern es nicht Privatvermögen wird. Derartige Vorgänge sind dem Kaufmann nicht immer bewusst. Gewillkürtes Betriebsvermögen kann grundsätzlich nur durch eindeutige Entnahmehandlung Privatvermögen werden.

Bei Verhältnisänderungen können Folgen eintreten:

Wurde das Wirtschaftsgut nicht bilanziert, dann ist die Bilanz nicht falsch und kann daher nicht berichtigt werden. Daraus folgt:

Gewillkürtes Betriebsvermögen entsteht nicht durch Bilanzberichtigung i.S.d. R 15 Abs. 1 EStR. Es entsteht durch Erwerb oder Einlage.

Wurde das Wirtschaftsgut als gewillkürtes Betriebsvermögen bilanziert, kann die Bilanz nicht als falsch betrachtet werden. Dies gilt selbst dann, wenn über den ungewollten Bilanzausweis ein Irrtum bestand. Die Bilanzberichtigung ist nur bei fehlerhaften Ausweisen in der Bilanz erlaubt und beim so genannten Motivirrtum ausgeschlossen.

Durch § 4 Abs. 2 S. 2 EStG ist die Unzulässigkeit von Bilanzänderungen für Veranlagungszeiträume vor und nach 1999 wieder eingeführt worden (§ 52 Abs. 9 EStG), wenn sie in einem engen zeitlichen und sachlichen Zusammenhang mit der Berichtigung eines unrichtigen Bilanzsatzes erfolgt und soweit die Auswirkung dieser Berichtigung auf den Gewinn reicht.

Hinweis

Wurden Wirtschaftsgüter zulässigerweise in der Vergangenheit als gewillkürtes Betriebsvermögen behandelt (Bilanzausweis), so können diese das Betriebsvermögen nur durch einen Veräußerungs- oder Entnahmevorgang mit Gewinnrealisation wieder verlassen. Die Entnahme ist mit dem Teilwert zu bewerten, vgl. § 6 Abs. 1 Nr. 4 S. 1 EStG; die Gewinnrealisation erfolgt i.H.d. Unterschieds des Teilwerts zum Buchwert als sonstiger betrieblicher Ertrag.

Eine erfolgsneutrale Ausbuchung mit dem Hinweis, die Voraussetzungen für gewillkürtes Betriebsvermögen lägen nicht mehr vor, ist unzulässig.

1.14.1.23 Übergang vom Betriebsvermögensvergleich zur Einnahme-Überschussrechnung

Nach § 4 Abs. 1 S. 3 EStG kann bisher zu Recht gewillkürtes Betriebs-vermögen weiterhin als solches geführt werden.

1.14.1.24 Kapital- und Personengesellschaften

Kapital- und Personengesellschaften sind Gebilde mit eigener Rechtsna-tur. Gewillkürtes Betriebsvermögen ist bei ihnen nicht denkbar. Entspre-chende Wirtschaftsgüter zählen bei Gesellschaften grundsätzlich zum notwendigen Betriebsvermögen; vgl. § 246 Abs. 1 HGB und § 5 Abs. 1 EStG.

1.14.1.25 Behandlung von Schulden

Dem Kaufmann steht bei Schulden, die in wirtschaftlichem Zusammen-hang mit dem Betrieb stehen, kein Wahlrecht zu, ob er sie als gewillkür-tes Betriebsvermögen ansetzt oder nicht. Es gilt das Höchstwertprinzip für die Passivseite der Bilanz, und somit herrscht eine Passivierungs-pflicht der Schulden. Dementsprechend sind Schuldzinsen für die Zeit der Zugehörigkeit zum Betriebsvermögen als Betriebsausgabe abzugsfähig. Die Bestimmung des § 4 Abs. 4 a EStG schränkt den Schuldzinsenabzug unter den dort genannten Tatbestandmerkmalen ein und ist zu beachten.

Merke

Stehen Schulden im Zusammenhang mit Wirtschaftsgütern des gewillkür-ten Betriebsvermögens, dann teilen Sie deren Schicksal.

Beispiel

Der Kaufmann behandelt (zulässig) Wertpapiere als gewillkürtes Be-triebsvermögen, in dem er diese durch Einlagebuchung in der Bilanz akti-viert hat. Steht diesen Wertpapieren einen Kaufpreisschuld gegenüber, dann ist diese entsprechend zu passivieren. Die Schuldzinsen sind für die Dauer der Zugehörigkeit zum Betriebsvermögen als Betriebsausgaben grundsätzlich abzugsfähig. Die Wertpapiere können das Betriebsvermö-gen nur durch gewinnwirksame Veräußerung oder Entnahmehandlung durch Bewertung mit dem Teilwert wieder verlassen.

1.14.2 Wesen und Behandlung von Privatvermögen

Zum (notwendigen) Privatvermögen zählen alle Güter, die der persönli-chen Lebensführung gewidmet und zu dienen bestimmt sind. Hierzu ge-hören z.B. Kleidung, Wohnung, privates Einfamilienhaus, Wohnungsein-richtung, Schmuck und der Privat-Pkw.

Wirtschaftsgüter des Privatvermögens unterliegen einem strengen Bilanzierungsverbot und dürfen in der Bilanz nicht ausgewiesen werden.

Das Bilanzierungsverbot gilt selbst dann, wenn das zum Privatvermögen zählende Wirtschaftsgut mit oder durch Mittel des Betriebs angeschafft worden ist. Ein Ausweis von Privatvermögen macht die Bilanz falsch. Eine Bilanzberichtigung (R 15 Abs. 1 EStG) ist hier die konsequente Maßnahme. Diese geschieht zum frühestmöglichen Zeitpunkt durch erfolgsneutrale Ausbuchung zum Buchwert. Eine gewinnrealisierende Entnahme liegt in diesem Fall nicht vor (BFH 1968 II, 522). In diesem Fall sind aber die für die Anschaffung verwendeten Betriebsmittel wieder zu entnehmen, wenn das Wirtschaftsgut des Privatvermögens aus betrieblichen Mitteln angeschafft worden ist.

Ein rechtmäßig als Betriebsvermögen ausgewiesenes Wirtschaftsgut kann durch Nutzungsänderung Privatvermögen werden, wenn der Kaufmann durch sein gewolltes oder unbewusstes Verhalten die Beziehung zum Betrieb endgültig löst.

Der Kaufmann errichtet auf einem betrieblichen Grundstück ein Einfamilienhaus, das er selbst mit seiner Familie nutzt. Der Kredit zum Bau dieses Privathauses, das hypothekarisch durch das Betriebsgrundstück gesichert ist, gehört ebenfalls zum Privatvermögen.
Beispiel

Die Lebensversicherung zur Absicherung betrieblicher Risiken ist stets eine Privatschuld und gehört zum Privatvermögen. Das gilt auch bei Personengesellschaften.
Klausurfalle

1.14.3 Entnahmen und Einlagen

Entnahmen und Einlagen sind zentrale Begriffe der Gewinneinkunftsarten des § 2 Abs. 1 S. 1 Nr. 1 bis 3 EStG. Der Betriebsvermögensvergleich ist ohne diese Begriffe unvollständig.

1.14.3.1 Begriff der Entnahmen

Unter Entnahmen versteht man alle Wirtschaftsgüter, die der Steuerpflichtige für sich, seinen Haushalt oder für andere betriebsfremde Zwecke im Laufe des Wirtschaftsjahres entnommen hat; § 4 Abs. 1 S. 2 EStG.

Barentnahmen, Waren, Erzeugnisse, aber auch Nutzungen und Leistungen.
Beispiele

Die Vorschrift des § 12 EStG verbietet es dem Steuerpflichtigen generell, Entnahmen für betriebsfremde Zwecke bei den einzelnen Einkunftsarten (§ 2 Abs. 1 S. 1 Nrn. 1 bis 7 EStG) noch vom Gesamtbetrag der Einkünfte (§ 2 Abs. 3 EStG) abzuziehen.

Beim Betriebsvermögensvergleich werden die Bestände vom Ende eines Wirtschaftsjahres mit den Beständen vom Ende des vorangegangen Wirtschaftsjahres durch Gegenüberstellung verglichen. Dieser Gedanke geht von dem Grundsatz aus, dass der in der fraglichen Periode erzielte Gewinn das Betriebsvermögen vermehrt und der gegebenenfalls erzielte Verlust das Betriebsvermögen gemindert hat, vgl. § 4 Abs. 1 S. 1 EStG.

Die im Jahresabschluss vorzunehmende Zubuchung des Gewinns aus der Gewinn- und Verlustrechnung in das Kapitalkonto macht erst den Betriebsvermögensvergleich und die Aufstellung der Schlussbilanz möglich. Vor der Bilanzerstellung ist das Kapitalkonto um die privat veranlassten und außerbetrieblichen Vorgänge der Entnahmen und Einlagen zu bereinigen, wie es § 4 Abs. 1 S. 1 EStG und § 12 EStG fordern. Ist dem Kapitalkonto der unbereinigte Gewinn zugebucht worden und sind ursprünglich gewinnmindernde Entnahmen hinzu- und gewinnerhöhende Einlagen abgerechnet worden, ist der Betriebsvermögensvergleich nach § 4 Abs. 1 S. 1 EStG vollzogen. Die Schlussbilanz kann aufgestellt werden. Im Prinzip haben also nur rein betriebliche Vorgänge das Betriebsvermögen erhöht (Gewinn) bzw. vermindert (Verlust).

Beispiel eines abschlussreifen Kapitalkontos:

Soll		Kapitalkonto		Haben
PE	60.000 DM	AB	120.000 DM	
←SBK	200.000 DM	Gu.V	130.000 DM Gewinn	
		NE	10.000 DM	

Man kann auch den Gewinn in der Schlussbilanz bilanzieren und am Beginn des folgenden Wirtschaftsjahres auf das Kapitalkonto umbuchen. Diese Methode wird Bruttomethode genannt. Kapitalgesellschaften bilanzieren ihren Jahresüberschuss bis zu einer Verwendung (Ausschüttung und/oder Zuführung von Rücklagenbildung).

Merke

Durch Entnahmen entstehen keine Verluste, durch Einlagen entstehen keine Gewinne.

Beispiele für typische Entnahmen:

- Zahlung der Miete für privat genutzte Räume
- Geldentnahme für eine Urlaubsreise
- Überweisung der Einkommensteuer
- Überweisung der Lebensversicherungsbeiträge
- Entnahme von Waren
- Zahlung einer gerichtlichen Geldstrafe oder -buße
- Entnahme von Wertpapieren, Grundstücken oder anderen Anlagegütern
- Tilgung einer privaten Schuld
- Vereinnahmung einer Kundenforderung durch eine Gegenlieferung des Kunden für private Zwecke

In allen Beispielen mindert sich durch Entnahmehandlung der entsprechende Aktivposten der Bilanz. Der Gewinn mindert sich nicht.

1.14.3.2 Eindeutige Entnahmehandlung

Die Entnahme setzt eine Entnahmehandlung durch den Steuerpflichtigen voraus, die von einem Entnahmewillen geprägt ist. Entnahmewillen bedeutet ein Verhalten, das nach außen den Willen erkennen lässt, ein Wirtschaftsgut nicht (mehr) zur Erzielung von Betriebseinnahmen einzusetzen. Die Erzielung von Privateinnahmen oder die Verwendung zu einkommensteuerlich neutralen Zwecken steht also bei der Entnahme stets im Vordergrund. Der Willensentschluss muss klar und eindeutig zum Ausdruck kommen. Verlangt wird ein Verhalten, durch das die Verknüpfung des Wirtschaftsgutes mit dem Betriebsvermögen unmissverständlich gelöst wird (BFH 1990 II, 128).

1.14.3.1 Erfolgswirksame Entnahmen

Nach § 6 Abs. 1 Nr. 4 S. 1 EStG sind Entnahmen mit dem Teilwert zu bewerten, der häufig vom Buchwert abweicht. Bei Nutzungs- und Leistungsentnahmen sind die durch den Betrieb aufgewendeten Kosten anzusetzen. Nutzt der Steuerpflichtige ein Wirtschaftsgut des Betriebsvermögens teilweise betrieblich und teilweise privat und setzt der Betrieb die vollen Kosten als Betriebsausgaben an, ist der Teil der Kosten, der auf die private Nutzung entfällt, eine Entnahme.

1.14.3.2 Das Buchwertprivileg des § 6 Abs. 1 Nr. 4 S. 4 und 5 EStG

Ausnahmen Ein Wirtschaftsgut darf bei einer Entnahme mit dem Buchwert (neutral) angesetzt werden, wenn es für mildtätige, wissenschaftliche oder für besonders förderungswürdig anerkannte kulturelle Zwecke oder zur Förderung der Erziehungs-, Volks- und Berufsausbildung unmittelbar gespendet wird. Dies gilt ebenso für Sachspenden zu kirchlichen oder religiösen Zwecken i.S.d. § 10 b Abs. 1 S. 1 EStG. Dies gilt ausdrücklich nicht für die Entnahme von Nutzungen und Leistungen; vgl. § 6 Abs. 1 Nr. 4 S. 6 EStG.

Durch Gesetz vom 14.07.2000 (BGBL. I S. 1034) wurde in § 6 Abs. 1 Nr. 4 EStG ein Satz 5 eingefügt und Satz 6 geändert. Das Buchwertprinzip gilt demnach auch für Zuwendungen i.S.d. § 10 b Abs. 1 S. 3 EStG, demnach für Zuwendungen an Stiftungen des öffentlichen und des privaten Rechts nach den dort genannten Tatbestandsmerkmalen. Siehe zur erstmaligen Anwendung § 52 Abs. 16 Satz 13 EStG.

1.14.3.3 Die private Nutzung eines Kraftfahrzeuges; § 6 Abs. 1 Nr. 4 S. 2 EStG:

Die private Nutzung eines betrieblichen Kraftfahrzeuges ist pauschal geregelt, sofern der Steuerpflichtige nicht den Tatsachennachweis durch ein ordnungsgemäß geführtes Fahrtenbuch erbringt (Wahlrecht).

Der Pauschalwertansatz beträgt für jeden Kalendermonat 1 v.H. des inländischen Listenpreises des Pkw im Zeitpunkt der Erstzulassung zuzüglich der Kosten für Sonderausstattung einschließlich der Umsatzsteuer.

Nebenkosten, z.B. für Überführung und Zulassung, bleiben ebenso wie Kaufpreisrabatte und Nachlässe außer Ansatz. Selbst bei gebrauchten oder bereits abgeschriebenen Pkw ist der ursprüngliche Listenpreis maßgeblich. Schlaumeier nutzen ihre Oldtimer (die sie vorher schon besaßen) nunmehr „betrieblich". Listenpreise von weit unter 10.000,00 DM zum damaligen Zeitpunkt sind keine Seltenheit.

Der heutige Liebhaberwert spielt allerdings bei der Einlage eine Rolle. Abweichend hiervon können die tatsächlichen Kosten berücksichtigt werden, wenn diese belegmäßig nachweisbar und durch ein ordnungsgemäßes Fahrtenbuch dokumentierbar sind. Die Finanzverwaltung erhebt hier einen strengen Maßstab.

1.14.3.4   Teilwert höher oder niedriger als der Buchwert

Übersteigt der Teilwert den Buchwert (Regelfall), ergibt sich in Höhe des Unterschieds eine Gewinnerhöhung, obwohl sich das Betriebsvermögen durch das Ausscheiden des Wirtschaftsgutes verringert hat. Beim Betriebsvermögensvergleich wird die Minderung durch Hinzurechnung der Entnahme wieder ausgeglichen. Durch die Bewertung über dem Buchwert wird darüber hinaus die Gewinnerhöhung festgehalten, die der Differenz zwischen dem Teilwert und dem Buchwert entspricht.

- Kaufmann Fuchs entnimmt ein unbebautes Grundstück zum Zwecke der privaten Bebauung mit einem Einfamilienhaus

Beispiele

In Klausuren lesen Sie häufig:

„Der Buchwert im Zeitpunkt der Entnahme beträgt 20.000,00 DM, der Teilwert 80.000,00 DM,"

oder

„Das unbebaute Grundstück hat vor 20 Jahren 20.000,00 DM gekostet. Würde Fuchs das Grundstück heute veräußern, wären anstandslos 80.000,00 DM zu erzielen gewesen."

Im ersten Fall ist der Klausurverfasser gnädig. Er liefert sämtliche Angaben zur Berechnung des Entnahmevorgangs „frei Haus". In einschlägigen Klausuren kommt es auf eine präzise rechtliche Würdigung an.

Buchung:

Entnahme 80.000,00 DM	an unbebautes Grundstück	20.000,00 DM
	an sonstige betriebliche Erträge	60.000,00 DM

Der zweite Fall ist von gemeiner Art: Der Umgang mit den Begriffen nicht abnutzbares Wirtschaftsgut des Anlagevermögens (keine AfA!), Anschaffungskosten = Buchwert und die Erkennung des Teilwertgedankens müssen hier immanent sein. Die Lösung ist immer dieselbe.

Auf den Vorgang der Entnahme darf keine steuerfreie Rücklage nach § 6 b EStG gebildet werden. Es wurde kein Grundstück veräußert.

Hinweis

- Fuchs überführt Aktien in sein Privatvermögen. Die Anschaffungskosten betrugen vor fünf Jahren 8.000,00 DM. Die Werte sind seither unverändert aktiviert. Der Teilwert im Entnahmezeitpunkt beträgt infolge gestiegener Börsenkurse 10.800,00 DM
  Gewinnauswirkung + 2.800,00 DM
- Fuchs entnimmt Waren im Teilwert von 120,00 DM. Im Einkauf hat er lediglich 80,00 DM zahlen müssen.
  Gewinnauswirkung + 40,00 DM

Entsprechendes gilt für entnommene Wirtschaftsgüter, die keinen Buchwert mehr haben.

- Eine Schreibmaschine, deren Anschaffungskosten 400,00 DM betragen haben, wird von Fuchs an den Sohn verschenkt, der nach den Sommerferien zur Handelsschule wechselt. Der Teilwert beträgt im Entnahmezeitpunkt 150,00 DM.
  Die Gewinnauswirkung beträgt + 150,00 DM

Gefordert ist hier die Erkennung der Bewertungsfreiheit nach § 6 Abs. 2 EStG und die Bezeichnung der Schreibmaschine als geringwertiges Wirtschaftsgut (GwG).

Entnahmen sind gemäß § 6 Abs. 1 Nr. 4 S. 1 EStG stets mit dem Teilwert zu bewerten. Das gilt auch, wenn der Teilwert im Entnahmezeitpunkt niedriger als der Buchwert ist. Die Differenz stellt eine Gewinnminderung dar, die im Wege des Betriebsvermögensvergleichs durch den Ansatz der Entnahme i.H.d. Teilwertansatzes ausgeglichen wird.

Beispiele
- Kaufmann Fuchs bebaut ein Betriebsgrundstück mit einem selbstgenutzten Einfamilienhaus. Zum Entnahmezeitpunkt betragen der Buchwert 70.000,00 DM und der Teilwert 50.000,00 DM. Der deutlich niedrigere Teilwert ist auf den Umstand zurückzuführen, dass im Erdreich Giftstoffe gefunden worden sind, die zunächst entsorgt werden müssen.

  Buchung:
  Entnahme   50.000,00 DM
  Sonstige betriebliche
  Aufwendungen   20.000,00 DM an Grundstück 70.000,00 DM

  Gewinnauswirkung: ./. 20.000,00 DM

- Fuchs entnimmt dem Betriebsvermögen Aktien, die er für 5.000,00 DM erworben hat. Der Teilwert im Entnahmezeitpunkt beträgt aufgrund gesunkener Börsenkurse nur noch 3.500,00 DM.
  Gewinnauswirkung: ./. 1.500,00 DM

- Fuchs entnimmt Waren zum Teilwert von 300,00 DM. Im Einkauf hat er für diesen Warenposten 350,00 DM aufwenden müssen. Die Ursache für den gesunkenen Teilwert liegt darin, dass einige gleichwertige Produkte fernöstlicher Herstellung preisgünstiger auf dem Markt angeboten werden.
  Gewinnauswirkung: ./. 50,00 DM

In den Beispielen ergibt sich jeweils ein Verlust i.H.d. Differenz zwischen dem Buchwert und dem Teilwert.

1.14.3.5 Entnahmen von Nutzungen und Leistungen

Für die Entnahme so genannter Nutzungen und Leistungen gilt eine Bewertung mit den tatsächlich dem Betrieb entstandenen Selbstkosten. Die Hinzurechnung als Entnahme gleicht im Betriebsvermögensvergleich die Minderung des Unterschiedsbetrages wieder aus.

- Die Nutzung der betrieblichen Telefonanlage verursacht außerbetrieblich veranlasste Aufwendungen in Höhe der Rechnungsbeträge, die auf die Privatgespräche entfallen

- Pflegt ein Betriebsgärtner auch den Garten des zum Privatvermögen zählenden Einfamilienhauses des Firmeninhabers, dann entstehen dem Betrieb privat veranlasste Aufwendungen in Form des anteiligen Arbeitslohnes

Beispiele

Die Hinzurechnung privatanteiliger Aufwendungen im Betriebsvermögensvergleich gleicht in beiden Fällen die Minderung des Betriebsvermögens bei der Gewinnermittlung wieder aus.

1.14.3.6 Begriff der Einlagen

Unter Einlagen versteht man alle Wirtschaftsgüter, die der Steuerpflichtige dem Betrieb im Laufe des Wirtschaftsjahres zugeführt hat; § 4 Abs. 1 S. 5 EStG.

Bareinzahlungen und Wirtschaftsgüter aller Art.

Beispiele

Als einlagefähige Wirtschaftsgüter bei Personenunternehmungen kommen somit Bargeld, Sachen und Rechte sowie Nutzungen und Leistungen in Betracht. Hiervon ausgenommen ist die eigene Arbeitsleistung des Unternehmers (oder Mitunternehmers). Einlagen erhöhen das Betriebsvermögen, bleiben jedoch bei der Gewinnermittlung außer Ansatz und werden beim Betriebsvermögensvergleich wieder abgezogen; vgl. § 4 Abs. 1 S. 1 EStG.

1.14.3.6.1   Bewertung von Einlagen in das Betriebsvermögen

Die Bewertung von Einlagen richtet sich nach § 6 Abs. 1 Nr. 5 EStG und kann schaubildlich wie folgt dargestellt werden:

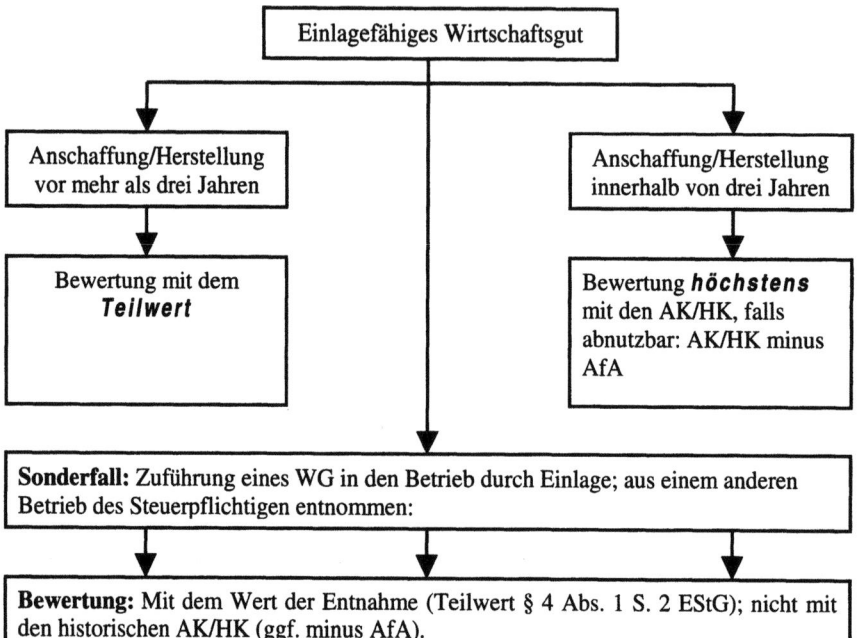

Die Aussagen im Schaubild (§ 6 Abs. 1 Nr. 5 EStG) gelten entsprechend bei Eröffnung eines Betriebs (§ 6 Abs. 1 Nr. 6 EStG).

Bei entgeltlichem Erwerb eines Betriebs sind die Wirtschaftsgüter mit dem Teilwert, höchstens jedoch mit den Anschaffungs- oder Herstellungskosten anzusetzen (§ 6 Abs. 1 Nr. 7 EStG).

Wichtig für Klausuren:

Der häufigste Klausurfehler ist die vergessene AfA bei abnutzbaren Wirtschaftsgütern, die innerhalb von drei Jahren angeschafft/hergestellt worden sind und in den Betrieb eingelegt werden sollen.

Nach § 6 Abs. 1 Nr. 5 b EStG ist ein Anteil an einer Kapitalgesellschaft, an der der Steuerpflichtige zu mehr als 1 v. H. beteiligt ist, im Zeitpunkt der Einlage mit dem Teilwert, höchstens mit den Anschaffungskosten zu bewerten.

Beteiligungen sind als nicht abnutzbare Wirtschaftsgüter nicht AfA-fähig. Bei unentgeltlichem Erwerb der Anteile sind unter sinngemäßer Anwendung des § 17 Abs. 2 S. 3 EStG die Anschaffungskosten des Rechtsvorgängers maßgebend.

- § 6 Abs. 1 Nr. 5 EStG

Beispiel

Der Kaufmann Kunz legt ein zuvor privat genutztes Kraftfahrzeug in den Betrieb ein. Die Anschaffungskosten betrugen in 01/03 58.000,00 DM; der Teilwert im Einlagezeitpunkt 02/05 beträgt 40.000,00 DM. Das Auto hat noch eine betriebsgewöhnliche Restnutzungsdauer von 3 Jahren.

Der Dreijahreszeitraum ist nicht verstrichen. Grundsätzlich hat die Einlage zum Teilwert zu erfolgen. Bei einem nicht abgelaufenem Dreijahreszeitraum, also bei Anschaffung oder Herstellung innerhalb dieser Periode sind die AK/HK durch Fortschreibung der bisher aufgelaufenen Absetzungen für Abnutzung anzusetzen. Ausnahmsweise ist hier von den Bruttoanschaffungskosten (einschließlich MwSt) auszugehen, da der Pkw lt. Sachverhalt zum Privatvermögen gehörte und keine Möglichkeit zum Vorsteuerabzug (§ 15 UStG) bestanden hat.

Berechnungen zum Zwecke der Einlage:
Bruttoanschaffungskosten 01/03		58.000,00 DM
betriebsgew. Restnutzungsdauer im Einlagezeitpunkt: noch 3 Jahre, daraus folgt 5 Jahre Gesamtnutzungsdauer = 60/60. Verstreichungszeitraum 2 Jahre = 24/60		
AfA § 7 Abs. 2 EStG 24/60	./.	23.200,00 DM
Restbuchwert 31.12.04		34.800,00 DM
Einlagewert = fortgeschriebene AK unter Beachtung von R 44 Abs. 2 S. 3 EStR		34.800,00 DM

Es hat eine Einlage grundsätzlich mit dem Teilwert (40.000,00 DM), jedoch höchstens mit den fortgeschriebenen Anschaffungskosten (34.800,00 DM) zu erfolgen, weil das Wirtschaftsgut innerhalb der vor Einlage vergangenen drei Jahren angeschafft oder hergestellt worden ist; § 6 Abs. 1 Nr. 5 a und Nr. 5 Satz 2 EStG.

Für die Jahre 05, 06 und 07 sind nach Maßgabe der betriebsgewöhnlichen Restnutzungsdauer (3 Jahre) jeweils 34.800,00 DM : 3 = 11.600,00 DM als Absetzung für Abnutzung (AfA) zu buchen:

Buchungen im Jahr 05:
1.	Pkw (Fuhrpark)	34.800,00 DM	an Einlage	34.800,00 DM
	AfA	11.600,00 DM	an Pkw (Fuhrpark)	11.600,00 DM

Der Teilwert im Einlagezeitpunkt beträgt aufgrund eines reparierten Unfallschadens nur 30.000,00 DM (sog. merkantiler Minderwert in Höhe von 10.000,00 DM).

Abwandlung

Er unterschreitet damit die fortgeschriebenen Anschaffungskosten in Höhe von 34.800,00 DM. Die Einlage erfolgt zum Teilwert auch dann, wenn die Anschaffung des Pkw nicht länger als drei Jahre zurückliegt. Dies hat insbesondere Auswirkung auf die AfA, wie die folgenden Buchungen zeigen:

Buchungen im Jahr 05:

Pkw (Fuhrpark)	40.000,00 DM	an Einlage 40.000,00 DM
AfA	13.333,00 DM	an Pkw (Fuhrpark) 13.333,00 DM

Die höhere AfA erscheint hier auch gerechtfertigt, weil sich der Unfallwagen technisch schneller verbrauchen dürfte.

Abwandlung Der Pkw hat einen Teilwert von 40.000,00 DM. Er entstammt aber einem anderen Betrieb des Steuerpflichtigen.

Nach § 6 Abs. 1 Nr. 5 S. 3 EStG ist die Einlage mit dem Wert, mit dem die Entnahme im anderen Betriebsvermögen angesetzt worden ist, zu bewerten. Die Entnahme dort darf nur gemäß § 6 Abs. 1 Nr. 4 S. 1 EStG mit dem Teilwert erfolgen.

Die Einlage ist mit dem Teilwert von 40.000,00 DM zu berücksichtigen. Der Einlagezeitpunkt ist identisch mit dem Zeitpunkt der Entnahme innerhalb des anderen Betriebsvermögens.

Buchungen im Jahr 05:

Pkw (Fuhrpark)	40.000,00 DM	an Einlage	40.000,00 DM
AfA	13.333,00 DM	an Pkw (Fuhrpark)	13.333,00 DM

Bei der AfA sind zur Vermeidung von Doppelerfassungen im Entnahmebetrieb einerseits und im Einlagebetrieb andererseits „Feinheiten" zu beachten, deren Beachtung für eine erfolgreiche Klausur unerlässlich sind. R 44 Abs. 12 EStR regelt Zweifelsfragen und Verwaltungsanweisungen hinsichtlich der AfA nach Einlage, Entnahme oder Nutzungsänderung oder nach Übergang zur Buchführung:

Bleiben die AK/HK des WG als Bemessungsgrundlage für die AfA maßgebend, so ist die weitere AfA grundsätzlich nach dem ursprünglich angewandten Absetzungsverfahren zu bemessen (R 44 Abs. 12 S. 1 Nr. 2 S. 1 EStR). Dies schließt eine zweifache Anwendung der Vereinfachungsregel nach R 44 Abs. 2 S. 3 EStR natürlich aus.

1.14.3.6.2   Einlagen von Nutzungen und Leistungen

Die Beurteilung der Einlagen von Nutzungen und Leistungen richtet sich danach, ob die in diesem Zusammenhang stehenden Aufwendungen *aktivierungspflichtige oder nicht aktivierungspflichtige* Aufwendungen sind.

1.14.3.6.2   Einlage von Nutzungen und Leistungen mit aktivierungspflichtigen Bezugsaufwendungen

Grundsatz:

Die Einlage verursacht eine Erhöhung des Kapitals. Durch Abzug der Einlage im Betriebsvermögensvergleich wird der Geschäftsvorfall erfolgsneutral.

Beispiel

Bei der Errichtung eines Betriebsgebäudes werden mehrere Baufachleute vorübergehend eingesetzt.

Die Einlage besteht aus einer Arbeitsleistung der betriebseigenen Arbeitnehmer. Der anteilig zu ermittelnde Lohnaufwand fließt in den aktivierungspflichtigen Herstellungsaufwand ein; vgl. § 255 Abs. 2 HGB. Durch die Einlage erhöht sich das Betriebsvermögen, nicht aber der Gewinn. Im Betriebsvermögensvergleich ist die Einlage vom Unterschiedsbetrag der beiden zu vergleichenden Betriebsvermögen wieder zu kürzen, so dass der Geschäftsvorfall insgesamt erfolgsneutral bleibt.

Einlage von Nutzungen und Leistungen mit nicht aktivierungspflichtigen Bezugsaufwendungen:

Grundsatz:

Besteht ein Zusammenhang der Einlage mit nicht aktivierungspflichtigem Aufwand, kommt es zu keiner Erhöhung des Kapitals. Im Betriebsvermögensvergleich führt der Abzug der Einlage zu einer Gewinnminderung.

Beispiele

- Ein Kaufmann nutzt seinen ansonsten ausschließlich für private Zwecke dienenden Pkw vorübergehend für Betriebsfahrten
- Der für die Betreuung von zum Privatvermögen zählenden Mietwohngrundstücken zuständige Hausmeister wird für einen Monat als Pförtner am Eingang des Firmensitzes eingesetzt

In beiden Fällen entstehen Aufwendungen, die zu keiner Aktivierungspflicht führen. Die Einlagen führen zu keiner Erhöhung des Betriebsvermögens. Der Ansatz der Einlage im Betriebsvermögensvergleich verursacht durch entsprechende Aufwandskonten eine Gewinnminderung. Die Einlage ist erfolgswirksam.

1.14.4   Die Stellung von Betriebseinnahmen und Betriebsausgaben innerhalb des Betriebsvermögensvergleichs

Unter Betriebseinnahmen versteht man Güter in Geld und in Geldeswert.

1.14.4.1   Betriebseinnahmen

Der Begriff der Betriebseinnahmen ist gesetzlich nicht definiert. Ursächlich hierfür dürfte der große Umfang dieses Gebietes sein. Aufgrund der erheblichen Bedeutung und der wichtigen Position im Ertragsteuerrecht, vor allem im Bilanzsteuerrecht, ist die Definition der Betriebseinnahmen aus der Jahrzehnte gültigen höchstrichterlichen Rechtsprechung des BFH entwickelt und somit ableitbar geworden (BFH 1964 III, 183). Hiernach ergibt sich für die Betriebseinnahmen, die begrifflich ausschließlich für die Gewinneinkunftsarten (§ 2 Abs. 1 S. 1 Nr. 1 bis 3 EStG) Gültigkeit haben, folgende Definition:

Betriebseinnahmen sind alle Zugänge in Geld oder Geldeswert, die durch den Betrieb veranlasst sind und dem Steuerpflichtigen im Rahmen seines Betriebes zufließen.

Diese allgemeine Definition der Betriebseinnahmen ist sowohl für die tägliche Buchungspraxis, aber auch für Klausuren unbefriedigend. Wirtschaftliche Vorgänge können insgesamt so vielseitig sein, dass eine abschließende Begriffsbestimmung nicht möglich ist. Nachfolgend können nur einige Versuche zur Erweiterung der Definition unternommen werden:

Zu den Betriebseinnahmen zählen auch Einnahmen aus Hilfsgeschäften und Entschädigungen sowie Versicherungsleistungen im betrieblichen Bereich.

Hat der Kaufmann auf eine Zahlung keinen Rechtsanspruch, liegen bei betrieblicher Veranlassung dennoch Betriebseinnahmen vor.

Beispiel   Trinkgelder in der Gastronomie, im Friseur- oder Taxigewerbe usw.

- Sachzuwendungen sind ebenfalls Betriebseinnahmen bei betrieblicher Veranlassung

Beispiel   Empfangene Geschenke von Geschäftsfreunden. Zu beachten ist jedoch die sinngemäße Anwendung von R 73 Abs. 1 und 2 LStR (Aufmerksamkeiten), wonach Sachzuwendungen bis zu einem Wert von 60,00 DM nicht erfasst werden müssen. Ferner unterliegen erhaltene Geschenke nicht der Umsatzsteuer, weil sich zwischen Schenker und Beschenktem mangels Gegenleistung kein Leistungsaustausch ergeben hat (vgl. A 1 UStR).

Ersparte Aufwendungen sind keine Betriebseinnahmen.

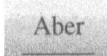

Der Schwager des Betriebsinhabers ist kurzfristig für einen plötzlich erkrankten freien Mitarbeiter eingesprungen. Auf ein Honorar hat der Schwager aufgrund seiner engen familiären Bindung verzichtet. Der Betrieb spart den Honoraraufwand für den erkrankten Mitarbeiter. Dies führt nicht zu einer Betriebseinnahme.

Bewirtungen:

Der Vorteil aus einer Bewirtung i.S.d. § 4 Abs. 5 S. 1 Nr. 2 EStG ist aus Vereinfachungsgründen beim bewirteten Steuerpflichtigen nicht als Betriebseinnahme zu erfassen, vgl. R 18 Abs. 3 EStR.

Anlässlich einer Geschäftsreise wird dem Kaufmann Unger von seinem Geschäftsfreund Bär Kaffee und belegte Brötchen angeboten. Es liegt keine Betriebseinnahme vor.

Der geldwerte Vorteil aus der Teilnahme an einer vom Geschäftspartner organisierten Fachtagung, die den üblichen Rahmen geschäftlicher Gespräche überschreitet, ist Betriebseinnahme (BFH 1996 II, 273).

Beispiel

Hinsichtlich weiterer Einzelfälle wird auf R 18 EStR Betriebseinnahmen und Betriebsausgaben hingewiesen.

Betriebseinnahmen entstehen beim Bilanzierenden, wenn sein Betriebsvermögen durch Geld oder in Geldeswert bestehende Wertzugänge erhöht wird, die nicht in Einlagen bestehen. Ein solcher Wertzugang und damit „Zufluss" findet bei Aktivierung statt (BFH 1995 II, 54/56 m.w.N.).

1.14.4.2   Betriebsausgaben

Betriebsausgaben kommen wie die Betriebseinnahmen ausschließlich in den Gewinneinkunftsarten des § 2 Abs. 1 S. 1 Nrn. 1 bis 3 EStG vor; vgl. § 4 Abs. 1 S. 6 EStG. Die Begriffsbestimmung der Betriebsausgaben ergibt sich aus § 4 Abs. 4 und Abs. 5 EStG. Nach § 160 AO können Angaben verlangt werden, wem eine Betriebsausgabe als Betriebseinnahme zugeflossen ist.

1.14.4.3   Abgrenzungen

Betriebsausgaben sind zu unterscheiden von:

- Werbungskosten (§ 9 EStG), die als Aufwendungen vergleichbarer Art bei den Überschusseinkunftsarten angesetzt werden können

- Sonderausgaben (§§ 10 bis 10 i EStG), die zur Förderung steuerlich anerkannter Zwecke vom Gesamtbetrag der Einkünfte abgezogen werden können
- den nicht abzugsfähigen Ausgaben des § 12 EStG, insbesondere den Aufwendungen für die Lebensführung

1.14.5   Begriff der Betriebsausgaben

Der Begriff der Betriebsausgaben ist im § 4 Abs. 4 EStG gesetzlich geregelt. Hiernach handelt es sich bei Betriebsausgaben um Aufwendungen, die durch den Betrieb veranlasst sind. Diese unbefriedigende Aussage ist durch die ständige Rechtsprechung des BFH fortentwickelt worden. Eine betriebliche Veranlassung liegt vor, wenn ein objektiver wirtschaftlicher oder tatsächlicher Zusammenhang mit dem Betrieb besteht und wenn subjektiv die Aufwendungen zur Förderung des Betriebes getätigt werden. Dabei reicht ein bloßer rechtlicher Zusammenhang alleine nicht aus (vgl. Schmidt/Heinicke; § 4 RZ 28).

Betriebsausgaben sollen zwingend einen objektiven Zusammenhang voraussetzen, während die subjektive Absicht, mit der Ausgabe den Betrieb fördern zu wollen, kein in jedem Fall notwendiges Merkmal sei, weil z.B. auch unfreiwillige Aufwendungen und Zwangsabgaben Betriebsausgaben sein können.

Beispiel

Der betriebliche Pkw wird anlässlich einer Betriebsfahrt ohne Verschulden zerstört.

1.14.5.1 Wesen der Betriebsausgaben

Bei einer Betriebsausgabe müssen zunächst Aufwendungen entstehen. Der Begriff der Aufwendungen deckt sich nicht unbedingt mit dem der Geldausgabe.

Die Geldausgaben können mit den Aufwendungen periodengleich zusammenfallen oder aber vorausgegangen sein oder nachfolgen. In solchen Fällen ist der auf das Wirtschaftsjahr entfallende Teil der Ausgabe z.B. als AfA nachzuverrechnen oder vorzuverrechnen, z.B. als noch nicht bezahlter Mietaufwand. Nur dieser Teil der Ausgabe stellt eine Betriebsausgabe i.S.d. § 4 Abs. 4 EStG dar. Erstreckt sich die Nutzungsdauer eines Wirtschaftsgutes über einen Zeitraum von mehr als einem Jahr, dann sind die Anschaffungs- oder Herstellungskosten keine Betriebsausgaben. Betriebsausgabe ist nur der Teil, der nach den Vorschriften des § 7 EStG als AfA auf den Bilanzierungszeitraum entfällt.

1.14.5.2 Die betriebliche Aufwandserfassung

Will man Aufwendungen als Betriebsausgaben qualifizieren, dann müssen diese durch den Betrieb veranlasst, also objektiv mit ihm in einem sachlichen Zusammenhang stehen und subjektiv für die betriebliche Zwecke gedacht sein.

Die Aufwendungen müssen ausschließlich bzw. ganz überwiegend einer betrieblichen Natur entsprechen. Ergibt die Prüfung, dass die Aufwendungen nicht oder nur in unbedeutendem Maße auf privaten, der Lebensführung des Steuerpflichtigen zuzurechnenden Umständen beruhen, sind sie als Betriebsausgaben anzuerkennen (BFH vom 27.02.1997, BFH/NV 1997, 569).

Bei der Frage, ob ein Wirtschaftsgut einer betrieblichen Veranlassung oder Funktion unterliegt, stellt die Rechtsprechung auf die tatsächliche Zweckbestimmung bzw. auf die Funktion des Wirtschaftsgutes im Einzelfall ab. Ist die tatsächliche Zweckbestimmung bzw. die Funktion eines Wirtschaftsgutes nicht nachprüfbar oder klar erkennbar, sind die Aufwendungen in vollem Umfang zu den Kosten der Lebensführung i.S.d. § 12 Nr. 1 EStG (Abzugsverbot) zu rechnen.

Ein Firmenbetreiber errichtet auf dem Betriebsgelände eine Schwimmhalle. Diese steht seinen Arbeitnehmern in ihrer Freizeit unentgeltlich zur Verfügung. Die Halle wird auch vom Unternehmer, seiner Familie und zahlreichen Verwandten, Fremden und Bekannten gerne in Anspruch genommen.

Beispiel

Es handelt sich um nicht abzugsfähige Aufwendungen der privaten Lebensführung, die – mangels Nachprüfbarkeit bzw. klarer Erkennbarkeit – unter das Abzugsverbot des § 12 Nr. 1 EStG fallen. Der Gewerbetreibende darf die Herstellungskosten nicht im Wege der AfA (§ 7 EStG) wie Betriebsausgaben beanspruchen.

Zur Abgrenzung von Betriebsausgaben und § 12 EStG: R 117 EStR ff.

Dagegen ist es ohne Bedeutung, ob die Aufwendungen zweckmäßig, notwendig oder geeignet sind. Ein solcher Einwand würde das Finanzamt zum eigentlichen Leiter des Betriebes machen und die Unternehmerfreiheit des Betriebsinhabers einschränken. Es ist in ständiger Rechtsprechung anerkannt, dass ein Unternehmer in der Bestimmung, welche Aufwendungen er für seinen Betrieb tätigen will, grundsätzlich frei ist.

Eine Einschränkung kann sich wohl ergeben, wenn die die Lebensführung des Unternehmers oder anderen Personen betreffenden Aufwendungen nach § 4 Abs. 5 S. 1 Nr. 7 EStG als *unangemessen* anzusehen sind. In diesem Fall greift ein Abzugsverbot.

1.14.5.3 Vorweggenommene Betriebsausgaben

Vor einer Betriebseröffnung fallen regelmäßig Aufwendungen an, bei denen gründungshalber eine betriebliche Veranlassung gegeben sein kann. Diese Aufwendungen werden als vorweggenommene Betriebsausgaben bezeichnet.

Beispiele

Planungs-, Finanzierungs-, Reisekosten u.v.a.

Scheitert die beabsichtigte Betriebseröffnung, z.B. weil der Vermieter des Gewerberaums plötzlich vom Mietvertrag zurücktritt, bleiben die bis dahin aufgelaufenen Gründungskosten einschließlich eventueller Abwicklungskosten Betriebsausgaben.

1.14.5.4 Nachträgliche Betriebsausgaben

Bei einer Betriebseinstellung gelten die Ausführungen zu den vorweggenommenen Betriebsausgaben entsprechend. Auch nach Aufgabe bzw. Veräußerung des Betriebs können Betriebsausgaben in der Abwicklungsphase bis zur Vollbeendigung anfallen. Wie sich aus der Vorschrift des § 24 Nr. 2 EStG ableiten lässt, hält der Gesetzgeber auch für die Zeit nach der endgültigen Betriebseinstellung einen nachträglichen Betriebsausgabenabzug für möglich und zulässig. Die Aufwendungen müssen allerdings ihre Veranlassung in der ehemaligen gewerblichen Betätigung finden. In Betracht kommende Aufwendungen sind insbesondere Zinszahlungen für betriebliche Verbindlichkeiten, die trotz Verwertung des Aktivvermögens nicht getilgt werden konnten. Der Abzug von Schuldzinsen nach Betriebsaufgabe ist nicht zulässig, wenn die Überschuldung auf Entnahmen beruht, die zwischen der Betriebsaufgabe und der Vollbeendigung des Gewerbetriebs getätigt worden sind. Sie wird unterbrochen, wenn es der Steuerpflichtige unterlässt, die vorhandenen Wirtschaftsgüter des Aktivvermögens zur Tilgung der betrieblichen Schulden einzusetzen. Die Rechtsauffassung ist durch den Gedanken geprägt, dass bei der Beendigung einer gewerblichen Tätigkeit die Schuldentilgung Vorrang vor einer privaten Bedürfnisbefriedigung haben muss.

Merke

Bei der Veräußerung oder Aufgabe eines ganzen Gewerbebetriebs (oder Teilbetriebs) nach § 16 Abs. 1 Nr. 1 und Abs. 3 S. 1 EStG können Schuldzinsen für betrieblich veranlasste, zurückbehaltene Verbindlichkeiten insoweit nachträgliche Betriebsausgaben (§ 24 Nr. 2 EStG) darstellen, als diese nicht auf Verbindlichkeiten entfallen, die durch den Veräußerungserlös und die Verwertung von zurückbehaltenen Wirtschaftsgütern bzw. die Verwertung des Aktivvermögens abgedeckt werden konnten.

1.14.5.5 Nicht abzugsfähige Ausgaben i.S.d. § 12 EStG

Allen Aufwendungen ist zur Prüfung der Betriebsausgabeneigenschaft die betriebliche Veranlassung gemein (§ 4 Abs. 4 EStG). Dies trifft nicht zu bei den nach § 12 EStG nicht abzugsfähigen Ausgaben, also insbesondere die Aufwendungen für die Lebensführung sowie für Personensteuern und für die Umsatzsteuer für Umsätze, die Entnahmen sind.

Wird die betriebliche Veranlassung verneint, dann liegen keine Betriebsausgaben, sondern Entnahmen vor (bei der Einnahme-Überschussermittlung nach § 4 Abs. 3 EStG private Ausgaben).

Eine Sonderstellung nimmt die Vorschrift des § 4 Abs. 5 EStG ein, die gesetzlich geregelte Aufwendungen enthält, die nicht, bzw. nicht vollständig, den Gewinn des Steuerpflichtigen mindern dürfen. Allerdings ist noch vor Anwendung des § 4 Abs. 5 EStG die Anwendbarkeit des § 12 EStG zu prüfen, ob nicht ohnehin ein generelles Abzugsverbot besteht. Zu § 4 Abs. 5 EStG folgen noch weitere ausführliche Aussagen.

1.14.5.6 Die Angabe des Empfängers einer Betriebsausgabe

* „Des einen Ausgabe ist des anderen Einnahme." Dieser Grundsatz gilt seit Menschengedenken

Bei Betriebsausgaben kann das Finanzamt die Benennung der Gläubiger oder Empfänger durch den Steuerpflichtigen, der die Betriebsausgabe leistet, verlangen (§ 160 AO). Der Betriebsausgabenabzug kann regelmäßig versagt werden, soweit der Steuerpflichtige die vom Finanzamt verlangten Angaben unterlässt. Die Auskunftsbefugnis der Behörde besteht allgemein, die erhobenen Auskünfte sind dabei durch das Steuergeheimnis streng geschützt (§ 30 AO).

Das Finanzamt wird von einer Auskunft beim leistenden Steuerpflichtigen nur dann Gebrauch machen, wenn ein begründbarer Anlass zu der Annahme besteht, dass der Empfänger die vereinnahmten Beträge nicht versteuern wird. Dieser Verdacht wird durch den Umstand erhärtet, wenn der Empfänger beim Finanzamt steuerlich überhaupt nicht erfasst ist. Eine ausnahmslose Anwendung des § 160 AO ist nicht gesetzeskonform. Es muss vielmehr unter Beachtung der §§ 90 ff., 200 AO (Mitwirkungspflicht) im Einzelfall geprüft werden, ob die Anwendung der Vorschrift zu dem von ihm erstrebten Zweck führt und sich im Rahmen des Zumutbaren hält.

Die Gewinn- und Verlustrechnung des bilanzierenden Architekten „Hans Habicht" weist „Honorare für freie Mitarbeit" in einer Gesamthöhe von 120.000,00 DM aus. Nach § 160 AO ist das Finanzamt berechtigt, bei

Beispiel

Habicht eine Aufstellung mit Namen und Anschriften der Honorarempfänger zu verlangen. Reagiert Habicht hierauf nicht innerhalb angemessener Frist, kann das Finanzamt den Gewinn durch Streichung des Aufwandspostens um 120.000,00 DM erhöhen.

Anhand der erhaltenen Aufstellung wird das Finanzamt bei höheren Einzelhonoraren Kontrollmitteilungen an die Wohnsitzfinanzämter der Honorarempfänger versenden, damit dort die Versteuerung dieser Einnahmen gesichert ist. Die Kontrollmitteilung ist als verwaltungsinterner Vorgang äußerst effektiv und sehr gefürchtet.

Problematischer verhält es sich, wenn dem Finanzamt anhand von Betriebsausgaben die Zahlung von Schmiergeldern bekannt wird. Nach § 40 AO ist es für das Besteuerungsverfahren grundsätzlich ohne Bedeutung, ob eine Zahlung gegen ein gesetzliches Verbot oder gegen die guten Sitten verstößt. Die Finanzämter sind angewiesen, bei solchen Sachverhalten den § 160 AO in jedem Fall anzuwenden.

Beispiel

Bauunternehmer Franz Windig besticht in unregelmäßigen Abständen den Bauoberamtsrat Willibald Untreu, der ihm daraufhin öffentliche Aufträge (Bauprojekte der öffentlichen Hand) zuschanzt. Untreu und Windig sind in der „Gastronomie mit überwiegend rötlichem Licht" gern gesehene Gäste. Untreu ist darüber hinaus der Spielsucht verfallen.

Für Wirtschaftsjahre, die nach dem 31.12.1998 beginnen, gilt hinsichtlich von Schmier- und Bestechungsgeldern ein strenges Abzugsverbot gemäß § 4 Abs. 5 S. 1 Nr. 10 EStG n.F. Dieses Abzugsverbot greift bereits dann, wenn die Gewährung der Zuwendung eine rechtswidrige Tat i.S.d. § 11 Abs. 1 Nr. 5 StGB darstellt. Auf ein Verschulden kommt es nicht an. Siehe § 52 Abs. 12 EStG zur erstmaligen Anwendung.

Nach § 4 Abs. 5 S. 1 Nr. 10 EStG a.F. konnten Schmier- und Bestechungsgelder in vor dem 01.01.1999 beginnenden Wirtschaftsjahr grundsätzlich als Betriebsausgaben – unter den Voraussetzungen des § 160 AO – abgezogen werden. Dies galt nur dann nicht, wenn der Zuwendende oder der Empfänger wegen dieser Zuwendung rechtskräftig bestraft oder eine Geldbuße gegen ihn verhängt worden war.

1.14.6 Nichtabzugsfähige Betriebsausgaben

Der Gesetzgeber unterscheidet zwischen abzugsfähigen Betriebsausgaben und Betriebsausgaben, die den Gewinn nicht mindern dürfen.

Soweit Betriebsausgaben den Gewinn nicht mindern dürfen, werden sie zwar (in der Buchhaltung) als Betriebsausgaben behandelt, sind aber außerhalb der Bilanz dem Betriebsergebnis wieder hinzuzurechnen. Dem so genannten Verbot der Gewinnminderung steht das Verbot der Verlusterhöhung gleich. Die nicht abzugsfähigen Betriebsausgaben sind im § 4 Abs. 5 EStG gesetzlich geregelt.

Betriebsausgaben, die den Gewinn nicht mindern dürfen, sind:

- § 4 Abs. 5 S. 1 Nr. 1 EStG; R 21 Abs. 2 bis 4 und H 21 Abs. 2 bis 4 EStR

Aufwendungen für Geschenke an Personen, die nicht Arbeitnehmer des Steuerpflichtigen sind. Die Vorschrift wird anwendbar, wenn ein Geschenk die Bagatellgrenze von 75,00 DM übersteigt. Geringwertige Geschenke, z.B. ein Buch, Kugelschreiber oder Taschenkalender, dürfen als Betriebsausgabe behandelt werden.

- § 4 Abs. 5 S. 1 Nr. 2 EStG; R 21 Abs. 5 bis 9 und H 21 Abs. 5 bis 9 EStR

Aufwendungen für die Bewirtung von Personen aus geschäftlichem Anlass, soweit sie 80 v.H. der Aufwendungen übersteigen, die nach der allgemeinen Verkehrsauffassung als angemessen anzusehen und deren Höhe und betriebliche Veranlassung nachgewiesen sind. Der Gesetzgeber fordert aus gutem Grund einen strengen Nachweis. Findet eine geschäftlich begründbare Bewirtung außerhalb einer Gaststätte, z.B. in den Räumen der Firma, statt, sind folgende schriftliche Angaben erforderlich:

Ort, Tag, Teilnehmer und Anlass der Bewirtung sowie Höhe der Aufwendungen.

Bei einer Bewirtung *innerhalb* einer Gaststätte genügen:

- Angaben zu dem Anlass und den Teilnehmern der Bewirtung sowie die Rechnung über die Bewirtung

Bewirtungsaufwendungen beider Fallgruppen werden ausschließlich nur mit 80 v.H. der Aufwendungen als Betriebsausgaben anerkannt, wenn sie der Form genügen. Sind die Angaben lückenhaft, so können die Aufwendungen auch dann nicht abgezogen werden, wenn der Steuerpflichtige ihre Höhe und betriebliche Veranlassung in einer anderen Weise nachweist oder glaubhaft macht (BFH 1986 II, 488).

- § 4 Abs. 5 S. 1 Nr. 3 EStG; R 21 Abs. 10, 11 und H 21 Abs. 10, 11 EStR

Aufwendungen für Einrichtungen des Steuerpflichtigen, soweit sie der Bewirtung, Beherbergung oder Unterhaltung von Personen, die nicht Arbeitnehmer des Steuerpflichtigen sind, dienen (Gästehäuser) und sich außerhalb des Orts eines Betriebs des Steuerpflichtigen befinden.

Aufwendungen für Gästehäuser *am Ort* des Betriebs oder für die Unterbringung von Geschäftsfreunden *in fremden* Beherbergungsbetrieben dürfen, soweit sie ihrer Höhe nach angemessen sind, als Betriebsausgaben abgezogen werden. Als Betrieb in diesem Sinne gelten auch Zweigniederlassungen und Betriebsstätten (§ 12 AO), die mit einer gewissen Selbständigkeit ausgestattet sind und üblicherweise von Geschäftsfreunden besucht werden.

Zu den nicht abzugsfähigen Aufwendungen für Gästehäuser gehören sämtliche mit dem Gästehaus im Zusammenhang stehende Ausgaben. Hierin eingeschlossen ist auch die Gebäude-AfA (§ 7 EStG).

Beispiel	Eine Firma unterhält auf eigenem Gelände ein Gästehaus, das der Unterbringung von ausländischen Geschäftsfreunden dient.

Die Aufwendungen, z.B. Grundsteuer, Erhaltungsaufwand sowie die Gebäude-AfA, können in vollem Umfang als Betriebsausgaben abgezogen werden.

Abwandlung	Das Gästehaus befindet sich in einer zehn km entfernten Nachbargemeinde und gehört dem Betrieb.

Die Aufwendungen einschließlich der Gebäude-AfA dürfen gemäß § 4 Abs. 5 S. 1 Nr. 3 EStG den Gewinn nicht mindern und sind außerhalb der Bilanz hinzuzurechnen.

Abwandlung	Die Firma bringt ihre Geschäftsfreunde in einem ihr nicht gehörenden, eigenständigen Gästehaus unter. Die Aufwendungen stellen in vollem Umfang Betriebsausgaben dar. Allerdings ist auf die Angemessenheit derartiger Aufwendungen zu achten; vgl. H 21 Abs. 12 EStR.

In diesem Zusammenhang ist BFH 1997 II, 539 interessant:

Aufwendungen des Arbeitgebers für seinen Arbeitnehmern unentgeltlich zur Verfügung gestellte Ferienhäuser sind unbegrenzt als Betriebsausgaben abziehbar, und zwar auch dann, wenn die Ferienhäuser im Ausland belegen sind.

Ein mittelständisches Unternehmen der Maschinenbaubranche besitzt in einem 80 km entfernten Luftkurort ein Ferienhaus. Sowohl die Familie des Firmeninhabers aber auch Arbeitnehmer halten sich zu Erholungszwecken bis zu zwei Wochen im Kalenderjahr dort unentgeltlich auf.

Beispiel

Die Aufwendungen sind einschließlich der AfA als Betriebsausgaben abziehbar, soweit sich dieser Posten auf die Überlassung des Ferienhauses bezieht. Die Kosten (einschließlich AfA), die sich auf den Aufenthalt des Firmeneigners einschließlich seiner Familie erstrecken, fallen unter das Abzugsverbot des § 12 Nr. 1 EStG und stellen mangels betrieblicher Veranlassung keine Betriebsausgaben dar.

- § 4 Abs. 5 S. 1 Nr. 4 EStG

Aufwendungen für Jagd oder Fischerei, für Segelyachten oder Motoryachten sowie für ähnliche Zwecke und für die hiermit zusammenhängenden Bewirtungen dürfen den Gewinn nicht mindern. Auch Aufwendungen zugunsten von Arbeitnehmern des Steuerpflichtigen bleiben vom Gewinnminderungsverbot nicht verschont. Unangemessener Repräsentationsaufwand leitender Angestellter, die Geschäftsfreunde des Steuerpflichtigen zu Jagden u.ä. einladen, soll nicht zu Lasten des Gewinns und somit zu Lasten der Allgemeinheit gehen. Aufwendungen für soziale Einrichtungen sollen jedoch keiner Abzugsbeschränkung unterliegen.

Die Aufwendungen anlässlich Bewirtung von Geschäftsfreunden, für Gästehäuser sowie für Jagd, Fischerei, Segel- oder Motoryachten und ähnliche Zwecke können jedoch als Betriebsausgaben abgezogen werden, wenn sie Gegenstand einer mit Gewinnabsicht ausgeübten Tätigkeit des Steuerpflichtigen sind; vgl. § 4 Abs. 5 S. 2 EStG. Einschränkung: § 12 Nr. 1 EStG.

Beachten

Fallen derartige Aufwendungen im Rahmen eines Gewerbebetriebs an, können Betriebsausgaben vorliegen, sofern es sich nicht um einen so genannten Liebhabereibetrieb handelt, der nicht mit Gewinnerzielungsabsicht funktioniert.

- § 4 Abs. 5 S. 1 Nr. 5 EStG

Mehraufwendungen für Verpflegung dürfen grundsätzlich den Gewinn nicht mindern. Die Vorschrift des § 4 Abs. 5 S. 1 Nr. 5 EStG enthält aber Bestimmungen, nach denen ein Steuerpflichtiger mit Gewinneinkünften solche Aufwendungen als Betriebsausgaben behandeln kann. Nach Satz 2 ist ein pauschaler Betriebsausgabenabzug wie folgt möglich:

Wird der Steuerpflichtige vorübergehend von seiner Wohnung und dem Mittelpunkt seiner dauerhaft angelegten betrieblichen Tätigkeit entfernt betrieblich tätig, ist für jeden Kalendertag, an dem der Steuerpflichtige wegen dieser vorübergehenden Tätigkeit von seiner Wohnung und seinem Tätigkeitsmittelpunkt

a   24 Stunden abwesend ist, ein Pauschbetrag von 46,00 DM

b   weniger als 24 Stunden, aber mindestens 14 Stunden abwesend ist, ein Pauschbetrag von 20,00 DM

c   weniger als 14 Stunden, aber mindestens 8 Stunden abwesend ist, ein Pauschbetrag von 10,00 DM

abzuziehen.

Einzelheiten regelt der Gesetzestext sowie R 23 EStR:

- Tätigkeitsbeginn nach 16.00 Uhr, Ende vor 8.00 Uhr
- ständig wechselnde Tätigkeitsstellen
- Tätigkeit auf einem Fahrzeug
- Tätigkeit im Ausland
- Dreimonatsfrist, doppelte Haushaltsführung

- § 4 Abs. 5 Nr. 6 EStG; R 23, H 23 EStR (mit Beispielen)

Rechtslage bis zum 31.12.2000:

Entstehen dem Betriebsinhaber monatliche Kosten für Fahrten zwischen Wohnung und Betrieb, werden bei Inanspruchnahme der 1 %-Regelung zur Ermittlung des privaten (nicht als Betriebsausgabe abzugsfähigen) Kfz-Nutzungsanteils 0,03 % des inländischen Bruttolistenpreises (§ 6 Abs. 1 Nr. 4 S. 2 EStG) für jeden Entfernungskilometer angesetzt. Unabhängig davon ist die Anzahl der gefahrenen Tage und ob es sich um ein Neu- bzw. Gebrauchtfahrzeug handelt. Die so ermittelten Aufwendungen dürfen den Gewinn nicht mindern, soweit sie den Pauschbetrag des § 9 Abs. 1 S. 3 Nr. 4 EStG in Höhe von 0,70 DM je Entfernungskilometer und Arbeitstag, d.h. 0,35 DM je Kilometer-Fahrleistung, oder den sich nach § 9 Abs. 2 EStG ergebenen Betrag überschreiten.

Alternativ kann der Nachweis abweichend von der 1 %-Regelung auch anhand eines ordnungsgemäßen Fahrtenbuches (§ 6 Abs. 1 Nr. 4 S. 3 EStG) nachgewiesen werden. Dies schließt das Sammeln von Belegen ein.

Beispiel   Ein Firmeninhaber nutzt ein betriebseigenes Fahrzeug an 252 Tagen im Jahr (21 Tage pro Monat) für Fahrten zwischen Wohnung und Betrieb. Die Entfernung beträgt 14 km. Der Listenpreis des Fahrzeuges inklusive Umsatzsteuer lautet 69.000,00 DM. Hierin enthalten sind auch die Kosten für die Sonderausstattung.

Die Anzahl der Fahrtage hat der Inhaber durch Listen nachgewiesen. Die echten Aufwendungen für den gefahrenen Kilometer betragen 1,05 DM.

Die folgenden Berechnungen dienen der Darstellung, aber auch dem Vergleich zwischen beiden Methoden, deren Günstigerprüfung zu den Aufgaben einer steuerlichen Beratung gehören:

	Pro Monat je Entfernungs-Km DM	DM	Pro Monat je Entfernungs-Km DM	DM	Pro Jahr je Entfernungs-Km DM	DM
	1 km		14 km		14 km/12 Monate	
Tatsächlich entstehende Fahrtkosten 2 Fahrten/Tag x 1,05 x 21 Tage		44,10		617,40		7.408,80
1. Listenpreisregelung nicht abziehbare Betriebsausgaben: 0,03 % des Listenpreises als Ausgangsgröße für die Kosten der Fahrten zwischen Wohnung und Betrieb 0,03 % x 69.000,00 DM	20,70		289,80		3.477,60	
./. Pauschbetrag § 9 Abs. 1 S. 3 Nr. 4 EStG 0,70 DM/km x 21 Tage	./.14,70	6,00	./. 205,80	84,00	./. 2.469,60	1.008,00
Abzugsfähige Betriebsausgaben		38,10		533,40		6.400,80
2. Fahrtenbuch (Belegnachweis) nicht abziehbare Betriebsausgaben: 2 Fahrten/Tag x 1,05 DM x 21 Tage	44,10		617,40		7.408,80	
./. Pauschbetrag § 9 Abs. 1 S. 3 Nr. 4 EStG	./.14,70	29,40	./. 205,80	411,60	./. 2.469,60	4.939,20
Abzugsfähige Betriebsausgaben		14,70		205,80		2.469,60

Anmerkungen:
Führt der Ansatz des Km-Pauschbetrages zu höheren Aufwendungen als der auf der Basis von 0,03 % des Listenpreises errechnete Wert, liegen keine nicht abziehbaren Aufwendungen vor; der übersteigende Betrag kann nicht als Betriebsausgabe abgezogen werden. Bei diesem Berechnungsverfahren werden die tatsächlichen Kosten je Monat im Schätzungswege ermittelt. Das Gesetz fordert, dass die abziehbaren Aufwendungen pro einzelne Fahrt zu errechnen sind. Die Schätzung erweist sich regelmäßig als vorteilhaft, weil der ermittelte Wert nicht die tatsächlichen Kosten erreicht.

Abwandlung des Beispiels:

Der Firmeninhaber unterhält neben der eigentlichen Betriebsstätte, die 14 km von seiner Wohnung entfernt liegt, eine zweite Filiale in 30 km Entfernung und eine weitere Filiale in 110 km Entfernung. Der Inhaber fährt mit seinem Firmenwagen an 14 Tagen pro Monat (168 Tage im Jahr) zum Hauptsitz, zur zweiten Filiale an 4 Tagen pro Monat (48 Tage im Jahr) und zur dritten Filiale an 3 Tagen pro Monat (36 Tage im Jahr). Die nicht abzugsfähigen Betriebsausgaben ermitteln sich wie folgt:

	Pro Monat je Entfernungskilometer		Pro Monat bei 14/30/110 km Entfernung		Pro Jahr bei14/30/110 km Entfernung	
	DM	DM	DM	DM	DM	DM
0,03 % x 69.000,00 DM ./. Pauschbetrag gem. § 9 Abs. 1 S. 3 Nr. 4 EStG 0,70 DM/km x 14 Fahrten	20,70 -9,80	10,90	289,80 - 137,20	152,60	3.477,60 - 1.646,40	1.831,20
0,002 % x 69.000,00 DM x 4 Fahrten ./. 0,70 DM/km x 4 Fahrten	5,52 - 2,80	2,72	165,60 - 84,00	81,60	1.987,20 - 1.008,00	979,20
0,002 % x 69.000,00 DM x 3 Fahrten ./. 0,70 DM/km x 3 Fahrten	4,14 - 2,10	2,04	455,40 - 231,00	224,40	5.464,80 - 2.772,00	2.692,80
nicht abziehbare Betriebsausgaben		15,66		458,60		5.503,20

Rechtslage ab 01.01.2001:

Die Vorschrift des § 4 Abs. 5 S. 1 Nr. 6 EStG wurde durch Gesetz vom 21.12.2000 (BGBl. I, S. 1918) neu gefasst.

Zur Abgeltung der Aufwendungen für die Wege des Steuerpflichtigen – vormals Fahrten – zwischen Wohnung und Betriebsstätte und für Familienheimfahrten sind die Vorschriften des *§ 9 Abs. 1 S. 3 Nr. 4* und 5 S. 1 bis 6 und Abs. 2 EStG entsprechend anzuwenden.

Für die ab dem 01.01.2001 eingetretene neue Rechtslage (Entfernungspauschale) ist der zuvor dargestellte Vergleich zwischen dem Listenpreisverfahren und der Fahrtenbuchmethode nach wie vor aktuell.

Die H 23 EStR in der Fassung vom März 2001 führen u.a. ein Berechnungsbeispiel hinsichtlich der Nutzung betrieblicher Kraftfahrzeuge zu Fahrten zwischen Wohnung und Betriebsstätte oder zu Familienheimfahrten an. Dieses nachfolgend wiedergegebene Beispiel verhält sich im Zusammenhang mit der Entfernungspauschale m.E. *systemwidrig*. Die Erhöhung von 70 Pfennig auf 80 Pfennig für die den ersten 10 km folgenden Kilometern bleibt in der amtlichen Richtlinie unerwähnt; die Vorschrift des § 9 Abs. 1 S. 3 Nr. 4 EStG (= Entfernungspauschale) soll aber entsprechende Anwendung finden; vgl. § 4 Abs. 5 S. 1 Nr. 6 S. 2 EStG.

Ein Unternehmer nutzt sein betriebliches Kraftfahrzeug mit einem inländischen Listenpreis in Höhe von 80.000,00 DM an 20 Tagen im Monat für Fahrten zwischen Wohnung und Betriebsstätte. Die einfache Entfernung beträgt 18 km.

Inländischer Listenpreis		80.000,00 DM
Nicht als BA abziehbarer Teil der Fahrten:		
0,03 % von 80.000,00 DM je Kalendermonat je Entfernungskilometer	=	24,00 DM
./. *Km-Pauschbetrag 0,70 DM* x 20 Tage je Entfernungs-km	=	14,00 DM
		10,00 DM

Hinzurechnung je Kalendermonat   10,00 DM x 18 km = 180,00 DM

Siehe zu Auslegungs- und Zweifelsfragen auch BMF vom 12.05.1997 (BStBl. I, S. 562).

Familienheimfahrten i.R. einer betrieblich veranlassten doppelten Haushaltsführung:

Der Bereich der nicht abziehbaren Betriebsausgaben berührt insbesondere auch die Familienheimfahrten, sofern sich der Unternehmer aus betrieblichen Gründen an einem anderen Ort aufhält und am Ort des Tätigwerdens eine Bleibe nimmt (doppelte Haushaltsführung).

Die Familienheimfahrt hat Einzug in das Steuerrecht genommen, obwohl sie eigentlich nicht betrieblich oder beruflich veranlasst ist, die doppelte Haushaltsführung hingegen wohl. Es ist ausschließlich dieser betrieblichen Veranlassung zu verdanken, dass die üblicherweise zu den Lebenshaltungsaufwendungen (§ 12 EStG) zählenden Kosten, z.B. für Miete, als Betriebsausgaben abgezogen werden dürfen.

Solche Familienheimfahrten sind pauschal mit 0,002 v.H. des Listenpreises nach § 6 Abs. 1 Nr. 4 S. 2 EStG für die einzelne Familienheimfahrt pro Entfernungs-Km als Ausgangsgröße anzusehen. Dies gilt, wenn der Steuerpflichtige nicht die tatsächlichen Kfz-Aufwendungen belegmäßig nachweist und ein ordnungsgemäßes Fahrtenbuch führt.

Soweit sich durch Ansatz der Pauschale (0,002 vom Listenpreis) die sich ergebenden Kosten durch Ansatz des Km-Pauschbetrages (§ 9 Abs. 1 S. 3 Nr. 5 S. 4, 5 EStG) oder die tatsächlichen Aufwendungen (§ 9 Abs. 2 EStG) ein höherer Betrag ergibt, ist eine Hinzurechnung als nicht abziehbare Ausgabe bei der Gewinnermittlung vorzunehmen. Diese Hinzurechnung ist bei einem Listenpreis bis zu 40.000,00 DM entbehrlich, da der

Pauschalwertansatz (0,002) bis hierhin dem Pauschbetrag in Höhe von 0,80 DM entspricht.

Führt ein Kaufmann ein ordnungsgemäßes Fahrtenbuch mit entsprechendem Belegnachweis, sind für die Familienheimfahrten die tatsächlich entstandenen Aufwendungen als Betriebsausgaben zu berücksichtigen.

Beispiel

Ein Firmeninhaber hat jährlich 30 Familienheimfahrten mit seinem Betriebs-Pkw. Die Entfernung vom Betriebsort zum Familienwohnsitz beträgt 250 km. Das Fahrzeug hat einen Bruttolistenpreis von 50.000,00 DM. Die nicht abziehbaren Betriebsausgaben sind wie folgt zu ermitteln:

	DM je Fahrt	DM für 30 Fahrten
0,002 % des inländischen Listenpreises von 50.000,00 DM; geschätzte Aufwendungen für die einzelne Familienheimfahrt 1,00 DM x 250 km; geschätzte tatsächliche Aufwendungen für 30 Fahrten 250,00 DM x 30 Fahrten	1,00 250,00	 7.500,00
abziehbare Kosten beim Ansatz des Kilometerpauschbetrags je Fahrt 250 km x 0,80 DM/km abziehbare Kosten bei Ansatz des Kilometerpauschbetrags bei 30 Fahrten 200,00 DM x 30 Fahrten	 200,00	 6.000,00
nicht abziehbare Kosten	50,00	1.500,00

Zusammenfassend lassen sich die v.H.-Sätze des § 4 Abs. 5 S. 1 Nr. 6 EStG bei Nutzung eines Firmenwagens in Abhängigkeit vom Anlass der Fahrt wie folgt zusammenstellen:

Anlass für die Fahrt	v.H.-Satz	pro Kalendermonat	pro Entfernungs-Km	pro gefahrenen km
Privatfahrt	1 %	X		
Fahrt zwischen Wohnung und Betriebsstätte/Fahrt zwischen Wohnung und Arbeitsstätte mit einem dem Arbeitnehmer vom Arbeitgeber zur Verfügung gestellten Pkw	0,03 %	X	X	
Familienheimfahrt eines Unternehmers	0,002 % = 0,001 %		X	X
Familienheimfahrt eines Arbeitnehmers mit dem gestellten Kfz	geldwerter Vorteil bleibt außer Ansatz für die erste Familienheimfahrt wöchentlich; bei mehr als einer Familienheimfahrt wöchentlich Behandlung wie beim Unternehmer			

Bestimmte Körperbehinderte (§ 9 Abs. 2 EStG) können bei Fahrten zwischen Wohnung und Betrieb *auf Antrag* die tatsächlichen Aufwendungen je gefahrenen Kilometer als Betriebsausgaben ansetzen.

Auch bei Familienheimfahrten können bestimmte Körperbehinderte die tatsächlichen Aufwendungen je gefahrenen Kilometer als Betriebsausgaben ansetzen (§§ 4 Abs. 5 S. 1 Nr. 6, 9 Abs. 1 S. 3 Nr. 5, Abs. 2 EStG). Sollte sich der Ansatz der 0,52 DM als vorteilhafter erweisen, darf vom Günstigerbetrag ausgegangen werden.

§ 4 Abs. 5 S. 1 Nr. 6 EStG neugefasst durch Gesetz vom 21.12.2000 (BGBL. I S. 1918).

- § 4 Abs. 5 S. 1 Nr. 6 a EStG

Erstreckt sich eine aus betrieblichem Anlass begründete doppelte Haushaltsführung auf einen Zeitraum von *mehr als zwei Jahren* am selben Ort, dürfen die Mehraufwendungen den Gewinn nicht mindern. Somit wurde die doppelte Haushaltsführung aus betrieblichem Anlass mit der Rechtslage für den Arbeitnehmer vereinheitlicht.

- § 4 Abs. 5 S. 1 Nr. 6 b EStG

Unter Einführung von einigen Ausnahmen und Höchstbetragsbeschränkungen sind Aufwendungen für ein häusliches Arbeitszimmer und dessen Ausstattung nicht als Betriebsausgaben zu berücksichtigen; es besteht ein Gewinnminderungsverbot. Die Finanzverwaltung hat Zweifelsfragen mit Schreiben vom 16.06.1998 (BStBl. I, 863) zu bereinigen versucht.

Kosten für ein häusliches Arbeitszimmer werden als Betriebsausgaben (oder Werbungskosten) unter folgenden Voraussetzungen bzw. Einschränkungen anerkannt (§ 4 Abs. 5 S. 1 Nr. 6 b EStG):

- Ein für die betriebliche oder berufliche Tätigkeit erforderlicher Arbeitsplatz steht nicht zur Verfügung

oder

- die Nutzung des Arbeitszimmers beträgt – zeitlich gesehen – mehr als 50 v.H. der gesamten beruflichen oder betrieblichen Tätigkeit

und

- der Kostenabzug beträgt höchstens 2.400,00 DM pro Jahr

Ausnahmen • Das Arbeitszimmer bildet den Mittelpunkt der gesamten betrieblichen oder beruflichen Tätigkeit. In diesem Fall sind die Aufwendungen in vollem Umfang als Betriebsausgaben (Werbungskosten) abziehbar; die Beschränkung auf 2.400,00 DM pro Jahr gilt hier nicht

• Von den Einschränkungen des § 4 Abs. 5 Nr. 6 b EStG sind auch die Aufwendungen für die Ausstattung des Arbeitszimmers betroffen. Zu den Aufwendungen, die unter die Begrenzung in Höhe von 2.400,00 DM oder unter das Abzugsverbot fallen, gehören insbesondere die anteiligen Aufwendungen für

  ▪ Miete
  ▪ Gebäude
  ▪ Schuldzinsen
  ▪ Wasser- und Energiekosten
  ▪ Reinigungskosten
  ▪ Grundsteuer, Müllabfuhrgebühren, Schornsteinfegergebühren Gebäudeversicherungen

  ▪ Allgemeine Ausstattung, z.B. Tapeten, Teppiche, Fenstervorhänge, Gardinen und Lampen

Nicht zur Ausstattung gehören nach Auffassung des BFH (BStBl. 1998 II, 351):

• Arbeitsmittel

1.14.6.1 Begriff des Arbeitsmittels

Unter dem Begriff des Arbeitsmittels fallen Aufwendungen für Gebrauchsgegenstände, die ein Nutzender zur Erfüllung seiner Tätigkeit benötigt und anschafft.

Beispiele Fachliteratur, Werkzeuge, Schreibmittel, PC. Das Klavier eines Klavierlehrers kann ebenfalls ein Arbeitsmittel sein.

Negativ Ein allgemeines Nachschlagewerk bei einem Lehrer (Duden, Lexikon) ist kein Arbeitsmittel.

Beachten Betragen die Anschaffungs- oder Herstellungskosten eines Arbeitsmittels mehr als 800,00 DM (ohne MwSt.) und erstreckt sich die Nutzung erfahrungsgemäß über einen Zeitraum von mehr als einem Jahr, wird nur der entsprechend der Gesamtnutzungsdauer auf ein Kalenderjahr entfallende Teil der AK/HK berücksichtigt (AfA). Für das Jahr der Anschaffung/Herstellung kann der volle Jahresbetrag der AfA geltend gemacht werden, sofern die Anschaffung/Herstellung in der ersten Jahreshälfte erfolgt, und der hälftige Jahresbetrag, wenn die Anschaffung/Herstellung im zweiten Halbjahr erfolgt (beachte: R 44 Abs. 2 S. 3 EStR).

AK/HK von nicht mehr als 800,00 DM (ohne MwSt.) können im Jahr der Verausgabung in voller Höhe abgesetzt werden. Das gilt auch bei eine mehrjährigen Nutzungsdauer (beachte: § 6 Abs. 2 EStG, R 40, H 40 EStR). AfA aufgrund von außergewöhnlicher technischer oder wirtschaftlicher Abnutzungen sind möglich.

TZ 2 des Arbeitszimmererlasses stellt klar:

Unter die Regelungen des § 4 Abs. 5 Satz 1 Nr. 6 b und § 9 Abs. 5 EStG fällt die Nutzung eines häuslichen Arbeitszimmers zur Erzielung von Einkünften sämtlicher Einkunftsarten, also auch z.B. i.R. von Einkünften aus Vermietung und Verpachtung, von Kapitaleinkünften oder von sonstigen Einkünften; §§ 20, 21, 22 EStG.

1.14.6.2 § 4 Abs. 5 S. 1 Nr. 7 EStG; Unangemessen hohe Aufwendungen, die die Lebensführung des Steuerpflichtigen berühren

Unter die Vorschrift des § 4 Abs. 5 S. 1 Nr. 7 EStG fallen andere, als die in den Nrn. 1 bis 6 und 6 b genannte Aufwendungen, die die Lebensführung des Steuerpflichtigen oder anderer Personen berühren, soweit sie nach allgemeiner Verkehrsauffassung als unangemessen anzusehen sind. Diese durch den Gesetzgeber ausdrücklich ausgesprochene fiskalische Denkweise unterstützt die Finanzverwaltung ausnahmsweise in dem Gedanken, die Angemessenheit von Aufwendungen zu prüfen. Somit handelt es sich um eine Ausnahme vom Grundsatz, wonach Angemessenheit, Notwendigkeit, Zweckmäßigkeit und Üblichkeit von Aufwendungen keine Versagungsgründe für den Betriebsausgabenabzug darstellen dürfen.

Wesen der Vorschrift:

Betreffen Aufwendungen ausschließlich die Lebensführung des Steuerpflichtigen, unterliegen diese einem Abzugsverbot nach § 12 Nr. 1 EStG. Dieses Abzugsverbot ist vorrangig, d.h. vor Anwendung des § 4 Abs. 5 EStG zu beachten, d.h. nur bei Verneinung des § 12 Nr. 1 EStG sind Betriebsausgaben hinsichtlich des § 4 Abs. 5 EStG zu beurteilen.

Die Nr. 7 nimmt eine Sonderstellung dahingehend ein, dass das dortige Abzugsverbot zwar ebenfalls Lebenshaltungskosten behandelt, diese jedoch lediglich die Lebensführung des Steuerpflichtigen nur berühren. Solche Aufwendungen sind aus der Gewinnermittlung regelmäßig auszuscheiden, als sie nach der allgemeinen Verkehrsanschauung unangemessen sind.

Fred Übermaß erzielt seit Jahren aus der Vermittlung von Versicherungs-verträgen Einnahmen aus Gewerbebetrieb (§ 15 EStG) von 100,00 bis 300,00 DM pro Jahr. In seiner Freizeit ist er ein begeisterter Hobbypilot. In seiner Einkommensteuererklärung setzt er die gesamten (hohen) Auf-wendungen der Fliegerei als Betriebsausgaben ab. Dem Finanzamt trägt er vor, seine eingeladenen Mitflieger seien nach Rundflügen mit ihm dem Abschluss von Lebensversicherungen geneigter, was die Steigerung sei-ner Provisionseinnahmen auf 500,00 DM pro Jahr eindeutig beweise. Nach § 4 Abs. 4 EStG stellen die Kosten der Fliegerei zweifelsfrei Auf-wendungen dar, die durch den Betrieb veranlasst sind. Der „Gewinn" ermittelt sich wie folgt:

Betriebseinnahmen	500,00 DM
./. Betriebsausgaben	33.000,00 DM
Verlust	32.500,00 DM

Die Rechtsprechung des BFH vertritt hierzu folgende Auffassung:

Der BFH stellt darauf ab, ob ein ordentlicher und gewissenhafter Kauf-mann angesichts der zu erwartenden Vorteile und Kosten die Aufwen-dungen ebenfalls auf sich genommen haben würde.

Bei Prüfung der Angemessenheit sind alle Umstände des Einzelfalls zu berücksichtigen. Neben der Größe der Unternehmung, der Höhe des zu erwartenden längerfristigen Umsatzes und Gewinns sind vor allem die Bedeutung des Repräsentationsaufwands für den Geschäftserfolg nach der Art der ausgeübten Tätigkeit und seine Üblichkeit in vergleichbaren Be-trieben als Beurteilungskriterien heranzuziehen. Eine Rolle spielt auch der Grad der Berührung der eigenen (privaten) Lebenssphäre des Steuer-pflichtigen, weil betrieblich veranlasste, nicht die Lebensführung betref-fende Aufwendungen, in voller Höhe als Betriebsausgaben abziehbar sind. Eine im Vordergrund stehende Motivation kann daher die Unange-messenheit begründen. Das Finanzamt hat zur Beurteilung des Steuerfalls Fred Übermaß zwei Möglichkeiten:

Es kann den Betriebsausgabenabzug unter Berufung auf § 4 Abs. 5 S. 1 Nr. 7 EStG nach dem Angemessenheitsprinzip verneinen.

Möglich ist auch, angesichts der Vorschrift des § 165 AO die Steuerfest-setzung mit dem Ziel einer Totalgewinnprüfung für vorläufig zu erklären, und zwar über einen Zeitraum von mehreren Jahren. Der an einem Aus-gleich des Verlustes mit anderen steuerpflichtigen Einkünften interessier-te Steuerpflichtige wäre allerdings schlecht beraten, wenn er sich auf die „Falle des Finanzamtes" nach Lage des Einzelfalls einlassen würde. Der Totalverlust nach fünf Jahren könnte etwa 162.500,00 DM betragen und durch Versicherungsprovisionen im Nebenerwerb niemals mehr eingeholt werden. Das Finanzamt wird „Liebhabereibetrieb" unterstellen und die vorangegangenen vier Veranlagungszeiträume kraft der Vorläufigkeit nach § 165 AO zu Ungunsten des Übermaß berichtigen sowie den Verlust des fünften Wirtschaftsjahres aberkennen.

1.14.6.3   Grundsätzliche (allgemeine) Abgrenzungskriterien zur Prüfung eines Liebhabereibetriebes:

Die Finanzverwaltung prüft zum einen die objektive Komponente, z.B., ob ein Steuerpflichtiger ständig negative Einkünfte erzielt. Betrachtet wird auch die subjektive Komponente, z.B., ob eine Hobby- bzw. Freizeitbeschäftigung vorliegt, oder ob der Steuerpflichtige das alleinige Ziel der Steuerersparnis verfolgt.

Einkünfteerzielungsabsicht/Liebhaberei

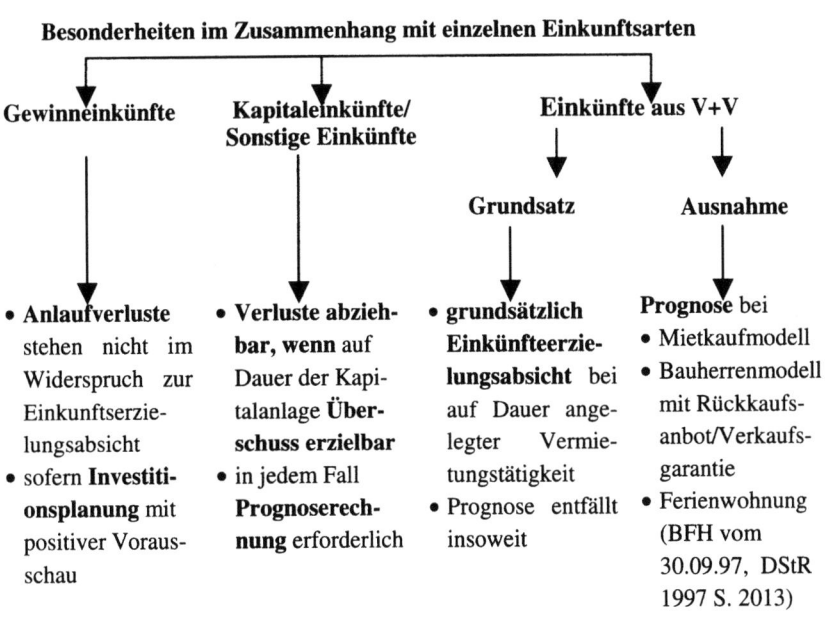

Besonderheiten im Zusammenhang mit einzelnen Einkunftsarten

Gewinneinkünfte	Kapitaleinkünfte/ Sonstige Einkünfte	Einkünfte aus V+V	
		Grundsatz	**Ausnahme**
• **Anlaufverluste** stehen nicht im Widerspruch zur Einkunftserzielungsabsicht	• **Verluste abziehbar, wenn** auf Dauer der Kapitalanlage **Überschuss erzielbar**	• **grundsätzlich Einkünfteerzielungsabsicht** bei auf Dauer angelegter Vermietungstätigkeit	**Prognose** bei • Mietkaufmodell • Bauherrenmodell mit Rückkaufsanbot/Verkaufsgarantie
• sofern **Investitionsplanung** mit positiver Vorausschau	• in jedem Fall **Prognoserechnung** erforderlich	• Prognose entfällt insoweit	• Ferienwohnung (BFH vom 30.09.97, DStR 1997 S. 2013)

1.14.6.4   Die Angemessenheit nach der
allgemeinen Verkehrsauffassung

Eine die private Lebenssphäre des Steuerpflichtigen nur berührende Betriebsausgabe i.S.d. § 4 Abs. 5 S. 1 Nr. 7 EStG bedeutet nach allgemeiner
Verkehrsauffassung, dass nicht die Auffassung einzelner Berufszweige
oder Wirtschaftskreise, sondern die Meinung breitester Bevölkerungskrei-
se herrschen soll.

Aufwendungen, bei denen die Angemessenheit zu beurteilen ist, sind vor
allem:

- Kosten der Übernachtung bei Geschäftsreisen
- Aufwendungen anlässlich der Unterhaltung und Beherbergung von
  Geschäftsfreunden, sofern nicht § 4 Abs. 5 Nr. 3 EStG anwendbar ist
- Personenkraftwagen, Flugzeuge
- Ausstattung von Geschäftsräumen, z.B. Chefzimmer und Sitzungs-
  räume; vgl. R 21 Abs. 12 EStR

Nicht hierunter fallen die Aufwendungen für die Bewirtung aus geschäftlichem Anlass; vgl. hierzu § 4 Abs. 5 S. 1 Nr. 2 EStG.

Zu den Aufwendungen i.S.d. § 4 Abs. 5 Nr. 7 EStG gehört auch die AfA.
Der Gesetzgeber verwendet den Begriff der Aufwendungen als Oberbegriff für Ausgaben und Aufwand. Er versteht hierunter alle Wertabflüsse,
die nicht Entnahmen darstellen.

1.14.6.4.1   Die Prüfung der Angemessenheit im Einzelfall

Die Prüfung, ob eine Betriebsausgabe angemessen ist oder nicht, ist stets
eine Einzelfallentscheidung. Die Steuerberatung neigt dazu, dem Drängen
des Mandanten nachzugeben und Aufwendungen als Betriebsausgaben zu
behandeln. Die gefestigte Rechtsprechung des BFH vertritt zu dem stritti-
gen Thema der Angemessenheit einer Betriebsausgabe seit Jahren folgende Auffassungen:

Die Aufwendungen sind auf ihre Angemessenheit nur zu prüfen, wenn
diese ins Gewicht fallen und die Grenze des Angemessenen erheblich
überschreiten.

Zur Verwaltungsmeinung vgl. H 21 Abs. 12 EStR.

Zu beachten ist, dass der Abzug einer unangemessenen hohen Aufwendung nur ausgeschlossen ist, soweit diese als unangemessen anzusehen
ist. Der Abzug eines im Einzelfall angemessenen Betrags bleibt weiterhin
zulässig. Letzteres hat Auswirkungen auf das Abschreibungsvolumen

eines Wirtschaftsgutes. Die herrschende Literaturmeinung vertritt hierzu folgende Auffassung:

Zunächst sind die AfA von den gesamten, also auch von den die unangemessenen Aufwandsteile umschließenden Anschaffungs- oder Herstellungskosten vorzunehmen. Die zu hoch eintretende Gewinnminderung (= unangemessener Anteil der AfA) ist *außerhalb der Bilanz* dem Ergebnis wieder hinzuzurechnen. Gleichlautendes gilt für die Teilwertabschreibung bei dauernder Wertminderung mit strengem Wertaufholungsgebot.

Bodo Schönling von Protz schafft für seine betrieblichen Zwecke (Unternehmensberatung) einen italienischen Sportwagen an, mit dem man in engeren Seitenstraßen „Fensterglas zum Vibrieren bringt". Die Anschaffungskosten des immer wieder gerne genommenen Fahrzeugs belaufen sich auf 350.000,00 DM. Dem Finanzamt gegenüber begründet von Protz den Ankauf damit, dass man bei potenzielleren Kunden mit einem Mittelklassewagen keinen Unternehmenserfolg dokumentiere. Die Aufwendungen sind daher in voller Höhe betrieblich veranlasst und im Wege der AfA über die betriebsgewöhnliche Nutzungsdauer von fünf Jahren zu verteilen.

Beispiel

Das Finanzamt vertritt mit Recht die Auffassung, dass der Sportwagenkauf auch die private Lebensführung berührt. Es ist stadtbekannt, dass er zu seinen spektakulären Auftritten in Spielbanken und zu Galas der „High-Society" eben mit diesem Sportwagen vorfahre.

Eine erhebliche private Mitveranlassung ist offenkundig, wenn auch die betriebliche Nutzung nicht verkannt werden darf. Das Finanzamt betrachtet i.S.v. § 4 Abs. 5 S. 1 Nr. 7 EStG und der allgemeinen Verkehrsauffassung einen Anschaffungswert von 250.000,00 DM als unangemessen und von 100.000,00 DM als angemessen. Damit ist dem Anspruch einer Repräsentation in ausreichendem Maße Rechnung getragen; im Übrigen darf ein übertriebenes Geltungsbedürfnis nicht auf Kosten der steuerzahlenden Allgemeinheit abgewälzt werden.

1.14.6.4.2 Behandlung in der Steuerbilanz

Der Sportwagen ist mit seinen gesamten Anschaffungskosten von 350.000,00 DM in das Betriebsvermögen einzulegen. Als Aufwendung i.S.v. § 4 Abs. 5 S. 1 Nr. 7 EStG ist die jeweilige AfA anzusetzen. Diese beträgt bei einer fünfjährigen Nutzungsdauer je 70.000,00 DM für ein volles Wirtschaftsjahr. Dabei wurde lediglich die Anwendbarkeit der linearen AfA unterstellt. Bei der Gewinnermittlung durch Betriebsvermögensvergleich (§§ 4 Abs. 1, 5 EStG) ist der unangemessene Teil der Aufwendung auszuscheiden. Dem Gewinn sind jährlich 50.000,00 DM au-

ßerhalb der Bilanz hinzuzurechnen, weil nur 20.000,00 DM AfA rechtmäßig den Gewinn mindern durften.

Für nach dem 31.12.2000 angeschaffte Fahrzeuge beträgt die Nutzungsdauer sechs Jahre (BMF vom 15.12.2000).

Bei der Veräußerung eines Wirtschaftsgutes, bei dem die Aufwendungen
nach § 4 Abs. 5 S. 1 Nr. 7 EStG als unangemessen anzusehen sind, ist
streitig, ob der Ermittlung eines Veräußerungsgewinns oder -verlustes die
vollen oder nur die um ihren unangemessenen Teil gekürzten AfA
zugrunde zu legen sind.

Die gleiche Problematik ergibt sich bei der Veräußerung von Wirtschaftsgütern, bei denen Aufwendungen in vollem Umfang ohne Angemessen-
heitsprüfung den Gewinn nicht mindern dürfen. Dies ist z.B. bei Gäste-
häusern und bei Segel- und Motoryachten, sowie bei deren Entnahmen,
der Fall.

Rechtsprechung, Verwaltung und der überwiegende Teil der Fachliteratur
wollen bei der Ermittlung eines Veräußerungsgewinns oder -verlustes als
Buchwert den Wert ansetzen, der sich unter Berücksichtigung der vollen
AfA, also auch soweit sie den Gewinn nicht mindern durfte, ergibt. Diese
Auffassung ist durchaus vertretbar, weil sie dem Gedanken der Unteilbar-
keit eines Wirtschaftsgutes Rechnung trägt. Zur Behandlung eines als
unangemessen anzusehenden Kraftfahrzeugs vgl. H 21 Abs. 12 EStR
„Kraftfahrzeug".

Fachübergreifender Hinweis:

Aufwendungen, die nach § 4 Abs. 5 S. 1 Nr. 1 bis 4, Nr. 7 und nach § 4
Abs. 7 EStG nicht als Betriebsausgaben abgezogen werden dürfen oder
für die nach § 12 Nr. 1 EStG ein Abzugsverbot herrscht, unterliegen dem
Vorsteuerabzugsverbot des § 15 Abs. 1 a Nr. 1 UStG.

Die Umsatzsteuer für Umsätze, die Entnahmen sind, ist gemäß § 12 Nr. 3
EStG nicht als Betriebsausgabe abzugsfähig. Sie ist zunächst als Aufwand
zu behandeln (buchen), aber außerhalb der Bilanz dem Ergebnis wieder
hinzuzurechnen.

1.14.6.5   § 4 Abs. 5 S. 1 Nr. 8 EStG; Geldbußen, Ordnungs- und Verwarnungsgelder

---

Geldbußen, Ordnungs- und Verwarnungsgelder dürfen nach dem Willen
des Gesetzgebers keine Gewinnminderung eintreten lassen. Eine Gewinnminderung soll dem Straf- und Ordnungscharakter nicht zuwiderlau-
fen und letztendlich nicht die Allgemeinheit für einen eingetretenen
Schaden haften lassen. Entsprechend hierzu darf eine Rückzahlung sol-

cher Gelder, z.B. aufgrund eines erfolgreichen Rechtsbehelfs keine Gewinnerhöhung verursachen (§ 4 Abs. 5 S. 1 Nr. 8 S. 3 EStG).

Das Abzugsverbot für Geldbußen gilt nicht, soweit der wirtschaftliche Vorteil, der durch den Gesetzesverstoß erlangt wurde, abgeschöpft worden ist, wenn die Steuern vom Einkommen und Ertrag, die auf den wirtschaftlichen Vorteil entfallen, nicht abgezogen worden sind; Satz 3 ist insoweit nicht anzuwenden (§ 4 Abs. 5 S. 1 Nr. 8 S. 4 EStG).

Die Dubiosa-GmbH hat dem Land Lügien, das von einem Herrn Knall-Affi angeführt wird, industrielle Anlagen geliefert, die sich zur Herstellung von Kampfgas eignen würden. Zolltechnisch wurden die Bauteile als „Gewerbliche Anlage zur Herstellung von Schädlingsbekämpfungsmitteln" deklariert. Der Schwindel flog auf. Ein deutsches Gericht verhängte aufgrund des Außenhandelsembargos mit Lügien gegen die GmbH eine Geldstrafe von insgesamt 2,5 Mio. DM, die auch gezahlt worden ist. Nach dem Urteil des Gerichts, gegen das die GmbH keine Berufung einlegte, entfallen 2 Mio. DM der Geldstrafe auf die Tat, die als besonders verwerflich angesehen wurde, und 0,5 Mio. auf die Verletzung des Außenhandelsembargos.

Beispiel

Sofern die GmbH die unerlaubten Geschäfte ordnungsgemäß der Besteuerung zuführt, gelangt der Fiskus unter Anwendung des § 40 AO auch bei dieser Art von Geschäften in den Genuss von Steuereinnahmen. Die Behandlung der Geldbuße richtet sich nach R 24 Abs. 3 EStR:

Die Geldstrafe ist dahingehend zu unterscheiden, die die rechtswidrige und vorwerfbare Handlung ahndet und dem Teil, der den rechtswidrig erlangten wirtschaftlichen Vorteil abschöpft. Die Abschöpfung ist so zu betrachten, dass dem Angeklagten durch Verhängung der Geldbuße eigentlich kein Gewinn (mehr) verbleiben soll.

Hat das Gericht bei der Bemessung der Geldbuße berücksichtigt, dass die GmbH Körperschaftsteuer auf den Gewinn aus diesem rechtswidrigen Geschäft zu zahlen hat, also die Geldbuße, die auf das Geschäft entfällt, um die Höhe der Ertragssteuerbelastung gemindert, gilt das Abzugsverbot für die Geldstrafe nach § 12 Nr. 4 EStG uneingeschränkt. Die Steuerbelastung darf notfalls im Wege der Schätzung ermittelt werden, besser dürfte aber die gutachterliche Stellungnahme eines Steuerberaters im Prozessverfahren sein.

Hat das Gericht die ertragsteuerliche Auswirkung bei der Geldstrafenbemessung unberücksichtigt gelassen und wurde der gesamte rechtswidrig erlangte Vermögensvorteil abgeschöpft, darf der auf diese Abschöpfung entfallende Teil der Geldbuße als Betriebsausgabe abgezogen werden (Glaubhaftmachung durch Unterlagenbeweis).

Der auf die Tat selbst entfallende Teil der Geldbuße unterliegt in jedem Fall dem Abzugsverbot des § 12 Nr. 4 EStG. Geldbußen, die sich auf die Tat als solche erstrecken, dürfen auf keinen Fall den Gewinn zum Schutze der Allgemeinheit mindern.

Zur ertragsteuerlichen Behandlung von Sanktionen, vgl.

- R 24 Abs. 1 EStR zum Abzugsverbot
- R 24 Abs. 2 EStR zu den Geldbußen
- R 24 Abs. 3 EStR zu den Einschränkungen
- R 24 Abs. 4 und 5 EStR zu den Begriffsbestimmungen der Ordnungs- und Verwarnungsgelder

Für den Fall der Dubiosa-GmbH bedeutet dies, dass 2 Mio. der Gesamtgeldstrafe vom Abzug als Betriebsausgabe generell ausscheiden, weil diese Teilstrafe sich auf die Tat als solche bezieht (§ 12 Nr. 4 EStG). Die Teilstrafe von 0,5 Mio. ist einer näheren Betrachtung zu unterziehen:

Verbleibt der GmbH trotz Geldstrafenverhängung ein Gewinn oberhalb der 0,5 Mio.-Grenze und hat das Gericht bei seiner Urteilsfindung die ertragsteuerliche Auswirkung unberücksichtigt gelassen, darf die Teilgeldstrafe von 0,5 Mio. nicht als Betriebsausgabe abgezogen werden. Verbleibt der GmbH durch die Teilgeldstrafe kein Gewinn mehr und hat das Gericht die ertragsteuerliche Komponente unberücksichtigt gelassen, darf die Teilgeldbuße von 0,5 Mio. als Betriebsausgabe abgezogen werden.

Nicht unter das Abzugsverbot fallen:

Wiedergutmachungsleistungen (§ 4 Abs. 5 S. 1 Nr. 8 S. 2 EStG);

Strafverfahrenskosten, wenn das Strafverfahren in ursächlichem Zusammenhang mit einem betrieblichen Vorgang steht;

Gerichtskosten und Anwaltsgebühren;

Geldbußen, Ordnungs- und Verwaltungsgelder von Stellen ausländischer Staaten; vgl. aber H 24 EStR „Ausländisches Gericht" sowie R 120 EStR.

Nebenfolgen vermögensrechtlicher Art nach dem Ordnungswidrigkeitenrecht, insbesondere Einziehung nach § 22 OWiG, Abführung des Mehrerlöses nach § 8 Wirtschaftsstrafgesetz.

1.14.6.6 § 4 Abs. 5 S. 1 Nr. 8 a EStG; Zinsen auf hinterzogene Steuern

Die vom Finanzamt aufgrund von § 235 AO festgesetzten und erhobenen Zinsen auf hinterzogene Gewerbe- oder Umsatzsteuer dürfen nicht als Betriebsausgaben abgezogen werden. Zur Steuerhinterziehung vgl. § 370 AO.

1.14.6.7 § 4 Abs. 5 S. 1 Nr. 9 EStG; Ausgleichszahlungen an außenstehende Aktionäre

Werden im Falle der körperschaftssteuerlichen Organschaft (A 48 ff. KStR) Ausgleichszahlungen an so genannte außenstehende Aktionäre geleistet, so dürfen diese Aufwendungen den Gewinn nicht mindern. Unter Ausgleichszahlungen werden Zahlungen an die Minderheitsgesellschafter einer Organgesellschaft, die ihren Gewinn aufgrund eines Ergebnisabführungsvertrags an ihren Organträger abführt, verstanden (vgl. § 304 AktG). Diese Ausgleichszahlungen sind, unabhängig von wem sie geleistet worden sind, nach § 16 KStG eigenes Einkommen der Organgesellschaft.

Organgesellschaften haben ab dem Veranlagungszeitraum 2001 grundsätzlich den durch Gesetz vom 23.10.2000 (BGBl. I, S 1433) neu gefassten § 16 KStG zu beachten.

Hiernach hat die Organgesellschaft ihr Einkommen in Höhe von 4/3 der geleisteten Ausgleichszahlungen selbst zu versteuern. Ist die Verpflichtung zum Ausgleich vom Organträger erfüllt worden, so hat die Organgesellschaft die Summe der geleisteten Ausgleichszahlungen an Stelle des Organträgers zu versteuern.

Zur erstmaligen Anwendung des neu gefassten § 16 KStG siehe § 34 Abs. 1 und 1 a KStG n.F.

1.14.6.8 § 4 Abs. 5 Nr. 10 EStG; Zuwendung von Vorteilen sowie im Zusammenhang stehende Bezugsaufwendungen

Wurde aufgrund einer Vorteilsgewährung der Gewährende rechtskräftig nach einem Strafgesetz verurteilt oder wurde gegen ihn ein rechtskräftiges Bußgeld verhängt, dürfen weder die Vorteilsgewährung noch die damit zusammenhängenden Aufwendungen den Gewinn mindern. Die Vorschrift schließt den Betriebsausgabenabzug bei straf- und bußgeldbefangenen Aktivitäten des Steuerpflichtigen aus. Vom Abzugsverbot ausgenommen sind Betätigungen des Steuerpflichtigen, die er mit einer

Gewinnerzielungsabsicht ausübt. Vorrangig ist aber – wie es der Gesetzgeber eigentlich mit Satz 3 unnötigerweise betont – das Abzugsverbot des § 12 Nr. 1 EStG zu prüfen.

<table>
<tr><td>Beispiel</td><td>Ein Taxifahrer, der sich auf einer Leerfahrt befindet, entdeckt einen maskierten Bankräuber, der aus einer Sparkassenfiliale stürmt. Kurzentschlossen bietet er seinen Fahrdienst an. Die Flucht dauert einige Dutzend Kilometer, bis beide von der Polizei gestellt werden. Die auf diese Fahrt entfallenden Kosten dürfen den Gewinn nicht mindern. Der Taxifahrer wird wegen Beihilfe einer Straftat rechtskräftig vom Gericht verurteilt. Der Einwand, der Taxifahrer sei nur seiner üblichen Tätigkeit mit Gewinnerzielungsabsicht nachgegangen, dürfte sich hier aufgrund der eingegangenen Gefahren und Risiken als gegenstandslos erweisen.</td></tr>
<tr><td>Hinweis</td><td>Die Finanzverwaltung ist nach der Vorschrift berechtigt, ihr bekannt gewordene strafrechtlich oder bußgeldrechtlich relevante Sachverhalte den zuständigen Stellen mitzuteilen. Ist der Sachverhalt dem Finanzamt nicht vollständig bekannt und will es den Fall vollständig erforschen, ist es zur Ergreifung von Zwangsmitteln (§ 328 ff. AO) nicht befugt, vgl. auch R 24 Abs. 6 EStR.</td></tr>
</table>

1.14.7 § 4 Abs. 6 EStG; Parteispenden und Parteimitgliedsbeiträge

Aufwendungen zur Förderung staatspolitischer Zwecke (§ 10 b Abs. 2 EStG) sind keine Betriebsausgaben.

1.14.8 Ausgaben, die im Zusammenhang mit steuerfreien Einnahmen stehen; § 3 c EStG

Stehen Betriebsausgaben in einem wirtschaftlichen Zusammenhang mit steuerfreien Betriebseinnahmen, dürfen sie nicht abgezogen werden. Sinn dieser Regelung ist die Vermeidung eines zweifachen steuerlichen Vorteils. Neben der Steuerfreiheit der Betriebseinnahmen sollen nicht noch in diesem Zusammenhang stehende Betriebsausgaben von anderen (steuerpflichtigen) Betriebseinnahmen abgezogen werden dürfen.

Die vom § 3 c EStG betroffenen Ausgaben bleiben Betriebsausgaben. Sie sind jedoch dem Gewinn wieder hinzuzurechnen. Betriebsausgaben im Zusammenhang mit steuerfreien Betriebseinnahmen stellen niemals Entnahmen dar. Als Ausgaben i.S.v. § 3 c EStG kommen in Betracht:

grundsätzlich alle gewinnmindernden Aufwendungen innerhalb des Betriebsvermögensvergleichs einschließlich der diesbezüglichen AfA, Rückstellungen und Rechnungsabgrenzungsposten, jedoch nicht der Teilwertabschreibungen.

Die Vorschrift des § 3 c EStG wurde durch das Gesetz vom 20.12.2000 (BGBl. I, S. 1850) neu gefasst.

Hinsichtlich der erstmaligen Anwendung des vollkommen neu geschaffenen § 3 c Abs. 2 EStG verweist § 52 Abs. 8 a EStG auf die erstmalige Anwendung des § 3 Nr. 40 EStG, und zwar auf § 52 Abs. 4 a EStG. Hiernach sind Gewinnausschüttungen (Nr. 1) und bestimmte gesetzlich definierte Erträge (Nr. 2) nach § 3 Nr. 40 EStG i.S.d. Inkrafttretens des Art. 3 des Gesetzes vom 23.10.2000 (BGBl. I, S. 1433) zu behandeln (Nr. 1 und Nr. 2).

Der Wortlaut des § 3 c Abs. 1 EStG entspricht inhaltlich dem § 3 c EStG a.F., der über keine Absätze 1 und 2 verfügte.

Nach dem Willen der Gesetzgebung dürfen nach § 3 c Abs. 2 EStG bestimmte im *§ 3 Nr. 40 EStG* genannte Aufwendungen bei der Einkünfteermittlung *nur zur Hälfte* abgezogen werden. Zum hälftigen Abzug sind zugelassen:

- Betriebsvermögensminderungen
- Betriebsausgaben
- Veräußerungskosten oder
- Werbungskosten

die mit den in § 3 Nr. 40 EStG zugrunde liegenden Betriebsvermögensmehrungen oder Einnahmen in wirtschaftlichem Zusammenhang stehen. Dies gilt unabhängig davon, in welchem Veranlagungszeitraum die Betriebsvermögensmehrungen oder Einnahmen anfallen.

Entsprechendes gilt, wenn bei der Ermittlung der Einkünfte

- der Wert des Betriebsvermögens oder
- des Anteils am Betriebsvermögen oder
- die Anschaffungs- oder Herstellungskosten oder
- der an deren Stelle tretende Wert

mindernd zu berücksichtigen sind (§ 3 c Abs. 2 S. 1, 2 HS EStG).

Satz 1 gilt auch in den Fällen des § 3 Nr. 40 Satz 3 und 4 EStG (= einbringungsgeborene Anteile § 21 UmwStG mit Ausnahme der Fälle nach §§ 20 Abs. 1 S. 1 oder 23 Abs. 1 bis 3 UmwStG); siehe § 3 c Abs. 2 S. 2 EStG.

Hinweis

Siehe zur Schachteldividende § 8 b Abs. 7 KStG.

Die Vorschrift des § 3 c Abs. 2 EStG ist vorrangig vor § 3 c Abs. 1 EStG zu prüfen.

Bevor Aufwendungen für den Betriebsausgaben- oder Werbungskosten-abzug wegen ihrer unmittelbaren wirtschaftlichen Verbundenheit mit steuerfreien (Betriebs-)Einnahmen stehen, einem gänzlichen Gewinnmin-derungsverbot unterfallen, ist zu klären, ob nicht die hälftige Gewinnmin-derung nach den Vorschriften des § 3 Nr. 40 Buchstaben a bis j erhalten bleibt. Der Halbabzug bleibt erhalten bei:

a   Betriebsvermögensmehrungen/Einnahmen aus der Veräußerung/Ent-nahme von Anteilen an Körperschaften, Personenvereinigungen und Vermögensmassen, deren Leistungen beim Empfänger zu Einnah-men i.S.d. § 20 Abs. 1 Nr. 1 EStG gehören

oder bei

Auflösung/Herabsetzung von deren Nennkapital

oder aus dem

Ansatz eines Wirtschaftsguts mit dem Wert, der sich nach § 6 Abs. 1 Nr. 2 S. 3 EStG ergibt (Beachte Ausnahme in Satz 2).

b   Veräußerungspreisen i.S.d. § 16 Abs. 2 EStG, soweit diese auf die Veräußerung von Anteilen an Körperschaften, Personenvereinigun-gen und Vermögensmassen entfallen, deren Leistungen beim Emp-fänger zu Einnahmen i.S.d. § 20 Abs. 1 Nr. 1 EStG gehören (Beach-te Satz 2).

c   Veräußerungspreisen/gemeinen Werte i.S.d. § 17 Abs. 2 EStG (Be-achte Satz 2: entsprechende Anwendung in den Fällen des § 17 Abs. 4 EStG).

d   Bezügen i.S.d. § 20 Abs. 1 Nr. 1/Einnahmen i.S.d. § 20 Abs. 1 Nr. 9 EStG.

e   Bezügen i.S.d. § 20 Abs. 1 Nr. 2 EStG.

f   Besondere Entgelte/Vorteile i.S.d. § 20 Abs. 2 S. 1 Nr. 1 EStG, die neben den in § 20 Abs. 1 Nr. 1 und Abs. 2 S. 1 Nr. 2 a) bezeichneten Einnahmen oder an deren Stelle gewährt werden.

g   Einnahmen aus der Veräußerung von Dividendenscheinen und sons-tigen Ansprüchen i.S.d. § 20 Abs. 2 S. 1 Nr. 2 a) EStG.

h   Einnahmen aus der Abtretung von Dividendenansprüchen oder sons-tigen Ansprüchen i.S.d. § 20 Abs. 2 S. 2 EStG.

i   Bezügen i.S.d. § 22 Nr. 1 S. 2 EStG, soweit diese von einer nicht von der Körperschaftsteuer befreiten Körperschaft, Personenvereinigung oder Vermögensmasse stammen.

j   Veräußerungspreisen i.S.d. § 23 Abs. 3 EStG bei der Veräußerung von Anteilen an Körperschaften, Personenvereinigungen oder Vermögensmassen, deren Leistungen beim Empfänger zu Einnahmen i.S.d. § 20 Abs. 1 Nr. 1 EStG gehören.

Darüber hinaus sind die Sätze 2 bis 6 des § 3 Nr. 40 EStG zu beachten (Einschränkungen und Ausnahmen).

§ 3 Nr. 40 EStG wurde durch das Gesetz vom 20.12.2000 (BGBl. I, S. 1850) eingeführt. Zur erstmaligen Anwendung siehe § 52 Abs. 4 a EStG.

1.14.9   Aufzeichnungspflichten: § 4 Abs. 7 EStG, R 22, H 22 EStR

Für Betriebsausgaben gelten die Aufzeichnungspflichten nach allgemeinen Grundsätzen. Besonderheiten sind bei Betriebsausgaben, die den Gewinn nach § 4 Abs. 5 S. 1 Nr. 1 bis 4, 6 b und 7 EStG nicht mindern dürfen, zu beachten:

Die Vorschrift des § 4 Abs. 7 EStG bestimmt, dass die vorstehenden Betriebsausgaben einzeln und getrennt von den übrigen Betriebsausgaben aufzuzeichnen sind. Hierdurch sollen Voraussetzungen geschaffen werden, damit die bei der Gewinnermittlung auszuscheidenden Aufwendungen leicht zu erfassen sind und außerhalb der Bilanz dem Gewinn hinzugerechnet werden können. Damit die Vorgänge z.B. auch nach einem Personalwechsel nachvollziehbar bleiben, ist eine vorzügliche Organisation unumgänglich.

Aufzeichnungen getrennt von den übrigen Betriebsausgaben sind nicht vorhanden, wenn z.B. Aufwendungen zur Bewirtung von Geschäftsfreunden auf Konten verbucht werden, auf denen noch andere Aufwendungen verbucht sind. Das gilt selbst dann, wenn auf diesen Konten überwiegend Aufwendungen i.S.d. § 4 Abs. 5 EStG erfasst sind. Unter getrennten Aufzeichnungen versteht man Buchungen, die nacheinander die Aufwendungen des § 4 Abs. 5 EStG ohne jedwede Vermischung mit anderen Betriebsausgaben darstellen.

1.14.9.1 Zeitgerechte Erfassung nicht abzugsfähiger Betriebsausgaben

Nach § 146 Abs. 1 S. 1 AO hat die Verbuchung u.a. zeitgerecht, das bedeutet nach Auffassung des BFH fortlaufend und zeitnah, zu erfolgen. Eine erstmals nach Ablauf des Geschäftsjahres erledigte Verbuchung reicht dem höchsten deutschen Steuergericht jedenfalls nicht.

Nähere Einzelheiten zu den Aufzeichnungspflichten enthalten R 22 und H 22 EStR.

1.14.9.2 Verstöße gegen die Aufzeichnungspflichten

Verstöße gegen die besonderen Aufzeichnungspflichten des § 4 Abs. 7 EStG haben die Totalversagung der nicht besonders aufgezeichneten Aufwendungen zur Folge. Im Übrigen kann die Nichtordnungsmäßigkeit der gesamten Buchführung in Frage gestellt sein, da der widerlegbare Verdacht besteht, die nicht abziehbaren Aufwendungen seien nicht als solche behandelt und in den übrigen Posten gewinnmindernd gebucht worden.

1.14.10 Gewinnermittlungszeitraum und abweichendes Wirtschaftsjahr

Nach § 2 Abs. 7 EStG ist die Einkommensteuer eine *Jahressteuer*. Die Grundlagen für ihre Festsetzung sind jeweils für ein Kalenderjahr zu ermitteln. § 2 Abs. 7 EStG gilt für alle Einkunftsarten (§ 2 Abs. 1 EStG).

1.14.10.1 Gewinnermittlungszeitraum

Der Gewinnermittlungszeitraum (§ 4 a EStG, §§ 8 b und 8 c EStDV) ist bei den Land- und Forstwirtschaft betreibenden Steuerpflichtigen (§ 13 EStG) und bei Steuerpflichtigen mit Einkünften aus Gewerbebetrieb (§ 15 EStG)

- das *Wirtschaftsjahr*

Der Gewinnermittlungszeitraum umfasst in der Regel einen Zeitraum von 12 Monaten und kann vom Kalenderjahr abweichen. Zur Gewinnermittlung bei einem vom Kalenderjahr abweichenden Wirtschaftsjahr vgl. R 25 und H 25 EStR.

1.14.10.2 Wirtschaftsjahr

Das Wirtschaftsjahr ist nach § 4 a EStG (§ 8 c EStDV) bei:

- ### Land- und Forstwirten

der Zeitraum vom 01.07 bis 30.06,

- in den Fällen der reinen Weidewirtschaft und der reinen Viehzucht der Zeitraum vom 01.05 bis 30.04
- in den Fällen der reinen Forstwirtschaft der Zeitraum vom 01.10 bis 30.09
- in den Fällen des reinen Weinbaus der Zeitraum vom 1.09 bis 31.10

- ### Gewerbetreibenden

grundsätzlich das Kalenderjahr 01.01 bis 31.12.

Ein Wirtschaftsjahr kann einen Zeitraum von weniger als zwölf Monaten umfassen. Das ist regelmäßig der Fall bei:
- Eröffnung
- Erwerb
- Aufgabe und
- Veräußerung des Betriebs

Tritt ein solches Ereignis im Laufe eines Kalenderjahres ein, wird vom so genannten Rumpfwirtschaftsjahr gesprochen.

Ursula Geldorf eröffnet am 01.09.01 einen Handel mit Zeitungen, Rauchwaren sowie eine Annahmestelle für Lotto- und Totospiele.

Beispiel

Das erste Wirtschaftsjahr geht vom 01.09 bis zum 31.12.01 und ist ein Rumpfwirtschaftsjahr. Es geht nicht vom 01.09.01 bis zum 31.08.02.

Entsprechendes gilt bei einer Betriebsaufgabe sowie beim Übergang auf ein Wirtschaftsjahr mit einem anderen Abschlussstichtag.

Einkommensteuerlich wird der Gewinn bzw. der Verlust eines Rumpf-wirtschaftsjahres genauso behandelt wie der eines normalen (nämlich 12 Monate umfassenden) Wirtschaftsjahres.

1.14.10.3 Sonderfälle und Zweifelsfragen

Sind Gewerbetreibende gleichzeitig buchführende Land- und Forstwirte, können sie mit Zustimmung des Finanzamtes den für den land- und forstwirtschaftlichen Betrieb maßgeblichen Zeitraum auch für den Gewerbebetrieb bestimmen, wenn sie für den Gewerbebetrieb Bücher führen und regelmäßig Abschlüsse machen.

Beim Ausscheiden eines Gesellschafters aus einer zweigliedrigen Personengesellschaft (OHG, KG, GbR) und Fortführung durch den verbleiben-
den Gesellschafter als Einzelunternehmen, stellt die Weiterführung einkommensteuerlich die Eröffnung eines neuen Gewerbebetriebes dar. Sowohl für die untergehende Personengesellschaft als auch für das neue
Einzelunternehmen entsteht bei unterjährigem Gesellschafteraustritt je ein
Rumpfwirtschaftsjahr.

1.14.10.4 Abweichendes Wirtschaftsjahr

Die Änderung eines Wirtschaftsjahres nach dem Kalenderjahr (= Regelfall) auf ein abweichendes Wirtschaftsjahr bzw. umgekehrt von einem
abweichenden Wirtschaftsjahr auf das Kalenderjahr oder auf ein wiederum abweichendes Wirtschaftsjahr mit anderem Abschlusszeitpunkt bedarf
der Zustimmung durch das Finanzamt. Diese Zustimmung wird nur erteilt, wenn wirtschaftlich vernünftige Grunde vorliegen; vgl. R 25 EStR.
Es darf keine missbräuchliche Gestaltung vorliegen und dem
Steuerpflichtigen darf keine Steuerpause eingeräumt werden.

Merke

Das Wirtschaftsjahr umfasst i.d.R. einen Zeitraum von zwölf Monaten. Es
kann kürzer sein (Rumpfwirtschaftsjahr). Ein Rumpfwirtschaftsjahr liegt
vor, wenn ein Betrieb innerhalb eines Wirtschaftsjahres gegründet oder
aufgegeben wird oder wenn dieser auf ein Wirtschaftsjahr mit einem anderen Abschlussstichtag übergeht.

Klausurhinweis

Bilanzklausuren, aber auch Einkommensteuerklausuren enthalten meist in
einem Vorspann Hinweise zum Wirtschaftsjahr. Die Fehlerquelle besteht
hauptsächlich darin, z.B. dem Hinweis auf ein abweichendes Wirtschaftsjahr als Anfänger(in) nicht genügend Aufmerksamkeit zu widmen, oder
aber, ihn in der allgemeinen Klausurnervosität einfach zu überlesen.

1.15 Bewertungsmaßstäbe: Anschaffungskosten und Herstellungskosten

Erworbene Wirtschaftsgüter sind mit den Anschaffungskosten zu bewerten. Die Herstellungskosten sind Bewertungsmaßstab für die nicht erworbenen, sondern selbst erzeugten bzw. selbst angefertigten Wirtschaftsgüter.

1.15.1 Anschaffungskosten

Anschaffungskosten sind die Aufwendungen, die geleistet werden, um
einen Vermögensgegenstand zu erwerben und ihn in einen betriebsberei-

ten Zustand zu versetzen, soweit sie dem Vermögensgegenstand einzeln zugeordnet werden können.

Zu den Anschaffungskosten gehören auch die Nebenkosten sowie die nachträglichen Anschaffungskosten. Anschaffungspreisminderungen sind abzusetzen.

Der Begriff (Definition) ist dem Handelsrecht nach § 255 Abs. 1 HGB entnommen. Er gilt ebenfalls für das Steuerrecht, wie H 32 a EStR im Stichwort „Anschaffungskosten" dokumentiert.

Der Erwerb eines Wirtschaftsgutes verlangt das Erlangen der wirtschaftlichen Verfügungsmacht über das Wirtschaftsgut. Hieraus folgt, dass Anschaffungsvorgänge Sachverhalte sind, bei denen das wirtschaftliche Eigentum (§ 39 Abs. 2 Nr. 1 AO) an einem Wirtschaftsgut durch entgeltlichen Erwerb übergeht. Anschaffungsvorgänge sind:

- Kauf, Tausch, Erwerb auf Rentenbasis, Erwerb im Rahmen einer Zwangsversteigerung, Einbringung, z.B. eines Einzelunternehmens in eine GmbH (§ 20 UmwStG)

In der Regel wird die Verfügungsmacht über ein Wirtschaftsgut mit der Lieferung durch den Übergang von Besitz, Gefahr, Nutzung oder Lasten erlangt; vgl. § 446 BGB.

1.15.1.1 Zivilrechtliche Konsequenzen mit Einfluss auf das Steuerrecht

Ist die Verfügungsmacht an einem Wirtschaftsgut durch Übergang von Besitz, Gefahr, Nutzung oder Lasten übergegangen, dann sind die Anschaffungskosten bereits mit der Verpflichtung zur Gegenleistung entstanden. Auf die Bezahlung der vereinbarten Erwerbssumme kommt es deshalb nicht an.

Der Zeitpunkt des Übergangs von Besitz, Gefahr, Nutzung oder Lasten ist für das Steuerrecht deshalb so wichtig, weil anhand dieses Datums der Beginn der AfA bei abnutzbaren Wirtschaftsgütern festgelegt ist. Auch eine am Bilanzstichtag noch nicht bezahlte Schuld aus einem Anschaffungsgeschäft ist mit Übergang von Besitz, Gefahr, Nutzung oder Lasten zur Betriebsschuld geworden und als Verbindlichkeit zu passivieren.

1.15.1.2 Notwendigkeit der Anschaffungskosten

Anschaffungskosten sind neben den Herstellungskosten Bewertungsmaßstab für das Handels- und Steuerrecht. Über § 5 Abs. 1 S. 1 EStG entwickeln die nach handelsrechtlichen Grundsätzen ordnungsgemäßer Buchführung ausgewiesenen Bilanzansätze grundsätzlich Maßgeblichkeit für die Steuerbilanz.

Wirtschaftsgüter des Anlagevermögens, die der Abnutzung unterliegen sowie andere Wirtschaftsgüter wie Grund und Boden, Beteiligungen und Umlaufvermögen, sind grundsätzlich mit ihren Anschaffungs- oder Herstellungskosten zu bewerten; § 6 Abs. 1 Nr. 1 und Nr. 2 EStG.

Beispiel

Ein bilanzierender Gewerbetreibender erwirbt am 01.12.01 einen Lieferwagen, den er am 05.12.01 beim Händler abholt. Die Rechnung erhält er am 12.12.01. Den Rechnungsbetrag überweist er am 05.01.02 in voller Höhe.

Besitz, Gefahr, Nutzung oder Lasten sind am Abholtag des 05.12.01 auf den Käufer des Lieferwagens übergegangen. Die Anschaffungskosten sind also mit der Verpflichtung zur Gegenleistung entstanden; auf die Bezahlung bzw. den Bezahlungstag der Kaufsumme kommt es nicht an.

Zum 05.12.01 ist die Kaufpreisschuld als Verbindlichkeit zu passivieren. Der Lieferwagen ist mit den Anschaffungskosten zu bewerten und als notwendiges Betriebsvermögen zu aktivieren. Mit Übergang von Besitz, Gefahr, Nutzung oder Lasten beginnt auch die AfA zu laufen. § 6 Abs. 1 Nr. 1 S. 1 EStG fordert, dass die der Abnutzung unterliegenden Wirtschaftsgüter des Anlagevermögens mit den AK/HK abzüglich der AfA am Bilanzstichtag auszuweisen sind.

- Buchung am 05.12.01
  Fuhrpark und Vorsteuer an sonstige Verbindlichkeiten

- Buchung am 31.12.01
  AfA an Fuhrpark

- Buchung am 05.01.02

Sonstige Verbindlichkeiten an Bank

Der Ermittlungszeitpunkt der Anschaffungskosten knüpft stets an den Tag des Erwerbs des Wirtschaftsgutes an. Durch den Übergang von Besitz, Gefahr, Nutzung oder Lasten i.S.d. zivilrechtlichen Vorschrift des § 446 Abs. 1 BGB ist der Ermittlungszeitpunkt noch näher definiert.

Mit der Übergabe der verkauften Sache geht die Gefahr des zufälligen Unterganges und einer zufälligen Verschlechterung auf den Käufer über. Von der Übergabe an gebühren dem Käufer die Nutzungen und trägt er die Lasten der Sache.

Der Bilanzstichtag ist für die Ermittlung der Anschaffungskosten ohne Bedeutung.

Wertänderungen, die nach dem Anschaffungszeitpunkt durch Übergabe eintreten können, berühren die historischen Anschaffungskosten nicht.

- Wechselkursänderungen bei Erwerben in ausländischen Währungen: Die Anschaffungskosten werden durch den im Anschaffungszeitpunkt gültigen Umrechnungskurs bestimmt
- Änderungen des Rentenbarwertes bei Erwerbungen auf Rentenbasis. Tilgungs- und Zinsleistungen, die sich bis zum Bilanzstichtag ergeben, berühren die Anschaffungskosten nicht

              Beispiele

- Nachträgliche Anschaffungskosten sind nur dann Anschaffungskosten, wenn sie von vornherein in sachlichem Zusammenhang zum Erwerb stehen. Es muss sich um unmittelbare Folgekosten des Erwerbsvorgangs handeln, und es muss zu einer Werterhöhung des Wirtschaftsgutes führen

1.15.1.3 Bestandteile (Ermittlung) der Anschaffungskosten sowie Abgrenzungskriterien

Unter dem Begriff der Anschaffungskosten versteht man in erster Linie den Kaufpreis für das erworbene Wirtschaftsgut, und zwar gleichgültig, ob der Käufer diesen aus eigenen Mitteln oder aus Krediten finanziert. Für den Fall der Fremdfinanzierung gehören die hierfür aufgewandten Zinsen nicht zu den Anschaffungskosten.

Zusammenfassend lässt sich sagen, dass ein Anschaffungsgeschäft grundsätzlich einen entgeltlichen Vorgang umschließt. Ob sich der Erwerber dabei eigener oder fremder Mittel bedient, ist ohne Bedeutung.

Ein Anschaffungsvorgang kann aber nicht nur durch die Hingabe von Geld (oder Sachen beim Tausch) als Gegenleistung für den Erhalt eines Wirtschaftsgutes gedeutet werden:

- Zu den Anschaffungskosten gehört auch der *Teilwert übernommener Verbindlichkeiten*

Ein Vater überträgt mit Besitzübergang vom 01.01.02 seinem Sohn ein bebautes Grundstück, damit dieser das Gebäude als Firmensitz nutzen kann. Ein Kaufpreis wurde nicht vereinbart; der Sohn hat sich aber zur Fortführung der auf dem Grundstück lastenden Schulden in Höhe von 355.000,00 DM notariell verpflichtet. Der Übertragungsvertrag wurde am 31.08.01 unterzeichnet. Am 01.01.02 valutieren die Verbindlichkeiten noch mit 350.000,00 DM. Aus Vereinfachungsgründen entspricht der Grundstückswert dem Schuldenstand.

              Beispiel

1. Die übernommenen Schulden stellen Anschaffungskosten dar; die Zahlung einer Kaufsumme ist hier entbehrlich.

2. Der für die Anschaffungskosten maßgebliche Zeitpunkt ist der Monat des Übergangs von Besitz, Gefahr, Nutzung und speziell der Lasten am 01.01.02. Die maßgeblichen Anschaffungskosten (aus Vereinfachungsgründen ohne Nebenkosten) betragen daher 350.000,00 DM. Am 01.01.02 beginnt auch die Gebäude-AfA zu laufen.

    Es handelt sich insgesamt um ein entgeltliches Rechtsgeschäft, das beim Erwerber zu Anschaffungskosten und beim Veräußerer zu einem Veräußerungserlös führt. Die AfA richtet sich nach dem auf das Gebäude entfallenden Teil der übernommenen Schulden. Siehe hierzu auch H 32 a EStR „Schuldübernahmen".

Beim Erwerb eines Wirtschaftsgutes gegen Gewährung einer Leibrente ist der Wert der übernommenen Rentenverpflichtung der Barwert der Rente, der nach den §§ 12 ff. BewG oder durch ein versicherungsmathematisches Gutachten ermittelt werden kann, vgl. R 32 a EStR. Es gelten hier folgende Aussagen:

*   Anschaffungskosten = Rentenbarwert zuzüglich weiterer AK und Nebenkosten
*   Die Rentenverpflichtung ist gem. § 253 Abs. 1 HGB mit dem Barwert zu passivieren
*   Die Rentenzahlungen sind als Aufwand zu behandeln
*   Der Barwertabbau durch Tilgung erhöht den Gewinn
*   § 8 Nr. 2 GewStG ist eventuell zu beachten:
    Zahlungen ./. Barwertabbau = Hinzurechnung.
*   Eine Barwertaufstockung aufgrund einer Wertsicherungsklausel (§ 323 ZPO) mindert den Gewinn

⇒ Keine nachträgliche Erhöhung der Anschaffungskosten beim Wirtschaftsgut;
⇒ keine Hinzurechnung insoweit nach § 8 Nr. 2 GewStG bei der Gewerbesteuer.

Beim Wegfall des Rentenstammrechts durch den Tod des Berechtigten erhöhen sich der Gewinn und der Gewerbeertrag:

⇒ Keine Minderung der Anschaffungskosten beim Wirtschaftsgut.

1.15.1.3.1   Erwerbsnebenkosten

Zu den Anschaffungskosten zählen die gesamten Aufwendungen des Erwerbs zuzüglich der entstandenen Nebenkosten der Anschaffung. Die Nebenkosten müssen durch den Erwerb des wirtschaftlichen Eigentums (§ 39 Abs. 2 Nr. 1 AO) zweifelsfrei veranlasst sein. Es muss sich um Einzelkosten und nicht um Gemeinkosten handeln. Hierunter fallen beispielsweise die Kosten der Besichtigung und der Begutachtung des Kaufgegenstandes, Kosten der Vertragsvermittlung (z.B. Maklergebühren) und des Vertragsabschlusses (z.B. Notarkosten).

Zu den Nebenkosten gehören auch Kosten der Registereintragung sowie Steuern, die mit der Anschaffung in einem Zusammenhang stehen, soweit diese auf den Käufer abgewälzt werden (Verbrauchsteuer) oder von ihm zu zahlen sind (Grunderwerbsteuer).

Der Kaufmann Ebert erwirbt eine Zerspanungsanlage für seinen metallverarbeitenden Betrieb. Der Kaufpreis beträgt 500.000,00 DM zzgl. Umsatzsteuer. Die Herstellung des erforderlichen Fundaments sowie die Montage der Anlage wurde von der Herstellerfirma durchgeführt. Diese Aufwendungen betrugen 50.000,00 DM zzgl. Umsatzsteuer.

Beispiel 1

Die Anschaffungskosten betragen 550.000,00 DM. Sämtliche Aufwendungen sind Einzelkosten.

Wie Beispiel 1, jedoch wurde die Herstellung des erforderlichen Fundaments sowie die Montage mit eigenen Arbeitskräften der Firma Ebert durchgeführt. Die Aufwendungen betrugen 50.000,00 DM, davon entfielen 25.000,00 DM auf Material- und Fertigungseinzelkosten.

Abwandlung

Die Anschaffungskosten betragen 525.000,00 DM. Gemeinkosten zählen nicht zu den Anschaffungskosten; vgl. H 32 a EStR „Gemeinkosten".

1.15.1.3.2 Definition der Gemeinkosten

Unter dem Begriff der Gemeinkosten versteht man die Kosten, die für sämtliche Leistungen gemeinsam anfallen und nicht direkt zugerechnet werden können.

1.15.1.3.3 Definition der Einzelkosten

Unter dem Begriff der Einzelkosten versteht man die Kosten, die den Kostenträgern direkt zugerechnet werden können, vor allem Fertigungsmaterial und Fertigungslöhne.

Kaufmann Ebert lässt von ihm aufgekaufte Vorräte mit eigenen Betriebsfahrzeugen von den Produktionsstätten abholen.

Beispiel 2

Es handelt sich nicht zu den Anschaffungskosten der Vorräte zählenden Gemeinkosten. Kfz-Kosten bei Abholung von Vorräten mit eigenen Betriebsfahrzeugen gehören nicht zu den Anschaffungskosten.

Bei einem so genannten Dritttransport durch z.B. die Bahn-AG oder eine Spedition ist die Lösung genau entgegengesetzt.

Abwandlung

Der Kaufmann Ebert erwirbt mit Wirkung vom 01.07.01 ein bebautes Grundstück. Der Kaufpreis beträgt inklusive Grunderwerbsteuer, Notar

Beispiel 3

und Grundbuch 1,7 Mio. DM. Den bisherigen Mietern hat Ebert für eine vorzeitige Räumung Abfindungen in einer Gesamthöhe von 300.000,00 DM gezahlt. Das Gebäude konnte daher fünf Jahre früher den eigentlichen betrieblichen Zwecken zugeführt werden.

Die Anschaffungskosten für das Grundstück betragen 1,7 Mio. DM. Zu den Anschaffungskosten gehören die Nebenkosten wie Grunderwerbsteuer, Notar und Grundbuch.

Hinsichtlich der Abfindungszahlungen an die bisherigen Mieter entstehen Anschaffungskosten eines immateriellen Wirtschaftsgutes (iWG) in Höhe von 300.000,00 DM, vgl. R 31 a Abs. 1 EStR. Die Abschreibung des iWG gemäß § 7 Abs. 1 EStG beträgt 20 v.H. (vgl. H 42 EStR „Bewegliche Wirtschaftsgüter" sowie R 31 a EStR zur Aktivierung eines iWG und R 14 Abs. 2 bis 4 EStR zur Entnahme eines iWG).

Beispiel 4

Kaufmann Ebert hat mit Kaufpreis 500.000,00 DM zzgl. Umsatzsteuer Maschinen erworben, die auf dem Transport stark beschädigt worden sind. Mit dem Lieferer ist „Lieferung ab Werk" vereinbart worden. Die Kosten der Schadensbeseitigung belaufen sich auf 77.000,00 DM, hiervon leistete die Transportversicherung Ersatz in Höhe von 25.000,00 DM, was der vorher vereinbarten Schadensfallsumme entspricht.

Die Anschaffungskosten betragen 500.000,00 DM. Die Kosten der Schadensbeseitigung sind als sonstiger betrieblicher Aufwand und die Leistung der Versicherung als sonstiger betrieblicher Ertrag zu behandeln. Es ist ein Saldierungsverbot zu beachten. Es gilt die zivilrechtliche Bestimmung des § 447 Abs. 1 BGB (Versendungskauf).

Merke

Nebenkosten sind als Anschaffungskosten anzusehen, weil sie das Schicksal der Hauptkosten (i.d.R. Kaufpreis) teilen. Nebenkosten sind nicht als gewinnmindernder Aufwand zu behandeln, sondern gemeinsam mit dem Kaufpreis zu aktivieren. Sie mindern den Gewinn folglich über die AfA bei einem abnutzbaren Wirtschaftsgut. Bei Veräußerungen mindern die um die Nebenkosten erhöhten Anschaffungskosten den Veräußerungsgewinn entsprechend.

Beispiel 5

Kaufmann Ebert hatte beim Erwerb eines unbebauten Grundstücks folgende Aufwendungen zu tragen:

Kaufpreis	100.000,00 DM
Grunderwerbsteuer	3.500,00 DM
Säumniszuschlag zur GrESt (§ 240 AO)	35,00 DM
Notargebühren (ohne USt)	1.000,00 DM
Grundbuchkosten	130,00 DM
Reisekosten im ursächlichen Zusammenhang mit diesem Grundstückserwerb	100,00 DM
zu aktivierende Anschaffungskosten	104.765,00 DM

Hat Kaufmann Ebert eine Anzahl gleichartiger Grundstücke besichtigt, aber nur eines erworben, rechnen die dem Kaufgrundstück direkt zurechenbaren Reisekosten zu den Anschaffungskosten. Die Aufwendungen im Zusammenhang mit den fehlgeschlagenen Erwerben sind sofort abziehbare Betriebsausgaben.

Kaufmann Ebert erwarb 20 v.H. Anteile der Multi-Kulti GmbH, weil er sich durch den Kauf eine engere Geschäftsbeziehung zur GmbH erhofft. Die Beteiligung wird im Betriebsvermögen seines Einzelunternehmens gehalten.

Beispiel 6

Kaufpreis	50.000,00 DM
Beurkundungskosten	500,00 DM
Reisekosten	300,00 DM
zu aktivierende Anschaffungskosten	50.800,00 DM

1.15.1.4 Abgrenzung der Anschaffungskosten von den Herstellungskosten

Bei den Herstellungskosten steht die Erschaffung eines Wirtschaftsguts im Vordergrund. Von diesem Prozess unterscheidet sich die Anschaffung in dem Kauf/Erwerb eines bereits vorhandenen Wirtschaftsgutes.

Problematisch sind Erwerbsvorgänge, bei denen das Objekt vor seiner erstmaligen Nutzung in seiner Wesensart so verändert wird, dass wirtschaftlich betrachtet ein neues Wirtschaftsgut entsteht.

Beispiele

• In eine selbst hergestellte Hebebühne wird eine bei einer anderen Firma erworbene Hydraulik eingebaut. Insgesamt liegt ein Herstellungsprozess vor. Zu den Herstellungskosten rechnen auch die Anschaffungskosten der Hydraulik (Materialeinzelkosten)

• Die Hebebühne aus dem Vorbeispiel wird erworben. Alsdann wird sie auf einem in der Firma selbst hergestellten Fundament montiert

Insgesamt liegt ein Anschaffungsprozess vor. Zu den Anschaffungskosten für die Maschine zählen die Aufwendungen für das Betonfundament und die Montage, soweit es sich um Einzelkosten handelt. Die Vorschrift des § 255 Abs. 1 S. 1 HGB schließt die Aufwendungen ein, die notwendig sind, einen Vermögensgegenstand in einen betriebsbereiten Zustand zu versetzen.

Siehe BFH, BStBl. 1993 II, S. 136 m.w.N. bei Abgrenzungsproblemen und Anschaffung/Herstellung bei Erwerb eines teilfertigen Gebäudes mit anschließender Fertigstellung.

1.15.1.5 Anschaffungskosten bei einem Gebäudeerwerb

Beispiel

Das folgende Beispiel möchte eine Ermittlung der Anschaffungskosten eines Gebäudeerwerbs darstellen.

Der Kaufmann Ebert erwarb am 18.07.01 mit Wirkung zum 01.10.01 das bebaute Grundstück Kantstraße 40. Das Gebäude soll als Bürokomplex und Verwaltungssitz seines mittlerweile größeren Unternehmens dienen. Dem notariell beglaubigten Kaufvertrag zufolge hat sich Ebert zu folgenden Leistungen verpflichtet:

Leistung	Betrag	Anschaffungskosten
1. Barzahlung	200.000,00 DM	200.000,00 DM
2. Übernahme Grundschuld	700.000,00 DM	
Nennwert	700.000,00 DM	
Stand bei Erwerb	570.000,00 DM	570.000,00 DM
aufgelaufene Zinsen	80.000,00 DM	80.000,00 DM
3. Übernahme rückständiger		
Grundsteuer,	2.500,00 DM	2.000,00 DM
davon für die Zeit ab Erwerb	500,00 DM	→ 500,00 DM = sofort Aufwand
4. Übernahme der Unterhaltsrente des Veräußerers gegenüber dessen geschiedener Ehefrau monatlich 3.500,00 DM Barwert 270.00,00 DM		270.000,00 DM
5. Grundbuchkosten	3.000,00 DM	3.000,00 DM
6. Notarkosten	12.000,00 DM	12.000,00 DM
7. Grunderwerbsteuer 3,5 v.H. v. 1.122.000,00 DM	39.270,00 DM	39.270,00 DM
Summe der ermittelten Anschaffungskosten:		1.176.270,00 DM

2**Klausurhinweis**

Die Barwerte sind in Klausuren üblicherweise angegeben. Die Aufgabe könnte aber auch darin bestehen, den Barwert zu ermitteln. Dieser ist dann nach den allgemeinen Bewertungsvorschriften (Erster Teil) des Bewertungsgesetzes (§§ 1 bis 16 BewG) zu berechnen. Das Thema gewinnt an Bedeutung durch Wegfall des Fachs Bewertung!

Klausurverfasser „vergessen" manchmal bei Grundstücksgeschäften die Grunderwerbsteuer. Prüfen Sie zuerst, wer Schuldner der GrESt ist. Ist es derjenige, den Sie in der Klausur zu beurteilen haben, dann ergänzen Sie 3,5 v.H. der Gegenleistung (§ 11 GrEStG). Sichern Sie sich diesen Klausurpunkt!

1.15.1.6 Behandlung der Vorsteuerbeträge nach § 15 UStG

Zu den Anschaffungskosten zählt in der Hauptsache der Kaufpreis des erworbenen Wirtschaftsgutes. Es ist gleichgültig, ob der Kaufmann den Kaufpreis aus eigenen Mitteln oder aus Darlehn finanziert. Bei einer Fremdfinanzierung durch Kredit gehören die hierfür aufgewandten Zinsen nicht zu den Anschaffungskosten.

Zu den Anschaffungskosten zählt bei Erwerb gegen Leibrente der Barwert der übernommenen Rentenverpflichtung (§§ 12 ff. BewG) bzw. der durch ein versicherungsmathematisches Gutachten ermittelte Wert, ferner auch der Teilwert übernommener Verbindlichkeiten. Anschaffungskosten sind auch die Nebenkosten der Anschaffung, soweit diese dem Kaufgegenstand einzeln zugeordnet werden können.

1.15.1.6.1 Besonderheiten bezüglich der Umsatzsteuer

Zu unterscheiden sind drei Fallgruppen:

- Die Vorsteuer ist insgesamt abziehbar
- die Vorsteuer ist nicht abziehbar
- die Vorsteuer ist zum Teil abziehbar

1.15.1.6.2 Grundsatz

Die dem Käufer gesondert in Rechnung gestellte Umsatzsteuer gehört, soweit sie vom Erwerber bei der Umsatzsteuer abgezogen werden darf, nicht zu den Anschaffungskosten; vgl. § 9 b Abs. 1 EStG.

Kann oder darf die gesondert in Rechnung gestellte Umsatzsteuer nicht abgezogen werden, braucht sie erst nach Überschreiten einer Bagatellgrenze den Anschaffungskosten zugerechnet zu werden; vgl. § 9 b Abs. 1 S. 2 EStG.

1.15.1.6.3 Abziehbare Vorsteuer

Die Vorsteuer mindert als Verrechnungsposten mit der Umsatzsteuer die Steuerschuld. Sie dient der Wiederherstellung der Kostenneutralität in der Unternehmerkette und wird – falls ihr keine steuerpflichtigen Umsätze gegenüber stehen – vom Finanzamt erstattet. Die abziehbare Vorsteuer gehört demnach nicht zu den Anschaffungskosten, weil der Unternehmer diese nicht zu tragen hat; vgl. § 9 b Abs. 1 S. 1 EStG.

Der Kaufmann Ebert ist nach den allgemeinen Vorschriften des UStG zum Vorsteuerabzug berechtigt. Am 10.06.01 erwirbt er ein Kopiergerät für sein Unternehmen: Nettorechnungsbetrag 700,00 DM zzgl. 50,00 DM Versandkosten zzgl. 120,00 DM Umsatzsteuer (16 v.H.) = 870,00 DM.

Die Anschaffungskosten betragen (ohne Umsatzsteuer, aber einschließlich der Nebenkosten) 750,00 DM. Zu beachten ist die Bewertungsfreiheit des § 6 Abs. 2 EStG. Die Anschaffung ist in Höhe von 750,00 DM Betriebsausgabe des Jahres 01, da es sich um ein geringwertiges Wirtschaftsgut (GWG) handelt.

Ebert sind anlässlich einer Warenbestandsverstärkung am 10.12.01 folgende Aufwendungen entstanden (die Ware ist am Bilanzstichtag des 31.12.01 (WJ = KJ § 4 a EStG) noch vorhanden):

	Nettopreis	USt	Summe
Kaufpreis	10.000,00 DM	1.600,00 DM	11.600,00 DM
Frachtkosten	700,00 DM	112,00 DM	812,00 DM
Transportversicherung	250,00 DM	-	250,00 DM
Rollgelder	100,00 DM	16,00 DM	116,00 DM
Zölle und Gebühren	500,00 DM	-	500,00 DM
Insgesamt	11.500,00 DM	1.728,00 DM	13.278,00 DM

Die Anschaffungskosten betragen für die im Inventar und in der Bilanz auszuweisenden, mit den Anschaffungskosten zu bewertende Ware, 11.550,00 DM.

Bitte achten Sie stets auf die Vorbemerkungen in einer Klausur. Dem Hinweis, ob der Steuerpflichtige nach den allgemeinen Vorschriften des UStG versteuert, entnehmen Sie, wie Sie die Umsatzsteuer bei der Ermittlung von Anschaffungs- und Herstellungskosten zu behandeln haben. Die eigentlichen Klausursachverhalte enthalten insofern keine Hinweise mehr.

1.15.1.6.4   Nicht abziehbare Vorsteuer

Wird eine Rechnungsvorsteuer als abzugsfähig erkannt, weil der Steuerpflichtige nach den allgemeinen Vorschriften des UStG versteuert, dann rechnet diese Vorsteuer nicht zu den Anschaffungskosten. Zugleich ist über § 9 b Abs. 1 S. 1 EStG kodifiziert, dass die nicht abziehbare Vorsteuer zu den Anschaffungskosten gehört.

Der praktische Arzt Dr. med. Mull erwirbt für seine Praxis einen Pkw, mit dem man immer einen Parkplatz findet, für 25.000,00 DM zzgl. 4.000,00 DM Umsatzsteuer. Dr. Mull bilanziert freiwillig. Die zu aktivierenden, auf die betriebsgewöhnliche Nutzungsdauer des Pkw zu verteilenden Anschaffungskosten betragen 29.000,00 DM, weil Dr. Mull ausschließlich steuerfreie Umsätze nach § 4 Nr. 14 UStG erzielt, die dem Ausschluss vom Vorsteuerabzug i.S.d. § 15 Abs. 2 S. 1 Nr. 1 UStG unterliegen; vgl. § 9 b Abs. 1 S. 1 EStG.

Dr. Mull erwirbt für seine Praxis einen Schrank für die Deponierung seiner Medikamentenproben. Der Fachhändler berechnet 2.000,00 DM zzgl. 16 v.H. Umsatzsteuer = 320,00 DM. Beispiel 2

Lösung wie Beispiel 1. Die Bagatellgrenze des § 9 b Abs. 1 S. 2 Nr. 1 und 2 EStG dient der Vereinfachung und gilt nur, wenn Vorsteuerbeträge umsatzsteuerrechtlich *nur zum Teil* abziehbar sind und aus diesem Grunde eine Aufteilung vorzunehmen ist; vgl. R 86 Abs. 2 S. 4 EStR.

Dr. Mull kauft einen Erste-Hilfe-Koffer für 750,00 DM zzgl. 120,00 DM Umsatzsteuer. Die Anschaffungskosten betragen 870,00 DM. Unter Beachtung der Bewertungsfreiheit (§ 6 Abs. 2 EStG) ist die Betriebsausgabe in voller Höhe im Erwerbsjahr als Aufwand zu behandeln (GWG). Für die Anwendung der Bewertungsfreiheit nach § 6 Abs. 2 EStG kommt es i.S.v. R 86 Abs. 4 EStR auf den reinen Warenpreis ohne Vorsteuer an (800,00 DM Grenze). Beispiel 3

Zurechnung der nicht abzugsfähigen Vorsteuer zu den Anschaffungskosten:

Nach R 86 Abs. 1 S. 2 EStR gilt die Zurechnung der Vorsteuer, die nach § 15 Abs. 2 UStG nicht abgezogen werden darf, sowohl für Wirtschaftsgüter des Anlagevermögens als auch für solche des Umlaufvermögens.

Als Folge erhöht die nicht abzugsfähige Vorsteuer den Waren- bzw. Materialeinsatz der veräußerten bzw. verbrauchten Wirtschaftsgüter oder, soweit die Güter am Bilanzstichtag noch vorhanden sind, deren aktivierungspflichtige Anschaffungskosten. Im letztgenannten Fall wirkt sich die Vorsteuer mit dem Verbrauch auf den Gewinn aus.

Steht nicht abzugsfähige Vorsteuer im Zusammenhang mit sofort abzugsfähigen Betriebsausgaben, so erhöht sich der Aufwand entsprechend und führt unmittelbar zur Gewinnminderung.

1.15.1.6.5 Teilweise abziehbare Vorsteuer

Unternehmer mit Umsätzen, die zum Ausschluss vom Vorsteuerabzug führen und Umsätzen, bei denen ein solcher Ausschluss nicht anwendbar ist, haben ihre Vorsteuer nach § 15 Abs. 4 UStG einer Aufteilung zu unterziehen.

Zum Rahmen eines Unternehmers gehört ein Gebrauchtwagenhandel und ein Mietwohngrundstück. Die Rechnungsvorsteuer ist hinsichtlich des Gebrauchtwagenhandels (vorbehaltlich der Differenzbesteuerung des § 25 a UStG) abzugsfähig und hinsichtlich des Mietwohngrundstücks aufgrund § 15 Abs. 2 S. 1 Nr. 1 i.V.m. § 4 Nr. 12 a UStG nicht abzugsfähig. Die Vorsteuer ist gem. § 15 Abs. 4 UStG aufzuteilen. Beispiel

Rechtsfolgen:

- Der *abziehbare* Teil der Vorsteuer gehört nicht zu den Anschaffungskosten
- Der nicht *abziehbare* Teil der Vorsteuer ist grundsätzlich den Anschaffungskosten (ggf. den Herstellungskosten) zugedacht worden

Für den Fall der Nichtabziehbarkeit der Vorsteuer ist die Vereinfachungsregelung des § 9 b Abs. 1 S. 2 Nrn. 1 und 2 EStG zu prüfen. Dies gilt aber gem. R 86 Abs. 2 S. 4 EStR nur für den Fall, dass die Vorsteuer umsatzsteuerlich nur zum Teil abziehbar ist und aus diesem Grunde eine Aufteilung vorzunehmen ist. Diese Erkenntnis richtet sich nach der Anwendbarkeit des § 15 Abs. 4 UStG.

1.15.1.6.6 Anwendbarkeit der Vereinfachungsregelung

Nach § 9 b Abs. 1 S. 2 EStG muss der nicht abzugsfähige Vorsteueranteil *nicht* den Anschaffungs- oder Herstellungskosten zugerechnet werden,

wenn er 25 v.H. des Vorsteuerbetrags und 500,00 DM nicht übersteigt oder

wenn die zum Ausschluss vom Vorsteuerabzug führenden Umsätze nicht mehr als 3 v.H. des Gesamtumsatzes betragen.

Der Kaufmann Ebert erwirbt ein Grundstück, das er zu 20 v.H. zur Vermietung an seine Betriebsangehörigen verwendet. Die übrigen 80 v.H. des Grundstücks dienen seinen sonstigen betrieblichen Bestimmungszwecken. Der Kaufpreis beträgt 500.000,00 DM zzgl. 80.000,00 DM Umsatzsteuer. Die Notarkosten belaufen sich auf 5.000,00 DM zzgl. 800,00 DM Umsatzsteuer. An Grunderwerbsteuer und Grundbucheintragung wurden insgesamt 18.000,00 DM aufgewendet.

Die steuerfreien Umsätze betragen – gemessen am Gesamtumsatz – 2 v.H.

Beispiel

- *Prüfung des § 9 b Abs. 1 S. 2 Nr. 1 EStG:*

  Vorsteuer 80.800,00 DM aus Gebäude und Notar.
  80.800,00 DM x 20 v.H. = 16.160,00 DM
  [§§ 15 Abs. 2 S. 1 Nr. 1, 4 Nr. 12 a, 15 Abs. 4 UStG]
  16.160,00 DM sind weniger als 25 v.H. des Vorsteuerbetrags, aber mehr als 500,00 DM.

Die nicht abzugsfähige Vorsteuer in Höhe von 16.160,00 DM gehört zu den Anschaffungskosten, weil die Bagatellregelung des § 9 b Abs. 1 S. 2 Nr. 1 EStG keine Anwendung findet;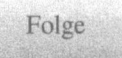

oder:

- *Prüfung des § 9 b Abs. 1 S. 2 Nr. 2 EStG*

  Vorsteuer 80.800,00 DM x 20 v.H. = 16.160,00 DM.

Gemäß dem Sachverhalt betragen die zum Ausschluss vom Vorsteuerabzug führenden Umsätze – gemessen am Gesamtumsatz – nicht mehr als 3 v.H.

Die nicht abzugsfähige Vorsteuer in Höhe von 16.160,00 DM ist als sofort abzugsfähiger Aufwand zu behandeln, weil die Bagatellregelung des § 9 b Abs. 1 S. 2 Nr. 2 EStG keine Anwendung findet.

Buchung:

Gebäude   523.000,00 DM
Vorsteuer   64.640,00 DM (80 %)
S.b.A.   16.160,00 DM (20 %) an Finanzkonto 603.800,00 DM
               (Aus Vereinfachungsgründen ohne Grund und Boden)

Der Vereinfachungsregelung des § 9 b EStG kommt erhöhte Bedeutung zu, wenn die Klausuraufgabe das niedrigste Ergebnis verlangt. In diesem Fall müssen Sie den höchstmöglich zu buchenden Aufwand anstreben. Das Beispiel zu § 9 b EStG zeigt auch, dass Sie in Einkommensteuer- bzw. Bilanzklausuren umsatzsteuerliches Wissen benötigen. Wie immer ist den Klausurvorbemerkungen erhöhte Aufmerksamkeit zu widmen.

- *Weitere Hinweise*

§ 9 b Abs. 1 S. 2 Nr. 1 EStG bestimmt 25 v.H. des Vorsteuerbetrags und die Grenze von 500,00 DM. Beide Voraussetzungen müssen vorliegen, d.h., es darf weder die eine, noch die andere Grenze überschritten sein. Die Bagatellgrenze bezieht sich jeweils auf den nicht abzugsfähigen Vorsteuerbetrag eines Wirtschaftsgutes, vgl. R 86 Abs. 2 S. 1 bis 3 EStR.

§ 9 b Abs. 1 S. 2 Nr. 2 EStG stellt mit seiner Grenze von 3 v.H. alternativ auf die Umsätze des gesamten Unternehmens ab.

Der Begriff des Gesamtumsatzes i.S.d. § 9 b EStG umfasst sämtliche Unternehmensumsätze. Er ist nicht aus der umsatzsteuerlichen Vorschrift des § 19 Abs. 3 UStG herzuleiten.

Bei mehreren gleichartigen Wirtschaftsgütern, die stückzahlmäßig gehandelt werden, gilt die 500,00 DM-Grenze jeweils für den auf ein Stück entfallenden, nicht abziehbaren Vorsteuerbetrag. Bei Wirtschaftsgütern, die mengenmäßig gehandelt werden, ist von der jeweils üblichen Rechnungseinheit auszugehen, vgl. R 86 Abs. 2 S. 2 und 3 EStR.

Die beiden Vereinfachungsregelungen des § 9 b EStG unterscheiden sich in der Hinsicht, dass die Nr. 1 auf das einzelne Wirtschaftsgut und die Nr. 2 auf das Unternehmen abstellt.

Zweckmäßigerweise ist zuerst nach der Nr. 2 zu prüfen, ob eine Aktivierung erforderlich ist. Ist dies zu verneinen, kann eine Prüfung nach der Nr. 1 erst recht entfallen.

Merke   Die Vereinfachungsregelung des § 9 b EStG gilt nicht bei einem Wirtschaftsgut, bei dem der Vorsteuerabzug in voller Höhe nicht abziehbar ist.

1.15.1.6.7   Berichtigung des Vorsteuerabzugs nach § 15 a UStG

Nach § 9 b Abs. 2 EStG ist die Vorsteuerberichtigung nach § 15 a UStG:

- bei Nachzahlung an das Finanzamt als *Aufwand*
- bei Erstattung durch das Finanzamt als *Ertrag*

zu erfassen. Die Vorschrift stellt für die Praxis eine erhebliche Arbeitserleichterung dar, weil mit ihrer Hilfe ursprünglich ermittelte Anschaffungs- oder Herstellungskosten nicht mehr geändert werden müssen. Diese Vereinfachung ist aus der ständigen Rechtsprechung des BFH (BStBl. 1992 II, S. 1038) hervorgegangen. § 9 b Abs. 2 EStG ist als Gesetzeswortlaut allerdings zwingend zu beachten.

1.15.1.7   Anschaffungspreisminderungen

Ist der Steuerpflichtige zum Einbehalt von Zahlungsabzügen ermächtigt und kommt es tatsächlich zu solchen Abzügen, dürfen diese Kürzungen in den Anschaffungskosten nicht enthalten sein. In Betracht kommen insbesondere: Skonti, Rabatte und Boni. Die Anschaffungskosten sind also um solche Vorteilsgewährungen zu kürzen. Solche Anschaffungspreisminderungen können bedeutsam bei der Frage sein, ob für ein Wirtschaftsgut die Bewertungsfreiheit des § 6 Abs. 2 EStG (GWG) anwendbar ist.

Beispiel   Die Nettoanschaffungskosten betragen 824,00 DM. Der Veräußerer gewährt 3 v.H. Skonto. Der Erwerber kann die Bewertungsfreiheit beanspruchen, wenn er den Skontoabzug anwendet (Sofortabschreibung). Ansonsten hat er die Anschaffungskosten in Höhe von 824,00 DM über die betriebsgewöhnliche Nutzungsdauer zu verteilen und im Wege der AfA abzuschreiben.

Anschaffungskosten über 800,00 DM mit zu gewährendem Skontoabzug:

Der Kaufmann Ebert erwirbt bei einem Bürobedarfhersteller eine Akten-vernichtungsanlage für 10.000,00 DM zzgl. 1.600,00 DM Umsatzsteuer. Ebert zahlt den Kaufpreis nach Abzug von 3 v.H. Skonto (= 348,00 DM) 11.252,00 DM.

Die aktivierungspflichtigen Anschaffungskosten betragen unter Abzug des Nettoskontos (10.000,00 DM ./. 300,00 DM) 9.700,00 DM. Zu beach-ten ist, dass der Skontoabzug nicht als Ertrag ausgewiesen werden darf, weil er insoweit bereits die Anschaffungskosten gemindert hat. Die Ge-winnerhöhung ist demnach im Anschaffungsjahr nicht sofort realisiert, sondern erst im Laufe der Jahre, bedingt durch eine entsprechend geringe-re AfA bezogen auf die Gesamtnutzungsdauer des Wirtschaftsgutes.

Die vorangegangenen Ausführungen gelten bei der Bewertung des Vor-ratsvermögens entsprechend. Voraussetzung ist allerdings die Bezahlung vor dem Bilanzstichtag, da ansonsten eine Kaufpreisminderung noch nicht eingetreten ist.

1.15.1.7.1 Nachträgliche Minderungen

Nachträgliche Anschaffungspreisminderungen sind in dem Zeitpunkt zu berücksichtigen, in dem sie tatsächlich eintreten.

1.15.1.7.2 Auswirkungen auf die Abschreibung

Nachträgliche Anschaffungspreisminderungen ändern nicht die AfA-Beträge der vergangenen Veranlagungszeiträume. Die Auswirkungen vollziehen sich wie folgt:

Die Minderung ist von dem vorhandenen Restwert zu kürzen. Der danach verbleibende Betrag ist bei der

- linearen AfA auf die Restnutzungsdauer zu verteilen
- degressiven AfA im Wege des verminderten Absetzungsvolumens mit den bisherigen AfA-Sätzen abzuschreiben

Siehe zu diesem Thema R 45 Abs. 4 EStR sowie die Beispiele in H 44 EStR im Vorgriff auf das noch zu behandelnde Kapitel der Absetzung für Abnutzung.

1.15.1.7.3 Behandlung von Zuschüssen und Zulagen

Begrifflich handelt es sich um Beigaben von dritter Stelle, bei denen je-mand ein erhöhtes Interesse an einem bestimmten Wirken des Steuer-pflichtigen hat. Eine direkte Gegenleistung fehlt beim (echten) Zuschuss.

Erhält ein Steuerpflichtiger private oder öffentliche Zuschüsse für die Anschaffung eines Wirtschaftsgutes, hat er ein Wahlrecht, ob er diese als Betriebseinnahmen erfasst oder erfolgsneutral behandelt; vgl. R 34 Abs. 1 EStR zum Begriff des Zuschusses und Abs. 2 zum Wahlrecht. Im ersten Fall werden die Anschaffungskosten der betreffenden Wirtschaftsgüter nicht berührt. Im zweiten Fall sind die Anschaffungskosten um die gewährten Zuschüsse zu kürzen.

1.15.1.7.4   Sonderfall Investitionszulage

Investitionszulagen mindern nicht die Anschaffungskosten (§ 9 InvZulG 1999). Sie sind bei Antragstellung in der Buchhaltung als Forderungen auszuweisen.

Klausurhinweis

Erwähnt der Klausurverfasser mit einem lapidaren Hinweis eine Anspruchsmöglichkeit nach dem InvZulG, müssen Sie den Ausweis einer entsprechenden sonstigen Forderung in Erwägung ziehen.

„Böse Klausuren" enthalten nicht einmal einen solchen Anhaltspunkt. Meist geht es um Erwerbe von neuen Wirtschaftsgütern für Betriebe oder Filialen im Fördergebiet. Die Aufgabe erwartet von Ihnen zunächst die Erkennung der Förderung überhaupt und gegebenenfalls anschließend die Berechnung der Förderung nebst Ausweis als sonstige Forderung. Einziger Hinweis: „Der Mandant wünscht das steuerlich günstigste Ergebnis."

1.15.1.8   Geldbeschaffungskosten (Finanzierungskosten)

Für die Finanzierung eines Kaufpreises eines Wirtschaftsgutes aufgewendete Geldbeschaffungskosten, etwa z.B. Zinsen, Spesen und Damnum, stehen in mittelbarem Zusammenhang mit dem Anschaffungsgeschäft. Die Kosten des zur Anschaffung eines Wirtschaftsgutes aufgenommen Kredits sind keine Anschaffungskosten des Wirtschaftsgutes, sondern Anschaffungskosten des Kredits. Entsprechendes gilt für Stundungs- und Verzugszinsen sowie Vertragsstrafen.

1.15.1.9   Abgrenzung Finanzierungs- und Anschaffungskosten

Beispiel

Keine Anschaffungskosten sind Aufwendungen für die Finanzierung von Wirtschaftsgütern. Der Kaufmann Ebert erwirbt von seinem Vater ein bebautes Grundstück für dessen betriebliche Zwecke. Die übernommene und notariell beglaubigte Darlehnsschuld valutiert am Tag des Lasten- und Nutzungsübergangs mit 355.000,00 DM. Darin enthalten sind 5.000,00 DM Zinsen, die der Vater rückständig geblieben ist.

Die Anschaffungskosten betragen 355.000,00 DM. Die Übernahme der rückständigen Zinsbeträge des Vaters zählt zu den Anschaffungskosten des Ebert; die fortlaufenden Zinsen sind sofort abzugsfähige Betriebsausgaben und stellen keine Anschaffungskosten dar. Aus Vereinfachungsgründen wurde auf die Nebenkostenproblematik (GrESt, Notar, Grundbuch) verzichtet.

Beispiel

1.15.1.10 Aufteilung des Gesamtkaufpreises

Werden gleichzeitig mehrere Wirtschaftsgüter zu einem Gesamtkaufpreis erworben, muss dieser auf die einzelnen Wirtschaftsgüter aufgeteilt werden. Dies hat im Verhältnis der Teilwerte (Verkehrswerte bei Privatvermögen) zu geschehen.

Ebert erwirbt mit einheitlichem Vertrag den gesamten Maschinenpark seines in Konkurs geratenen Konkurrenten Kuno Unglück.

Beispiel

Die Aufteilung des Gesamtkaufpreises auf die erworbenen Wirtschaftsgüter hat im Verhältnis der Teilwerte (der einzelnen Stücke) zu erfolgen.

1.15.2 Herstellungskosten

Herstellungskosten sind diejenigen Aufwendungen, die durch den Verbrauch von Gütern und die Inanspruchnahme von Diensten für die Herstellung (= Erschaffung) eines Vermögensgegenstandes, seine Erweiterung oder für eine über seinen ursprünglichen Zustand hinausgehende wesentliche Verbesserung entstehen.

Herstellungskosten sind Bestandteil der Selbstkosten. Zu den Herstellungskosten gehören demnach die Kosten, die unmittelbar dem Herstellungsprozess dienen, z.B. Rohmaterialien und Aufwendungen, die zwangsläufig im Zusammenhang mit der Schaffung des Gutes entstehen, z.B. die Arbeitskraft des Personals oder Aufwendungen, die mit der Herstellung in einem engen wirtschaftlichen Zusammenhang stehen, wie z.B. der Energieverbrauch.

Der Begriff (Definition) ist dem Handelsrecht nach § 255 Abs. 2 S. 1 HGB entnommen. Er gilt ebenfalls für das Steuerrecht, wie R 33 Abs. 1 EStR mit dem steuerrechtlichen Begriff des Wirtschaftsguts dokumentiert. Nach der gesetzlichen Definition werden

durch die *Herstellungsmittel:*

1. Verbrauch von Gütern und
2. Inanspruchnahme von Diensten

Herstellungsergebnisse erreicht:

1. Herstellung eines Erzeugnisses (Vermögensgegenstand),
2. Erweiterung eines Vermögensgegenstandes oder
3. wesentliche Verbesserung eines Vermögensgegenstandes.

Nach Auffassung des BFH liegt eine Herstellung immer dann vor, wenn der Steuerpflichtige das Wirtschaftsgut auf eigene Rechnung und Gefahr herstellt oder herstellen lässt und das Herstellungsgeschehen beherrscht.

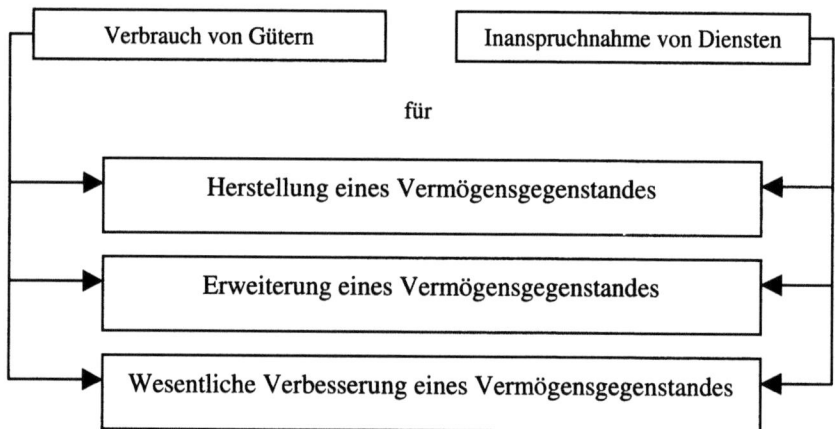

Herstellung eines Gegenstandes bedeutet, dass eine bisher noch nicht bestehende Sache neu geschaffen wird; sog. Neuschaffung. Der Grundtatbestand der Herstellung erstreckt sich auf Gegenstände des Umlauf- aber auch des Anlagevermögens.

Die Erweiterung und die wesentliche Verbesserung beziehen sich als Herstellungstatbestände auf bereits vorhandene Vermögensgegenstände. In diesen Fällen liegt keine Neuschaffung vor, sondern man spricht von nachträglichen Herstellungskosten. Beim Anlagevermögen führen beispielsweise Maßnahmen wie: Generalüberholung, Wesensveränderung, Erweiterung und wesentliche Verbesserung zu nachträglichen Herstellungskosten und somit insgesamt zu Herstellungskosten.

Die Regelung des § 255 Abs. 2 S. 1 HGB enthält eine abschließende Nennung aller zu Herstellungskosten führenden Tatbeständen. Zu aktivierender Herstellungsaufwand liegt daher nur dann vor, wenn einer der drei Herstellungstatbestände erfüllt ist.

Der Verbrauch von Gütern geschieht durch

- Verarbeitung von Roh-, Hilfs- und Betriebsstoffen und

- Abschreibung der bei der Herstellung eingesetzten Maschinen, Geräte, Gebäude und Fahrzeuge

Die Inanspruchnahme von Diensten bedeutet Beschäftigung von Arbeitnehmern, die am Herstellungsprozess beteiligt sind. So genannte Fertigungslöhne sind die auf den Herstellungsaufwand entfallenden Kosten, die in die Herstellungskosten einzubeziehen sind.

1.15.2.1 Abgrenzung der Herstellungskosten von den Anschaffungskosten

Steuerliche Rechtsfolgen können nur dann zutreffend gebildet werden, wenn unterschiedliche Fachgebiete voneinander abgegrenzt werden können. Schwierigkeiten bereitet der Tatbestand der wesentlichen Verbesserung, der zwischen Herstellungs- und Erhaltungsaufwand wie folgt voneinander abzugrenzen ist:

Herstellungskosten	Erhaltungsaufwand
• Generalüberholung • Wiederherstellung • Wesensänderung • Erweiterung • Wesentliche Verbesserung	• Erhaltung (Instandhaltungsaufwand) oder • Wiederherstellung (Instandsetzungsaufwand) • der Verwendungs- und/oder • Nutzungsmöglichkeit
Rechtsfolge:	Rechtsfolge:
Aktivierung als Herstellungsaufwand	Sofortige Absetzung als Erhaltungsaufwand

Problemstellung:

Ein Mandant wird anhand des günstigsten steuerlichen Ergebnisses entscheiden, ob er die Einordnung seiner Aufwendungen in die Herstellungskosten oder in die Erhaltungsaufwendungen bevorzugt. Er wird Entsprechendes bei seiner Steuerberatung einfordern. Das BMF-Schreiben zur Abgrenzung von Herstellungs- und Erhaltungsaufwendungen bei Instandsetzung und Modernisierung von Gebäuden vom 16.12.1996 (BStBl. I, S. 1442) wird für alle Aus- und Weiterbildungszwecke empfohlen.

Beachtlich sind dem Grunde nach übliche Erhaltungsaufwendungen, die aber in einem derart engen räumlichen und zeitlichen Zusammenhang mit Herstellungsaufwendungen miteinander stehen, dass die Gesamtmaßnahme dem Gebiet der Herstellungskosten zuzuordnen ist. Hierzu bedarf es zweier Voraussetzungen:

- Enger räumlicher und zeitlicher Zusammenhang zwischen Herstellungs- und Erhaltungsaufwendungen sowie ein
- wirtschaftlich einheitlicher Vorgang

Sind beide Voraussetzungen erfüllt, handelt es sich um aktivierungspflichtigen Herstellungsaufwand.

| Beispiel 1 | Der Kaufmann Hartwig bricht in seinem Ladenlokal nicht tragende Wände heraus, um einen größeren Raum zu erhalten. Zeitgleich werden Renovierungsarbeiten erforderlich und auch durchgeführt. |

Die Renovierungsarbeiten sind i.d.R. Erhaltungsaufwand, weil nichts Neues geschaffen wird. Sie stehen in engem räumlichen und zeitlichen Zusammenhang mit der Herstellungsmaßnahme der Neuschaffung eines Verkaufsraumes und bilden einen einheitlich wirtschaftlichen Vorgang. Als Folge zählen auch die Renovierungsarbeiten zu den Herstellungskosten.

| Beispiel 2 | Hartwig lässt auch das Dachgeschoss abreißen, das Gebäude um eine Etage aufstocken und dann das Dach neu eindecken. Das alte Dach war stark reparaturbedürftig. |

Eine solche Reparatur ist üblicherweise eine Erhaltungsmaßnahme. Im vorliegenden Fall befindet sie sich aber in einem engen räumlichen und zeitlichen Zusammenhang zur Aufstockung, wird damit insgesamt zur Herstellungsmaßnahme und bildet mit dieser wirtschaftlich einen einheitlichen Vorgang. Als Folge zählt auch die neue Dacheindeckung zu den Herstellungskosten.

| Abwandlung | Hartwig lässt das Erdgeschoss im Sinne des Beispiels 1 umbauen und gleichzeitig das stark reparaturbedürftige Dach neu eindecken. |

Der Erdgeschossumbau und die Dachreparatur stehen zwar in einem zeitlichen, aber nicht in einem räumlichen Zusammenhang. Beide Maßnahmen bilden keinen wirtschaftlich einheitlichen Vorgang; der Aufwand für die neue Dacheindeckung ist folglich Erhaltungsaufwand.

1.15.2.2 Beginn und Ende der Herstellung

Herstellung bedeutet innerhalb eines Zeitraums Werte in Erzeugnisse bzw. Produkte zu wandeln oder Anlagegegenstände zu produzieren. Diese Herstellungsprozesse haben einen Beginn und ein Ende. Der Gesetzgeber formuliert daher in § 255 Abs. 2 S. 5 HGB den „Zeitraum der Herstellung."

1.15.2.2.1 Beginn der Herstellung

Jeder Herstellungsprozess beginnt mit dem eigentlichen technischen Herstellungsvorgang. Insoweit hat ein unmittelbarer sachlicher Zusammenhang einer Maßnahme zum herzustellenden Erzeugnis zu bestehen.

Der Beginn der Herstellung ist maßgebend für den Zeitpunkt der Aktivierung von Herstellungskosten in der Bilanz.

1.15.2.2.2 Ende der Herstellung

Der Herstellungsprozess endet mit der Fertigstellung der Erzeugnisse. Die Fertigstellung fällt somit mit der Auslieferungsfähigkeit der Produkte zusammen. Gegenstände des Anlagevermögens gelten im Allgemeinen als fertiggestellt, wenn sie ihrer Bestimmung gemäß nutzungsfähig sind.

Ist ein Gegenstand noch nicht endgültig fertiggestellt, rechnen die noch ausstehenden Aufwendungen bis zur Vollendung zu den Herstellungskosten.

An einem Gebäude fehlt es noch am Außenputz.

Beispiel

Aufwendungen zur Beseitigung von bei der Herstellung aufgetretenen Mängeln zählen ebenfalls zu den Herstellungskosten.

Hiervon abzugrenzen sind Aufwendungen, die nach der endgültigen Fertigstellung auftreten können. In diesem Fall handelt es sich entweder um nachträgliche Herstellungskosten oder Erhaltungsaufwendungen.

1.15.2.3 Wesensmerkmale der Herstellung

Kennzeichnend für die Herstellung ist die Erschaffung eines vorher nicht existierenden Erzeugnisses. Dieser Vorgang wird als Erstherstellung bezeichnet.

Unter den Begriff der Zweitherstellung fallen Vorgänge der Generalüberholung verbrauchter Anlagegegenstände oder der Wiederherstellung. Hierunter sind auch Prozesse zu verstehen, bei denen ein noch nicht verbrauchter Anlagegegenstand in seinem Wesen verändert wird.

1.15.2.3.1 Begriff der Generalüberholung

Bei einer Generalüberholung liegt ein Gegenstand vor, der vor dieser Maßnahme vollkommen abgenutzt und verbraucht war. Das Ergebnis muss insgesamt zu einem der Erstherstellung vergleichbaren Ergebnis führen. In diesem Fall ist die Maßnahme der Generalüberholung den Herstellungskosten zuzurechnen. Hiervon abzugrenzen ist die so genannte wesentliche Verbesserung.

1.15.2.3.2 Begriff der Wiederherstellung

Kennzeichnend für diesen Vorgang sind Maßnahmen, die an untergegangenen oder teilzerstörten Gegenständen vorgenommen werden, die zuvor mit dem Buchwert aus dem Betriebsvermögen im Wege der außerplanmäßigen Abschreibung ausgeschieden sind; vgl. hierzu § 7 Abs. 1 S. 6 EStG n.F. und § 253 Abs. 2 HGB. Die Wiederherstellungsmaßnahmen gehören zu den Herstellungskosten.

Bei der steuerrechtlichen Absetzung für außergewöhnliche technische oder wirtschaftliche Abnutzung (AfaA) i.S.d. § 7 Abs. 1 S. 6 EStG n.F. ist für Wirtschaftjahre (§ 4 a EStG), die nach dem 31.12.1998 enden, Folgendes zu beachten:

Entfällt der Grund für die AfaA in späteren Wirtschaftsjahren, ist in den Fällen des Betriebsvermögensvergleichs (§§ 4 Abs. 1,5 EStG) eine entsprechende Zuschreibung (Anm. Wertaufholung) vorzunehmen.

Zur erstmaligen Anwendung siehe § 52 Abs. 21 EStG.

1.15.2.3.3   Begriff der Wesensänderung

Charakteristische Merkmale einer Wesensänderung sind die Funktionsänderungen des erarbeiteten Gegenstandes. Gemessen an seiner bisherigen Zweckbestimmung entsteht im Vergleich zum bisherigen ein anderer Gegenstand.

Beispiele   Eine Lagerhalle wird in Büroräume gewandelt. Ein Erdgeschoss eines Einfamilienhauses wird in eine Gaststätte umgebaut.

1.15.2.3.4   Erweiterung eines Vermögensgegenstandes

Die Erweiterung eines Vermögensgegenstandes geschieht dadurch, dass seine Substanz vermehrt wird:

Beispiele   Ausbau eines Speichers zu Wohnzwecken, Errichtung eines Anbaus, Einbau eines Personenfahrstuhls.

1.15.2.3.5   Wesentliche Verbesserung
eines Vermögensgegenstandes

Der Gesetzeswortlaut des § 255 Abs. 2 S. 1 HGB bestimmt, dass Herstellungskosten auch Aufwendungen sind, die eine über den ursprünglichen Zustand eines Vermögensgegenstandes hinausgehende wesentliche Verbesserung verursachen. Diese Ursache ist zugleich Abgrenzungskriterium zu den Erhaltungsaufwendungen.

Eine wesentliche Verbesserung ist vor allem dann anzunehmen, wenn eine das Wesen des Gegenstandes betreffende Verbesserung seiner Verwendungs- und Nutzungsmöglichkeit geschaffen wird. Die Maßnahme muss wesentlicher Natur sein, eine nur untergeordnete Verwendungs- und Nutzungserweiterung ist unbeachtlich. Voraussetzung ist nicht etwa, dass etwas Bestehendes lediglich ersetzt bzw. modernisiert wird, sondern dass etwas Neues, bisher nicht Dagewesenes, hinzugefügt wird. Dienen z.B. Maßnahmen der üblichen Modernisierung und der Anpassung an die gestiegenen Anforderungen von Funktion und Ausstattung, dann sind zwar Verbesserungen geschaffen worden. Eine Herstellungsmaßnahme, die zur

Aktivierung der Aufwendungen führen würde, ist alleine dadurch nicht entstanden.

1.15.2.4 Besonderheiten bei den Herstellungskosten

Hervorhebenswert sind Herstellungskosten im Zusammenhang mit Eigen- und Fremdherstellungsprozessen sowie in Anlagegegenständen immaterieller Art.

1.15.2.4.1 Eigen- und Fremdherstellung

Die Herstellung von Erzeugnissen kann als Eigenherstellung im eigenen Unternehmen oder aber als Fremdherstellung im eigenen Auftrag, aber durch fremde Unternehmen, geschehen. Produkte, die in Eigen- oder Fremdherstellung erzeugt werden, verursachen Herstellungskosten. Mischformen sind denkbar, ohne dass sich eine rechtliche Auswirkung ergibt.

1.15.2.4.2 Immaterielle Anlagegegenstände

Immaterielle Anlagegegenstände, also alle unkörperlichen Güter, dürfen nicht aktiviert werden, wenn sie vom Steuerpflichtigen selbst hergestellt worden sind. Es besteht ein Aktivierungsverbot nach § 248 Abs. 2 HGB, das über § 5 Abs. 1 S. 1 EStG auch maßgeblich für die Steuerbilanz ist. Zu den immateriellen Vermögensgegenständen gehören insbesondere Rechte, rechtsähnliche Werte sowie sonstige Vorteile wie Nutzungsrechte, Patente, Markenrechte, Urheberrechte, Verlagsrechte, Lizenzen usw.

Immaterielle Vermögensgegenstände können zum abnutzbaren oder nicht abnutzbaren Anlagevermögen gehören. Von einem abnutzbaren immateriellen Wirtschaftsgut ist auszugehen, wenn sein Nutzen zeitlich beschränkt ist, z.B. bei einem zeitlich befristeten Recht. Es ist nicht abnutzbar, wenn es dem Betrieb für seine Bestehensdauer erhalten bleibt. Werden immaterielle Vermögensgegenstände entgeltlich erworben, besteht ein Aktivierungsgebot nach § 246 Abs. 1 HGB (§ 5 Abs. 1 S. 1 EStG für die Steuerbilanz); ferner: § 5 Abs. 2 EStG.

Die Herstellungskosten eines selbstgeschaffenen immateriellen Anlagegegenstandes dürfen nicht aktiviert werden; die eines erworbenen müssen aktiviert werden.

Merke

Ein immaterielles Anlagegut ist auch dann selbst hergestellt, wenn ein Anderer mit der Herstellung betraut wird, das Risiko aber beim Auftraggeber verbleibt.

1.15.2.5   Umfang der Herstellungskosten

Der Umfang der Herstellungskosten ist sowohl aus handelsrechtlicher, als auch aus steuerrechtlicher Sicht zu betrachten; insgesamt bestehen die folgenden Unter- und Obergrenzen der Aktivierung von Herstellungskosten:

1.15.2.5.1   Handelsrecht

Handelsrechtlich sind die Herstellungskosten in drei Kategorien zu unterteilen:

Zu den Herstellungskosten zählen Materialkosten, Fertigungskosten und Sonderkosten der Fertigung; vgl. § 255 Abs. 2 S. 2 HGB. Für diese Aufwendungen herrscht ein Aktivierungsgebot.

In die Herstellungskosten dürfen angemessene Teile der notwendigen Materialgemeinkosten, der notwendigen Fertigungsgemeinkosten und des Wertverzehrs des Anlagevermögens, soweit er durch die Fertigung veranlasst ist, einbezogen werden; vgl. § 255 Abs. 2 S. 3 HGB. Für diese Aufwendungen besteht ein Aktivierungswahlrecht.

In die Herstellungskosten dürfen auch Kosten der allgemeinen Verwaltung, Aufwendungen für soziale Einrichtungen des Betriebs, Aufwendungen für freiwillige soziale Leistungen und Aufwendungen für die betriebliche Altersversorgung eingerechnet werden; vgl. § 255 Abs. 2 S. 4 HGB. Für diese Aufwendungen besteht ebenfalls ein Aktivierungswahlrecht.

Darum gilt:

Beim Aktivierungsgebot nach Satz 2 sind alle Aufwendungen, die am Herstellungsprozess beteiligt waren, als Herstellungskosten zu aktivieren. Aufgrund des Zwanges zur Aktivierung bilden diese Aufwendungen die Untergrenze der handelsrechtlichen Aktivierung. Durch die Wahlrechte der Sätze 3 und 4, wonach die dort genannten Posten den Herstellungskosten hinzuaktiviert werden dürfen, bilden die Aufwendungen des Satzes 4 die Obergrenze der handelsrechtlichen Aktivierung.

1.15.2.5.2   Steuerrecht

Steuerrechtlich besteht für die Aufwendungen nach Satz 3 ein Aktivierungsgebot, während für die Aufwendungen nach Satz 4 – wie im Handelsrecht – ein Aktivierungswahlrecht besteht; vgl. R 33 EStR. Demnach bilden auch die Posten nach Satz 3 die Untergrenze der steuerrechtlichen Aktivierung.

1.15.2.5.3 Vertriebskosten

Kosten des Vertriebs (z.B. Porti) dürfen weder handelsrechtlich noch steuerrechtlich als Herstellungskosten aktiviert werden. Es besteht ein Aktivierungsverbot nach § 255 Abs. 2 S. 6 HGB.

Die Unter- und Obergrenzen handels- und steuerrechtlich zu aktivierenden Herstellungskosten lassen sich wie folgt im Blockbild darstellen:

• Kosten der allgemeinen Verwaltung • Aufwendungen für soziale Einrichtungen des Betriebs • Aufwendungen für freiwillige soziale • Leistungen und für die betriebliche • Altersversorgung.	§ 255 Abs. 2 HGB **„Satz 4-Kosten":** Handelsrecht: Wahlrecht Steuerrecht: Wahlrecht.
Angemessene Teile • der notwendigen Materialgemeinkosten, • der notwendigen Fertigungsgemeinkosten, • des Wertverzehrs des Anlagevermögens, soweit durch Fertigung veranlasst.	**„Satz 3-Kosten":** Handelsrecht: Wahlrecht Steuerrecht: Gebot
• Materialkosten • Fertigungskosten • Sonderkosten der Fertigung.	**„Satz 2-Kosten":** Handelsrecht: Gebot Steuerrecht: Gebot.

§ 255 Abs. 2 HGB

• **Satz 2:** Handelsrechtliche Untergrenze für die Herstellungskosten
• **Satz 3:** Steuerrechtliche Untergrenze für die Herstellungskosten
• **Satz 4:** Handels- und steuerrechtliche Obergrenze für die

Herstellungskosten.

Aufwendungen i.S.d. § 255 Abs. 2 S. 3 und 4 HGB dürfen nur insoweit berücksichtigt werden, als sie auf den Zeitraum der Herstellung entfallen (§ 255 Abs. 2 S. 5 HGB).

Herstellung: Einzelkosten und Gemeinkosten:

Beim Herstellungsaufwand ist zu unterscheiden zwischen:

Einzelkosten und **Gemeinkosten**.

1.15.2.6.1 Begriff und Definition der Einzelkosten

Als Einzelkosten werden alle Aufwendungen bezeichnet, die speziell der Herstellung des Erzeugnisses zugedacht sind. Sie werden dem einzelnen Gegenstand direkt und unmittelbar zugerechnet.

1.15.2.6.2   Begriff und Definition der Gemeinkosten

Gemeinkosten sind alle Aufwendungen gemeinsam für sämtliche bzw. für eine Vielzahl von Erzeugnissen. Sie werden den Gegenständen indirekt, also anteilig zugerechnet.

Unterscheidung:

Bei den Einzelkosten besteht zwischen dem hergestellten Gegenstand und dem durch seine Herstellung entstandenen Verbrauch an Gütern, Leistungen und Diensten ein eindeutiger und nachweisbarer mengen-, zeit- und wertmäßiger Zusammenhang.

| Beispiel | Der Kaufmann Hartwig lagert Rohstoffe, die er zur Herstellung seiner Produktpalette benötigt, in seiner Lagerhalle ein. Diese Lagerhalle wird jährlich mit einem Abschreibungsbetrag in Höhe von 17.000,00 DM berücksichtigt. Die Eingangsfrachten des abgelaufenen Wirtschaftsjahres haben 60.000,00 DM betragen. |

- Beurteilung der AfA für die Lagerungshalle

Die Gebäude-AfA entfällt anteilig auf sämtliche in der Lagerhalle lagernden Vorräte und Rohstoffe. Die AfA gehört somit zu den Gemeinkosten.

- Beurteilung der Eingangsfrachten

Die Eingangsfrachten können dem fertigen Produkt direkt zugerechnet werden. Es handelt sich um Einzelkosten.

Die Ermittlung der Herstellungskosten für das zu bewertende Wirtschaftsgut findet in der Praxis über die so genannte Kosten- und Leistungsrechnung statt, die die gesamte Betriebsabrechnung enthält.

1.15.7.2   Herstellungseinzelkosten

Für Herstellungseinzelkosten (Fertigungseinzelkosten) besteht ein Aktivierungsgebot. Herstellungskosten sind:

- Materialkosten
- Fertigungskosten und
- Sonderkosten der Fertigung

Als Materialkosten werden die Aufwendungen für Roh-, Hilfs-, und Betriebsstoffe, die den fertigen Produkten direkt zugerechnet werden können, bezeichnet. Die genannten Stoffe werden zur Herstellung der Ware benötigt. Roh- und Hilfsstoffe gehen dabei als Bestandteile in die Erzeugnisse ein. Rohstoffe sind Haupt- und Hilfsstoffe. Sie sind Nebenbestandteile. Betriebsstoffe werden beim Herstellungsprozess verbraucht.

Bei der Automobilherstellung sind Bleche der Rohstoff, Schrauben, Nieten, Lacke und Farben sind Hilfsstoffe, Brennstoffe, Reinigungsmaterial und Schmieröle sind Betriebsstoffe.

Beispiel

Zu den Fertigungskosten zählen in der Hauptsache die Fertigungslöhne. Dabei handelt es sich um den Endprodukten direkt zurechenbare Werkstatt- und Verarbeitungslöhne, soweit sie direkt zugerechnet werden können. Hiervon auszuscheiden sind freiwillige Sozialabgaben, Ergebnisbeteiligungen und Aufwendungen für die betriebliche Altersversorgung, da diese Posten zu den Herstellungsgemeinkosten gehören.

Zu den Sonderkosten der Fertigung gehören:

- Sondereinzelkosten der Fertigung und
- Entwicklungs-, Versuchs- und Konstruktionskosten

Aufwendungen für Spezialwerkzeuge, Lizenzen und Prototypen.

Beispiele

Solche Entwicklungs-, Versuchs- und Konstruktionskosten sind Einzelkosten, sofern diese im Rahmen eines erteilten Auftrags anfallen.

1.15.2.8 Herstellungsgemeinkosten

Nach der handelsrechtlichen Vorschrift des § 255 Abs. 2 S. 3 HGB dürfen in die Herstellungskosten angemessene Teile der folgenden Herstellungsgemeinkosten einbezogen werden:

- notwendige Materialgemeinkosten,
- notwendige Fertigungsgemeinkosten und
- Wertverzehr des Anlagevermögens, soweit dieser durch die Fertigung veranlasst ist

Handelsrechtlich besteht nach dem gesetzestypischen Wortlaut eine Aktivierungswahlrecht sowie steuerrechtlich ein nach Verwaltungsanweisung und BFH umschriebenes Aktivierungsgebot.

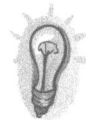

1.15.2.8.1 Definition der „angemessenen Teile"

Unter dem Tatbestandsmerkmal „angemessene Teile" versteht die Steuerverwaltung, dass die Aufwendungen sachlich mit der betrieblichen Produktion zusammenhängen müssen. So genannte Leerkosten, das sind Aufwendungen, die sich mangels Vollauslastung der Produktionsanlagen (Maschinen etc.) nicht in Erzeugnissen niederschlagen, scheiden als Herstellungskosten aus. Leerkosten sind zu unterteilen in die Untergruppen der echten und unechten Leerkosten. Unechte Leerkosten sind wiederum Herstellungskosten. Dies lässt sich am besten an zwei Beispielen klarmachen:

Ein Textilverarbeitungsbetrieb befindet sich in einer tiefen Rezession. Bestimmte Maschinen sind nur noch zu einem Drittel ausgelastet. Die AfA dieser Maschinen sind zu 2/3 als echte Leerkosten nicht den mit diesen Maschinen produzierten Erzeugnissen als Herstellungskosten zuzurechnen.

In einer Zuckerfabrik werden Zuckerrüben vom Beginn der Ernte im Herbst bis Ende Januar, Anfang Februar zu Zucker verarbeitet. Ab diesem Zeitpunkt stehen die Produktionsmaschinen bis zur folgenden Ernte still. Ihre Produktionsfähigkeit muss aber bis zur nächsten Saison bereitstehen, da aus Gründen der Verderblichkeit von Zuckerrüben keine längeranhaltende Lagerung möglich ist. Die auf die Zeit des Stillstands der Anlagen entfallenden Abschreibungen sind durch die Art der Produktion bedingt und daher als branchentypisches Ereignis den Erzeugnissen als Herstellungskosten hinzuzurechnen.

1.15.2.8.2 Besonderheiten bei der Einbeziehung von Herstellungsgemeinkosten in die Herstellungskosten

Nach der handelsrechtlichen Vorschrift des § 255 Abs. 2 S. 5 HGB sind Herstellungsgemeinkosten nur insoweit als Herstellungskosten zu aktivieren, als sie auf den Zeitraum der Herstellung entfallen. So genannte periodenfremde Aufwendungen, z.B. Sonderabschreibungen, werden somit ausgeklammert.

Der Wertverzehr des am Herstellungsprozess beteiligten Anlagevermögens ist bei der Einbeziehung in die Herstellungskosten – dem Niederstwertprinzip folgend – im Wege der linearen AfA zu berücksichtigen. Das gilt insbesondere, wenn für das Anlagevermögen Bewertungsfreiheiten, Sonderabschreibungen, erhöhte Abschreibungen oder Teilwertabschreibungen beansprucht worden sind. Der Ansatz der linearen AfA muss beibehalten werden (Bewertungsstetigkeit).

Für die Steuerbilanz ist hinsichtlich der Teilwertabschreibung Folgendes zu beachten:

Teilwertabschreibungen auf das Anlagevermögen i.S.d. § 6 Abs. 1 Nr. 1 S. 2 EStG sind bei der Berechnung der Herstellungskosten der Erzeugnisse nicht zu berücksichtigen (R 33 Abs. 3 S. 5 EStR).

1.15.2.9 Gemeinkosten nach § 255 Abs. 2 S. 4 HGB

Nach der handelsrechtlichen Vorschrift des § 255 Abs. 2 S. 4 HGB brauchen Kosten der allgemeinen Verwaltung, Aufwendungen für soziale Einrichtungen, für freiwillige soziale Leistungen und für die betriebliche Altersversorgung nicht in die Herstellungskosten einbezogen zu werden. Für diese Gemeinkosten besteht ein handels- und steuerrechtliches Aktivierungswahlrecht.

1.15.2.10 Vertriebskosten nach § 255 Abs. 2 S. 6 HGB

Die handelsrechtliche Bestimmung des § 255 Abs. 2 S. 6 HGB schließt eine Aktivierung von Vertriebskosten aus. Es besteht ein handels- und steuerrechtliches Aktivierungsverbot. Typische Vertriebskosten sind z.B.:

Handelsvertreterprovisionen, Werbekosten, Umsatzsteuer, Verbrauchssteuern, Kosten der Außenverpackung.

Beispiele

Die so genannte Innenverpackung ist eine Notwendigkeit, ein Erzeugnis lieferfähig zu machen, z.B. Flaschen, Behälter. Die Innenverpackung gehört – im Gegensatz zur Außenverpackung – zu den aktivierungspflichtigen Fertigungsgemeinkosten.

1.15.2.11 Zinsen für Fremdkapital; § 255 Abs. 3 HGB

Grundsätzlich haben Steuerpflichtige ein berechtigtes Anliegen, Zinsen für Fremdkapital als sofort abzugsfähigen Aufwand zu behandeln. Dies ist nicht zu beanstanden.

Zinsen für Fremdkapital gehören gemäß § 255 Abs. 3 S. 1 HGB nicht zu den Herstellungskosten. Nach Satz 2 dürfen die Fremdkapitalzinsen als Herstellungskosten angesetzt werden, wenn sie zur Finanzierung der Herstellung eines Vermögensgegenstandes verwendet werden, und soweit sie auf den Zeitraum der Herstellung entfallen. Dieses für die Handels- und Steuerbilanz gleichwohl geltende Aktivierungswahlrecht hat für folgenden Fall Bedeutung:

Eine festzusetzenden Einkommensteuer würde bereits ohne Behandlung der Fremdkapitalzinsen in Form von sofort abzugsfähigem Aufwand 0,00 DM betragen. Wird vom Wahlrecht der Aktivierung Gebrauch gemacht und handelt es sich um selbst hergestelltes Anlagevermögen, kann im Wege der AfA für die Nutzungsdauer ein entsprechend höherer Steuervorteil durch ein bedingt höheres Abschreibungsvolumen wahrgenommen werden. Empfehlenswert ist allerdings die Prüfung, ob sich ein Sofortabzug der Fremdkapitalzinsen nicht über den Verlustabzug (§ 10 d EStG) als vorteilhafter erweist.

1.15.2.12 Hinzuaktivierung von Steuern

Für die nachgenannten Steuerarten kommt keine Hinzuaktivierung zu den Herstellungskosten in Betracht, da diese den steuerlichen Abzugsverboten unterliegen (vgl. §§ 12 Nr. 3 EStG, 10 Nr. 2 KStG):

Einkommensteuer und Körperschaftsteuer.

Hinsichtlich der Gewerbeertragsteuer besteht ein Wahlrecht bezüglich der Hinzuaktivierung (i.d.R. Aufwand). Bei der zum 01.01.1998 außer Kraft gesetzten Gewerbekapitalsteuer bestand ein handelsrechtliches Wahlrecht und ein steuerrechtliches Aktivierungsverbot, soweit diese auf Fertigungsanlagen entfiel.

1.15.2.13 Umsatzsteuer und Vorsteuer

Die Umsatzsteuer gehört zu den Vertriebskosten, für die nach § 255 Abs. 2 S. 6 HGB ein handels- und steuerrechtliches Aktivierungsverbot zu beachten ist.

Für die Aktivierung der Vorsteuer als Herstellungskosten gilt § 9 b EStG.

1.15.2.14 Zölle und Verbrauchssteuern; § 5 Abs. 5 S. 2 EStG

Zölle und Verbrauchssteuern für aktivierte Vorräte unterliegen der Bildung von Rechnungsabgrenzungsposten.

1.15.2.15 Wert der eigenen Arbeitsleistung des Unternehmers; so genannter Unternehmerlohn

Sowohl nach Handelsrecht und Steuerrecht besteht ein Aktivierungsverbot für den Unternehmerlohn.

Folgende Verwaltungsanweisungen werden zur Ansicht empfohlen:

*   R 33, H 33 EStR   Herstellungskosten
*   R 33 a, H 33 a EStR   Aufwendungen im Zusammenhang mit
                           einem Grundstück sowie Abgrenzungs-
                           fragen

Für die Steuerbilanz gilt hinsichtlich der Abzugsfähigkeit von Steuern Folgendes:

Die Steuern vom Einkommen gehören nicht zu den steuerlich abziehbaren Betriebsausgaben und damit nicht zu den Herstellungskosten.

Hinsichtlich der Gewerbesteuer hat der Steuerpflichtige ein Wahlrecht, ob er sie den Herstellungskosten zurechnen will.

Die Umsatzsteuer gehört zu den Vertriebskosten, die die Herstellungskosten nicht berühren (R 33 Abs. 5 EStR).

1.15.2.16 Die Stellung der Vorsteuer (§ 15 UStG) bei den Herstellungskosten

Nach § 9 b Abs. 1 S. 1 EStG gehört der Vorsteuerabzug nach § 15 UStG, soweit er bei der Umsatzsteuer abgezogen werden kann, nicht zu den Anschaffungs- oder Herstellungskosten des Wirtschaftsguts, auf dessen Anschaffung oder Herstellung er entfällt.

Die Vereinfachungsregelung (Bagatellgrenze) des § 9 b Abs. 1 S. 2 EStG findet Anwendung:

Ist der Vorsteuerbetrag umsatzsteuerlich zum Teil abziehbar und zum Teil nicht abziehbar (§ 15 Abs. 4 UStG), dann braucht der nicht abziehbare Teil der Herstellungskosten des Wirtschaftsguts, auf dessen Herstellung er entfällt, nicht zugerechnet zu werden, wenn er:

- 25 v.H. des Vorsteuerbetrags und 500,00 DM nicht übersteigt oder
- wenn die zum Ausschuss vom Vorsteuerabzug führenden Umsätze (§ 15 Abs. 2 UStG) nicht mehr als 3 v.H. des Gesamtumsatzes betragen

Zu beachten ist, dass die Vereinfachungsregelung nur dann Anwendung finden darf, wenn ein Unternehmer den gelieferten Gegenstand teilweise zur Ausführung von Umsätzen, die den Vorsteuerabzug nach § 15 Abs. 2 UStG ausschließen und teilweise zur Ausführung von Umsätzen, die nach § 15 Abs. 1 UStG zum Vorsteuerabzug berechtigen, verwendet.

1.15.2.17 Divisionsverfahren und Zuschlagsverfahren

Den Betrieben stehen zur Ermittlung der Herstellungskosten grundsätzlich zwei Verfahren zur Verfügung. Betriebe mit gleichartigen Erzeugnissen wenden das so genannte Divisionsverfahren an.

Betriebe mit gleichartigen Produkten:

Zuckerfabriken, Brauereien und Brennereien, Ziegeleien. Betriebe, die mit der Herstellung der verschiedensten Erzeugnisse beschäftigt sind, ermitteln die Herstellungskosten ihrer Produktpalette nach dem so genannten Zuschlagsverfahren.

Beispiele

1.15.2.17.1 Divisionsverfahren (Divisionskalkulation)

Beim Divisionsverfahren werden die auf das einzelne Stick entfallenden Herstellungskosten durch Division der summarischen Herstellungskosten durch die hergestellte Stückzahl ermittelt. Entsprechendes gilt zur Errechnung der für die Kalkulation bedeutenden Selbstkosten.

Beispiel

Die Hoch und Dicht OHG handelt mit Dachziegeln. Im Wirtschaftsjahr (= Kalenderjahr) 01 betragen die vom Produktions- und Herstellungsbereich der hergestellten Dachziegel 2,5 Mio. Stück. Am Bilanzstichtag des 31.12.01 sind lt. Inventur noch 100.000 Dachziegel im Lagerraum vorhanden. Aus der Buchhaltung sind folgende Zahlen ersichtlich:

Material	120.000,00 DM
Löhne	460.000,00 DM
Fertigungsgemeinkosten	1.000.000,00 DM
Vertriebskosten	200.000,00 DM
Summe	1.780.000,00 DM

Der Geschäftsbetrieb der OHG entfällt zu 70 v. H. auf die Herstellung und zu 30 v. H. auf den Handel.

Vertriebskosten gehören gem. § 255 Abs. 2 S. 6 HGB nicht zu den Herstellungskosten. Es besteht handels- und steuerrechtlich ein Aktivierungsverbot. Die Herstellungskosten für 2,5 Mio. Dachziegel betragen somit 1.580.000,00 DM.

Die Herstellungskosten pro Stück errechnen sich wie folgt:

$$\frac{\text{Herstellungskosten}}{\text{hergestellte Stückzahl}} = \frac{1.580.000,00\,\text{DM}}{2,5\,\text{Mio. Stück}} = 0.632\,\text{DM/Stück}$$

Laut Sachverhalt beträgt der Inventurbestand am Bilanzstichtag des 31.12.01 genau 100.000 Stück; dies ergibt einen Bilanzansatz von 100.000 Stück x 0,632 DM = 63.200,00 DM.

Auch die Selbstkosten lassen sich mit dieser Methode ermitteln. Die Berechnung ist iterativ, enthält aber die „verbotenen" Vertriebskosten:

$$\frac{\text{Selbstkosten}}{\text{hergestellte Stückzahl}} = \frac{1.780.000,00\,\text{DM}}{2,5\,\text{Mio. Stück}} = 0.712\,\text{DM/Stück}$$

1.15.2.17.2 Divisionskalkulation mit Äquivalenzziffern

Das vormals beschriebene Divisionsverfahren ist nur anwendbar, wenn der Betrieb ein oder mehrere völlig gleichgelagerte Produkte herstellt. Es ist deshalb in der Praxis relativ selten anzutreffen.

Weisen die Erzeugnisse bestimmte Unterschiede auf und entstehen bei artverwandten Posten annähernd gleiche Kosten und stehen diese in einem Verhältnis zueinander, kann das Divisionsverfahren mit Äquivalenzziffern, das sind Angleichungszahlen, in Anwendung kommen. Die Mengen sind dabei mit den Kosten pro Rechnungseinheit zu multiplizieren.

Die Hoch und Dicht OHG hat in ihrer Produktpalette insgesamt zwei Dachziegelsorten, die mit jeweils 50.000 Stück am Bilanzstichtag des 31.12.01 noch vorrätig sind. Das Verhältnis der Herstellungskosten zueinander beträgt 1:1,5.

Beispiel

Bildung so genannter Rechnungseinheiten:

Unter Anwendung der Angleichungszahlen (1:1,5) und der hergestellten Stückzahl ergeben sich durch Multiplikation Rechnungseinheiten. Diese sind durch die Gesamtherstellungskosten zu dividieren:

- | 1,25 Mio. Stück | x 1 | = | 1.250.000 |
  | + 1,25 Mio. Stück | x 1,5 | = | 1.875.000 |
  | Rechnungseinheiten | | | 3.125.000 |

- $$\frac{Herstellungskosten = 1.580.000}{Rechnungseinheiten = 3.125.000} = 0.5056/Einheit$$

- Inventurbestand Sorte 1 = 50.000 Stück x (0,5056 x 1)   = 25.280,00 DM
  Inventurbestand Sorte 2 = 50.000 Stück x (0,5056 x 1,5) = 37.920,00 DM
  Bilanzansatz 31.12.01:   63.200,00 DM

Äquivalenzzahlen machen die einzelnen Sorten der Produktpalette gleichwertig. Sie sind die Basis für die Anwendung des Divisionsverfahrens. Insoweit werden Sie auch als Verhältnis- oder Gleichwertigkeitszahlen bezeichnet.

Merke

1.15.2.17.3 Zuschlagsverfahren (Zuschlagskalkulation)

Das in der Praxis am häufigsten anzutreffende Verfahren ist das Zuschlagsverfahren, da die Betriebe überwiegend verschiedene Erzeugnisse unterschiedlicher Art produzieren, für die das einfache Divisionsverfahren ungeeignet ist. Verfahrenstechnisch sind für die Inventurbestände zunächst die aufgewandten Einzelkosten zu erfassen.

Die Velo-AG ist ein Unternehmen, das sich mit der Herstellung von Stahlbauteilen für die Maschinenbauindustrie weltweit einen Namen gemacht hat. Bei der Inventur zum 31.12.01 (Kj = WJ) wird eine Stahltrasse für ein Bergbauunternehmen als Teilfertigprodukt aufgenommen. Die Buchhaltung liefert folgende Einzelkosten:

Beispiel

Betriebsabteilung	Gießerei	Verhüttung
Material	1.000.000,00 DM	10.000,00 DM
Lohnaufwendungen	350.000,00 DM	200.000,00 DM
Materialgemeinkosten		
gem. Erfahrungswerte	20 %	25 % und
Fertigungsgemeinkosten	120 %	100 %
Bewertung:		
Material	1.000.000,00 DM	10.000,00 DM
+ MGK 20 %	200.000,00 DM	+ 2.500,00 DM
Löhne	350.000,00 DM	200.000,00 DM
+ FGK 120 %	420.000,00 DM	+ 200.000,00 DM
	1.970.000,00 DM	412.500,00 DM
Bilanzansatz 31.12.01:	2.382.500,00 DM	

Erfolgskontrolle

Ermittlung von HK bei Erzeugnissen:

Die Aufgabenstellungen fordern entweder die Anwendung des Divisions-verfahrens oder des Zuschlagsverfahrens.

Divisionsverfahren:

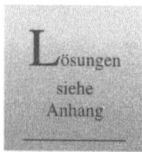

Lösungen
siehe
Anhang

Bekannt ist die Gesamtmenge der hergestellten Produkte sowie der Bestand am Bilanzstichtag. Bekannt ist auch die Summe sämtlicher Kosten, die für die Herstellung der Gesamtmenge aufgewendet wurden.

Gesamt-HK: Gesamtmenge x Bestand = Bilanzansatz
                   (vorbehaltlich niedriger Teilwert)

Sachverhalt:

Die Herstellung von 2.000 Maschinen hat die folgenden Kosten ausgelöst:

Einkaufspreis der Rohstoffe 500.000,00 DM zzgl. 80.000,00 DM USt.
Die Bezahlung erfolgte mit 2 % Skonto.
Rohstofflagerkosten = 1 % der AK
Transport Rohstoffe vom Lager in Produktion = 0,1 % der AK
Fertigungslöhne 1.000.000,00 DM
AG-Anteil SozV = 15 % der Fertigungslöhne (FL)
Urlaubsgelder incl. AG-Anteil SozV = 10 % der FL
Betriebl. Altersversorgung = 6 % der FL
Abschreibungen Fertigungsanlagen = 121.000,00 DM
Abschreibungen Bürogelände = 5.000,00 DM
Energiekosten (Anteil Betrieb) = 20 % der FL
Kosten des Lohnbüros = 8 % der FL
Kosten der Geschäftsleitung = 50 % der FL
Gewerbesteuer vom Ertrag = 5 % der FL
Lizenzgebühren für Fertigungsverfahren = 200.000,00 DM
Lizenzgebühren (Stücklizenz) je verkauftes Produkt = 100,00 DM
Ausbildungskosten = 5 % der FL
Sonstige Betriebskosten = 153.610,00 DM
Handelsvertreterprovisionen = 1 % der FL
Kosten der Werbung = 1 % der FL
Kosten der Verpackung = 0,1 % der FL
Eigenkapitalverzinsung = 1,0 % der FL

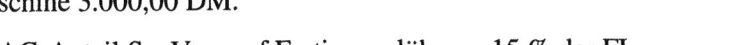

Erfolgskontrolle

43 Aufgabe:

Ermitteln Sie die Herstellungskosten.

Lösungen
siehe
Anhang

Lt. Inventur sind am Bilanzstichtag noch 30 Maschinen im Bestand. Die Absatzchancen sind hervorragend. Die Kosten der Herstellung sind nach den Wertverhältnissen am Stichtag um 4,5 % gestiegen.

Zuschlagsverfahren:

Bekannt sind die Einzelkosten je Produkt. Die Gemeinkosten werden nach Verrechnungssätzen addiert.

Sachverhalt:

In einem Fabrikationsbetrieb ergeben sich für die Herstellung eines Maschinentyps aus dem BAB folgende Zahlen:

Fertigungsmaterial insgesamt 40.000,00 DM, davon entfallen auf eine Maschine 1.000,00 DM.

Fertigungslöhne insgesamt 120.000,00 DM, davon entfallen auf eine Maschine 3.000,00 DM.

AG-Anteil SozVers auf Fertigungslöhne = 15 % der FL.

Außerdem sind im Zusammenhang mit der Herstellung der Maschinen die folgenden Aufwendungen angefallen:

Gehälter der Meister	60.000,00 DM incl. AG-Anteil SozV
Hilfsarbeiterlöhne	15.000,00 DM incl. AG-Anteil SozV
Gehälter Geschäftsleitung	120.000,00 DM incl. AG-Anteil SozV
Unternehmerlohn	60.000,00 DM
Energiekosten f. Betrieb	25.000,00 DM
Sonstige Betriebskosten	45.000,00 DM
Abschreibung Betrieb	55.000,00 DM
Abschreibung Verwaltung	20.000,00 DM
Freiwillige Sozialleistung	50.000,00 DM

44 Aufgabe:

Ermitteln Sie zunächst die Gemeinkostenzuschläge und sodann die Herstellungskosten für eine Maschine. Gehen Sie davon aus, dass die festgestellten notwendigen Gemeinkosten zu 1/20 auf die Lagerhaltung und im Übrigen auf die Fertigung entfallen.

1.16   Bewertungsmaßstäbe: Der Teilwert im Steuerrecht

Die Anschaffungs- und Herstellungskosten des § 255 HGB sind Zentral-
bereiche des Handelsrechts, die über die Maßgeblichkeit des § 5 Abs. 1 S.
1 EStG auch für das Steuerrecht entscheidende Bedeutung haben. Sie sind
für beide Rechtsgebiete gleichwohl wichtige Bewertungsmaßstäbe, also
Ansatzpunkte, wie ein Gut in der Handels- bzw. Steuerbilanz auszuweisen ist.

Im Groben lassen sich die Bewertungsmaßstäbe wie folgt darstellen:

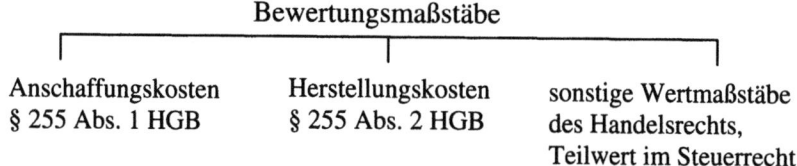

Bewertungsmaßstäbe

Anschaffungskosten	Herstellungskosten	sonstige Wertmaßstäbe
§ 255 Abs. 1 HGB	§ 255 Abs. 2 HGB	des Handelsrechts,
		Teilwert im Steuerrecht

1.16.1   Der steuerrechtliche Begriff des Teilwertes

Der Teilwert ist ein Wertansatz für Wirtschaftsgüter, der ausschließlich
Gültigkeit für die Steuerbilanz hat. Der Teilwertansatz kommt für alle
Entnahmen und Einlagen sowie für sämtliche Wirtschaftsgüter stets dann
in Frage, wenn er wertmäßig *unterhalb* der Anschaffungskosten bzw.
Herstellungskosten – gegebenenfalls vermindert um die AfA – liegt.

1.16.1.1   Definition des Teilwertes (Teilwertgedanke)

Nach der Vorschrift des § 6 Abs. 1 Nr. 1 S. 3 EStG ist der Teilwert der
Betrag, den ein Erwerber des ganzen Betriebes im Rahmen des Gesamtkaufpreises für das einzelne Wirtschaftsgut ansetzen würde; dabei ist
davon auszugehen, dass der Erwerber den Betrieb fortführt.

Dieser Teilwertgedanke unterstellt imaginär, dass der (gedankliche) Erwerber des gesamten Betriebs den hierfür vorgesehenen Gesamtkaufpreis
auf ein einzelnes Wirtschaftsgut überträgt.

1.16.1.2   Bedeutung des Teilwertgedankens für die Praxis

Die Teilwertminderung bereitet den Praktikern aus zwei Gründen Schwierigkeiten:

Zunächst wird der Gesamtveräußerungswert für das gesamte Unternehmen fingiert. Tatsächlich aber wird der Betrieb nicht verkauft und demzufolge kann man den Veräußerungspreis nicht kennen.

Auch wenn der exakte Veräußerungspreis bekannt wäre, wäre es schwierig, den gedanklichen Wert auf das einzelne Wirtschaftsgut aufzuteilen.

1.16.1.3 Die Praxis weiß sich zu helfen

Teilwerte werden – wegen der zuvor beschriebenen Schwierigkeiten – durchweg geschätzt. Die ständige Rechtsprechung hat sich dieser Hilfsmaßnahme schon vor Längerem angeschlossen und Grenzen geschaffen:

Obergrenze des Teilwertes sind die Wiederbeschaffungskosten. Hierunter versteht man die derzeit aufzuwendenden Kosten, um das Wirtschaftsgut in dem Zustand, in dem es sich im Augenblick befindet, wiederzubeschaffen.

Untergrenze des Teilwertes ist der Einzelveräußerungspreis derselben Marktstufe. Dies ist im äußersten Fall der Schrottwert.

Werden die zu bewertenden Wirtschaftsgüter für die Fortsetzung des Betriebs benötigt, befindet sich der Teilwert in der Regel an der Obergrenze, also in der Nähe der Wiederbeschaffungskosten. Bei den übrigen – nicht zur Fortführung des Betriebs benötigten Wirtschaftsgütern – dürfte der Teilwert also an der Untergrenze in der Nähe des Einzelveräußerungspreises liegen.

1.16.2 Verlustherstellung

Ein Erzeugnis kann aus unabwägbaren Ereignissen – entgegen dem kaufmännischen Streben – mit Verlust hergestellt worden sein. In einem solchen (ungünstigen) Fall liegt der Teilwert unter den tatsächlichen Herstellungskosten. Nach dem Grundsatz der Einzelbewertung (§ 6 Abs. 1 Nr. 1 S. 1 EStG, § 252 Abs. 1 Nr. 3 HGB) ist gegebenenfalls eine Teilwertabschreibung in Erwägung zu ziehen. Diese Einzelbewertung setzt allerdings zwingend eine Einheitlichkeit der Bewertung voraus.

Steuerpflichtige sind unter den nachfolgend dargestellten Einschränkungen berechtigt, Teilwertabschreibungen auf ihre Erzeugnisse vorzunehmen. Kaufleute dürfen handelsrechtlich entsprechende Abschreibungen auf den niedrigeren beizulegenden Wert wahrnehmen.

Hinweis

Voraussetzung für die Verlustherstellung ist eine voraussichtlich *dauernd eingetretene Wertminderung* des Erzeugnisses. Diese wird definiert als ein nachhaltiges Absinken des Werts unter den Buchwert.

Der Gesetzgeber hat mit Wirkung ab dem 01.01.1999 die Teilwertabschreibung unter den genannten Einschränkungen als zulässig erachtet; dabei sollte insbesondere die so genannte retrograde Wertermittlung unangetastet bleiben; siehe zum Anwendungszeitpunkt § 52 Abs. 16 EStG.

Hinsichtlich der Wertminderung auf Dauer ist unbedingt Folgendes zu beachten:

Nach Ablauf eines Jahres tritt eine Beweislastumkehr zu Lasten des Steuerpflichtigen/Kaufmanns ein. Die Voraussetzungen, ob die Teilwertabschreibung beibehalten werden kann, sind nachzuweisen.

Liegen die damaligen Bedingungen, die zur Teilwertabschreibung geführt haben, nicht mehr vor, ist ein striktes Wertaufholungsgebot zwingend zu beachten. Die Verlustherstellung ist insoweit umzukehren.

Die Höhe des Teilwertes ist regelmäßig Schwankungen unterworfen. Dies kommt vor allem durch wechselhafte Verhältnisse auf dem Beschaffungs- oder Absatzmarkt zustande. Für den Teilwert von Roh-, Hilfs- und Betriebsstoffen werden regelmäßig – bei Handelswaren zuweilen – die veränderlichen Verhältnisse des Beschaffungsmarktes ausschlaggebend sein. Liegt das Preisniveau gegenüber den aufgewendeten Anschaffungskosten tiefer, ist der Teilwert niedriger als die Anschaffungskosten. Nach § 253 Abs. 3 HGB ist bei Vermögensgegenständen des Umlaufvermögens zwingend der niedrigere Teilwert anzusetzen. Auf der Aktivseite der Bilanz herrscht zu Recht das Niederstwertprinzip. Ein Kaufmann soll sich in seinen Bilanzen nicht reicher machen, als er in Wirklichkeit ist.

Für die Steuerbilanz ist die Vorschrift des § 6 Abs. 1 Nr. 2 EStG zu beachten:

Wirtschaftsgüter des Umlaufvermögens, aber auch Grund und Boden sowie Beteiligungen, sind mit den Anschaffungs- oder Herstellungskosten oder dem an deren Stellen tretenden Wert anzusetzen. Die Anschaffungs- bzw. Herstellungskosten (auch Ersatzwerte) sind ggf. um Abzüge nach § 6 b EStG und ähnliche Abzüge anzusetzen.

Ist der Teilwert aufgrund einer voraussichtlich dauernden Wertminderung niedriger, so *kann* dieser angesetzt werden. § 6 Abs. 1 Nr. 1 S. 4 EStG gilt entsprechend.

Dem zwingenden Teilwertansatz im Handelsrecht, vgl. § 253 Abs. 3 S. 1 HGB (Niederstwertprinzip) steht im Steuerrecht über § 6 Abs. 1 Nr. 1 S. 4 EStG ein Wahlrecht gegenüber. Es bleibt dem Steuerpflichtigen überlassen, ob er sein Umlaufvermögen (bzw. seinen Grund und Boden oder seine Beteiligungen) mit dem niedrigeren Teilwert ansetzt oder nicht. Entscheidet er sich für den niedrigeren Teilwertansatz, so hat er in der Handelsbilanz entsprechend zu verfahren. Es gilt die umgekehrte Maßgeblichkeit des § 5 Abs. 1 S. 2 EStG der Steuerbilanz für die Handelsbilanz.

Bei fertigen und unfertigen Erzeugnissen sowie bei Handelswaren kann die Teilwerthöhe von den Verhältnissen am Absatzmarkt abhängen. Es gilt des Weiteren das Prinzip der verlustfreien Bewertung. Nach R 36 Abs. 2 S. 3 EStR ist als niedriger Teilwert der Betrag anzusetzen, der von dem voraussichtlich erzielbaren Veräußerungserlös nach Abzug des durchschnittlichen Unternehmergewinns und des nach dem Bilanzstichtag noch anfallenden betrieblichen Aufwands verbleibt. Im Regelfall kann davon ausgegangen werden, dass der Teilwert dem Betrag entspricht, der sich nach Kürzung des erzielbaren Verkaufserlöses um den durchschnittlichen Rohgewinnaufschlag ergibt; R 36 Abs. 2 S. 4 EStR.

Beispiel

Ein Handelsunternehmen kalkuliert einen Elektroartikel wie folgt:

Anschaffungskosten	800,00 DM
Handlungskosten 60 %	480,00 DM
Selbstkosten	1.280,00 DM
Gewinnaufschlag 25 %	320,00 DM
Verkaufspreis	1.600,00 DM

Die am Bilanzstichtag ermittelten Inventurbestände können aufgrund einer technischen Weiterentwicklung fernöstlicher Hersteller, die mit ihrem neuen Produkt kurz vor Weihnachten auf europäische Märkte gedrängt haben, nur noch für 1.200,00 DM pro Stück veräußert werden. Im Jahresabschluss haben sich die Handlungskosten von 60 % und der Gewinnaufschlag von 25 % als zutreffend erwiesen.

Es kommt eine Teilwertabschreibung (handelsrechtlich Abschreibung auf den niedrigeren beizulegenden Wert) in Frage, die wie folgt berechnet wird:

Erzielbarer Verkaufserlös		1.200,00 DM
./. Selbstkosten		
a) Anschaffungskosten	800,00 DM	
b) Handlungskosten	480,00 DM	
		./. 1.280,00 DM
./. durchschnittlicher Unternehmergewinn		
25 % auf Selbstkosten von	1.280,00 DM	
		./. 320,00 DM
= Fehlbetrag = Teilwertabschreibung:		400,00 DM

Pro Stück Inventurbestand ist nach dem strengen handelsrechtlichen Niederstwertprinzip eine Teilwertabschreibung auf die Anschaffungskosten von 800,00 DM vorzunehmen:

Grundsätzliche Anschaffungskostenbewertung	800,00 DM
./. Teilwertabschreibung	400,00 DM
ergibt Bilanzansatz pro Stück:	400,00 DM

Die Teilwertabschreibung entspricht somit der Differenz zwischen dem kalkulierten und dem tatsächlich erzielbaren Verkaufspreis. Weichen die tatsächlichen Zahlen des Jahresabschlusses von der Kalkulation ab, ist allerdings eine differenzierte Betrachtungsweise erforderlich.

Für die Steuerbilanzumsätze wurde von einer voraussichtlich dauernden Wertminderung des Produktes ausgegangen.

1.16.3 Durchschnittlicher Unternehmergewinn

Der Abzug des durchschnittlichen Unternehmergewinns ist grundsätzlich handelsrechtlich nicht erlaubt. Sinn einer verlustfreien Bewertung ist die Berücksichtigung künftiger Verluste, nicht hingegen, die künftigen Gewinne zu sichern.

Der im Steuerrecht zulässige Abzug des durchschnittlichen Unternehmergewinns (R 36 Abs. 2 S. 3 EStR) kann als steuerrechtliche Abschreibung i.S.d. § 254 HGB betrachtet werden. Im Wissen um die Maßgeblichkeit der Handelsbilanz für die Steuerbilanz (§ 5 Abs. 1 S. 1 EStG) sowie um die umgekehrte Maßgeblichkeit (§ 5 Abs. 1 S. 2 EStG) soll nach überwiegender Auffassung der Fachliteratur der Abschlag des durchschnittlichen Unternehmergewinns auch handelsrechtlich zulässig sein.

1.16.4 Sonstige Wertmaßstäbe (neben den AK und HK)

Neben den Anschaffungs- und Herstellungskosten des § 255 HGB kommen handelsrechtlich noch die folgenden Wertmaßstäbe in Betracht:

- der am Bilanzstichtag beizulegende
  Wert (= Zeitwert) i.S.d. § 253 Abs. 2 S. 3 und Abs. 3 S. 2 HGB
- der aus dem Börsen- oder Marktpreis abgeleitete
  Wert i.S.d. § 253 Abs. 3 S. 1 HGB
- der zur Vermeidung künftiger Wertschwankungen notwendige
  Wert i.S.d. § 253 Abs. 3 S. 3 HGB
- der für Zwecke der Steuern für zulässig gehaltene
  Wert i.S.d. § 254 HBB
- der Nennbetrag gemäß § 283 HGB (Kapitalgesellschaften)
- der Rückzahlungsbetrag i.S.d. § 253 Abs. 1 S. 2 HGB sowie
- der Barwert gemäß § 253 Abs. 1 S. 2 HGB

Ist ein Börsen- oder Marktpreis nicht festzustellen und übersteigen die Anschaffungs- oder Herstellungskosten den Wert der den Vermögensgegenständen am Abschlussstichtag beizulegen ist, so ist auf diesen Wert abzuschreiben (§ 253 Abs. 3 S. 2 HGB).

Hinweis

1.17 Bewertungsvorschriften

Buchführungspflichtige Kaufleute bzw. freiwillig Bücher führende Gewerbetreibende haben bei der steuerlichen Gewinnermittlung das Betriebsvermögen anzusetzen, das nach den handelsrechtlichen Grundsätzen ordnungsgemäßer Buchführung auszuweisen ist (§ 5 Abs. 1 S. 1 EStG).

Die steuerrechtliche Vorschrift des § 5 Abs. 1 S. 1 EStG verweist auf die Betriebsvermögensvergleichsformel des § 4 Abs. 1 S. 1 EStG, die wie folgt lautet:

    Betriebsvermögen am Schluss des Wirtschaftsjahres
./. Betriebsvermögen am Schluss des vorangegangenen Wirtschaftsjahres
= Unterschiedsbetrag
+ Entnahmen (die den Gewinn nicht mindern dürfen)
./. Einlagen (die den Gewinn nicht erhöhen dürfen)
= Gewinn/Verlust.

Diese zu vergleichenden Betriebsvermögen sind jeweils nach den Grundsätzen ordnungsgemäßer Buchführung auszuweisen (§ 5 Abs. 1 S. 1 EStG).

Der vom Gesetzgeber verwendete Betriff des Ausweises meint im engeren Sinne Bilanzierung und Bewertung. Durch die steuerliche Vorschrift, die prinzipiell nur auf die Vorschriften des Handelsrechts zwingend hinweist (ohne diese näher zu bezeichnen), wird als Maßgeblichkeit der handelsrechtlichen Bilanzierungs- und Bewertungsvorschriften für die Steuerbilanz (= Bilanz, die nach Handelsrecht erstellt ist, aber zusätzlich steuerrechtliche Bestimmungen in sich vereint) bezeichnet.

1.17.1 Handelsbilanz und Steuerbilanz

Dem Handelsrecht liegt die Erhaltung des Unternehmens nahe. Das zu bilanzierende Vermögen soll nicht zu günstig dargestellt sein und Gewinne, die nicht erzielt worden sind oder werden, dürfen nicht ausgewiesen sein.

Das Recht untersagt den Ansatz nicht realisierter Gewinne, verlangt aber die Berücksichtigung drohender Verluste. Grundsätzlich lässt das Handelsrecht nur die Bilanzierung realer Werte zu. Für das Aktivvermögen existieren Höchst- oder Festgrenzen und für das Passivvermögen Mindestgrenzen.

Damit dokumentiert das Handelsrecht keine starren gesetzlichen Vorgaben, sondern bietet dem Kaufmann dank zahlreicher Bewertungs- und Ansatzwahlrechte genügend Transparenz.

Das Steuerrecht will im Interesse einer gerechten und gleichmäßigen Besteuerung (vgl. § 85 AO) die Periodengewinne genau erfassen. Aus diesem Grunde weicht das Steuerrecht besonders bei der Bewertung vom Handelsrecht ab (vgl. § 5 Abs. 6 EStG, sog. „Bewertungsvorbehalt" des EStG gegenüber dem HGB) und stellt über die §§ 6 und 7 EStG eigene Bewertungs- und Abschreibungsvorschriften auf.

Die Steuerbilanz stellt keine eigenständige Bilanz, etwa mit eigener Buchführung, dar. Sie ist eine aus der Handelsbilanz abgeleitete Vermögensübersicht, deren Gewinnabweichungen voneinander durch Mehr- und Wenigerrechnung ermittelt werden. Die Erstellung einer Steuerbilanz ist erforderlich, wenn in der Handelsbilanz Bilanz- oder Wertansätze enthalten sind, die zwar handelsrechtlich zulässig sind, aber gegen zwingende steuerliche Bilanzierungs- oder Bewertungsvorschriften verstoßen.

Beispiel

Dem Kaufmann droht aus einem schwebenden Geschäft ein Verlust. Nach § 249 Abs. 1 S. 1 HGB ist in der Handelsbilanz zwingend eine Rückstellung für drohende Verluste zu bilden. Über § 5 Abs. 1 S. 1 EStG (Maßgeblichkeit) gilt dies grundsätzlich auch für die Steuerbilanz. § 5 Abs. 4 a EStG verbietet jedoch diese Rückstellungsbildung für die Steuerbilanz. Zusammenfassend lässt sich sagen:

Die Steuerbilanz ist die nach den Vorschriften des EStG modifizierte Handelsbilanz.

Die für die Erstellung einer Steuerbilanz wichtigste Vorschrift ist der Bewertungsvorbehalt des § 5 Abs. 6 EStG.

Durch die Maßgeblichkeit der Handelsbilanz für die Steuerbilanz ist nicht zwingend von einer getrennten Bilanz nach Handelsrecht und einer weiteren Bilanz nach Steuerrecht auszugehen. Häufig wird nur eine Bilanz, die so genannte Einheitsbilanz, aufgestellt. Diese liegt sowohl den handels- als auch steuerrechtlichen Gewinnermittlungsvorschriften zugrunde. In einem solchen Fall ist die Einheitsbilanz zugleich Handels- und Steuerbilanz. In der Praxis ist diese Variante häufig aus praktikablen und Kostenschutzgründen anzutreffen.

1.17.2 Begriff des Bewertens

Unter Bewertung versteht man die Umrechnung nicht in Geld bestehender Güter in Geld, anders formuliert, wird ein Gut in Beziehung zum Generalnenner Geld gesetzt. Als Maßstab einer Bewertung wird unterstellt, dass das Gut zum Verkauf angeboten würde. Dabei bietet die Bereitschaft eines imaginären Kaufes für das angebotene Gut einen bestimmten Preis zu zahlen, einen Anhaltspunkt dafür, was das Gut im Zeitpunkt der Bewertung tatsächlich wert ist bzw. welchen Geldeswert es besitzt.

Diese unterstellten Werte und Wertbegriffe ergeben sich demnach aus unterschiedlichen Bedingungen für den fiktiven Verkauf. Der gemeine Wert setzt mit seinen Unterarten Substanzwert und Ertragswert den unterstellten Verkauf des Gutes voraus. Die Bewertung des Handelsrechts (§ 252 Abs. 1 Nr. 2 HGB) geht in Übereinstimmung mit dem Teilwert des Steuerrechts (§ 6 Abs. 1 Nr. 1 S. 3 EStG) von dem unterstellten Verkauf des Wirtschaftsgutes im Rahmen des gesamten Betriebs bei Fortführung der Unternehmung aus.

1.17.3 Rechtsgrundlagen der Bewertung

Die handels- und steuerrechtlichen Bewertungsvorschriften sind:

- §§ 252 bis 256 HGB für alle Kaufleute
- §§ 279 bis 283 HGB für Kapitalgesellschaften
- § 6 EStG für das Steuerrecht

1.17.4 Das Prinzip der Stichtagsbewertung

Jede Bilanz zeigt nur ein Augenblickbild des Unternehmens zu einem ganz bestimmten Zeitpunkt. Es ist der Moment, für den die Bilanz aufgestellt wurde. Die Bewertung der Bilanzposten richtet sich nach den Verhältnissen am Stichtag. Tatsachen, die an diesem Tag nicht vorlagen, dürfen grundsätzlich nicht berücksichtigt werden. Dagegen sind solche Tatsachen, die erst zwischen dem Bilanzstichtag und dem (späteren) Zeitpunkt der Bilanzerstellung bekannt geworden sind, wohl zu würdigen (so genannte Wertaufhellungstheorie).

Diese schon bisher geltenden Grundsätze ergeben sich aus § 252 Abs. 1 Nr. 3 HGB, der die Bewertung der Vermögensgegenstände und Schulden „zum Abschlussstichtag" vorschreibt. Die Grundsätze über wertaufhellende Umstände gelten innerhalb der Bewertungsmöglichkeiten sowohl für günstige als auch für ungünstige Ereignisse und Umstände.

Durch günstige wertaufhellende Ereignisse und Umstände können z.B. die Voraussetzungen für eine Wertaufholung dargetan werden. Dass ungünstige Umstände bei der Bewertung zu berücksichtigen sind, ist ausdrücklich durch das kaufmännische Prinzip der Vorsicht im § 252 Abs. 1 Nr. 4 dokumentiert.

Eine besondere Bedeutung erlangt die Abgrenzung wertaufhellender Ereignisse und Umstände bei der Forderungsbewertung. Beispielsweise kann die Zahlungsfähigkeit eines Schuldners (Debitors) durch den fehlenden Zahlungseingang bis zur Bilanzaufstellung „aufgehellt" werden.

Als weitere Wertaufhellungen kommen z.B. in Betracht negative Bankauskünfte über den Schuldner, Stundungs- und Erlassgesuche sowie Vergleichs- oder Konkursantrag des Schuldners, sofern diese Ereignisse und Umstände vor der Bilanzaufstellung bekannt werden. Umgekehrt können spätere Zahlungseingänge darauf hindeuten, dass am Abschlusszeitpunkt (Bilanzstichtag) ein Risiko nicht existiert hat, es sei denn, die Zahlungsfähigkeit des Schuldners habe sich nach dem Abschlusszeitpunkt zum Positiven gewendet. In einem solchen Fall kann eine Abschreibung zum Abschlussstichtag in Betracht gezogen werden.

Bei der Warenbewertung gelten die Einflüsse und Umstände, die den Wert beeinflussen können als Kriterium. Entscheidend können aber auch in Bezug auf erfahrungsgemäß mit Sicherheit eintretende Entwicklungen sein. Beispielsweise kann die Nachricht, dass ein Artikel „aus der Mode geraten ist" beim Gedanken an die Bewertung entscheidend Einfluss nehmen. Solche Erwartungen sind daher bei der Wertfindung zu berücksichtigen.

Danach dürfen bei Vermögensgegenständen des Umlaufvermögens außer bei Wertminderungen am Abschlussstichtag Abschreibungen vorgenommen werden, soweit diese nach vernünftiger kaufmännischer Beurteilung notwendig sind, um zu verhindern, dass in der nächsten Zukunft der Wertansatz dieser Vermögensgegenstände aufgrund von Wertschwankungen geändert werden muss; § 253 Abs. 3 S. 3 HGB.

1.17.5   Die Bewertung einzelner Wirtschaftsgüter

Es gelten die Bestimmungen der §§ 252 bis 256, 279 bis 283 HGB.

1.17.5.1   Wirtschaftsgüter auf der Aktivseite der Bilanz

Sollen Wirtschaftsgüter der Aktivseite einer Steuerbilanz bewertet werden, sind die Vorschriften der §§ 253 Abs. 2 und 3 HGB und § 6 Abs. 1 Nr. 1, 2 und 2 a EStG anzuwenden. Wirtschaftsgüter der Aktivseite sind wie folgt unterteilt:

Aktiva	Steuerbilanz	Passiva
Anlagevermögen (nicht der Abnutzung unterliegend)		
Anlagevermögen (der Abnutzung unterliegend)		
Umlaufvermögen		

Auffallend ist, dass jede Bilanz nach steigender Liquidität gegliedert ist. Zunächst sind die am schwierigsten zu veräußernden Anlagegüter, z.B. der Grund- und Boden, Gebäude bilanziert. Dann folgen Wirtschaftsgüter, die ohnehin zur Veräußerung bestimmt sind. Diese werden als Umlaufvermögen bezeichnet.

Anlagevermögen ist das Vermögen, das dem Betrieb langfristig zum Nutzen gedacht ist. Es unterscheidet sich vom Umlaufvermögen dadurch, dass es grundsätzlich nicht zum Verkauf bestimmt ist. Für die Bewertung von Anlagevermögen tritt aber – wie bereits beschrieben worden ist – der fiktive Veräußerungsgedanke hinzu. Den Bestimmungen zur Bewertung nach Handels- und Steuerrecht sind drei Kernpunkte gemeinsam:

- die Frage, wie die zu aktivierenden Wirtschaftsgüter im Normalfall zu bewerten sind
- die Frage, wie die Wirtschaftsgüter bei einer eingetretenen Wertminderung zu bewerten sind
- die Frage, wie die Wirtschaftsgüter zu bewerten sind, wenn nach vorheriger außerplanmäßigen Abschreibung bzw. Teilwertabschreibung der Wert wieder gestiegen ist

Diese drei Kernpunkte sollen nun dem Bilanzbild entsprechend chronologisch aufgearbeitet werden:

1.17.5.2 Nicht der Abnutzung unterliegendes Anlagevermögen

Grund und Boden, Beteiligungen, Rechte (z.B. Patente) und Konzessionen.

Beispiel

Die anzuwendenden Vorschriften sind: § 253 Abs. 1 und 2 HGB und § 6 Abs. 1 Nr. 2 EStG.

Wirtschaftsgüter des nicht abnutzbaren Anlagevermögens sind nach § 253 HGB höchstens und nach § 6 Abs. 1 Nr. 2 S. 1 EStG grundsätzlich mit den Anschaffungs- oder Herstellungskosten (§ 255 HGB) anzusetzen (zu bewerten).

Bei einer Wertminderung *vorübergehender Natur* genießen Einzelkaufleute und Personengesellschaften gemäß § 253 Abs. 2 S. 3 HGB ein
Wahlrecht, den niedrigeren Wert anzusetzen. Nach § 6 Abs. 1 Nr. 2 S. 2
EStG gälte dieses Niederstwertprinzip, was als handelsrechtliches Wahlrecht steuerrechtlich als Teilwertabschreibung ausgeübt werden könnte,
auch für die Steuerbilanz. Das Steuerrecht verlangt allerdings – wie bereits erläutert worden ist – nach einer dauernden Wertminderung. Das
Handelsrecht wird somit vom Steuerrecht überlagert.

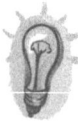

Wird ein steuerrechtliches Wahlrecht ausgeübt, dann hat dies bei Aufstel-
lung einer Handelsbilanz in Übereinstimmung zu geschehen. Dieser
Durchgriff der Steuerbilanz in die Handelsbilanz wird als umgekehrte
Maßgeblichkeit bezeichnet; § 5 Abs. 1 S. 2 EStG.

Kapitalgesellschaften haben § 279 HGB zu beachten. Diese Vorschrift
setzt für übrige Kaufleute geschaffene Wahlrechte grundsätzlich nicht in
Anwendbarkeit.

Anders verhält es sich, wenn die Wertminderung nicht von vorübergehender Natur, sondern *dauernd* ist. Ist die Wertminderung dauernd, dann
müssen alle Kaufleute nach § 253 Abs. 2 S. 3 HGB den niedrigeren Wert
ansetzen. Dieses handelsrechtliche Bewertungsgebot ist maßgeblich für
die Steuerbilanz.

Das (abgeschwächte) Niederstwertprinzip gilt folglich bei den Wirtschaftsgütern des nicht abnutzbaren Anlagevermögens.

| Beispiel 1 | Ein Kaufmann erwirbt ein Grundstück, das nach dem Bestimmungsplan der Gemeinde ab dem folgenden 01.01. als Bauland ausgewiesen werden soll. Per Ratsbeschluss vom 17.12. wird der Bestimmungsplan auf Druck einer Naturschutzvereinigung geändert. Der Kaufpreis betrug in Erwartung der späteren Bebauungsreife 1 Mio. DM. Nach Bekanntgabe des Ratsbeschlusses würde ein fremder Dritter maximal noch 300.000,00 DM als Kaufpreis für das Grundstück anbieten. |

Der Kaufmann hat nach § 253 Abs. 2 S. 3 HGB zwingend den niedrigeren
Wert anzusetzen, weil die Wertminderung von Dauer ist. In der Steuerbilanz ist durch Teilwertabschreibung ebenso zu verfahren (Maßgeblichkeit).

| Beispiel 2 | Ein Kaufmann erwirbt im Jahr 01 eine Beteiligung, die er im Betriebs-vermögen seines Einzelunternehmens hält. Die Anschaffungskosten haben 80.000,00 DM betragen. Am Bilanzstichtag des 31.12.01 ist der Wert der Beteiligung auf 20.000,00 DM gesunken, weil die Firma, an der der Kaufmann beteiligt ist, beim Gericht das Vergleichsverfahren beantragt hat. |

Die Wertminderung wäre z.B. vorübergehend, wenn der US-amerikanische Mutterkonzern der Beteiligung eine Betriebskapitalverstärkung in Aussicht gestellt hat.

Beispiel 2

In diesem Fall kann der Kaufmann handelsrechtlich wählen, ob er den niedrigeren Wert oder jeden Wert dazwischen (20.000,00 DM bis 80.000,00 DM) ansetzen möchte.

Steuerrechtlich ist eine Teilwertabschreibung ausgeschlossen, da die Wertminderung nur vorübergehend – also nicht von Dauer – ist; vgl. § 6 Abs. 1 Nr. 2 S. 2 EStG.

Den US-amerikanischen Mutterkonzern gibt es überhaupt nicht. Die Aussage war eine „taktische Lüge", damit die Gläubiger vorübergehend ruhig bleiben. Dies schlägt durch; die Wertminderung ist von Dauer.

Abwandlung

In diesem Fall ist die Ausübung eines Wahlrechts nicht zulässig. Der Kaufmann muss den niedrigeren Wert berücksichtigen.

Steuerrechtlich besteht auf Grund des § 6 Abs. 1 Nr. 2 S. 2 EStG ein Wahlrecht, ob eine Teilwertabschreibung wegen Dauerwertminderung beansprucht wird, oder ob es bei der Bewertung mit den Anschaffungskosten verbleiben soll (umgekehrte Maßgeblichkeit beachten).

Sind die Gründe für eine Teilwertabschreibung entfallen, kann diese nach § 253 Abs. 5 HGB in der Handelsbilanz im Wege der Wertaufholung rückgängig gemacht werden. Diese Maßnahme wird als eingeschränkter Wertzusammenhang bezeichnet. Macht der Kaufmann von dieser Möglichkeit Gebrauch, ist die Wertaufholung in der Steuerbilanz nach dem uneingeschränkt geltenden Maßgeblichkeitsprinzip nachzuvollziehen. Ein Überschreiten der historischen Anschaffungs- oder Herstellungskosten bei der Zuschreibung ist weder in der Handels- noch in der Steuerbilanz zulässig; § 6 Abs. 1 Nr. 2 S. 3 EStG.

Bei Kapitalgesellschaften gilt gemäß § 280 Abs. 1 und 2 HGB ebenfalls ein faktisches Zuschreibungswahlrecht unter der tatbeständlichen Voraussetzung des § 280 Abs. 2 HGB. Ist Absatz 2 nicht anwendbar, weil der niedrigere Wertansatz in der steuerlichen Gewinnermittlung (i.d.R. Mehr- und Wenigerrechnung zur Handelsbilanz) nicht gehalten werden kann und wird er auch künftig nicht beibehalten, so ist das Zuschreibungsgebot des § 280 Abs. 1 HGB zu beachten.

1.17.5.3   Der Abnutzung unterliegendes Anlagevermögen

- Betriebsgebäude, Maschinen, Geschäftsausstattung, Fuhrpark usw.
- Die anzuwendenden Vorschriften sind: § 253 Abs. 1 und 2 HGB und § 6 Abs. 1 Nr. 1 EStG

Wirtschaftsgüter des abnutzbaren Anlagevermögens sind handelsrechtlich höchstens und steuerrechtlich grundsätzlich mit den Anschaffungs- oder Herstellungskosten (§ 255 HGB) abzüglich planmäßiger Abschreibungen bzw. Absetzung für Abnutzung anzusetzen (zu bewerten). Die Berücksichtigung der planmäßigen Abschreibung und der Absetzung für Abnutzung ist zwingend.

Einzelkaufleute und Personengesellschaften genießen nach § 253 Abs. 2 S. 3 HGB bei einer vorübergehenden Wertminderung ein Wahlrecht, den niedrigeren Wert anzusetzen. Für das Steuerrecht kann über § 6 Abs. 1 Nr. 1 S. 2 EStG der niedrigere Teilwert nur bei dauernder Wertminderung in Betracht gezogen werden.

Eine Kommanditgesellschaft hat am 02.01.01 eine Drehbank mit einer betriebsgewöhnlichen Nutzungsdauer von 12 Jahren für 15.000,00 DM angeschafft. Die KG beansprucht die lineare AfA. Am Bilanzstichtag des 31.12.02 beträgt der Restbuchwert 12.500,00 DM, bei einer jährlichen Abschreibungsrate von 1.250,00 DM. Der Teilwert der Drehbank beträgt vorübergehend nur noch 5.000,00 DM, weil sich in der Branche ein Gerücht verbreitet hat, eine US-Firma würde in Kürze eine „bahnbrechende Weltneuheit" auf den Markt bringen. Ein gedachter Erwerber würde aus diesem Grund der KG die gebrauchte Drehbank höchstens noch für 5.000,00 DM abkaufen.

Der Kaufmann ist zum Ansatz des niedrigeren Teilwertes in Höhe von 5.000,00 DM berechtigt. Wahlweise darf er auch jeden Zwischenwert in der Spanne von 5.000,00 DM bis 12.500,00 DM ansetzen. Der Teilwertansatz wird somit zu einem wichtigen Steuerungsaspekt für buchführende Kaufleute. Die Teilwertabschreibung mindert den Gewinn und trägt dem Unternehmerrisiko Rechnung.

Kapitalgesellschaften haben bei vorübergehender Wertminderung die vermeidende Wahlrechteinschränkung des § 279 Abs. 1 S. 2 HGB hinzunehmen. Die Relativierung des § 279 Abs. 2 HGB ist – ähnlich wie die Ausnahme des Absatzes 1 bezüglich der Finanzanlagen – beachtlich, jedoch in ihrer Wirkung in der Fachwelt leider umstritten. Nähere Ausführungen hierzu gehören aus diesem Grunde nicht in ein Lehr- und Ausbildungswerk.

Ist die Wertminderung eines Wirtschaftsgutes von dauerhafter Natur, besteht handelsrechtlich bei allen Kaufleuten gemäß § 253 Abs. 2 S. 3 HGB – ohne Rücksicht auf die zeitlich begrenzte Nutzung des Gegenstandes – ein Zwang zum Ansatz des niedrigeren Wertes bzw. Teilwertes.

Siehe vorangegangenes Beispiel. Die „Gerüchteküche" hatte ausnahmsweise Recht. Die Wertminderung der Drehbank ist von Dauer. Die Kommanditgesellschaft ist zum Ansatz des niedrigeren Wertes in der Handelsbilanz gezwungen.

Beispiel

Nach § 6 Abs. 1 Nr. 1 S. 2 EStG kann in der Steuerbilanz mit dem niedrigeren Teilwert bewertet werden. Zu beachten ist der steuerrechtliche Bewertungsvorbehalt des § 5 Abs. 6 EStG und nicht die Maßgeblichkeit des § 5 Abs. 1 S. 1 EStG.

Beim abnutzbaren sowie beim nicht abnutzbaren Anlagevermögen besteht bei vorübergehender Wertminderung ein Wahlrecht und bei dauernder Wertminderung eine Pflicht, den niedrigeren Wert bzw. Teilwert anzusetzen (gemildertes Niederstwertprinzip).

Merke

Kapitalgesellschaften (AG, GmbH) haben die Einschränkungen (mit Ausnahmen) des § 279 HGB anzuwenden.

Fällt der Grund für eine Wertminderung fort, ist in der Handelsbilanz eine Wertaufholung zulässig. Wird in der Handelsbilanz eine erhöhte Absetzung, eine Sonderabschreibung oder eine Rücklagenübertragung i.S.d. § 6 b EStG durch die Wertaufholung rückgängig gemacht, ist diese ebenfalls in der Steuerbilanz nachzuvollziehen. Für die Steuerbilanz gilt ohnehin ein striktes Wertaufholungsgebot.

Kapitalgesellschaften haben das handelsrechtliche Aufwertungsgebot des § 280 Abs. 1 HGB zu beachten. Nach § 280 Abs. 2 HGB (Relativierung) kann unter den folgenden Voraussetzungen eine Zuschreibung unterbleiben:

- der niedrigere Wertansatz darf steuerrechtlich beibehalten werden, d.h., es muss ein steuerrechtliches Wahlrecht zur Wertbeibehaltung möglich sein, und
- falls Voraussetzung für die Beibehaltung ist, dass der niedrigere Wertansatz auch in der Bilanz beibehalten wird, darf in der Steuerbilanz nur dann der Wert beibehalten werden, wenn auch in der Handelsbilanz keine Zuschreibung vorgenommen wird

Beispiel Der Teilwert einer Maschine des abnutzbaren Anlagevermögens ist um 7.000,00 DM unter den Buchwert gesunken. Der Firmeninhaber nimmt eine entsprechende Teilwertabschreibung vor. Bis zum Bilanzstichtag eines späteren Wirtschaftsjahres ist der Teilwert wieder auf die Höhe des ursprünglichen Buchwertes, der sich ohne Teilwertabschreibung zum Bilanzstichtag ergeben hätte, gestiegen.

Einzelunternehmer, Personengesellschaften, aber selbst Kapitalgesellschaften haben eine Aufwertungswahlrecht. Die Genannten können bis zum Wert, der zu Buche stehen würde, zuschreiben oder einen Zwischenwert wählen. Voraussetzung ist aber, dass in beiden Bilanzen gleich bewertet wird.

Anmerkung zur Kapitalgesellschaft:

Gemäß § 6 Abs. 1 Nr. 1 S. 4 EStG existiert ein steuerliches Gebot mit Ausnahmeregelung zur Wertbeibehaltung. Kapitalgesellschaften genießen demzufolge ebenfalls grundsätzlich ein Wertaufholungswahlrecht.

Die umgekehrte Maßgeblichkeit des § 5 Abs. 1 S. 2 EStG, wonach ein steuerliches Wahlrecht entsprechend in der Handelsbilanz ausgeübt werden muss, gilt grundsätzlich. Aus diesem Grund kann eine Kapitalgesellschaft nach § 280 Abs. 2 HGB wahlweise eine Zuschreibung bei gestiegenem Wert/Teilwert vornehmen.

Zur Verwaltungsanweisung:

Begriff des Anlage- und Umlaufvermögens R 32, H 32 EStR;

Bewertung des Anlagevermögens R 40, H 40 EStR (Bewertungsfreiheit für GWG).

1.17.6 Bewertung des Umlaufvermögens

Von der Bewertung des Anlagevermögens ist die Bewertung des Umlaufvermögens zu unterscheiden.

1.17.6.1 Begriff des Umlaufvermögens

Unter dem Begriff des Umlaufvermögens versteht man Vermögensteile eines Betriebes, die im Unterschied zum Anlagevermögen nicht zur dauerhaften Nutzung im Betrieb, sondern zum Umsatz bestimmt oder aus ihm hervorgegangen sind und daher dem Beschäftigungsgrad und der Liquiditätslage in wechselnder Höhe unterhalten werden.

Warenvorräte, Bank- und Kassenbestände, Wechsel. | Beispiele

Der Definition folgend, gehört ein Grundstück also zum Anlagevermögen. Beim Grundstückshändler zählt das Grundstück hingegen zum Umlaufvermögen. | Abgrenzung

Die handels- und steuerrechtlichen Bewertungsvorschriften sind: § 253 Abs. 3 HGB und § 6 Abs. 1 Nr. 2 EStG.

Wirtschaftsgüter des Umlaufvermögens sind gemäß § 253 Abs. 1 S. 1 HGB höchstens und gemäß § 6 Abs. 1 Nr. 2 S. 1 EStG grundsätzlich mit den Anschaffungs- oder Herstellungskosten zu bewerten.

Sowohl für das Handelsrecht und das Steuerrecht ist ein strenges Niederstwertprinzip für die Bewertung zu beachten. Für die Gegenstände des Umlaufvermögens herrscht ein Abschreibungsgebot, was bedeutet, dass sie mit einem niedrigeren Wert anzusetzen sind, der sich aus einem Börsen- oder Marktpreis am Bilanzstichtag ergibt; vgl. § 253 Abs. 3 S. 2 HGB. Dieses Gebot, den Wert der Umlaufgegenstände „dem Zeitgeschehen" anpassen zu müssen, heißt Niederstwertprinzip und ist aus dem Imparitätsprinzip, wonach Drohverluste zur Betriebserhaltung ausgewiesen werden müssen, hervorgegangen. Dies alles wiederum entspricht dem kaufmännischen Grundsatz „der vorsichtigen Bewertung", vgl. § 252 Abs. 1 Nr. 4 HGB.

Börsenpreis ist der an einer amtlich anerkannten Börse festgestellte Preis. Marktpreis ist der Preis, der an einem Handelsplatz oder einem Handelsbezirk für Vorräte einer bestimmten Gattung von durchschnittlicher Art und Güte zu einem bestimmten Zeitpunkt oder in einem bestimmten Zeitabschnitt im Durchschnitt gezahlt wird. Voraussetzung ist, dass tatsächlich zu diesen Preisen Umsätze stattgefunden haben.

Bei Roh-, Hilfs- und Betriebsstoffen und Waren aller Art gilt ausschließlich deren Anschaffung. Der für die Bewertung festzustellende Wert wird aufgrund der Verhältnisse des Beschaffungsmarktes bestimmt. Dabei ist vom Wiederbeschaffungswert oder vom Reproduktionskostenwert auszugehen.

Bei Waren und Erzeugnissen gilt deren Verkauf. Der für die Bewertung maßgebende Wert richtet sich daher nach den Verhältnissen des Absatzmarktes. Dabei ist vom Verkaufswert auszugehen.

Beim Erleiden einer vorübergehenden oder dauernden Wertminderung von Gegenständen des Umlaufvermögens haben alle Kaufleute handelsrechtlich nach § 253 Abs. 3 S. 1 HGB den niedrigeren Wert anzusetzen. Über den Maßgeblichkeitsgrundsatz des § 5 Abs. 1 S. 1 EStG ist das Niederstwertprinzip steuerlich gemäß § 6 Abs. 1 Nr. 2 S. 2 EStG zwingend zu beachten. Der Teilwertansatz kommt allerdings hier nur bei einer voraussichtlich dauernden Wertminderung zum Zuge.

1.17.6.2 Abschreibungen im Rahmen vernünftiger kaufmännischer Beurteilung

Bei Gegenständen des Umlaufvermögens besteht – wie beim Anlagevermögen – ein Abschreibungswahlrecht über die zuvor beschriebenen Abschreibungen nach § 253 Abs. 3 S. 1 HGB hinaus. Dabei handelt es sich um die Möglichkeit der erweiterten Abschreibung nach § 253 Abs. 4 HGB, wenn die vernünftige kaufmännische Betrachtungsweise diese erfordert.

Kapitalgesellschaften steht dieses Abschreibungswahlrecht gem. § 279 Abs. 1 S. 1 HGB nicht zu. Entfallen die Gründe, die zu einer außerplanmäßigen Abschreibung geführt haben, besteht – wie beim nicht abnutzbaren Anlagevermögen – ein handelsrechtliches Aufwertungswahlrecht (§ 253 Abs. 5 HGB, § 280 Abs. 1 und 2 HGB):

Bei der steuerlichen Teilwertabschreibung herrscht ein striktes Wertaufholungsgebot.

- Ein Kaufmann (Wertpapierhändler) erwirbt in 01 Wertpapiere der Z-Bank für 140.00,00 DM. Am Bilanzstichtag ist der Wert auf 80.000,00 DM gefallen
  Der Kaufmann muss mit dem niedrigeren Wert von 80.000,00 DM in der Handelsbilanz bewerten (§ 253 Abs. 3 S. 1 HGB).
  Für die Steuerbilanz gilt § 6 Abs. 1 Nr. 2 EStG: Hiernach ist eine Teilwertabschreibung von 140.000,00 DM auf 80.000,00 DM bei einer voraussichtlich dauernden Wertminderung zulässig
- Wie Vorbeispiel. Der Wert zum Bilanzstichtag ist auf Grund rasant gestiegener Kurse auf 160.000,00 DM gestiegen.
  Der Kaufmann darf in diesem Fall handels- und steuerrechtlich höchstens mit den historischen Anschaffungskosten in Höhe von 140.000,00 DM bewerten

Besonders beim Umlaufvermögen kann das Aufwertungsgebot des § 280 Abs. 1 HGB zwingend angewandt werden müssen. Dies gilt, wenn zuvor eine Abschreibung in der Handelsbilanz, nicht aber in der Steuerbilanz möglich war.

1.17.6.3 Niedrigerer Wert zur Vermeidung von Wertansatzänderungen aufgrund von Wertschwankungen

Ausgangslage für die Berücksichtigung des niedrigeren Wertes zur Vermeidung von Wertansatzänderungen aufgrund von Wertschwankungen ist die vorangegangene Abschreibung im Rahmen des Niederstwertprinzips. Bei dieser Bewertung standen die Wertverhältnisse am Bilanzstichtag im Vordergrund.

Soll eine Wertschwankung in die Überlegungen einbezogen werden, muss demnach eine Bewertung zugrunde gelegt werden, die die künftige Entwicklung berücksichtigt. Es handelt sich also um ein in zeitlicher Hinsicht erweitertes Niederstwertprinzip ohne Abschreibungszwang.

Kapitalgesellschaften haben diese Abschreibungen in der Gewinn- und Verlustrechnung besonders auszuweisen oder im Anhang anzugeben (§ 277 Abs. 3 S. 1 HGB).

Ein Kaufmann hat bei Gegenständen des Vorratsvermögens zum Bilanzstichtag 31.12.01 in der Handelsbilanz eine Abschreibung gemäß § 253 Abs. 3 S. 3 HGB vorgenommen (so genannte „Schwankungsreserve"). Diese Abschreibung ist in der Steuerbilanz unzulässig.

Am nächstfolgenden Bilanzstichtag des 31.12.02 sind die Gründe für die Abwertung, die zur Abschreibung geführt haben, entfallen.

Aufgrund der nicht zulässigen Abschreibung in der Steuerbilanz kann eine Zuschreibung nicht in Betracht kommen. In der Handelsbilanz hat eine Zuschreibung i.S.d. § 280 Abs. 1 HGB zwingend zu erfolgen.

1.17.6.4   Bewertung des Vorratsvermögens

Die Bewertung des Vorratsvermögens nimmt eine besondere Stellung innerhalb des Umlaufvermögens ein.

Beispiele

Roh-, Hilfs- und Betriebsstoffe, Halbfertigerzeugnisse, Fertigerzeugnisse und Waren.

Die Bewertung des Vorratsvermögens erfolgt nicht abweichend vom übrigen Umlaufvermögen. Den Gegenständen wird im Allgemeinen der Börsen- und Marktpreis am Bilanzstichtag zugesprochen; dies entspricht insoweit dem Teilwert.

Erlaubt ist, die Preisentwicklung der darauf folgenden vier bis sechs Wochen in den Teilwertgedanken einzubeziehen. Ist ein Börsen- oder Marktpreis nicht bekannt, sind die sonstigen Wiederbeschaffungskosten anzusetzen, bei einem Herstellungsbetrieb die Wiederherstellungskosten. Handelsbetriebe mit großem Sortiment, z.B. Kaufhäuser, dürfen die Warenbewertung nach einer retrograden Methode in der Weise ermitteln, dass die voraussichtlichen Verkaufspreise um die Selbstkosten und den Gewinn vermindert werden. Entsprechendes gilt für die Bewertung eines veralteten Warenbestandes.

Auch beim Vorratsvermögen gilt grundsätzlich die Einzelbewertung, d.h., jeder einzelne Gegenstand ist für sich betrachtet zu bewerten. Dies bereitet je nach Größe und Sortimentreichhaltigkeit einer Unternehmung Schwierigkeiten. Die Einzelbewertung sprengt überwiegend die Grenzen der Zumutbarkeit. Zur Erleichterung sind von Rechtsprechung und Gesetzgebung verschiedenartige Vereinfachungen geschaffen worden.

Zunächst ist auf den Grundsatz der Einzelbewertung näher einzugehen:

Gemäß § 252 Abs. 1 Nr. 3 HGB sind alle Vermögensgegenstände einschließlich der Schulden einzeln zu bewerten. § 6 Abs. 1 EStG spricht von der Bewertung der einzelnen Wirtschaftsgüter. Das Ziel des Einzelbewertungsgrundsatzes ist so zu verstehen, dass Wertschwankungen einzelner Wirtschaftsgüter nicht durch Zusammenfassung mehrerer Güter in einem Posten untergehen. Wertsteigerungen einzelner Wirtschaftsgüter dürfen als nicht realisierter Gewinn regelmäßig nicht ausgewiesen werden, während Wertverluste nach dem Niederstwertprinzip zu berücksichtigen sind.

Es verstößt nicht gegen den Grundsatz der Einzelbewertung, wenn gleichwertige Wirtschaftsgüter in einem Posten zusammengefasst in der Bilanz dargestellt werden, wie das z.B. bei den Forderungen der Fall ist. Die Frage der Abschreibung ist allerdings für jedes Wirtschaftsgut innerhalb eines Postens getrennt zu würdigen.

Mit dem Grundsatz der Einzelbewertung geht auch das Saldierungsverbot des § 246 Abs. 2 HGB einher; demzufolge dürfen Posten der Aktivseite nicht mit Posten der Passivseite, Aufwendungen nicht mit Erträgen und Grundstücksrechte nicht mit Grundstückslasten verrechnet werden. Hiervon ausgenommen ist lediglich die Ausnahme, wenn die Voraussetzung einer Verrechnung von Forderungen und Verbindlichkeiten nach § 387 BGB (Fälligkeit zweier sich gegenüberstehenden Forderungen auf gleichartige Leistungen) vorliegt.

Vom Grundsatz der Einzelbewertung sind, wie schon gesagt worden ist, Ausnahmen geschaffen worden, die der Arbeitsvereinfachung dienen. Das Steuerrecht ist diesen handelsrechtlichen Ausnahmeregelungen nur teilweise angeschlossen. Im § 6 EStG sind die für das Steuerrecht geltenden Bewertungsnormen kodifiziert. Über den Bewertungsvorbehalt des § 5 Abs. 6 EStG sind weite Bereiche der handelsrechtlichen Bewertung für die Steuerbilanz ausgeschlossen, insoweit klammert der Bewertungsvorbehalt die Maßgeblichkeit der Handelsbilanz für die Steuerbilanz (§ 5 Abs. 1 S. 1 EStG) umfassend aus. In einigen Bereichen, z.B. der Gruppenbewertung, hat sich das Steuerrecht dem Handelsrecht genähert, was noch auszuführen ist.

1.17.7 Bewertungsvereinfachungsverfahren

Die nachfolgenden Ausführungen haben vor allem praktische Bedeutung.

1.17.7.1 Gruppenbewertung

Nach § 256 S. 1 i.V.m. § 240 Abs. 4 HGB können gleichartige Vermögensgegenstände des Vorratsvermögens sowie andere gleichartige bzw. annähernd gleichwertige bewegliche Gegenstände jeweils zu einer Gruppe zusammengefasst werden. Die Bewertung erfolgt in solchen Fällen mit einem gewogenen Durchschnittswert.

Kapitalgesellschaften haben die Bewertung mit gewogenen Durchschnittswerten nach Maßgabe des § 284 Abs. 2 Nr. 4 HGB im Anhang pauschal für die jeweilige Gruppe auszuweisen, wenn die Bewertung im Vergleich zu einer Bewertung auf der Grundlage des letzten vor dem Abschlussstichtag bekannten Börsenkurses oder Marktpreises einen erheblichen Unterschied aufweist.

Das Steuerrecht schloss sich dem handelsrechtlichen Vereinfachungsverfahren der Gruppenbewertung teilweise an, vgl. R 36 Abs. 4 EStR. Die Gruppenbildung und die Gruppenbewertung dürfen aber nicht gegen die allgemeinen Grundsätze ordnungsgemäßer Buchführung verstoßen. Nach den Ausführungen der EStR in R 36 Abs. 4 ist die Gruppenbewertung steuerlich auf die Wirtschaftsgüter des Vorratsvermögens beschränkt, während das Handelsrecht auch andere gleichartige oder annähernd gleichwertige bewegliche Vermögensgegenstände einbezieht.

1.17.7.2 Bewertung nach unterstellten Verbrauchsfolgen

Ursachen:

Im Wirtschaftsjahr wurden unterschiedliche Waren eingekauft, die auch unterschiedlichen Anschaffungskosten unterlegen haben. Am Bilanzstichtag ist ein Teil der noch nicht veräußerten Vorratsware vorhanden und muss nach Inventurerfassung bewertet werden.

Beim Betriebsvermögensvergleich ist entscheidend, welche Anschaffungskosten den im Bestand vorrätigen Gütern zugeordnet werden müssen. Wird dieses Problem vernachlässigt, ergeben sich Gewinnverlagerungen, da die Anschaffungskosten nicht in der zutreffenden Reihenfolge verrechnet werden können. Beim wohl denkbar häufigsten Fall der Preiserhöhung ergibt sich trotz mengenmäßig gleicher Bestände ein Scheingewinn, der ausschließlich auf den höheren Preisen des zuletzt erworbenen Vorratsvermögens beruhen dürfte. Durch die nachfolgende Darstellung von Verbrauchsfolgeverfahren werden Scheingewinne vermieden, deren Ertragsbesteuerung ansonsten aus der Substanz des Unternehmens zu tragen wäre.

§ 256 S. 1 HGB:

„Soweit es den Grundsätzen ordnungsgemäßer Buchführung entspricht, kann für den Wertansatz gleichartiger Vermögensgegenstände des Vorratsvermögens unterstellt werden, dass die zuerst oder dass die zuletzt angeschafften oder hergestellten Vermögensgegenstände zuerst oder in einer sonstigen bestimmten Folge verbraucht oder veräußert worden sind."

Bei der Bewertungsvereinfachung nach unterstellten Verbrauchsfolgen wird eine bestimmte Verbrauchs- oder Veräußerungsfolge unterstellt. Die Methoden entsprechen also nicht den tatsächlichen betrieblichen Verhältnissen, die quasi nur im Wege der umständlichen Einzelbewertung Rechnung tragen würden.

1.17.7.3 Zulässige Verbrauchsfolgeverfahren

Handelsrechtlich sind gemäß § 256 S. 1 HGB die folgenden Verbrauchs-folgeverfahren zulässig:

1.17.7.4 Lifo-Verfahren

Bei der Last in-first out-Methode wird unterstellt, dass die zuletzt ange-schafften Vorräte zuerst veräußert werden.

Anfangsbestand/Zugänge		Preis	Gesamt
01.01.01	8.000 Stück	55,00 DM	440.000,00 DM
10.03.01	12.000 Stück	58,00 DM	696.000,00 DM
20.05.01	8.000 Stück	60,00 DM	480.000,00 DM
15.08.01	14.000 Stück	65,00 DM	910.000,00 DM
31.12.01	12.000 Stück	56,00 DM	672.000,00 DM
	54.000 Stück		3.198.000,00 DM

Der lt. Inventur ermittelte Schlussbestand beträgt 16.000 Stück. Älteste Zugänge sind noch im Bestand enthalten.

Inventurbestand 31.12.01		16.000 Stück
davon Anfangsbestand	8.000 x 55,00 DM	= 440.000,00 DM
davon 1 Zugang	8.000 x 58,00 DM	= 464.000,00 DM
maximal Inventurbestand 16.000 Stück		= 904.000,00 DM
Die Anschaffungskosten nach Lifo		
betragen demnach:		904.000,00 DM

Ermittlung des Bilanzansatzes 31.12.01   TWA 8.000,00 DM

unter Beachtung des Niederstwertprinzips:
Inventurbestand 16.000 Stück x 56,00 DM   = 896.000,00 DM

Aus dem Preis vom 31.12.01 ist ersichtlich, dass die Ware an Wert – ge-messen am Gesamtdurchschnitt von etwa 60,00 DM – verloren hat. Setzt man die nach Lifo ermittelten Anschaffungskosten ins Verhältnis mit dem Produkt aus der Multiplikation der Inventurstückzahl mit dem Tagespreis, so ergibt sich eine Teilwertabschreibung in Höhe von 8.000,00 DM (Ge-winn ./. 8.000,00 DM).

Zum Vergleich soll der Beispielfall nach der Durchschnittsbewertungs-methode aufgezeigt werden:

Gesamtanschaffungskosten	3.198.000,00 DM
Anfangsbestand zzgl. Zugänge	54.000 Stück
Inventurbestand 31.12.01	16.000 Stück

Durchschnittliche Anschaffungskosten:

$$\frac{3.198.000,00\,DM}{54.000\,Stück} \times 16.000\,Stück = 947.556,00\,DM$$

Will man zum selben Ergebnis wie Lifo kommen,
ist eine Teilwertabschreibung in Höhe von   ./. 51.556,00 DM notwendig
Ergebnis nach Lifo: 896.000,00 DM

Gemäß § 6 Abs. 1 Nr. 2 a EStG darf das Lifo-Verfahren steuerrechtlich angewendet werden. Die Voraussetzungen hierfür sind:

- Gewinnermittlung nach § 5 EStG
- gleichartige Wirtschaftsgüter des Vorratsvermögens
- Unterstellung, dass die zuletzt angeschafften oder hergestellten Wirtschaftsgüter zuerst verbraucht oder veräußert worden sind
- Übereinstimmung mit den Grundsätzen ordnungsgemäßer Buchführung (beachte umgekehrte Maßgeblichkeit § 5 Abs.1 S. 2 EStG)

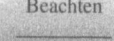

- Vorratsbestand vom Schluss des vorangegangen Wirtschaftsjahres gilt als erster Zugang des neuen Wirtschaftsjahres; § 6 Abs. 1 Nr. 2 a S. 2 EStG

Beachten

Soll in den folgenden Wirtschaftsjahren von der Lifo-Methode abgewichen werden, so bedarf dies der Zustimmung durch das Finanzamt; § 6 Abs. 1 Nr. 2 a S. 3 EStG.

Die Vorschrift des § 6 Abs. 1 Nr. 2 a EStG wurde durch das Gesetz vom 24.03.1999 (BGBL. I, S. 402) geändert. Siehe zur erstmaligen Anwendung § 52 Abs. 16 EStG.

Das Lifo-Verfahren stand in Wirtschaftsjahren, die vor dem 01.01.1999 endeten (§ 84 Abs. 3 e EStDV), in engem Zusammenhang mit dem so genannten Importwarenabschlag des § 80 EStDV von 1997.

Der Importwarenabschlag galt für bestimmte Wirtschaftsgüter des Umlaufvermögens ausländischer Herkunft, deren Preis auf dem Weltmarkt wesentlichen Schwankungen unterlag.

Der Abschlag betrug in den Wirtschaftsjahren bis zum 31.12.1989 = 20 v.H. und danach 15 v.H. von den Anschaffungskosten oder dem niedrigeren Börsen- oder Marktpreis für bestimmte Wirtschaftsgüter.

Der Importwarenabschlag ist ab dem 01.01.1999 ersatzlos entfallen.

Der nachfolgende Hinweis hat also nur noch Bedeutung für „*Altfälle*".

Hinweis

§ 6 Abs. 1 Nr. 2 a EStG a.F. und § 80 EStDV 1997 schließen sich gegenseitig aus.

Beim Wechsel zur Lifo-Methode kann der Importwarenabschlag fortgesetzt werden. Der beim Wechsel vorhandene Vorratsbestand wird daher um den Importwarenabschlag gekürzt. Mit diesem verminderten Wert gilt der Vorratsbestand als angeschafft.

Hinweis

- **Sonstige Hinweise zum Lifo-Verfahren:**

Zwar braucht die Verbrauchs- und Veräußerungsfolge nicht unbedingt mit den tatsächlichen Gegebenheiten übereinzustimmen, sie darf aber auch nicht vollkommen unvereinbar mit dem betrieblichen Geschehensablauf sein. Das Niederstwertprinzip ist bei der Lifo-Methode in jedem Fall zu beachten; R 36 a Abs. 6 EStR.

- **Übergang zur Lifo-Methode:**

Nach R 36 a Abs. 7 i.V.m. Abs. 5 EStR schließt sich die Verwaltung zum Übergang zur Lifo-Methode an. Von der Lifo-Methode kann in den folgenden Wirtschaftsjahren nur mit Zustimmung des Finanzamtes abgewichen werden. Der Grundsatz der Bewertungsstetigkeit ist zu beachten.

1.17.7.5 Fifo-Verfahren

Beim First in-first out-Verfahren wird unterstellt, dass die zuerst angeschafften Vorräte auch zuerst veräußert worden sind.

Anfangsbestand	100 Einheiten x 50,00 DM	=	5.000,00 DM
Zugang	200 Einheiten x 60,00 DM	=	12.000,00 DM
Abgang	200 Einheiten		
- davon	100 Einheiten x 50,00 DM		
	100 Einheiten x 60,00 DM	=	11.000,00 DM
Endbestand	100 Einheiten x 60,00 DM	=	6.000,00 DM
Im Ergebnis ergibt sich ein Scheingewinn von			1.000,00 DM

1.17.7.6 Hifo-Verfahren

Beim Highest in-first out-Verfahren wird unterstellt, dass die am teuersten angeschafften bzw. hergestellten Vorräte zuerst verbraucht oder veräußert worden sind. Dieses Verfahren vereint die Vorteile des Lifo- und des Fifo-Verfahrens.

1.17.7.7 Lofo-Verfahren

Beim Lowest in-first out-Verfahren wird unterstellt, dass die am billigsten angeschafften bzw. hergestellten Güter zuerst verbraucht oder veräußert worden sind.

Zulässigkeit für das Steuerrecht:

Fifo, Hifo, Lofo sind steuerrechtlich nicht anerkannte Bewertungsverein-
fachungsverfahren. Der § 6 Abs. 1 Nr. 2 a EStG erlaubt ausschließlich nur
das Lifo-Verfahren zur Anwendung in der Steuerbilanz.

Merke

Ein Verbrauchsfolgeverfahren darf nur angewandt werden, wenn die Bewertungsmethode den Grundsätzen ordnungsgemäßer Buchführung entspricht.

Kapitalgesellschaften müssen im Anhang die angewendete Bewertungsmethode und die sich ergebenden Unterschiedsbeträge gemäß § 284 Abs.
2 HGB nach dem Niederstwertprinzip angeben.

1.17.8 Bewertung mit dem Festwert

Roh-, Hilfs- und Betriebsstoffe können unter den nachgenannten Voraussetzungen mit einer gleichbleibenden Menge und einem gleichbleibenden
Wert, einem so genannten Festwert, angesetzt werden; vgl. § 240 Abs. 3
und § 256 Satz 2 HGB.

- Der Gesamtwert der für die Festwertbewertung in Frage kommenden
  Gegenstände muss von nachrangiger Bedeutung sein
- Die Gegenstände müssen regelmäßig ersetzt werden
- Die Gegenstände dürfen nur geringe Veränderungen des Bestandes
  in seiner Größe, seinem Wert und seiner Zusammensetzung erfahren.
- Die Festwertbewertung darf nur zur Inventurerleichterung und der
  Bewertung, nicht aber zum Ausgleich von Preisschwankungen, ge-
  schehen
- In der Regel ist alle drei Jahre eine körperliche Bestandsaufnahme
  durchzuführen (§ 240 Abs. 3 S. 2 HGB)

Folgen der Bestandsaufnahme:

Ist der bei der Bestandsaufnahme ermittelte Wert niedriger als der Festwert oder übersteigt er diesen um nicht mehr als 10 v.H., so kann der
Wert beibehalten werden. Übersteigt der ermittelte Wert den angesetzten
Wert um mehr als 10 v.H., sind die Anschaffungskosten der neu angeschafften Vorräte so lange zu aktivieren, bis der neue Festwert erreicht ist,
vgl. R 31 Abs. 4, H 36 EStR.

Solange der Festwert beibehalten wird, werden Zugänge nicht als Anschaffungskosten i.S.d. § 255 Abs. 1 HGB aktiviert, sondern als sofort
abzugsfähiger Aufwand behandelt.

Eine Firma (Gründung in 01) schafft Wirtschaftsgüter des Anlagevermögens an, die grundsätzlich zu einer Festwertbildung nach § 240 Abs. 3 HGB berechtigen. Die betriebsgewöhnliche Nutzungsdauer beträgt fünf Jahre:

Beispiel 1

01 Ankauf	20.000,00 DM
02 Zukauf	20.000,00 DM
03 Zukauf	20.000,00 DM
04 Zukauf	20.000,00 DM
05 Zukauf	20.000,00 DM

Nach § 6 Abs. 1 Nr. 1 EStG ist eine Einzelbewertung nach dem Buchwertverfahren (AK ./. AfA) vorzunehmen. Der entscheidende Moment für die Festwertbildung ist der Augenblick, bei dem sich die AfA und die Abgänge mit den Zugängen, also den Ersatzbeschaffungen, in etwa decken. Von nun an muss der Kaufmann wählen, ob er den Festwertansatz wünscht oder beim Buchwertverfahren – wie bisher – bleibt.

Handelsrechtlich kann der Festwert – etwa durch eine außerplanmäßige Abschreibung i.S.d. § 253 Abs. 4 HGB – sofort angestrebt werden.

Steuerrechtlich ergibt sich folgende Ermittlung:

Anlagekonto:

Zugang 01	20.000,00 DM
AfA 01	./. 4.000,00 DM
Buchwert 31.12.01	16.000,00 DM
Zugang 02	+ 20.000,00 DM
AfA 02	./. 8.000,00 DM
Buchwert 31.12.02	28.000,00 DM
Zugang 03	+ 20.000,00 DM
AfA 03	./. 12.000,00 DM
Buchwert 31.12.03	36.000,00 DM
Zugang 04	+ 20.000,00 DM
AfA 04	./. 16.000,00 DM
Buchwert 31.12.04	40.000,00 DM
Zugang 05	+ 20.000,00 DM
AfA 05	./. 20.000,00 DM
Buchwert 31.12.05	40.000,00 DM

➤ Die Abgänge (AfA) und die Zugänge (Ersatzbeschaffungen) decken sich!

= Festwert

Frühestens zum 31.12.05 kann sich der Kaufmann für den Festwertansatz entscheiden. In diesem Fall sind die ab dem Jahr 06 folgenden Ersatzbeschaffungen sofort abzugsfähiger Aufwand, d.h. eine Aktivierung der Anschaffungskosten unterbleibt. Setzt der Kaufmann die Einzelbewertung fort, sind die Neuzugänge zu aktivieren und mit dem vorhandenen Bestand nach Maßgabe des § 7 EStG abzuschreiben.

| Beispiel 2 | Der Bauunternehmer Treibsand hat für gleichartige und gleichwertige Gerüst- und Schalungsteile (= Anlagevermögen) zum 31.12.01 einen zulässigen Festwert in Höhe von 80.000,00 DM gebildet. Eine körperliche Bestandsaufnahme ergab zum 31.12.04 folgendes Bild: |

a   92.000,00 DM,
b   74.000,00 DM (vorübergehend, wird wieder steigen)

Die Buchhaltung ermittelte folgende Zugangswerte:

    8.000,00 DM zzgl. USt
    4.000,00 DM zzgl. USt
    9.000,00 DM zzgl. USt
  12.000,00 DM zzgl. USt

Im Fall a) beträgt die Differenz zum historischen Festwert (92.000,00 DM ./. 80.000,00 DM) = 12.000,00 DM; das sind mehr als 10 v.H. des alten Festwerts (8.000,00 DM). Die Zukäufe 04 und 05 sind gem. R 31 Abs. 4 EStR zur Aufstockung des Festwertes zu benutzen.

Im Fall b) ist der ermittelte Wert niedriger (./. 6.000,00 DM) als der bisherige Festwert. Ist der ermittelte Wert niedriger als der bisherige Festwert, so kann der Steuerpflichtige den ermittelten Wert als neuen Festwert ansetzen (R 31 Abs. 4 S. 4 EStR). Der Kaufmann hat ein Wahlrecht; auf die 10 v.H.-Grenze kommt es nicht an.

1.17.9 Gruppenbewertung

Vorratsgegenstände, die

- gleichartig oder
- annähernd gleichwertig sind

können in einer Gruppe zusammengefasst und mit einem gewogenen Durchschnittswert angesetzt werden; vgl. § 240 Abs. 4 und § 256 S. 2 HGB.

Nach R 36 Abs. 4 EStR dürfen entsprechende Wirtschaftsgüter des Vorratsvermögens auch in der Steuerbilanz jeweils zu einer Gruppe zusammengefasst und mit dem gewogenen Durchschnittswert angesetzt werden.

Der Textilhändler Zwirn ermittelt zum 31.12.01 folgende Inventurbestände:

200 Stück exklusive Damenkleider unterschiedlicher Größen und Anschaffungskosten der Marke „Karl Lagerbier". Die Buchhaltung lieferte folgende Werte:

06.02.01	120 Stück zu je 130	=	15.600,00 DM
03.04.01	110 Stück zu je 120	=	13.200,00 DM
09.06.01	70 Stück zu je 115	=	8.050,00 DM
10.10.01	250 Stück zu je 170	=	42.500,00 DM

Zwirn ruft am Inventurtag seinen Steuerberater an und fragt nach Bewertungserleichterungsverfahren. Mit der direkten Zuordnung der Damenkleider betreffend ihrer individuellen Anschaffungskosten wäre eine Arbeitskraft viele Stunden beschäftigt.

Der Steuerberater schlägt seinem Mandanten Zwirn das vereinfachende Gruppenbewertungsverfahren vor. Es kommt zu folgendem (schnell erledigten) Ergebnis:

| Gesamtstückzahl | 550 Damenkleider |
| Gesamtanschaffungskosten | 79.350,00 DM |

$$\frac{79.350,00 \text{ DM}}{550 \text{ Stück}} = 144,27 \text{ DM Durchschnittspreis pro Stück}$$

Der Inventurbestand von 200 Stück ist wie folgt zu bewerten:

200 Stück x 144,27 DM Durchschnitts-AK = 28.854,00 DM.

Der Bilanzansatz beträgt 28.854,00 DM zum 31.12.01.

1.17.10 Wirtschaftsgüter auf der Passivseite der Bilanz

Aktiva	Steuerbilanz	Passiva
		(Eigenkapital +)
		Langfristige Schulden
		Kurzfristige Schulden
		Rückstellungen

Auch für die Passivseite ist eine steigernde Liquidität erkennbar. Dem Bilanzbetrachter werden zunächst die langfristig den Betrieb belastenden Schulden, wie z.B. Hypotheken- und Grundschulden, dann die Schulden mit kürzeren Lauffristen, z.B. Lieferantenverbindlichkeiten, dokumentiert. Eine kurzfristige Verbindlichkeit ist eine Zahlungsschuld von bis zu einem Jahr.

Nachfolgend genannte Vorschriften sind für die Bewertung von Wirtschaftsgütern der Passivseite der Steuerbilanz verbindlich:

- § 6 Abs. 1 Nr. 3 EStG: Bewertung von Verbindlichkeiten
- § 6 Abs. 1 Nr. 3 a EStG: Bewertung von Rückstellungen
- § 6 Abs. 1 Nr. 4 EStG: Bewertung von Entnahmen
- § 6 Abs. 1 Nr. 5 EStG: Bewertung von Einlagen

Handelsrechtlich sind Verbindlichkeiten mit ihrem Rückzahlungsbetrag zu bewerten (§ 253 Abs. 1 S. 2 HGB). Steuerrechtlich sind Verbindlichkeiten in sinngemäßer Anwendung des § 6 Abs. 1 Nr. 2 EStG zu passivieren; vgl. § 6 Abs. 1 Nr. 3 EStG. Anzusetzen sind demnach die Anschaffungskosten der Verbindlichkeit. Als Anschaffungskosten gilt der Nennwert. Als Nennwert wird der Betrag bezeichnet, mit dem die Verbindlichkeit an den Gläubiger zurückzuzahlen ist. Der steuerrechtliche Wertansatz wäre also grundsätzlich mit dem handelsrechtlichen identisch.

Auch für die Bewertung von Verbindlichkeiten in der Steuerbilanz gilt als Anschaffungskosten der Nennwert, also der Wert, der mit dem Rückzahlungsbetrag deckungsgleich ist; siehe § 253 Abs. 1 S. 2 HGB und BFH vom 04.05.1977 (BStBl. II, S. 802). Zweifels- und Auslegungsfragen regelt H 37 EStR.

Dem handelsrechtlichen Wertansatz tritt für die Steuerbilanz durch den Bewertungsvorbehalt des § 5 Abs. 6 EStG sowie durch § 6 Abs. 1 Nr. 3 S. 1 EStG ein weiteres Tatbestandsmerkmal hinzu, d.h., der handelsrechtliche Ansatz mit den bloßen Anschaffungskosten (Nennwert) reicht hier nicht:

„Verbindlichkeiten sind unter sinngemäßer Anwendung der Vorschriften der Nummer 2 (Anm. des § 6 Abs. 1 Nr. 2 EStG) anzusetzen *und* mit einem Zinssatz von 5,5 v.H. abzuzinsen.“

Die Steuerverwaltung hat mit BMF-Schreiben vom 23.08.1999 (BStBl. I, S. 818) Grundsätze für die Abzinsung von Verbindlichkeiten geschaffen.

Hiernach besteht bei der Bewertung von Verbindlichkeiten für Wirtschaftsjahre, die nach dem 31.12.1998 enden (§ 52 Abs. 16 EStG), grundsätzlich ein Abzinsungsgebot. Dabei ist ein Zinssatz von 5,5 v.H. zu berücksichtigen; vgl. § 6 Abs. 1 Nr. 3 S. 1 i.V.m. § 52 Abs. 16 S. 2 EStG.

Ausnahmen

§ 6 Abs. 1 Nr. 3 S. 2 EStG:

„Ausgenommen von der Abzinsung sind Verbindlichkeiten, deren Laufzeit am Bilanzstichtag weniger als 12 Monate beträgt, und Verbindlichkeiten, die verzinslich sind oder auf einer Anzahlung oder Vorausleistung beruhen.“

Das BMF-Schreiben vom 23.08.1999 (BStBl. I, S. 818) ergänzt den Gesetzeswortlaut wie folgt:

„Verzinsliche Verbindlichkeiten sind nicht abzuzinsen. Eine verzinsliche Verbindlichkeit liegt vor, wenn ein Zinssatz von mehr als 0 v.H. vereinbart ist. Die Vereinbarung eines Zinssatzes nahe 0 v.H. kann im Einzelfall als missbräuchliche Gestaltung im Sinne von § 42 AO zu beurteilen sein.

Hat der Darlehnsgeber mit dem Darlehnsnehmer keine Verzinsung im vorstehenden Sinne vereinbart, das Darlehn aber unter einer Auflage gewährt, nach der die Vorteile aus der Zinslosigkeit dem Darlehnsnehmer nicht verbleiben, unterbleibt die Abzinsung (BFH-Urteil vom 09.07.1982, BStBl. II, S. 639). Eine derartige Auflage entspricht in ihrem wirtschaftlichen Gehalt einer Zinsvereinbarung."

Regelmäßig besteht die gesamte Passivseite – sieht man einmal vom positiven Ausweis des Eigenkapitals ab – aus bilanzierten Verbindlichkeiten. Dabei handelt es sich beispielsweise um: Hypotheken-, Grund- und Rentenschulden sowie um Darlehn, Lieferantenverbindlichkeiten, Wechselschulden usw. Als besondere Art von Verbindlichkeiten kann man in der periodengerechten Gewinnermittlung des Betriebsvermögensvergleichs die Position der Rückstellungen (§ 249 HGB) betrachten.

Handelsrechtlich sind Rückstellungen in Höhe des Betrags anzusetzen, der nach vernünftiger kaufmännischer Beurteilung notwendig ist; § 253 Abs. 1 S. 2 HGB. Das ist der Betrag, den der Schuldner bei Rückstellungen für ungewisse Verbindlichkeiten zur Erfüllung der ungewissen Verpflichtung und bei Rückstellungen für drohende Verluste aus schwebenden Geschäften zur Abdeckung des Verpflichtungsüberschusses aufzubringen hat.

Steuerrechtlich sind Rückstellungen entsprechend § 6 Abs. 1 Nr. 3 EStG zu bewerten. Zur Bewertung von Rückstellungen, siehe auch R 38 und H 38 EStR.

Als weitere Position kommt als Passivposten der Bilanz die Rentenverpflichtung hinzu.

Handelsrechtlich sind Rentenverpflichtungen, bei denen eine Gegenleistung nicht mehr zu erwarten ist, mit ihrem Barwert auszuweisen (§ 253 Abs. 1 S. 2 HGB).

Andere Rentenverpflichtungen, z.B. Pensionsverpflichtungen während eine laufenden Arbeitsverhältnisses, sind mit dem Wert anzusetzen, mit dem auch Rückstellungen auszuweisen sind. Diese Bewertungsmaßstäbe gelten grundsätzlich auch für die Steuerbilanz.

Steuerrechtlich gehen jedoch die Bewertungsbestimmungen des § 6 a EStG vor; beachte Bewertungsvorbehalt des § 5 Abs. 6 EStG.

1.17.11 Die Bewertung von verzinslichen Verbindlichkeiten

Die Verzinslichkeit von Ansprüchen dürfte im Geschäftsleben die Regel darstellen. Nachfolgend sollen nur die verzinslichen Verbindlichkeiten ohne Abzinsungsgebot von Interesse sein.

Fraglich ist, ob bei der Verbindlichkeitsbewertung bei einem gesunkenen Teilwert das strenge oder das gemilderte Niederstwertprinzip anzuwenden ist. Steuerpflichtige, die ihren Gewinn durch Betriebsvermögensvergleich gemäß § 5 EStG ermitteln, haben zwingend das strenge Niederstwertprinzip zu beachten, übrige Steuerpflichtige haben ein Wahlrecht.

Beispiel

Ein Steuerpflichtiger, der seinen Gewinn nach § 5 EStG ermittelt, nimmt im Jahr 01 bei einer Schweizer Bank ein Fälligkeitsdarlehn in Höhe von 1000.000 sfr. auf. Zum Zeitpunkt des Kreditabschlusses betrug der Kurs 1,15, was einen Gegenwert von 115.000,00 DM ausmachte. Das Darlehn ist im Jahr 05 in Schweizer Franken zurückzuzahlen. Am 31.12.02 beträgt der Umrechnungskurs 1,20, was einem Gegenwert von 120.000,00 DM entspricht.

Am Bilanzstichtag des 31.12.02 muss der Steuerpflichtige das Darlehn mit 120.000,00 DM bewerten; vgl. BFH vom 15.11.1991, BStBl. 1991 S. 228.

Nach dem strengen Niederstwertprinzip muss bei einem gesunkenen Teilwert, was rechnerisch einem höheren Wert entspricht, dieser höhere Wert angesetzt werden.

Nach Ansicht des Verfassers dürfte die Anwendung des vorgenannten Urteils des BFH vom 15.11.1990 bis auf Weiteres nicht gehemmt sein. Die Steuerverwaltung hat sich nach dem Stand der EStR März 2001 durch den Vermerk R 37 EStR „Bewertung von Verbindlichkeiten (unbesetzt)" bisher nicht oder noch nicht abweichend geäußert. Es verbleibt m.E. beim Mussansatz des höheren Teilwerts bei Gewinnermittlung nach § 5 EStG; vgl. EStR 1998, H 37 „Fremdwährungsverbindlichkeiten".

Merke

Verluste und Risiken müssen bereits berücksichtigt werden, wenn diese vorhersehbar sind, bis zum Bilanzstichtag entstanden sind und ernstlich mit einer Belastung zu rechnen ist, darum gilt: Nicht realisierte Verluste müssen ausgewiesen werden.

Gewinne dürfen erst ausgewiesen werden, wenn der Sachverhalt, der zu einer Vermögensmehrung führt, sich ereignet hat und der Anspruch durchsetzbar ist. Auf die Fälligkeit der Ansprüche kommt es allerdings nicht an, darum gilt: Nicht realisierte Gewinne dürfen nicht ausgewiesen werden.

Im Zusammenhang mit Darlehnsaufnahmen werden häufig Darlehnsabgelder, ein so genanntes Disagio oder Damnum, einbehalten. Die handelsrechtliche und steuerrechtliche Handhabung solcher Darlehnsabgelder weicht erheblich voneinander ab, was dieses Gebiet für Klausuren interessant werden lässt.

Handelsrechtlich existiert gemäß § 250 Abs. 3 HGB ein Aktivierungswahlrecht.

Steuerrechtlich ist ein Darlehnsabgeld als aktiver Rechnungsabgrenzungsposten zu behandeln und über die gesamte Laufzeit des Darlehns periodengerecht zu verteilen; vgl. § 5 Abs. 5 S. 1 Nr. 1 EStG und H 37 EStR „Damnum".

Solche Darlehnsabgelder sind neben der laufenden Darlehnsverzinsung geleistete zusätzliche Vergütungen für die Kapitalnutzung (zusätzliche Verzinsung), aber auch als Entgelt für die Bearbeitung bzw. Abwicklung des Kredits zu verstehen. Sie werden im Regelfall vom Kreditinstitut vom Darlehnsbetrag sofort einbehalten.

Kurt Blank und seine Ehefrau Gabi Völlig-Blank nehmen bei der Bank für Misswirtschaft ein Darlehn über 100.000,00 DM auf. Zur Auszahlung gelangen 95.000,00 DM. Die Bank hat ein Disagio von 5 v.H. einbehalten, was eine Summe von 5.000,00 DM ausmacht.

Beispiel

Darlehn sind zunächst dahingehend zu beurteilen, ob es sich um Fälligkeits- oder Tilgungsdarlehn handelt. Bei einem in einer Summe zurückzuzahlenden Fälligkeitsdarlehn hat die Verteilung des Disagios linear zu erfolgen, weil nämlich das Kapital dem Darlehnsnehmer die gesamte Laufzeit über in voller Höhe zur Verfügung gestanden hat. Bei einem Tilgungsdarlehn, also einem Darlehn mit vereinbarter ständiger Rückzahlungsverpflichtung (i.d.R mit Zinsen), nimmt das zur Verfügung gestellte Kapital ständig und i.d.R. gleichmäßig ab. Die Verteilungsbeträge des Disagios sind in der Anfangsphase der Kreditgewährung bewusst hoch, nehmen aber mit zunehmender Laufzeitdauer ab, was wirtschaftlichen Überlegungen entspricht. Die Abnahme des verteilbaren Disagios soll sich möglichst so zueinander verhalten, wie das Kapital dem Darlehnsnehmer zur Verfügung gestanden hat.

Man wendet hierfür die *degressive Methode* an, die auch unter der Bezeichnung „Zinsstaffelmethode" bekannt geworden ist. Hierzu gibt es folgende Formel:

$$s = \frac{nx(n+1)}{2}$$

s   ist der Nenner des anzuwendenden Bruchs;
n   ist die Zahl der Abschreibungsraten.

Im Zähler des Bruches steht jeweils die Anzahl der Jahre der noch ausstehenden Laufzeit, im Nenner die Summe der Jahre. Wird das Disagio mit dem Bruch multipliziert, so verhalten sich die Verteilungsbeträge so zueinander, wie die jeweiligen Kreditbeträge dem Darlehnsnehmer zur Verfügung gestanden haben.

Beispiel

Im Januar 01 nimmt Albert Lebensfreude ein Darlehn über 100.000,00 DM auf. Das Kreditinstitut behält ein Disagio in Höhe von 5 v.H. ein, mit der Folge, dass dem Darlehnsnehmer lediglich 95.000,00 DM ausbezahlt werden. Der Kredit soll vereinbarungsgemäß in sechs gleichen Jahresraten getilgt werden (= Tilgungsdarlehn).

Die Jahressumme beträgt: 6 + 5 + 4 + 3 + 2 + 1 = 21. Demnach ist das Disagio degressiv wie folgt zu verteilen:

1.	Jahr	6/21	1.428,57 DM Aufwand Jahr 01
2.	Jahr	5/21	1.190,48 DM Aufwand Jahr 02
3.	Jahr	4/21	952,38 DM Aufwand Jahr 03
4.	Jahr	3/21	714,28 DM Aufwand Jahr 04
5.	Jahr	2/21	476,19 DM Aufwand Jahr 05
6.	Jahr	1/21	238,10 DM Aufwand Jahr 06
Summe:			5.000,00 DM

Zinsen fallen degressiv.

Klausurhinweis

Üblicherweise wird ein Klausurverfasser keinen Hinweis auf die Art eines Darlehns geben. Ob es sich dabei um eine Tilgungs- oder Fälligkeitsdarlehn handelt, müssen Sie aus dem Sachverhalt ableiten können und rechtlich zu würdigen wissen. Nach Ihrer Entscheidung richtet sich auch die steuerrechtliche lineare bzw. degressive Verteilung des Disagios.

Weitere Anmerkungen:

Wie bereits gesagt worden ist, herrscht steuerrechtlich für nicht realisierte Verluste ein Passivierungsgebot und für nicht realisierte Gewinne ein Passivierungsverbot. Um Begriffsverwirrungen zuvor zu kommen:

Bei der Bewertung von verzinslichen Verbindlichkeiten hat der Kaufmann den Anschaffungswert oder den höheren Teilwert anzusetzen.

Das für die Wirtschaftsgüter des Umlaufvermögens geltende Niederstwertprinzip verwandelt sich bei Verbindlichkeiten in ein Höchstwertprinzip.

1.17.12 Die Bewertung von Rückstellungen

In der Handelsbilanz richtet sich die Bewertung von Rückstellungen nach
§ 249 HGB.

Es gilt ein Bewertungsgebot bei Rückstellungen für ungewisse Verbindlichkeiten und für Drohverluste aus schwebenden Geschäften. Dieses
Gebot erstreckt sich auch auf Rückstellungen für

- im Geschäftsjahr unterlassene Aufwendungen für Instandhaltung, die
  im folgenden Geschäftsjahr innerhalb von drei Monaten, oder für
  Abraumbeseitigung, die im folgenden Geschäftsjahr nachgeholt werden, und
- Gewährleistungen, die ohne rechtliche Verpflichtung erbracht werden.

Ein Bewertungswahlrecht existiert für unterlassene Aufwendungen für
Instandhaltung, wenn die Instandhaltung nach Ablauf der Frist nach § 249
Abs. 1 S. 2 Nr. 1 HGB innerhalb eines Geschäftsjahres nachgeholt wird;
siehe § 249 Abs. 1 S. 3 HGB.

Ein weiteres Bewertungswahlrecht ergibt sich aus der Vorschrift des
§ 249 Abs. 2 HGB. Hiernach dürfen Rückstellungen für ihrer Eigenart
nach genau umschriebenen, dem Geschäftsjahr oder dem früheren Geschäftsjahr zuzuordnenden Aufwendungen gebildet werden, die am Abschlussstichtag wahrscheinlich oder sicher, aber hinsichtlich ihrer Höhe
oder dem Zeitpunkt ihres Eintritts unbestimmt sind.

Die Vorschrift des § 249 Abs. 3 HGB regelt zu den Absätzen 2 und 3
klarstellend, dass Rückstellungen für andere als die bezeichneten Zwecke
nicht gebildet werden dürfen. Ferner bestimmt diese Vorschrift, dass
Rückstellungen nur aufgelöst werden dürfen, soweit der Grund hierfür
entfallen ist.

Für die Steuerbilanz ist über den Bewertungsvorbehalt des § 5 Abs. 6
EStG die Vorschrift des § 6 Abs. 1 Nr. 3 a EStG zu beachten. Die dort
enthaltenen Bestimmungen wurden in das Einkommensteuergesetz durch
das Gesetz vom 24. März 1999 (BGBl. I, Seite 402) eingefügt. Zur erstmaligen Anwendung, nämlich auch für vor dem 01. Januar 1999 endende
Wirtschaftsjahre (!), siehe § 52 Abs. 16 S. 9 f EStG.

1.17.12.1 Rückstellungen für gleichartige Verpflichtungen; § 6 Abs. 1 Nr. 3 a Buchstabe a) EStG

Als gleichartige Verpflichtungen kommen insbesondere in Betracht:

- Ungewisse Verbindlichkeiten,
- Gewährleistungen oder rechtliche Verpflichtung,
- Schadens-Garantie- und Kulanzrückstellungen.

Bei der Rückstellungsbildung gleichartiger Verpflichtungen sind die Erfahrungen aus der Vergangenheit zu berücksichtigen. Dieser Tatbestand ist bereits in § 253 Abs. 1 S. 2 HGB mit der Folge vereint, dass der steuerrechtlichen Regelung lediglich klarstellende Bedeutung zukommt.

1.17.12.2 Rückstellungen für Sachleistungsverpflichtungen; § 6 Abs. 1 Nr. 3 a Buchstabe b) EStG

Als Sachleistungsverpflichtungen kommen z.B. die Reparaturen in Betracht.

Rückstellungen für nicht in Geld zu erfüllende ungewisse Verbindlichkeiten, die auf Sachleistungen gerichtet sind, sind mit den Einzelkosten und den angemessenen Teilen der notwendigen Gemeinkosten zu bewerten.

1.17.12.3 Berücksichtigung zukünftiger Vorteile; § 6 Abs. 1 Nr. 3 a Buchstabe c) EStG

Einnahmen, die mit der Erfüllung einer ungewissen Verbindlichkeit voraussichtlich verbunden sein werden, sind durch Bildung einer Rückstellung gewinnmindernd zu berücksichtigen. Voraussetzung ist, dass am Bilanzstichtag noch nicht vollwirksam entstandene Ansprüche in rechtlich verbindlicher Weise der Entstehung der Verbindlichkeit nachfolgen und vom Rückgriffsschuldner nicht bestritten werden (BFH BStBl. 1993 II, 437 und 1995 II, 412).

Künftige Vorteile, die mit der Erfüllung der Verpflichtung voraussichtlich verbunden sein werden, sind, soweit sie nicht als Forderung zu aktivieren sind, bei ihrer Bewertung wertmindernd zu berücksichtigen.

Damit sind bei der Bewertung der Rückstellungen nach neuer Rechtslage auch ohne die durch den BFH entwickelten Grundsätze *alle Vorteile* zu berücksichtigen, die mit der Erfüllung der ausgewiesenen Verbindlichkeiten voraussichtlich anfallen werden. Bei der Bewertung sind also *Einnahmen*, die mit der Erfüllung der Verbindlichkeit anfallen, gegen zu rechnen.

1.17.12.4 Ansammlungsrückstellungen; § 6 Abs. 1 Nr. 3 a Buchstabe d) EStG

Unter Ansammlungsrückstellungen sind Verpflichtungen zu verstehen, bei denen die am Bilanzstichtag feststehenden Verpflichtungen unter wirtschaftlichen Gesichtspunkten auf die Jahre verteilt werden müssen, die für das Entstehen der Verpflichtungen ursächlich sind.

Die Verpflichtung, ein Betriebsgebäude nach zehn Jahren abreißen zu müssen, führt dazu, die Rückstellung auf zehn Jahre verteilt ansammeln zu müssen, da diese zehn Jahre für die Entstehung der Verpflichtung ursächlich sind; BFH 1975 II, 480.

Beispiel

1.17.12.5 Abzinsungsgebot von Rückstellungen für Verpflichtungen; § 6 Abs. 1 Nr. 3 a Buchstabe e) EStG

Diese Vorschrift betrifft Geldleistungsverpflichtungen, demnach z.B. Darlehn, Schadensersatz und Jubiläumsverpflichtungen. Diesbezügliche Rückstellungen sind bisher mit dem wahrscheinlichen Erfüllungsbetrag (i.d.R. Nennbetrag) zu bewerten gewesen.

Über die bisherige Abzinsungsverpflichtung hinaus besteht ein allgemeines Abzinsungsverbot für Verpflichtungen (auch Sachleistungsverpflichtungen), bei denen der Zeitraum bis zum Beginn der Erfüllung maßgebend ist.

Verpflichtungen, aus denen der Steuerpflichtige voraussichtlich erst nach einer Zeit von mehr als einem Jahr in Anspruch genommen wird, sind danach mit einem Zinssatz von 5,5 v.H. p.a. abzuzinsen.

Das gilt nicht, wenn die voraussichtliche Laufzeit am Bilanzstichtag weniger als zwölf Monate beträgt oder die Verpflichtung verzinslicher Art ist bzw. auf einer Anzahlung oder Vorausleistung beruht.

Ausnahme

Hinsichtlich der Stilllegungsverpflichtung für Kernkraftwerke (Ausstieg aus der Kernenergie) wurden nachstehend genannte Vorschriften in das Gesetz aufgenommen. Rückstellungen sind i.S.v. § 6 Abs. 1 Nr. 3 a Buchstabe e) Satz 3 i.V.m. Buchstabe d) Satz 2 zu bilden. Siehe zum zeitlichen Anwendungsbereich § 52 Abs. 16 Satz 9 f. EStG.

Hinweis

Die Vorschrift des § 5 Abs. 4 b S. 2 EStG untersagt die Rückstellung für schadlose Verwertung abgebrannter Brennelemente aus Kernkraftwerken. Die Weiterverarbeitung zu neuen Brennelementen stellt regelmäßig ein Verlustgeschäft dar, sofern die Herstellungskosten oberhalb des Marktwertes neuer Brennelemente liegen. Für diesen Übergang ist es nicht gestattet, Rückstellungen zu bilden.

Damit sind Teile der durch das AtomG auferlegten Entsorgungspflichten der Stromversorger bei deren Gewinnermittlungen nicht zu berücksichtigen.

Diese Neuregelung gilt für alle noch offenen Steuerveranlagungen.

1.17.12.6 Weitere Rückstellungen

- Rückstellung für Dienstjubiläum; § 5 Abs. 3 EStG,
- Pensionsrückstellung; § 6 a EStG.

Es existiert gemäß § 5 Abs. 4 b EStG ein Verbot der Rückstellungsbildung für Anschaffungs- und Herstellungskosten noch nicht angeschaffter/hergestellter Wirtschaftsgüter. Dies gilt auch dann, wenn sich das Erwerbsgeschäft aus einer gesetzlichen Verpflichtung heraus, z.B. aus dem Bereich des Umweltschutzes, ergibt.

Die gesetzliche Regelung folgt der höchstrichterlichen Rechtsprechung des BFH, die für künftig anfallende Aufwendungen, die im Zeitpunkt ihres Anfallens als Anschaffung- bzw. Herstellungskosten zu aktivieren sind, eine Rückstellungsbildung versagt (BFH, DStR 1998, 1823). Nach § 5 Abs. 4 b EStG, eingeführt durch Gesetz vom 24. März 1999 (BGBl. I, S. 402), bleibt eine Rückstellungsbildung weiterhin ausgeschlossen. Zur erstmaligen Anwendung siehe § 52 Abs. 14 EStG.

Der BFH hat hiervon abweichend mit Urteil vom 25. Januar 1996, BStBl. II 1997, 382 entschieden. Die Steuerverwaltung hat diesbezüglich einen Nichtanwendungserlass verfasst; siehe BStBl. 1997 I, 611.

1.17.13 Bewertung von Entnahmen und Einlagen

Die folgenden Ausführungen beschäftigen sich mit der Bewertung von Entnahmen und Einlagen in der Steuerbilanz, denen nach den §§ 4 Abs. 1 und 5 EStG eine bedeutende Rolle zugedacht ist. Siehe auch R 39, H 39 EStR.

1.17.13.1 Bewertung von Entnahmen (§ 6 Abs. 1 Nr. 4 EStG)

Alle innerhalb des betrieblichen Bereiches erzielten Gewinne und Verluste sind bei der Gewinnermittlung durch den Betriebsvermögensvergleich zu erfassen. Entnimmt der Kaufmann dem Betrieb **Sachwerte** und nutzt er diese zu außerbetrieblichen Zwecken, dann stellt sich die Frage nach der Bewertung der Entnahme.

Nach der Vorschrift des § 6 Abs. 1 Nr. 4 EStG hat die Entnahme zwingend zum Teilwert (§ 6 Abs. 1 Nr. 1 S. 3 EStG) zu erfolgen; in Höhe des Unterschiedsbetrages zum Buchwert des Wirtschaftsgutes realisiert sich ein in jedem Fall zu versteuernder Entnahmegewinn. Es spielt keine Rolle, ob die Anschaffungs- oder Herstellungskosten der entnommenen Wirtschaftsgüter unter bzw. über dem Teilwert liegen.

Entnahme	an	Wirtschaftsgut	**Beispiel**
(Teilwert)		(Buchwert)	
	an	sonstige betriebliche Erträge.	

Das Sachkonto sonstige betriebliche Erträge weist den Unterschiedsbetrag zwischen dem Teil- und dem Buchwert aus und erhöht den Gewinn entsprechend.

1.17.13.2 Bewertung von Einlagen (§ 6 Abs. 1 Nr. 5 EStG)

Auch die Einlagen, die aus dem nichtbetrieblichen Bereich in die Betriebssphäre gebracht worden sind, sind vom Grundsatz her mit dem Teilwert zu bewerten. Es sind aber zwei wesentliche Ausnahmen zu beachten:

- Das Wirtschaftsgut ist innerhalb der letzten drei Jahre vor der Einlage angeschafft oder hergestellt worden.

Michael Klever erwarb am 10.10.01 Aktien. Die Anschaffungskosten betragen insgesamt 9.000,00 DM. Klever hält die Aktien im Privatvermögen. Im Laufe des Jahres 02 beträgt der Kurswert der Aktien das Doppelte, nämlich 18.000,00 DM. Würde Klever die Aktien zum Teilwert, also mit dem erheblich höheren Wert, in das Betriebsvermögen einlegen können, dann wäre über eine später denkbare Teilwertabschreibung die Erlangung von Steuervorteilen möglich. Nach § 6 Abs. 1 Nr. 5 a EStG darf die Einlage höchstens mit den Anschaffungskosten von 9.000,00 DM bewertet werden. Der vom Gesetzgeber geforderte Dreijahreszeitraum ist nicht verstrichen.

Beispiel

- Die Einlage besteht aus einer mindestens einprozentigen Beteiligung an einer Kapitalgesellschaft. Nach § 6 Abs. 1 Nr. 5 b EStG darf höchstens mit den Anschaffungskosten bewertet werden. Auf den Zeitpunkt der Anschaffung kommt es nicht an. Der in der Nr. 5 a geforderte Dreijahreszeitraum gilt hier nicht.

Siehe zur erstmaligen Anwendung des § 17 Abs. 1 und 2 EStG n.F.: § 52 Abs. 34 a EStG und Gesetz vom 23.10.2000 (BGBl. I S. 1433).

1.17.13.3 Berücksichtigung der Absetzung für Abnutzung (AfA)

Prüfungsreihenfolge:

Das eingelegte Wirtschaftsgut ist nicht abnutzbar. In diesem Fall ist keine AfA zu berücksichtigen.

Das eingelegte Wirtschaftsgut ist innerhalb des Dreijahreszeitraums angeschafft oder hergestellt worden, und es unterliegt der Abnutzung. In diesem Fall sind die Anschaffungs- oder Herstellungskosten um die AfA zu kürzen, die auf den Zeitraum zwischen der Anschaffung oder Herstellung des Wirtschaftsguts und der Einlage entfallen; § 6 Abs. 1 Nr. 5 S. 2 EStG.

Beachten

Ist der Kaufmann von der Umsatzsteuer befreit (§ 4 UStG) oder konnte aus sonstigen Gründen keine Vorsteuer (§ 15 UStG) geltend gemacht werden, z.B. weil der Kaufmann noch nicht Unternehmer (§ 2 UStG) war, dann gehört die Umsatzsteuer als Kostenfaktor mit in die Abschreibungsbemessungsgrundlage.

Das eingelegte Wirtschaftsgut stammt aus einem anderen Betriebsvermögen des Steuerpflichtigen und wurde dort entnommen.

Nach § 6 Abs. 1 Nr. 5 S. 3 EStG ist die Einlage mit dem Wert zu bewerten, mit dem das Wirtschaftsgut entnahmehalber das andere Betriebsvermögen verlassen hat, dabei sind nur noch der Entnahmezeitpunkt – und nicht mehr die Anschaffungs- oder Herstellungskosten – maßgebend.

Beispiel 1

Normalfall, kein anderes BV:

Martin Maas hat Anfang 01 einen Aktenschrank mit einer Nutzungsdauer von 10 Jahren für 5.000,00 DM angeschafft. Zunächst nutzt er den Schrank ausschließlich privat. Ab dem 01.01.03 wird der Aktenschrank ausschließlich im Betrieb für rein betriebliche Zwecke genutzt. Der Teilwert beträgt im Einlagezeitpunkt noch 4.500,00 DM. Die Einlage in das Betriebsvermögen ist gemäß § 6 Abs. 1 Nr. 5 a i.V.m. Abs. 1 Nr. 5 S. 2 EStG mit den fortgeschriebenen Anschaffungskosten (./. AfA) zu bewerten. Im Übrigen ist der Dreijahreszeitraum nicht verstrichen. Es ist unerheblich, ob die Anschaffungs- oder Herstellungskosten über oder unter dem Teilwert liegen.

Bewertung:

Anschaffungskosten (hier brutto)	5.000,00 DM
./. AfA 01 + 02 (2/10)	./. 1.000,00 DM
Einlagewert	4.000,00 DM.

Vorherige Entnahme aus einem BV:

Der seinen Gewinn nach § 5 EStG ermittelnde Helmut Bach erwarb im Jahr 01 ein unbebautes Grundstück für 90.000,00 DM, das zunächst zum Betriebsvermögen gehört. Im Jahre 05 entnimmt Bach das Grundstück zutreffend zum Teilwert von 140.000,00 DM. Im Jahr 07 kommt es aus zwingenden betrieblichen Gründen zu einer erneuten Einlage. Der Teilwert beträgt nunmehr 150.000,00 DM.

Das Grundstück ist gem. § 6 Abs. 1 Nr. 5 S. 3 EStG im Jahr 07 mit 140.000,00 DM (damaliger Entnahmewert) zu bewerten.

Bei abnutzbaren Wirtschaftsgütern, die aus dem Überschusseinkunftsvermögen in ein Betriebsvermögen eingelegt worden sind, mindern sich nach § 7 Abs. 1 S. 3 EStG die Anschaffungs- oder Herstellungskosten um die bis zu diesem Zeitpunkt vorgenommene AfA, Sonderabschreibung oder erhöhten Absetzungen.

Hinweis

1.17.13.4 Bewertung bei Betriebseröffnung (§ 6 Abs. 1 Nr. 6 EStG)

Bei Eröffnung eines Betriebs ist § 6 Abs. 1 Nr. 5 EStG entsprechend anzuwenden.

1.17.13.5 Bewertung bei entgeltlichem Erwerb eines Betriebs (§ 6 Abs. 1 Nr. 7 EStG)

Bei einem entgeltlichen Erwerb eines Betriebs sind die einzelnen Wirtschaftsgüter in der Eröffnungsbilanz des Erwerbs gemäß § 6 Abs. 1 Nr. 7 EStG mit dem Teilwert (§ 6 Abs. 1 Nr. 1 S. 3 EStG), höchstens mit den Anschaffungs- oder Herstellungskosten, anzusetzen. In diesem Fall kommt dem Teilwertgedanken durch das tatsächliche Erwerbsgeschäft besondere Geltung bei. Die Anschaffungskosten der einzelnen Wirtschaftsgüter werden üblicherweise den Teilwerten im Erwerbszeitpunkt entsprechen. Im Ausnahmefall sind die Anschaffungskosten unterhalb des Teilwertes; dann darf höchstens mit den niedrigeren Anschaffungskosten bewertet werden.

In der Praxis wird der Gesamtpreis für den Betrieb höher ausfallen, als die Summe aller Teilwerte für die einzelnen Wirtschaftsgüter. Dies wird i.d.R. daran liegen – allerdings widerlegbar – dass sich der Veräußerer den Firmenwert, z.B. für den langjährig aufgebauten Kundenstamm, vom Erwerber zusätzlich vergüten lässt. Die Differenz zwischen der Teilwertsumme und dem Gesamtpreis ist in der Eröffnungsbilanz des Erwerbers als entgeltlich erworbenes immaterielles Wirtschaftsgut zu aktivieren (§ 5 Abs. 2 EStG) und nach § 7 Abs. 1 S. 3 EStG über 15 Jahre abzuschreiben.

| Beispiel | Cordula Krause erwirbt einen Betrieb für insgesamt 550.000,00 DM von Max Maus, der aus Altersgründen ausscheiden möchte. |

Zum Erwerbszeitpunkt betragen die Teilwerte:

Grundstück (Altbau)	250.000,00 DM
Maschinen, Anlagen	50.000,00 DM
Vorratsvermögen	70.000,00 DM
Forderungen	30.000,00 DM
Gesamtsumme	400.000,00 DM

Die vorgenannten Wirtschaftsgüter sind in der Eröffnungsbilanz mit den Teilwerten gemäß § 6 Abs. 1 Nr. 7 EStG anzusetzen. Offensichtlich entfallen 150.000,00 DM auf den Erwerb des langjährig aufgebauten Geschäfts- oder Firmenwertes. Cordula Krause hat dank des entgeltlichen Erwerbs den Firmenwert gemäß § 5 Abs. 2 EStG mit den Anschaffungskosten von 150.000,00 DM zu aktivieren und nach § 7 Abs. 1 S. 3 EStG mit jährlich 10.000,00 DM über 15 Jahre in der Steuerbilanz abzuschreiben. Bei Max Maus war der Firmenwert nicht aktiviert, weil er als immaterielles Wirtschaftsgut von ihm selbst geschaffen, also nicht entgeltlich erworben war; vgl. § 5 Abs. 2 EStG.

Wichtige Begriffe:

Der selbst geschaffene Firmenwert heißt originärer Firmenwert; der erworbene wird derivativer Firmenwert genannt.

Vom entgeltlichen Erwerb zu unterscheiden ist der unentgeltliche Erwerb.

1.17.13.6 Bewertung bei unentgeltlichem Erweb

Das Gebiet der unentgeltlichen Erwerbsvorgänge ist umfangreich. Vor allem Abgrenzungsfragen zum entgeltlichen oder teilentgeltlichen Erwerb lassen die Materie kompliziert erscheinen.

Nachfolgende Ausführungen spiegeln die Kernbereiche dieses steuerlichen Rechtsgebiets wider:

Als unentgeltliche Erwerbsvorgänge kommen in Betracht:

- Erbschaften
- Schenkungen oder
- Schenkungen unter einer Auflage

1.17.13.6.1 Betrieb, Teilbetrieb oder Mitunternehmeranteil (§ 6 Abs. 3 EStG)

Bei einem unentgeltlichen Erwerb eines Betriebs, Teilbetriebs oder eines Mitunternehmeranteils an einer Personengesellschaft ergibt sich für den Übertragenden kein Veräußerungsgewinn. Der Beschenkte hat die Buchwerte des Rechtsvorgängers fortzuführen. Die Buchwertverknüpfung des § 7 Abs. 1 EStDV ist mit Wirkung zum 01.01.1999 dem § 6 Abs. 3 EStG gewichen; vgl. § 84 Abs. 1 a EStDV.

1.17.13.6.2 Einzelne Wirtschaftsgüter (§ 6 Abs. 4 EStG)

Überträgt der Steuerpflichtige aus betrieblichem Anlass einzelne Wirtschaftsgüter unentgeltlich in das Betriebsvermögen *eines anderen Steuerpflichtigen*, so kann der Übertragende den Buchwert als Betriebsausgabe ausbuchen.

Der Erwerber darf das zugewendete Wirtschaftsgut nicht mit dem Wert ansetzen, mit dem es zuvor in einem anderen Betriebsvermögen zu Buche gestanden hat. Er hat die Schenkung mit dem *gemeinen Wert* zu vereinnahmen. Die Vorschrift des § 7 Abs. 2 EStDV ist gegen die Gesetzmäßigkeiten des § 8 Abs. 2 EStG mit Wirkung zum 01.01.1999 ausgetauscht worden; vgl. § 84 Abs. 1 a EStDV.

Entsprechendes gilt für Geschäftsfreundegeschenke, die der Schenker nicht nach § 4 Abs. 5 EStG als Betriebsausgaben behandeln darf; BFH, BStBl. 1974 II, 210.

1.17.13.6.3 Übertragung einzelner Wirtschaftsgüter aus privatem Anlass

Überträgt der Steuerpflichtige aus privatem Anlass einzelne Wirtschaftsgüter aus dem Betriebsvermögen unentgeltlich *auf einen anderen* (§ 6 Abs. 4 EStG), so hat der Übertragende das Wirtschaftsgut mit dem Teilwert zu entnehmen. Dieser Entnahmewert bestimmt zugleich die fiktiven Anschaffungskosten des unentgeltlichen Erwerbers.

Besonderheiten sind zu beachten, wenn Schenker und Beschenkter an einer Personengesellschaft beteiligt sind und der Übertragende Alleineigentümer eines als Sonderbetriebsvermögen ausgewiesenen Grundstücks ist, das unentgeltlich auf den Erwerber übertragen wird, aber im Anschluss hieran im Betriebsvermögen der Personengesellschaft verbleibt. In diesem Fall braucht der Übertragende die stillen Reserven nicht aufzudecken, wenn der Erwerber den Buchwert fortführt; BFH vom 31.01.1964, BStBl. III, S. 241.

1.17.13.6.4 Unentgeltlicher Übergang einer Beteiligung i.S.d. § 17 EStG

Beim unentgeltlichen Übergang einer Beteiligung i.S.d. § 17 EStG, also einer Anteilsveräußerung, tritt keine Gewinnrealisierung beim Übertragenden ein. Als Anschaffungskosten des unentgeltlichen Erwerbers gelten die tatsächlichen Anschaffungskosten des Rechtsvorgängers, der die Beteiligung zum letzten Mal entgeltlich erworben hat; siehe § 17 Abs. 2 S. 3 EStG.

1.17.13.6.5 Übrige Fälle

In allen übrigen Fällen setzt der unentgeltliche Erwerber die Rechtsposition des Rechtsvorgängers fort.

Beispiele

- Absetzung für Abnutzung; § 11 d EStDV
- Fristenberechnung (Gesamtrechtsnachfolge durch Erbschaft) bei Spekulationsgeschäften, BFH 1988 II, 942
- nicht vom Erblasser ausgeglichene Verluste, BFH 1972 II, 621
- Verlustabzug; § 10 d EStG

1.17.13.6.6 Übertragung von Wirtschaftsgütern beim selben Steuerpflichtigen (§ 6 Abs. 5 EStG)

Die Vorschrift des § 6 Abs. 5 EStG wurde gemeinsam mit Abs. 4 durch das Gesetz vom 24.03.1999 (BGBl. I, S. 402) eingeführt und in das Einkommensteuergesetz aufgenommen, zur erstmaligen Anwendung siehe § 52 Abs. 16 S. 13 EStG.

In Wirtschaftsjahren, die vor dem 01.01.1999 endeten, konnte ein Wirtschaftsgut, das von einem Betriebsvermögen in ein anderes *desselben Steuerpflichtigen* übertragen worden ist, mit dem Buchwert ausgebucht werden. Im aufnehmenden Betriebsvermögen wurde dieser Buchwert dann eingebucht.

Die Übergänge von Wirtschaftsgütern eines Betriebsvermögens in ein anderes desselben Steuerpflichtigen sind ab dem 01.01.1999 einem Veräußerungsvorgang gleichzustellen. Es herrschen dies betreffende Entnahmegrundsätze allgemeiner Art; vgl. § 6 Abs. 5 EStG.

Zu beachten ist die mit Wirkung vom 01.01.2001 in Kraft getretene Neufassung des § 6 Abs. 5 S. 3 bis 5 EStG; siehe zur erstmaligen Anwendung § 52 Abs. 16 a EStG.

1.17.13.6.7 Stille Reserven beim Tausch von Wirtschaftsgütern (§ 6 Abs. 6 EStG)

Nach der Rechtslage vor 1999 ermöglichte die höchstrichterliche Rechtsprechung des BFH (BStBl. 1959 III, 30) die Anerkennung des so genannten Tauschgutachtens. Hiernach war ein Tausch von art-, wert- und funktionsgleichen Anteilen an Kapitalgesellschaften ohne Gewinnrealisierung zulässig.

Ab dem 01.01.1999 (§ 52 Abs. 16 S. 13 und 14) ist der erfolgsneutrale Tausch von Kapitalanteilen durch § 6 Abs. 6 EStG gesetzlich ausgeschlossen. Auch die verdeckte Einlage wird einem Veräußerungsvorgang gleichgestellt; § 6 Abs. 6 S. 2 EStG.

Die durch den BFH entwickelten Grundsätze hatten circa vier Jahrzehnte jedwede Gewinnrealisierung beim Tausch gleichartiger und -wertiger Anteile an Kapitalgesellschaften verhindert. Diese Rechtslage ist durch das Zeitalter der „leeren Kassen" nunmehr obsolet.

1.17.13.6.8 Gewinnermittlung durch Einnahme-Überschussrechnung nach § 4 Abs. 3 EStG

Im Fall des § 4 Abs. 3 EStG sind bei der Bemessung der Absetzungen für Abnutzung oder Substanzverringerung die sich bei Anwendung der Absätze 3 bis 6 (Anm. des § 6) ergebenden Werte als Anschaffungskosten zugrunde zu legen; § 6 Abs. 7 EStG.

Die Verwaltung hat zur Problematik von Vermögensübergängen drei umfangreiche Erlasse herausgegeben:

- Schreiben betreffend ertragsteuerliche Behandlung der Erbengemeinschaft und ihrer Auseinandersetzung vom 11.01.1993 (BStBl. I S. 62)
- Schreiben betreffend ertragsteuerliche Behandlung der vorweggenommenen Erbfolge; hier: Anwendung des Beschlusses des Großen Senats vom 05.07.1990 (BStBl. II S. 847)
- Schreiben betreffend einkommensteuerliche Behandlung von wiederkehrenden Leistungen im Zusammenhang mit der Übertragung von Privat- oder Betriebsvermögen vom 23.12.1996 (BStBl. I S. 1508) mit Anlage BMF-Schreiben vom 31.12.1997 (BStBl. 1998 S. 21)

1.17.13.7 Bewertungsfreiheit geringwertiger Wirtschaftsgüter, so genannte Sofortabschreibung (§ 6 Abs. 2 EStG)

Werden Wirtschaftsgüter des abnutzbaren, beweglichen Anlagevermögens angeschafft oder hergestellt und erstreckt sich deren Verwendung oder Nutzung auf einen Zeitraum von mehr als einem Jahr, so müssen diese Wirtschaftsgüter aktiviert und auf die Nutzungsdauer nach den Vorschriften des § 7 EStG, also im Wege der AfA, verteilt werden.

Nach dem Bewertungswahlrecht des § 6 Abs. 2 EStG können die Anschaffungs- und Herstellungskosten von beweglichen Wirtschaftsgütern des Anlagevermögens, die der Abnutzung unterliegen und die einer selbständigen Nutzung fähig sind, in voller Höhe als Betriebsausgaben (= Sofortaufwand) abgesetzt werden, wenn die Anschaffungs- oder Herstellungskosten, vermindert um einen darin enthaltenen Vorsteuerbetrag (§ 15 UStG i.V.m. § 9 b Abs. 1 EStG), für das einzelne Wirtschaftsgut 800,00 DM nicht übersteigen (Erkennungsfaktor in Klausuren!).

Die Vorschrift des § 6 Abs. 2 EStG setzt also folgende, relativ eng auszulegende (BFH) Tatbestandsmerkmale voraus, die zu einem steuerlichen Bewertungswahlrecht führen und dem Steuerpflichtigen eine Vereinfachungsmöglichkeit bieten.

Die Wirtschaftsgüter müssen:

- abnutzbar
- beweglich und
- selbständig nutzbar

sein.

Die AK oder HK – vermindert um einen darin enthaltenen Vorsteuerbetrag – dürfen 800,00 DM nicht übersteigen. Anschaffungs- bzw. Herstellungsnebenkosten sind erhöhend, Rabatte, Boni und Skonti sind mindernd in die AK oder HK zur Beurteilung der 800,00 DM-Grenze einzubeziehen.

| Beispiel |

Ein ausschließlich steuerfreie Umsätze ausführender Arzt (§ 4 Nr. 14 UStG) erwirbt einen Notfallkoffer für insgesamt 928,00 DM. Im Kaufpreis ist die gesetzliche Mehrwertsteuer enthalten. Obwohl der Arzt zum Vorsteuerabzug gem. § 15 Abs. 2 S. 1 Nr. 1 UStG nicht berechtigt ist, sind die Voraussetzungen zur Wahlrechtsausübung nach § 6 Abs. 2 EStG erfüllt. Auszugehen ist vom reinen Warenpreis ohne Vorsteuer, der im Beispielfall genau 800,00 DM beträgt. Die Vorsteuer gehört für den Fall der Bewertungsfreiheit nicht zu den Anschaffungs- oder Herstellungskosten, gleichgültig ob sie abziehbar ist oder nicht.

Die Gesetzesmäßigkeiten des § 6 Abs. 2 EStG sind noch näher zu untersuchen; zur Verwaltungsauffassung siehe auch R 40, H 40 EStR. Die H 40 EStR enthalten eine beispielhafte Aufzählung, welche Wirtschaftsgüter selbständig nutzungsfähig sind.

Neben den Tatbestandsmerkmalen:

- Abnutzbarkeit
- Beweglichkeit und
- Zugehörigkeit zum Anlagevermögen

muss das Wirtschaftsgut (AK/HK unter bzw. 800,00 DM ohne Vorsteuer) einer selbständigen Nutzung fähig sein. Diese dem Gesetzgeber offensichtlich wichtige Eigenschaft ist im § 6 Abs. 2 S. 2 EStG durch Negativschluss erläutert und abzugrenzen: Die selbständige Nutzungsfähigkeit wird in Abrede gestellt, wenn das Wirtschaftsgut

- nur zusammen mit anderen Wirtschaftsgütern des Anlagevermögens genutzt werden kann

und

- eine technische Abstimmung zueinander besteht

Ein Kaufmann erwirbt für den Betrieb einen Gebraucht-PC mit Drucker für insgesamt 1.600,00 DM netto. PC und Drucker sind gleichwertig.

Beispiel

Es liegt eine Sachgesamtheit vor. Zumindest der Drucker ist ohne den PC nicht selbständig nutzbar; eine gewisse technische Abstimmung kann auch nicht verkannt werden. Insgesamt ist die Bewertungsfreiheit nicht anwendbar; PC und Drucker sind nach den Bestimmungen des § 7 EStG über die betriebsgewöhnliche Nutzungsdauer verteilt im Wege der AfA zu berücksichtigen.

Diese Auffassung ist strittig. Der PC ist – für sich betrachtet – wohl selbständig, auch ohne Drucker, nutzbar. Die Bewertungsfreiheit gilt auch für Gebrauchtgegenstände, im Fall der Einlage sowie bei Betriebseröffnung.

§ 6 Abs. 2 S. 2 EStG erweitert den gesetzgeberischen Wunsch nach „Sachgesamtheiten", wenn das Wirtschaftsgut aus dem betrieblichen Nutzungszusammenhang gelöst und in einen anderen eingefügt werden kann.

1.17.13.7.1 Besonderheiten der Bewertungsfreiheit

Nur bewegliche, abnutzbare körperliche Gegenstände kommen als so genannte geringwertige Wirtschaftsgüter (GWG) in Betracht. Immaterielle Wirtschaftsgüter (iWG) und Grundstücke scheiden mangels Abnutzbarkeit aus.

Ausnahmen

Trivialprogramme sind abnutzbare und selbständig nutzbare Wirtschafts-güter. Computerprogramme mit Anschaffungskosten bis 800,00 DM gelten stets als Trivialprogramme; vgl. R 31 a Abs. 1 EStR. Die Bewertungsfreiheit ist nur für das Jahr der Anschaffung oder Herstellung anwendbar. Der Kaufmann ist an die einmal getroffene Wahl gebunden.

Grundsätzlich kann § 6 Abs. 2 EStG nur bei den Gewinneinkunftsarten der §§ 13, 15, 18 EStG Anwendung finden, weil der Gesetzgeber den Abzug als Betriebsausgaben vorgeschrieben hat. Die Bewertungsfreiheit ist aber durch § 9 Abs. 1 S. 3 Nr. 7 S. 2 EStG auch auf die Überschuss-einkunftsarten (§ 2 Abs. 1 S. 1 Nr. 4 bis 7 EStG) ausgedehnt worden.

Werden stille Reserven auf ein Wirtschaftsgut übertragen (§ 6 b und 6 c EStG; R 35 EStR) oder kann ein Zuschuss nach R 34 Abs. 1 und 2 EStR abgezogen werden, so gilt als Anschaffungs- oder Herstellungskosten der verminderte Betrag.

1.17.13.7.2 Aufzeichnungspflichten

§ 6 Abs. 2 S. 4 und 5 EStG äußert sich zu den Aufzeichnungspflichten, die jedoch nicht erforderlich sind, wenn die folgend genannten Angaben aus der Buchführung nachvollzogen werden können:

Die Bewertungsfreiheit ist nur bei Wirtschaftsgütern anzuwenden, die unter Angabe des

- Tages der Anschaffung, Herstellung oder Einlage oder der Betriebs-eröffnung und
- der Anschaffungs- bzw. Herstellungskosten oder des an die Stelle tretenden Wertes

in einem besonderen, laufend zu führenden Verzeichnis aufgeführt sind. Nach R 40 Abs. 2 S. 2 EStR entfällt auch die Verzeichnispflicht bei AK/HK (ohne Vorsteuer) von nicht mehr als 100,00 DM.

1.17.14 Maßgeblichkeit der Handelsbilanz für die Steuerbilanz

Zur Buchführung verpflichtete oder freiwillig Bücher führende Gewerbetreibende haben bei der steuerrechtlichen Gewinnermittlung das Betriebsvermögen anzusetzen, das nach den handelsrechtlichen Grundsätzen ordnungsgemäßer Buchführung auszuweisen ist.

1.17.14.1 Rechtsgrundlagen

Der Ansatz des Betriebsvermögens nach handelsrechtlichen Grundsätzen ordnungsgemäßer Buchführung ist für das Steuerrecht durch § 5 Abs. 1 S. 1 EStG festgelegt. § 60 EStDV unterstützt diese Rechtsgrundlage noch weiterführend.

1.17.14.2 Umfang handelsrechtlicher Grundsätze ordnungsgemäßer Buchführung

Die handelsrechtlichen Bilanzierungs- und Bewertungsvorschriften nach HGB gelten über die Maßgeblichkeit des § 5 Abs. 1 S. 1 EStG auch für die Steuerbilanz.

Die handelsrechtlichen Bilanzierungsgrundsätze umfassen
- Gebote
- Verbote und
- Wahlrechte

1.17.14.3 Handelsrechtliche Bilanzierungsgebote

In Betracht kommen besondere und allgemeine Bilanzierungsgebote sowie Bilanzierungsgebote nach den GoB.

1.17.14.3.1 Besondere gesetzliche Bilanzierungsgebote

Es existieren besondere gesetzliche Bilanzierungsgebote für bestimmte Bilanzposten in den Einzelvorschriften des HGB. Nachfolgende Bilanzposten sind durch solche Einzelvorschriften verbindlich geregelt:

- Rückstellungen für ungewisse Verbindlichkeiten (§ 249 Abs. 1 S. 1 HGB)
- Rückstellungen für drohende Verluste aus schwebenden Geschäften (§ 249 Abs. 1 S. 1 HGB)

- Rückstellungen für im Geschäftsjahr unterlassene Aufwendungen, für, die im folgenden Geschäftsjahr innerhalb von drei Monaten nachgeholt werden (§ 249 Abs. 1 S. 2 Nr. 1 HGB)
- Rückstellungen für Gewährleistungen, die ohne rechtliche Verpflichtung erbracht werden (§ 249 Abs. 1 S. 2 Nr. 2 HGB)
- Rückstellungen für voraussichtliche Steuerbelastungen nachfolgender Geschäftsjahre (§ 274 Abs. 1 HGB für Kapitalgesellschaften),
- Auflösung von Rückstellungen nur, soweit der Grund hierfür entfallen ist (§ 249 Abs. 3 S. 2 HGB)
- aktive Rechnungsabgrenzungsposten für Ausgaben vor dem Abschlussstichtag, soweit sie Aufwand für eine bestimmte Zeit nach diesem Tag darstellen (§ 250 Abs. 1 S. 1 HGB)
- passive Rechnungsabgrenzungsposten für Einnahmen vor dem Abschlussstichtag, soweit sie Ertrag für eine bestimmte Zeit nach diesem Tag darstellen (§ 250 Abs. 2 HGB)

Rückstellungen für dem Grunde und/oder der Höhe nach ungewisse Verbindlichkeiten sind zu passivieren, wenn sie im abgelaufenen Wirtschaftsjahr entweder rechtlich entstanden oder mindestens wirtschaftlich verursacht sind und der Kaufmann ernstlich mit einer Inanspruchnahme rechnen muss. Die Wertaufhellungstheorie ist zu beachten.

1.17.14.3.2 Allgemeine gesetzliche Bilanzierungsgebote

Im HGB existieren nachstehende Bilanzierungsgebote, die nicht nur für einzelne bestimmte Posten, sondern allgemein gelten:

- Pflicht zur Aufstellung einer Eröffnungsbilanz zu Beginn des Handelsgewerbes und eines Jahresabschlusses für den Schluss eines jeden Geschäftsjahres (§ 242 Abs. 1 S. 1 HGB),
- Aufstellung des Jahresabschlusses nach den GoB, insbesondere unter Beachtung des Klarheitsgrundsatzes (§ 242 Abs. 1 und 2 HGB),
- Beachtung des Vollständigkeitsgrundsatzes im Jahresabschluss (§ 246 HGB),
- Gebot des gesonderten Ausweises der Posten in der Bilanz und ihrer hinreichenden Gliederung (§ 247 Abs. 1 HGB).

1.17.14.3.3 Bilanzierungsgebote nach den GoB

Es existieren gleichwohl handelsrechtliche Grundsätze ordnungsgemäßer Buchführung, welche die Aktivierung oder die Passivierung vorschreiben. Diese haben also ein Aktivierungsgebot oder ein Passivierungsgebot zum Inhalt. Beispielsweise schreiben folgende GoB eine Aktivierung oder Passivierung in der Handelsbilanz zwingend vor:

- Vollständigkeitsgrundsatz
- Realisationsprinzip
- Imparitätsprinzip
- Grundsatz- oder Periodenabgrenzung

Für die Bilanzierungsgebote gelten folgende Regeln:

Was handelsrechtlich aktiviert werden muss, ist auch steuerrechtlich zu aktivieren (= Aktivierungsgebot). Was handelsrechtlich passiviert werden muss, ist auch in der Steuerbilanz zu passivieren (= Passivierungsgebot).

Für die Steuerbilanz besteht nach dem Maßgeblichkeitsgrundsatz des § 5 Abs. 1 S. 1 EStG ein Bilanzierungsgebot für alle Rückstellungen, für die auch handelsrechtlich ein Bilanzierungsgebot besteht. Hinzu kommen z.B.

- Garantierückstellungen
- Rückstellungen für Jahresabschlusskosten
- Rückstellungen für Verletzung fremder Patent-, Urheber- oder ähnlicher Schutzrechte
- Gewerbesteuerrückstellungen und
- Mehrsteuern nach Änderung von Veranlagungen

Rückstellungen für ungewisse Verbindlichkeiten dürfen nur gebildet werden, wenn

Besonderheiten

- es sich um eine Verpflichtung gegenüber einem Dritten oder eine öffentlich-rechtliche Verpflichtung handelt
- die Verbindlichkeit vor dem Bilanzstichtag verursacht ist und
- mit einer Inanspruchnahme aus einer ihrer Entstehung oder Höhe ungewissen Verbindlichkeit ernsthaft zu rechnen ist (R 31 c Abs. 2 EStR)

Verpflichtungen aus schwebenden Geschäften dürfen nach den GoB nicht bilanziert werden, es sei denn in der Vergangenheit ist das Verhältnis von Leistung und Gegenleistung durch Erfüllungsrückstand gestört (R 31 c Abs. 6 bis 9, H 31 c Abs. 9 EStR).

1.17.14.3.4 Durchbrechung des Maßgeblichkeitsgrundsatzes

Ursprünglich erstreckte sich der Maßgeblichkeitsgrundsatz auf alle Bilanzierungsgebote nach dem HGB, auch auf die Steuerbilanz. Die steuerrechtliche Bestimmung des § 5 Abs. 4 a EStG durchbricht diesen Grundsatz:

Rückstellungen für Drohverluste dürfen in der Steuerbilanz nicht gebildet werden. In der Handelsbilanz sind diese Rückstellungen gemäß § 249 Abs. 1 S. 1 HGB jedoch weiterhin zu bilden.

Beispiel

Durchbrechung des Maßgeblichkeitsgrundsatz

Der Gewerbetreibende (§ 5 EStG) Martin Schnabel hat das Grundstück Elisenstraße 5 von Josef Laumann auf Rentenbasis erworben.

Handelsrechtlich ist das Grundstück mit seinen Anschaffungskosten (§ 255 Abs. 1 HGB), demnach mit dem Rentenbarwert (§§ 12 bis 16 BewG) zzgl. der Erwerbsnebenkosten anzusetzen. Auch die Rentenverpflichtung ist mit ihrem Barwert zu bilanzieren (§ 253 Abs. 1 S. 2 HGB). Über die handelsrechtlichen Vollständigkeitsgebote (§§ 246 Abs. 1, 253 Abs. 1 S. 2 HGB) entfaltet sich für die Rentenverpflichtung nach dem Maßgeblichkeitsprinzip des § 5 Abs. 1 S. 1 EStG auch für die Steuerbilanz eine Passivierungspflicht. Bezüglich der Rentenzahlungen tritt in voller Höhe eine handelsrechtliche Vermögensminderung in Form von Aufwand ein.

Steuerrechtlich dürfen nur die Zinsen, die in den Rentenzahlungen enthalten sind, den Gewinn mindern. Hinsichtlich der Rente als solche besteht als Zuwendung aufgrund einer freiwillig begründeten Rechtspflicht ein steuerrechtliches Abzugsverbot i.S.v. § 12 Nr. 2 EStG. Der Ansatz des Grundstücks Elisenstraße 5 entspricht den handelsrechtlichen Grundsätzen.

1.17.14.4 Handelsrechtliche Bilanzierungsverbote

Die handelsrechtlichen Bilanzierungsverbote ergeben sich aus den Einzelvorschriften des HGB:

1.17.14.4.1 Gesetzliche Aktivierungsverbote

- Aufwendungen für die Gründung des Unternehmens und für die Beschaffung des Eigenkapitals (§ 248 Abs. 1 HGB)
- nicht entgeltlich erworbene immaterielle Vermögensgegenstände des Anlagevermögens (§ 248 Abs. 2 HGB)
- Rechnungsabgrenzungsposten, die nicht in § 250 Abs. 2 HGB genannt sind

1.17.14.4.2 Gesetzliche Passivierungsverbote

- Rückstellungen für andere als die in § 249 HGB genannten Zwecke (§ 249 Abs. 3 S. 1 HGB)
- Rechnungsabgrenzungsposten, die nicht in § 250 Abs. 2 HGB genannt sind

Für die Bilanzierungsverbote gelten folgende Regeln:

Was handelsrechtlich nicht aktiviert werden darf (= Aktivierungsverbot), darf auch steuerrechtlich nicht aktiviert werden. Was handelsrechtlich nicht passiviert werden darf (= Passivierungsverbot), darf auch in der Steuerbilanz nicht passiviert werden.

Handelsrechtlich ergeben sich schon aus den Grundsätzen ordnungsgemäßer Buchführung Bilanzierungsverbote.

- Grundsatz der Nichtbilanzierung ausgeglichener schwebender Geschäfte

- Verbot des Ausweises nicht realisierter Gewinne nach dem Realisationsprinzip

Beispiele

Das Steuerrecht hat drei wichtige Bereiche, nämlich

- die orginären immateriellen Wirtschaftsgüter
- die Einschränkung der vorzeitigen Bildung von Verbindlichkeiten oder Rückstellungen und
- die aktivischen und passivischen Rechnungsabgrenzungsposten

über § 5 Abs. 2, 2 a und 5 EStG klarstellend geregelt. Die Übernahme der handelsrechtlichen Aktivierungs- und Passivierungsverbote für das Steuerrecht stellt eine gesetzliche Fixierung des Maßgeblichkeitsgrundsatzes dar, die der Klarstellung bedurft haben.

Bilanzierungsverbote:

Max Tüftel ist Erfinder. Seine Erfindungen haben einen Verkehrswert von 500.000,00 DM.

Beispiel 1

Handelsrechtlich besteht für solche immateriellen Vermögensgegenstände des Anlagevermögens gemäß § 248 Abs. 2 HGB ein Aktivierungsverbot, weil kein entgeltlicher Erwerb vorliegt. Mangels diesem entgeltlichen Erwerb ist auch steuerrechtlich gemäß § 5 Abs. 2 EStG eine Aktivierung zu unterlassen.

Max Tüftel erwirbt eine Erfindung von seinem Kollegen Josef Findig. Hier besteht Aktivierungspflicht für die Handels- und Steuerbilanz.

Abwandlung

Die Jensen OHG, ein altes Familienunternehmen, ist regional praktisch der einzige Lieferant von Spezialwerkzeugen. Die OHG hat dank treuer Kunden einen erheblichen selbstgeschaffenen Geschäfts- oder Firmenwert. Obwohl das Inventar überaltet ist und restlos abgeschrieben ist, müsste ein Firmenerwerber nicht unter 1,5 Mio. DM für die Übernahme bezahlen.

Beispiel 2

Handelsrechtlich besteht ein Aktivierungsverbot für den orginären Geschäfts- oder Firmenwert (immaterieller Vermögensgegenstand) nach § 255 Abs. 4 i.V.m. § 248 Abs. 2 HGB, das über § 5 Abs. 2 EStG ebenfalls auf die Steuerbilanz durchgreift.

Hinweis

Auch ohne ausdrückliche Bestimmung nach § 5 Abs. 2 EStG bestünde für die Steuerbilanz aufgrund der Maßgeblichkeit nach § 5 Abs. 1 S. 1 EStG das Aktivierungsverbot.

Abwandlung

Würde Peter Investor, ein Kaufmann, der sich gewerbsmäßig mit dem Erwerb von Firmen und Beteiligungen beschäftigt, den Firmenwert der OHG (Kaufpreis 1,5 Mio. DM) bilanzieren müssen? Wäre der Firmenwert handelsrechtlich planmäßig abzuschreiben (§ 253 Abs. 2 S. 1 HGB) und steuerrechtlich im Wege der AfA (bND 15 Jahre gem. § 7 Abs. 1 S. 3 EStG) zu verteilen?

Das kommt darauf an!

Falls der Firmenerwerb zum Anlagevermögen des Peter Investor gehört, würden die Fragen mit „unter Umständen" zu beantworten sein. Die Zugehörigkeit zum Anlagevermögen setzt voraus, dass der Firmenwert langfristig dem Unternehmen des Investors zu dienen bestimmt ist, er die erworbene Firma also fortführt. Nach § 255 Abs. 4 HGB existiert ein Wahlrecht.

Beim Sachverhalt liegt allerdings eher die Vermutung nahe, dass Peter Investor mit Firmen und Beteiligungen handelt, da er sich gewerbsmäßig mit dieser Aufgabe beschäftigt. Der Firmenerwerb würde insoweit zum Umlaufvermögen gehören, das handelsrechtlich nach § 253 Abs. 3 HGB und steuerrechtlich nach § 6 Abs. 1 Nr. 2 EStG zu bewerten wäre. In beiden Fällen der gewerbsmäßigen Veräußerungsabsicht ist das Umlaufvermögen handelsrechtlich höchstens und steuerrechtlich grundsätzlich mit den Anschaffungskosten i.S.d. § 255 Abs. 1 HGB zu bewerten. Faktisch bestehen diese Anschaffungskosten fast ausschließlich aus dem Geschäfts- oder Firmenwert; gegebenenfalls noch aus einigen Vorratsvermögen und Forderungen.

Beispiel 3

Die World-Wide-Trading GbR ist aufgrund umfangreicher Exportgeschäfte mit einem hohen Unternehmerwagnis behaftet.

Nach § 249 Abs. 3 HGB darf für das bestehende Unternehmerwagnis keine Rückstellung gebildet werden. Das Passivierungsverbot gilt auch für die Steuerbilanz.

Als Angehörige(r) der steuerberatenden Berufe sollten Sie bei einem derartigen Unternehmen (GbR) prüfen, ob zur Minimierung des Haftungsrisikos die Einbringung in eine GmbH (§ 20 UmwStG) zweckmäßig erscheint. Diese Umwandlung kann steuerneutral – wenn zum Buchwert gegen Erhalt neuer Anteile – vollzogen werden.

Hinweis

Die Anteile an der Kapitalgesellschaft, die die Personengesellschaften im Tausch gegen Aufgabe ihrer Gesellschaftsrechte an der Personengesellschafter erhalten, nennt man einbringungsgeborene Anteile, die wegen des Buchwertübergangs steuerverhaftet bleiben (§ 21 UmwStG).

Der Wert, mit dem die Kapitalgesellschaft das eingebrachte Betriebsvermögen ansetzt, gilt für den Einbringenden als Veräußerungspreis und als Anschaffungskosten der Gesellschaftsanteile (§ 20 Abs. 4 S. 1 UmwStG).

Das Einzelunternehmen des Uwe Wagemutig, kurz: „Innovatia", hat ein neues Produkt fernöstlicher Herkunft als Erster in Deutschland eingeführt. Sein Reklameaufwand beträgt 250.000,00 DM (Werbefeldzug, einschließlich Produktwerbung in TV und Radio) und fällt kurz vor Ende des Wirtschaftsjahres an. Sowohl nach § 250 Abs. 1 HGB als auch nach § 5 Abs. 5 EStG kommt die Bildung von aktiven Rechnungsabgrenzungen weder für die Handels- noch für die Steuerbilanz in Frage (Aktivierungsverbot).

Beispiel 4

1.17.14.5 Handelsrechtliche Bilanzierungswahlrechte

Die handelsrechtlichen Aktivierungs- und Passivierungswahlrechte ergeben sich i.d.R. aus Einzelvorschriften.

1.17.14.5.1 Aktivierungswahlrechte

- Rechnungsabgrenzungsposten für als Aufwand berücksichtigte Zölle und Verbrauchssteuern, soweit sie auf am Abschlussstichtag auszuweisende Vermögensgegenstände des Vorratsvermögens entfallen (§ 250 Abs. 1 S. 2 Nr. 1 HGB)
- Rechnungsabgrenzungsposten für als Aufwand berücksichtigte Umsatzsteuer auf am Abschlussstichtag auszuweisende oder von den Vorräten offen abgesetzte Anzahlungen (§ 250 Abs. 1 S. 2 Nr. 2 HGB)
- Damnum (§ 250 Abs. 3 HGB)
- Entgeltlich erworbener (derivativer) Geschäfts- oder Firmenwert (§ 255 Abs. 4 HGB)

1.17.14.5.2 Passivierungswahlrechte

- Rückstellungen für unterlassene Instandhaltungsaufwendungen, die im folgenden Geschäftsjahr später als drei Monate nach dem Abschlussstichtag nachgeholt werden (§ 249 Abs. 1 S. 3 HGB)
- Rückstellungen für ihrer Eigenart nach genau umschriebene, dem Geschäftsjahr oder einem früheren Geschäftsjahr zuzuordnende Aufwendungen, die am Abschlussstichtag wahrscheinlich oder sicher, aber hinsichtlich ihrer Höhe oder des Zeitpunkts ihres Eintritts unbestimmt sind (§ 249 Abs. 2 HGB)
- Sonderposten mit Rücklagenteil (§ 247 Abs. 3, § 273 HGB)

1.17.14.5.3 Auswirkungen handelsrechtlicher Bilanzierungswahlrechte auf die Steuerbilanz

Es ist grundsätzlich Auslegungssache, inwieweit handelsrechtliche Bilanzierungswahlrechte auch für die Steuerbilanz Wirksamkeit entfalten. Es kommt stets auf den Sinn und Zweck der Vorschriften im Zusammenhang mit anderen Vorschriften an.

Die steuerliche Gewinnermittlung will den vollen Gewinn erfassen, damit er ausnahmslos der Besteuerung zugeführt wird. Es steht daher nicht im Belieben des Steuerpflichtigen, sich durch Nichtaktivierung von Wirtschaftsgütern, die handelsrechtlich aktiviert werden dürfen, bzw. durch Ansatz eines handelsrechtlich nicht gebotenen Passivpostens ärmer zu machen, als er ist. Dies stände nicht im Einklang mit dem verfassungsrechtlichen Grundsatz der Gleichheit der Besteuerung (Art. 3 GG).

Für die Bilanzierungswahlrechte gelten folgende Regeln:

Was handelsrechtlich aktiviert werden darf, muss steuerrechtlich im Interesse einer möglichst zutreffenden Abschnittbesteuerung bilanziert werden. Was handelsrechtlich nicht passiviert werden muss, darf steuerrechtlich nicht passiviert werden.

Ein handelsrechtliches Wahlrecht auf der Aktivseite ergibt für die Steuerbilanz ein Aktivierungsgebot. Ein handelsrechtliches Wahlrecht auf der Passivseite ergibt für die Steuerbilanz ein Passivierungsverbot.

Besonderheiten gelten bei Bilanzierungshilfen der Kapitalgesellschaften als auch bei Sonderposten mit Rücklagenteil:

Bilanzierungshilfen sind:

- Aufwendungen für die Ingangsetzung und Erweiterung des Geschäftsbetriebs (§ 269 HGB)
- Abgrenzungsposten in Höhe der voraussichtlichen Steuerentlastung nachfolgender Geschäftsjahre

Handelsrechtliche Bilanzierungshilfen führen zu einem steuerlichen Passivierungsverbot.

Sonderposten mit Rücklagenteil sind:

Rücklagenbildungsmöglichkeiten. Wird in der Handelsbilanz ein Sonderposten mit Rücklagenteil ausgewiesen, dann darf das steuerrechtliche Passivierungswahlrecht in der Steuerbilanz ausgeübt werden.

Die Ausnahmetatbestände lassen sich wie folgt darstellen:

Handelsrechtliche Aktivierungswahlrechte		
Posten	Handelsbilanz	Steuerbilanz
Aufwendungen für die Ingangsetzung und Erweiterung des Geschäftsbetriebes	Bilanzierungshilfe	Bilanzierungsverbot
Rechnungsabgrenzungen für latente Steuern	Bilanzierungshilfe	Bilanzierungsverbot
Handelsrechtliche Passivierungswahlrechte		
Sonderposten mit Rücklagenteil	Passivierungswahlrecht	Passivierungswahlrecht

Erläuterungen:

Handelsrechtliche Bilanzierungshilfen stellen keine Vermögensgegenstände dar. Die Gründe für die Bildung von Bilanzierungshilfen sind rein handelsrechtlicher Natur. Die Aktivierbarkeit in der Handelsbilanz hat keinerlei Bedeutung für die Steuerbilanz. Liegt bereits handelsrechtlich kein Vermögensgegenstand vor, kann steuerlich kein Wirtschaftsgut existieren.

Die Sonderposten mit Rücklagenteil sollen ermöglichen, dass steuerrechtliche Passivierungswahlrechte für steuerfreie Rücklagen (z.B. § 7 g EStG) ausgeübt werden können. Insoweit besteht für § 247 Abs. 3 HGB umgekehrte Maßgeblichkeit der Steuerbilanz für die Handelsbilanz (§ 5 Abs. 1 S. 2 EStG), die aber faktisch durch die Wahlrechtsausübbarkeit überlagert wird.

Bilanzierungswahlrechte:

Der Gewerbetreibende Gerhard Schulte hat eine Firma erworben und 100.000,00 DM für den Geschäfts- oder Firmenwert entrichtet.

Beispiel 1

Handelsrechtlich braucht ein entsprechender Aktivposten gemäß § 255 Abs. 4 HGB nicht angesetzt zu werden. Selbst wenn Schulte sein Wahlrecht dahingehend ausübt, dass in der Handelsbilanz ein Ansatz unterblieben ist, so hat er die Anschaffungskosten in der Steuerbilanz gemäß § 5 Abs. 2 EStG für den erworbenen Geschäfts- oder Firmenwert als immaterielles Wirtschaftsgut auszuweisen (Aktivierungspflicht).

Beispiel 2

Schulte hat anlässlich des Firmenerwerbs ein Fälligkeitsdarlehn mit einer Laufzeit von 10 Jahren aufgenommen. Seine Hausbank behielt von der vereinbarten Darlehnssumme von 100.000,00 DM ein Darlehnsabgeld (Disagio) von 5 v.H. = 5.000,00 DM ein.

Handelsrechtlich kann Schulte wählen, ob er das Disagio gem. § 250 Abs. 3 S. 1 HGB aktiviert oder aber als Aufwand behandelt. Steuerrechtlich besteht nach § 5 Abs. 5 EStG Aktivierungspflicht.

Beispiel 3

Gerhard Schulte hat in der Handelsbilanz zum 31.12.01 eine Rückstellung für unterlassene Aufwendungen für Instandhaltung gebildet. Die Instandsetzungsarbeiten sind dringend erforderlich (neue Dachabdichtung). Wegen voller Auftragsbücher der Dachdeckerfirma verzögerte sich die Instandsetzung bis Anfang April 02.

§ 249 Abs. 1 S. 2 Nr. 1 HGB fordert einen Dreimonatszeitraum innerhalb des nächsten Geschäftsjahres (01.01 bis 31.03.02) einzuhalten. Die Instandsetzung wurde nicht bis spätestens zum 31.03.02 nachgeholt. Da handelsrechtlich ein Passivierungswahlrecht nach § 249 Abs. 1 S. 3 HGB besteht – Abs. 1 S. 1 Nr. 1 greift nicht – darf Schulte in der Steuerbilanz keine Rückstellung bilden. Es besteht steuerlich ein Passivierungsverbot.

Beispiel 4

Schulte hat Anfang 01 mit einer Wartungsfirma einen Vertrag über die Wartung und Inspektion seiner maschinellen Anlagen geschlossen. Vereinbart wurde, dass diese Arbeiten regelmäßig vor der jährlichen TÜV-Inspektion zeitnah stattzufinden haben. In der Handelsbilanz wurde nach § 249 Abs. 2 HGB – gemessen am zu erwartenden Kostenaufwand – eine Rückstellung in Höhe von 11.000,00 DM gebildet. In der Steuerbilanz ist aufgrund des handelsrechtlichen Wahlrechts ein Passivierungsverbot zu beachten.

Beachten

Bei diesen Bilanzierungsgrundsätzen handelt es sich um Ansatzvorschriften. Hiervon zu unterscheiden sind die Bewertungsvorschriften, die neben Geboten ebenfalls Wahlrechte beinhalten.

1.17.14.6 Auswirkung handelsrechtlicher Bewertung auf das Steuerrecht

Die folgenden Ausführungen sind vom Maßgeblichkeitsprinzip geprägt.

1.17.14.6.1 Maßgeblichkeit der handelsrechtlichen Bewertung

Durch Handelsrecht kodifizierte, zwingende Wertansätze können nur in Übereinstimmung mit den Grundsätzen ordnungsgemäßer Buchführung stehen. Es entsteht zunächst der Eindruck, dass über den Maßgeblichkeitsgrundsatz des § 5 Abs. 1 S. 1 EStG die handelsrechtlichen Bewertungsvorschriften Einzug in das Steuerrecht nehmen würden. Dieser Eindruck trügt: Der Bewertungsvorbehalt des § 5 Abs. 6 EStG schreibt vor, dass beim Jahresabschluss für steuerliche Zwecke, kurz: in der Steuerbilanz, die einkommensteuerlichen Vorschriften über die,

- Entnahmen und Einlagen, über die
- Zulässigkeit der Bilanzänderung, über die
- Betriebsausgaben, über die
- Bewertung und über die
- AfA bzw. AfS

einzuhalten sind. Der Vorrang steuerlicher Bewertungsvorschriften des § 6 EStG ist also zwingend zu beachten. Das gilt auch, wenn in der Handelsbilanz abweichend bewertet sein sollte.

Besteht allerdings für die Bewertung nach Steuerrecht ein Wahlrecht, so ist das Handelsrecht maßgeblich. Ist handelsrechtlich eine bestimmte Bewertung vorgeschrieben, so gilt diese auch für die Steuerbilanz (§ 5 Abs. 1 S. 1 EStG). Ist auch handelsrechtlich ein Bewertungswahlrecht gegeben, dann ist in der Steuerbilanz der in der Handelsbilanz gewählte Wertansatz anzusetzen. Diese Grundzüge lassen sich wie folgt zusammenfassen:

Bewertungsvorschriften	
Handelsbilanz	Steuerbilanz
Bewertungsgebot	Bewertungsgebot nach Steuerrecht Wertansatz nach Steuerrecht Bewertungswahlrecht nach Steuerrecht Wertansatz nach Handelsrecht
Bewertungswahlrecht	Bewertungsgebot nach Steuerrecht Wertansatz nach Steuerrecht Bewertungswahlrecht nach Steuerrecht Wertansatz in der Handelsbilanz

Der Grundsatz der Maßgeblichkeit der Handelsbilanz für die Steuerbilanz gilt nicht, wenn,

- in der Handelsbilanz handelsrechtlich unzulässige Werte angesetzt worden sind
- handelsrechtlich zwingende Wertansätze gegen zwingende Wertansätze des Steuerrechts verstoßen
- ein handelsrechtliches Aktivierungswahlrecht negativ oder ein handelsrechtliches Passivierungswahlrecht positiv ausgeübt wird. Dabei ist steuerlich das Aktivierungswahlrecht als Aktivierungsgebot, das Passivierungswahlrecht als Passivierungsgebot aufzufassen

1.17.14.6.2 Umgekehrtes Maßgeblichkeitsprinzip (§ 5 Abs. 1 S. 2 EStG)

Steuerliche Belastungen spielen in der Bilanzpolitik einer Unternehmung stets eine bedeutende Rolle. Die Gesetzgebung hat aus wirtschaftspolitischen Erwägungen und sozialpolitischen Gründen mit steuerlichen Bewertungswahlrechten, Rücklagenbildungen und Sonderabschreibungen – um nur einige Beispiele zu nennen – Spezialvorschriften geschaffen und es den Steuerpflichtigen anheim gestellt, derartige Wahlrechtsausübungen in Anspruch zu nehmen oder aber auf sie zu verzichten.

Bei steuerlichen Bewertungswahlrechten kommt es entscheidend auf den handelsrechtlichen Ansatz an. Aus diesem Grund wird i.d.R. in der Handelsbilanz so bewertet, wie es dem steuerlich gewünschten Ansatz entspricht. In diesem Fall übt die Steuerbilanz also (umgekehrt) maßgeblichen Einfluss auf die Handelsbilanz aus. Im § 5 Abs. 1 S. 2 EStG findet sich daher folgende Definition:

„Steuerrechtliche Wahlrechte bei der Gewinnermittlung sind in Übereinstimmung mit der handelsrechtlichen Jahresbilanz auszuüben."

Die umgekehrte Maßgeblichkeit erkennt man also am leichtesten daran, dass es sich um eine steuerrechtliches Wahlrecht handelt („das Dürfen im Steuerrecht").

Beispiel

Der Steuerpflichtige Jacobs veräußert ein zum Betriebsvermögen gehörendes unbebautes Grundstück an einen Grundstücksspekulanten für 150.000,00 DM, das in seinen Büchern einen Buchwert von 50.000,00 DM hat, was den historischen Anschaffungskosten vor mehr als sechs Jahren entspricht. Das Grundstück gehört von Beginn an zum Betriebsvermögen.

Jacobs realisiert einen Veräußerungsgewinn in Höhe von 100.000,00 DM, weil er die stille Reserve (TW ./. BW) beim Verlassen des Wirtschaftsgutes aus dem Betriebsvermögen aufzudecken hat. Jacobs bucht den Vorgang wie folgt:

Bank 150.000,00 DM   an   Grundstück   50.000,00 DM
                            an   s.b.E.   100.000,00 DM

Gewinnauswirkung: + 100.000,00 DM

Auf Befragen seines steuerlichen Beraters nimmt Jacobs eine Anregung auf, die freigewordene (voll steuerpflichtige!) stille Reserve in eine steuerfreie Rücklage nach § 6 b EStG aufzunehmen. Voraussetzung ist allerdings, dass der Steuerpflichtige unter Wahrung gewisser Fristen (4 Jahre bzw. 6 Jahre) gesetzlich definierte Reinvestitionsgüter bestimmter Art anschafft oder herstellt und die Rücklage dahingehend auflöst, dass er bis zur Höhe der Rücklage diese Posten von den Anschaffungs- oder Herstellungskosten dieser Anlagegüter wieder abzieht. Die Reinvestitionsgüter erfahren so ein geringeres Abschreibungsvolumen; die unversteuert gebliebene stille Reserve gleicht sich über den Totalgewinn aus; vgl. § 6 b Abs. 3 EStG. Voraussetzung ist, dass der Steuerpflichtige seinen Gewinn durch Betriebsvermögensvergleich ermittelt; § 6 b Abs. 4 Nr. 1 EStG.

Der Mandant darf wählen. Entscheidet er sich für die Einstellung in die steuerfreie Rücklagenbildung nach § 6 b EStG, dann hat er in der Handelsbilanz über den umgekehrten Maßgeblichkeitsgrundsatz des § 5 Abs. 1 S. 2 EStG gleichlautend zu bewerten; vgl. § 254 HGB und § 273 HGB für Kapitalgesellschaften.

Für den Fall der positiven Wahlrechtsausübung wäre zu buchen:

s.b.E 100.000,00 DM   an   SoPo/RL 100.000,00 DM
Gewinnauswirkung: 0,00 DM (Neutralisierung)

In der Praxis werden Sie als Angehörige(r) der steuerberatenden Berufe entscheidenden Einfluss auf die Meinungsfindung Ihres Mandanten ausüben. In der Ausbildung werden Sie mit dem § 6 b EStG in Bilanz- und Einkommensteuerklausuren das niedrigste gewünschte Ergebnis erreichen. Achten Sie bitte in den Sachverhalten auf *Veräußerungen* (= Zauberwort) und auf den Hinweis, dass das Veräußerungsobjekt *mehr als sechs Jahre* ununterbrochen zum Betriebsvermögen gehört hat.

Hinweis

Steuerpflichtige, die ihren Gewinn nach § 4 Abs. 3 EStG ermitteln, wenden analog die Vorschrift des § 6 c EStG an.

Nach dem Grundsatz der umgekehrten Maßgeblichkeit sind alle steuerlichen Wahlrechte übereinstimmend mit der Handelsbilanz auszuüben. Das hat zur Folge, dass steuerliche Vergünstigungen in Form von Sonderabschreibungen und erhöhte Absetzungen oder die Bildung von steuerfreien Rücklagen, für Ersatzbeschaffung (R 35 EStR), für Zuschüsse (R 34 EStR) u.v.a.m. nur in Anspruch genommen werden können, wenn im Jahresabschluss der handelsrechtlichen Gewinnermittlung in gleicher Weise verfahren wird.

Die umgekehrte Maßgeblichkeit gilt nicht, wenn steuerrechtliche Vorschriften ausdrücklich etwas anderes bestimmen, z.B. bei der Wertuntergrenze der Herstellungskosten; vgl. R 33 EStR.

1.17.14.6.3 Realisationsprinzip, Imparitätsprinzip

Die handelsrechtliche Vorschrift des § 252 Abs. 1 Nr. 4 HGB erhebt die Forderung, nach dem Prinzip der Vorsicht zu bewerten. Es entspricht diesem Prinzip, wenn alle vorhersehbaren Risiken und Verluste, die bis zum Bilanzstichtag entstanden sind, berücksichtigt werden. Dies gilt selbst dann, wenn sie erst zwischen dem Bilanzstichtag und dem Tag der Bilanzaufstellung bekannt geworden sind (Wertaufhellung).

Gewinne sind nur zu berücksichtigen, wenn sie am Abschlussstichtag realisiert sind. Das sich hieraus ergebende Realisationsprinzip ist eine logische Konsequenz des das gesamte Bilanzierungsrecht beherrschenden Prinzips der Vorsicht.

Verluste sind nach dem Imparitätsprinzip zu behandeln. Dem Grundsatz der Vorsicht folgend, sind nicht realisierte, aber bereits drohende Verluste am Bilanzstichtag zu berücksichtigen. Die Wertaufhellung besagt, dass die Vorsichtwaltung auch für die Interimszeit zwischen Bilanzstichtag und Bilanzaufstellung Anwendung finden muss. Einschränkend für die Steuerbilanz gilt § 5 Abs. 4 a EStG, wonach ein Bilanzierungsverbot für Drohverluste aus schwebenden Geschäften besteht.

Merke

Das Realisations- und Imparitätsprinzip liegt im Interesse der Erhaltung des Unternehmens.

Für die Gewinnrealisierung sind folgende Punkte interessant:

* Gewinne sind grundsätzlich dann realisiert, wenn sie durch einen Umsatzvorgang bestätigt worden sind
* Gewinnverwirklichung tritt erst dann ein, wenn die eigene Leistung erbracht ist und der Geschäftspartner diese angenommen hat. Bis zu diesem Zeitpunkt ist das Geschäft noch mir Risiken behaftet

Beim Versendungsverkauf nach § 447 BGB ist zu prüfen, wer das Risiko, z.B. des zufälligen Untergangs einer Ware, trägt. Ist das Risiko nach Lage der Dinge von untergeordneter Bedeutung, so entspricht es den Grundsätzen ordnungsgemäßer Buchführung, eine Gewinnrealisierung bereits dann anzunehmen, wenn die Ware oder Leistung den Betrieb verlässt und die Rechnung erteilt wird.

Gewinne sind noch nicht beim Abschluss eines obligatorischen Vertrags realisiert (z.B. beim Kaufvertrag). Obwohl die Forderung bereits beim Vertragsabschluss entsteht, wird sie erst bilanzierungsfähig, wenn die Ware versandt oder die Leistung erbracht ist. Teilleistungen sind mit den Anschaffungs- oder Herstellungskosten (ggf. mit dem niedrigeren Teilwert) zu bewerten. Anzahlungen spielen für die Gewinnverwirklichung des Realisationsprinzips keine Rolle; sie sind zu passivieren.

Für die Verluste ist folgender Punkt von Bedeutung:

Schwebende Geschäfte, z.B. „rollende Ware", werden nicht bilanziert. Das Vorsichtsprinzip findet hier keine Anwendung. Handelsrechtlich sind für drohende Risiken und Verluste gemäß § 249 Abs. 1 S. 1 HGB Rückstellungen zu bilden, wenn die Risiken und Verluste ihre Gründe in Tatsachen haben, die vor dem Abschlussstichtag liegen, auch wenn sie erst nach dem Abschlussstichtag, aber vor dem Tag der Bilanzaufstellung (Wertaufhellung) bekannt werden.

1.17.14.6.4 Grundsatz des Wertzusammenhangs

Der Grundsatz des Wertzusammenhangs besagt, dass (alle) Wertansätze in der Eröffnungsbilanz des Geschäftsjahres mit denen der Schlussbilanz des vorangegangenen Geschäftsjahres übereinstimmen müssen (§ 252 Abs. 1 Nr. 1 HGB). Der Wertzusammenhang betrifft Vermögensgegenstände sowohl der Aktiv- als auch der Passivseite.

Steuerrechtlich stützt sich der Gedanke des Wertzusammenhangs auf den Betriebsvermögensvergleich des § 4 Abs. 1 EStG (Bilanzzusammenhang, Bilanzidentität).

1.17.14.6.5 Grundsatz der Bilanzidentität

Eine einzelne Bilanz darf nie nur für sich alleine betrachtet werden, denn sie steht in einer Beziehung zur Bilanz des vorherigen Wirtschaftsjahres, an das sie anknüpft, aber auch in einer Beziehung zur Bilanz des folgenden Wirtschaftsjahres, deren Schlussbestände zugleich die Anfangsbestände der Eröffnungsbilanz zu bilden haben. Die so miteinander verknüpften Bilanzen kann man schematisch wie folgt darstellen:

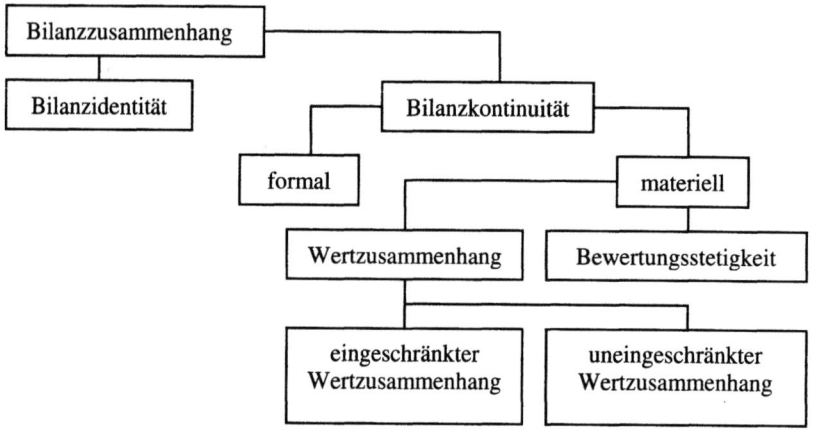

Aus dem Betriebsvermögensvergleich des § 4 Abs. 1 EStG (Formel) ergibt sich zwangsläufig, dass das Endvermögen eines Wirtschaftsjahres dem Anfangsvermögen des darauffolgenden Wirtschaftsjahres entspricht. Zum Wirtschaftsjahr vgl. § 4 a EStG. Ist dem nicht so, besteht die Gefahr unerfasster Gewinne, was der Zielsetzung jeder Steuerbilanz widersprechen würde. Durch die unweigerliche Bilanzidentität der Anfangsbestände mit den Schlussbeständen der Vorjahresbilanz herrscht der Gedanke der Bilanzidentität selbst bei einer vorherigen unrichtigen Vorjahresbilanz weiter fort.

Beispiel

Der Kaufmann Schludrig hat versäumt, eine Verbindlichkeit hinsichtlich einer betrieblichen Mietzahlung für das Jahr 01, die erst verspätet im Jahr entrichtet worden ist, zu buchen. Der Fehler fällt im Jahresabschluss des Jahres 01 nicht auf. Entdeckt wird der Fehler zu einem Zeitpunkt, in dem die Steuerveranlagung des Jahres 02 bereits Bestandskraft erlangt hatte und nach den Vorschriften der AO nicht mehr berichtigt werden konnte. Der fehlerhafte Bilanzansatz zum 31.12.01 ist aus Gründen der Bilanzidentität in die Eröffnungsbilanz des 01.01.02 zu übernehmen (Anschlussbilanz).

Durch Zahlung der Betriebsmiete in 02 entsteht die Gewinnauswirkung erst in diesem Jahr (02). Wäre sie periodengerecht schon im Jahr 01 durch die Buchung: Mietaufwand an sonstige Verbindlichkeiten als Aufwand berücksichtigt worden, hätte sie im Jahr 02 den Gewinn nicht beeinflusst.

Wegen der Ausnahme bei bewusstem Handeln zur Erlangung unberechtigter Steuervorteile (im Bereich der AfA), vgl. H 44 EStR „ unterlassene oder überhöhte AfA.“

1.17.14.6.6 Grundsatz der Bilanzkontinuität

Zu unterscheiden ist die formale und die materielle Bilanzkontinuität.

- Formale Bilanzkontinuität

Bilanzen mehrerer Jahre müssen vergleichbar bleiben. Darum haben Reihenfolge der einzelnen Bilanzposten und Bezeichnungen einzelner Bilanzposten gleichbleibend und gleichlautend zu sein. Kapitalgesellschaften haben Abweichungen in begründeten Ausnahmefällen im Anhang anzugeben und zu erläutern; vgl. §§ 252 Abs. 2, 264 HGB.

- Materielle Bilanzkontinuität

Hierunter versteht man den Bezug der Werte der einzelnen Wirtschaftsgüter (Wertzusammenhang) und die Bewertung allgemein. Gemeint ist hier die Anwendung und Beibehaltung von Bewertungsgrundsätzen (= Bewertungsstetigkeit) von Schlussbilanz zu Schlussbilanz. Der Kaufmann soll einmal festgelegte Bewertungsgrundsätze, z.B. Lifo, grundsätzlich beibehalten.

1.17.14.6.7 Wertzusammenhang

Der Wertzusammenhang bezieht sich auf die Ansatzmethode, wie dieselben Wirtschaftsgüter in der vorigen Bilanz angesetzt worden sind. Man spricht hier vom so genannten Wertzusammenhangsprinzip, was sich in einen eingeschränkten und einen uneingeschränkten Wertzusammenhang unterteilt.

- Eingeschränkter Wertzusammenhang

Vom Grundsatz des eingeschränkten Wertzusammenhangs ist das nicht der Abnutzung unterliegende Anlagevermögen, das abnutzbare Anlagevermögen und das Umlaufvermögen betroffen (§ 6 Abs. 1 Nr. 1 und 2 EStG). Der jeweils letzte Bilanzansatz und die historische Anschaffungs- bzw. Herstellungskostengrenze darf nicht überschritten werden.

- Uneingeschränkter Wertzusammenhang

Die steuerrechtliche Vorschrift des § 6 Abs. 1 Nr. 1 S. 4 EStG betrifft Wirtschaftsgüter, die bereits am Schluss des vorangegangenen Wirtschaftsjahres zum Anlagevermögen gehört haben. Sie sind in den folgenden Wirtschaftsjahren mit den Anschaffungs- oder Herstellungskosten bzw. dem an deren Stelle tretenden Wert, vermindert um die Absetzungen für Abnutzungen, Abzüge nach § 6 b EStG u.ä. anzusetzen.

Eine Ausnahme besteht, wenn der Steuerpflichtige nachweist, dass ein niedrigerer Teilwert nach § 6 Abs. 1 Nr. 1 S. 2 EStG angesetzt werden kann. Hierzu bedarf es einer andauernden Wertminderung beim Wirtschaftsgut. Die hier erkennbare – für die Steuerbilanz bedeutsame – Möglichkeit der Wahlrechtsausübung zur Berechtigung des Ansatzes eines verminderten Teilwerts, bedingt durch dauernde Wertminderung, durchbricht den Grundsatz des uneingeschränkten Wertzusammenhangs.

Zur Anwendung von § 6 Abs. 1 EStG siehe § 52 Abs. 16 Sätze 2 bis 12 EStG.

§ 6 Abs. 1 Nr. 1 Sätze 1, 2 und 4 und Nr. 2 EStG wurden neu gefasst durch Gesetz vom 24.03.1999 (BGBl. I, S. 402); zur Anwendung siehe § 52 Abs. 16 EStG.

1.17.14.6.8 Grundsatz der Bewertungsstetigkeit

Nach § 252 Abs. 1 Nr. 6 HGB sollen die auf den vorherigen Jahresabschluss angewandten Bewertungsmethoden beibehalten werden. Der Grundsatz der Bewertungsstetigkeit ist somit ein Unterfall der materiellen Bilanzkontinuität. Dem Kaufmann stehen für die Bewertung seiner Vermögensgegenstände die verschiedensten Wahlrechte zur Verfügung. Diese Entscheidungsfreiheit bedeutet aber nicht den Wechsel der Bewertungsmethode nach Belieben des Kaufmannes. § 252 Abs. 2 HGB schreibt vor, dass ein Wechsel nur in begründeten Ausnahmefällen vollzogen werden darf. Dieses so genannte Willkürverbot unterstützt den Grundsatz der Bewertungsstetigkeit darin, dass die Vergleichbarkeit aufeinanderfolgender Jahresabschlüsse gewährleistet bleibt. Es scheint fast selbstverständlich, dass der Grundsatz der Bewertungsstetigkeit sich nicht nur auf eine gleichmäßige Bewertung der Bilanzposten vergangener Zeiträume, sondern auch auf im neuen Wirtschaftsjahr erstmals zu bewertende Vermögensgegenstände erstreckt.

| Beispiel 1 | Ein Herstellungsbetrieb hat in der Vergangenheit gemäß § 255 Abs. 2 S. 3 HGB zur Berechnung der Herstellungskosten ihrer Produkte angemessene Teile der notwendigen Materialgemeinkosten, der notwendigen Fertigungsgemeinkosten und des Wertverzehrs des Anlagevermögens einbezogen. Die Firma soll verkauft werden. Der Buchhalter Listig schlägt der Leitung vor, Fremdkapitalzinsen, die auf die Herstellung entfallen, dem Aufwand zu entziehen und den Herstellungskosten hinzuzuaktivieren. Dem Erwerber wird somit mehr Anlagevermögen und mehr Gewinn ge- |

genüber dem Vorjahr suggeriert. Ferner ist der Buchhalter Listig der Auffassung, dass es sich bei § 255 Abs. 3 S. 2 HGB um ein gesetzlich ver-
brieftes Wahlrecht handle, was völlig in Ordnung ist.

Die Änderung der Bewertungsmethode verstößt gegen den Grundsatz der
Bewertungsstetigkeit. Die Firma hat in der Vergangenheit das Wahlrecht
dahingehend ausgeübt, dass Fremdkapitalzinsen des Herstellungsprozes-
ses als Aufwand behandelt wurden. Damit hat sie den niedrigstmöglichen
Gewinn angestrebt. Die Bewertungsstetigkeit schützt somit den Erwerber
vor einer vermeintlich zu hoch vorgetäuschten Vermögenslage durch
Wechsel der Bewertungsmethode. Wer den höchstmöglichen Gewinn
anstrebt, versucht auch häufig, höhere Kredite zu erlangen.

Ein anderer Herstellungsbetrieb ließ bei der Ermittlung der Herstellungs-   Beispiel 2
kosten der fertigen und unfertigen Erzeugnisse die Kosten der allgemei-
nen Verwaltung unberücksichtigt, weil die Buchhaltungsarbeiten ausnahmslos von einer Steuerberatungs- und Wirtschaftsprüfungsgesellschaft
der „Big-Six" erledigt wurden. Die Firmenleitung entschloss sich zur
Einrichtung einer eigenen Finanzbuchhaltung, nachdem geeignetes Fach-
personal angeworben werden konnte. Die allgemeinen Verwaltungskosten
sollen in Anbetracht der erheblich gewachsenen Lagerbestände nunmehr
in die Herstellungskosten aufgrund § 255 Abs. 2 S. 4 HGB einbezogen
werden.

Die Abweichung von der bisherigen Bewertungsmethode ist zulässig. Die
Grundlagen der Kostenzuordnung haben sich wesentlich verändert. Die
Lagerbestandsbewertung hat wegen der Höhe der Lagerbestände an Be-
deutung zugenommen. Es liegt ein begründeter Ausnahmefall i.S.d. § 252
Abs. 2 HGB vor.

1.17.14.6.9 Grundsatz der Unternehmensfortführung, so genanntes „Going Concern"

Bei der Bewertung der Vermögensstände ist gemäß § 252 Abs. 1 Nr. 2
HGB von der Fortführung der unternehmerischen Tätigkeit auszugehen,
sofern dem nicht tatsächliche oder rechtliche Gegebenheiten entgegenste-
hen. Dieses Bewertungsprinzip korrespondiert mit der Forderung, dass
der Jahresabschluss ein den tatsächlichen Verhältnissen entsprechendes
Bild der Vermögens-, Finanz- und Ertragslage zu vermitteln hat. Dabei ist
der Gedanke der Fortführung des Unternehmens einzubeziehen („Going
Concern").

Der Unternehmensfortführungsgedanke, der bei der Bewertung von Vermögensgegenständen zu unterstellen ist, bedeutet, dass nicht etwa der
Liquidationswert des einzelnen Gegenstandes anzusetzen wäre, sondern

der Nutzen, den der Vermögensgegenstand für das lebendige Unternehmen hat.

Dieser Nutzen ist in der Praxis kaum in Zahlen ausdrückbar. Ein Unternehmen ist ein unter einheitlicher Leitung stehendes Zusammenspiel von Menschen und Vermögensgegenständen. Will man den Wert dieser Vermögensgegenstände innerhalb dieses Leistungsverbandes erfassen bzw. beurteilen, dann ist folgende Definition hilfreich:

Die EG-Bilanzrichtlinie VI 1 Rz. 2 S. 162 führt aus:

„Der Wert dieser Gegenstände für die Unternehmung ist nicht durch den Marktwert, sondern durch den Nutzen, den sie für die Unternehmung im Leistungsverband darstellen, bestimmt. Da das Problem der Zurechnung des gesamten Nutzens für die Unternehmung auf den einzelnen Gegenstand im Rahmen dieses Leistungsverbundes nicht lösbar ist, ist und bleibt der Anschaffungswert, zu dem der einzelne Gegenstand in den Leistungsverbund eintritt, für den „Going Concern" die einzig mögliche Wertgrundlage. Hieraus ergibt sich die Bedeutung des Anschaffungswertes für die Rechnungslegung. Man kann sich darüber streiten, ob dieser Anschaffungswert den tatsächlichen Wert der einzelnen Gegenstände für den „Going Concern" darstellt, der funktionale Gebrauchswert ist jedenfalls nicht messbar und so bleibt der Anschaffungswert die einzig mögliche Rechnungsgrundlage".

Soll vom Grundsatz der Fortführung der unternehmerischen Tätigkeit abgewichen werden, z.B. weil ein Teilbetrieb der Firma eingestellt werden soll, so bedarf es einer hinreichenden Konkretisierung für dieses Handeln. Der „Going Concern" spielt bei der Teilwertbestimmung und -findung eine entscheidende Rolle; vgl. § 6 Abs. 1 Nr. 1 S. 3 EStG.

1.17.14.6.8 Grundsatz der Einzelbewertung

Nach § 252 Abs. 1 Nr. 3 HGB sind die Vermögensgegenstände und Schulden zum Abschlussstichtag einzeln zu bewerten. Für die Steuerbilanz spricht § 6 Abs. 1 EStG von der Bewertung der einzelnen Wirtschaftsgüter. Eine Gesamtbewertung, z.B. im Rahmen eines Betriebsvermögens, im Ganzen ist unzulässig. Die von der Gesetzgebung geforderte Einzelbewertung ist auch nicht gegeben, wenn nach einem Ertragswertverfahren ein Gesamtwert des Unternehmens ermittelt wird und anschließend dieser Wert auf die einzelnen Güter verteilt wird. Würden die Güter im Wege einer solchen Gesamtbewertung zusammengefasst, könnte es nur auf die Wertsteigerung oder den Wertverlust des Gesamtvermögens ankommen.

Die Bedeutung des Grundsatzes der Einzelbewertung liegt vor allem darin, dass bei Wertschwankungen der einzelnen Güter infolge des Imparitätsgrundsatzes keine Kompensation erfolgt.

Wertsteigerungen einzelner Güter dürfen mit Ausnahme der Wertaufholung als nicht realisierter Gewinn nicht ausgewiesen werden, während Wertverluste zu berücksichtigen sind.

Es widerspricht nicht dem Grundsatz der Einzelbewertung, wenn getrennt ermittelte Werte einzelner Güter aus Gründen der Übersichtlichkeit in der Bilanz zu einem Posten zusammengefasst werden (müssen).

Forderungen, Verbindlichkeiten in jeweils einer Summe. Der Grundsatz der Einzelbewertung wird durch das Verrechnungsverbot des § 246 Abs. 1 HGB unterstützt, wonach Posten der Aktivseite nicht mit Posten der Passivseite, Aufwendungen nicht mit Erträgen und Grundstücksrechte nicht mit Grundstückslasten verrechnet werden dürfen.

Beispiele

Als Ausnahmen vom Grundsatz der Einzelbewertung sind (steuerlich eingeschränkte) Erleichterungen, wie die Gruppenbewertung, verschiedene Verbrauchsfolgeverfahren (z.B. Lifo), Durchschnitts- und Festwertbewertungen geschaffen worden.

1.17.14.6.9 Grundsatz der Vorsicht

Nach dem Grundsatz der Vorsicht soll eine zu optimistische Betrachtungsweise, die zu hohe Wertansätze und damit den Ausweis überhöhter Gewinne als Folgeerscheinung mit sich ziehen würde, deren Ausschüttung den Betriebsinhaber begünstigen und den Gläubiger benachteiligen würde, vermieden werden. Das Vorsichtsprinzip beherrscht somit sämtliche Bewertungsgrundsätze. Nach § 252 Abs. 1 Nr. 4 HGB sind alle vorhersehbaren Risiken und Verluste, die bis zum Abschlussstichtag entstanden sind, zu berücksichtigen, selbst, wenn diese erst zwischen dem Abschlussstichtag und dem Tag der Aufstellung des Jahresabschlusses bekannt geworden sind; Gewinne sind nur zu berücksichtigen, wenn sie am Abschlussstichtag realisiert sind.

Dem kommt umso größere Bedeutung zu, je unsicherer die wirtschaftliche Entwicklung ist; Risiken und Chancen sind bei der Bewertung vorsichtig abzuschätzen. Dabei sind denjenigen Faktoren, die zu einer niedrigeren Bewertung führen, Vorzüge zu gewähren, sofern die Feststellungen des Kaufmannes nicht unbegründbar sind oder auf subjektiven Vorstellungen beruhen.

Das Vorsichtsprinzip findet vor allem seine Ausprägung im Realisationsprinzip (Ausweis nur realisierter Gewinne) sowie im Imparitätsprinzip (Ausweis nicht realisierter Verluste).

Das Vorsichtsprinzip wird unterstützt durch:

- Niederstwertprinzip
- Bewertung der ungewissen Verbindlichkeiten
- Ansatz von Drohverlustrückstellungen (ausschließlich in der Handelsbilanz)

Beispiel

Im Betrieb des Hubert Drenker erleidet der Arbeitnehmer Walter Pech einen Betriebsunfall am 10.11.01. Pech macht seinen Anspruch nach seiner Wiedergesundung im Juni 02 geltend. Das Gericht bestätigt diesen Anspruch im Dezember 03.

Drenker hat bereits im November 01 eine Rückstellung gemäß § 249 Abs. 1 S. 1 HGB aufgrund ungewisser Verbindlichkeiten zu bilden (dem Grunde nach). Dies gilt selbst für den Fall, wenn im November die Höhe der Schadenersatzforderung noch nicht abschließend beurteilt werden kann (der Höhe nach). Nötigenfalls ist die Rückstellung zu schätzen. Die Wertaufhellungstheorie (§ 252 Abs. 1 Nr. 4 HGB) ist zu beachten. Diesbezüglich gilt:

Das Betriebsvermögen ist zum Bilanzstichtag zu bewerten. Bis zum Stichtag verwirklichte Sachverhalte, Ereignisse etc. müssen dabei berücksichtigt werden (Stichtagsprinzip). Das gilt selbst dann, wenn diese erst nach Stichtag, aber vor ordnungsgemäßer (= fristgerechter) Bilanzaufstellung bekannt werden; vgl. hierzu § 60 Abs. 2 EStDV und zur Steuererklärungspflicht § 56 EStDV. Ereignisse nach dem Stichtag dürfen auf keinen Fall berücksichtigt werden.

1.17.14.6.10   Grundsatz der Periodenabgrenzung

Der Grundsatz der Periodenabgrenzung ergibt sich aus der handelsrechtlichen Vorschrift des § 252 Abs. 1 Nr. 5 HGB, die ebenfalls einen wichtigen Bewertungsgrundsatz darstellt. Danach sind Aufwendungen und Erträge des Geschäftsjahres unabhängig von den Zeitpunkten der entsprechenden Zahlungen im Jahresabschluss zu berücksichtigen. Steuerrechtlich ist der Gewinn nach dem Wirtschaftsjahr (§ 4 a EStG) zu ermitteln. Der geforderten Periodenabgrenzung dienen vor allem die Rückstellungen (§ 249 HGB) und die Rechnungsabgrenzungsposten (§ 250 HGB).

Abweichung von den allgemeinen Bewertungsgrundsätzen:

Von den in § 252 Abs. 1 HGB aufgeführten Bewertungsgrundsätzen für alle Kaufleute darf gemäß § 252 Abs. 2 HGB nur in begründeten Ausnahmefällen abgewichen werden.

Die Bewertungsgrundsätze sind als Mussvorschriften zwingendes Recht (Ausnahme: Bewertungsstetigkeit). Im Allgemeinen werden Abweichungen nur schwer zu begründen sein.

Der Grundsatz der Bewertungsstetigkeit ist im Gegensatz zu allen übrigen Bewertungsvorschriften als Sollvorschrift gestaltet. Aber auch von der Sollvorschrift darf nach § 252 Abs. 2 HGB nur in begründeten Ausnahmefällen abgewichen werden.

Erlässt der Gesetzgeber Muss- und Sollvorschriften und lässt er in beiden Fällen Abweichungen zu, dann ist dies so zu interpretieren, dass er an die Begründetheit eines Ausnahmefalls bei den Sollvorschriften geringere Anforderungen als bei den Mussvorschriften stellt.

1.18 Absetzung für Abnutzung

Die Absetzung für Abnutzung (AfA) bezweckt, die Anschaffungs- oder Herstellungskosten eines Wirtschaftsgutes des Anlagevermögens auf die Dauer der Verwendung oder Nutzung des Wirtschaftsgutes zu verteilen.

Entsprechend verfährt das Handelsrecht mit dem planmäßigen Abschreibungen des § 253 Abs. 2 HGB. Die AfA im Steuerrecht trägt entsprechend dazu bei, dass der Gewinn grundsätzlich erst dann besteuert werden kann, wenn er verwirklicht ist.

1.18.1 Bedeutung und Zweck der Absetzung für Abnutzung (AfA)

Der Begriff der AfA geht wirtschaftlich aus dem Wesen der Betriebsausgaben i.S.d. § 4 Abs. 4 hervor. Betriebsausgaben sind Aufwendungen, die durch den Betrieb veranlasst sind. Jeder betrieblich veranlasste Aufwand mindert grundsätzlich den zu erwirtschaftenden Gewinn. Die Betriebsausgaben sind zu unterscheiden in sofort abzugsfähige Aufwendungen, die im Jahr ihrer Verausgabung den Gewinn unmittelbar mindern und in solche, die zu aktivierungspflichtigen Betriebsausgaben führen. Letztere Aufwendungen unterteilen sich noch einmal in Betriebsausgaben für nicht abnutzbare Wirtschaftsgüter, die erst bei Ausscheiden aus dem Betriebsvermögen den Gewinn beeinflussen und solche für abnutzbare (bewegliche oder unbewegliche) Wirtschaftsgüter. Die Letztgenannten sollen nun interessant sein, denn diese unterliegen der Absetzung für Abnutzung, kurz: AfA.

Sinn der Absetzung für Abnutzung ist die Verteilung der Anschaffungs- oder Herstellungskosten (§ 255 HGB) eines der Abnutzung unterliegenden beweglichen oder unbeweglichen Wirtschaftsgutes des Anlagevermögens auf die Dauer der Verwendung oder Nutzung (= betriebsgewöhnliche Nutzungsdauer, kurz: bND), länger als Jahr.

Es müssen also folgende Tatbestandsmerkmale gegeben sein:

- Wirtschaftsgut, z.B. körperliche Gegenstände
- beweglich oder unbeweglich
- zwingend der Abnutzung unterliegend
- Zugehörigkeit zum Anlagevermögen
- betriebsgewöhnliche Nutzungsdauer länger als ein Jahr
- Anschaffungs- oder Herstellungsvorgang (mit Ausnahme der AfA-Fortsetzung durch Rechtsnachfolger)

Durch die Aktivierung eines Wirtschaftsgutes werden seine Anschaffungs- oder Herstellungskosten dem sofort abzugsfähigen Aufwand entzogen. Diese Neutralstellung solcher Aufwandsposten verursacht insoweit keine Gewinnauswirkung. Man könnte es so sehen, dass die Hingabe der aufgewendeten Anschaffungs- oder Herstellungskosten einen gleichwertigen Gegenwert bewirkt bzw. geschaffen hat. Insoweit ist wie beim Aktivtausch überhaupt keine Gewinnminderung verursacht worden; das Betriebsvermögen (§ 4 Abs. 1 EStG) hat sich weder vermindert noch vermehrt.

Diese Ausführungen wären am Ende angelangt, würden sich die angeschafften oder hergestellten Wirtschaftsgüter nicht abnutzen. Im Prinzip entstehen dem Betrieb über den ständigen Wertverzehr bis zum endgültigen Verbrauch die Kosten, die er ursprünglich hat aufwenden müssen. Durch die AfA werden diese Anschaffungs- oder Herstellungskosten gewinnwirksam auf die betriebsgewöhnliche Nutzungsdauer verteilt.

§ 6 Abs. 1 Nr. 1 S. 1 EStG bestimmt, dass abnutzbare Wirtschaftsgüter des Anlagevermögens u.a. mit den Anschaffungs- oder Herstellungskosten vermindert um die Absetzungen für Abnutzung nach § 7 EStG u.v.a. anzusetzen sind.

Vom steuerrechtlichen Begriff der AfA ist der handelsrechtliche Begriff der Abschreibung abzugrenzen. Im Handelsrecht unterscheidet man zwischen planmäßigen, außerplanmäßigen und steuerrechtlichen Abschreibungen; § 253 Abs. 2 und § 254 HGB.

1.18.2 Wirtschafts- und sozialpolitische Stellung der AfA

Abschreibungen/AfA dienen vorrangig einer periodengerechten Verteilung der aufgewandten Anschaffungs- oder Herstellungskosten. Die Einsatzmöglichkeiten solcher Verteilungen sind seit jeher als wirtschaftliche und sozialpolitische Lenkungsmaßnahmen eingesetzt worden. Abschreibungen/AfA bewirken eine Verbesserung der Vermögensstruktur, dienen der Finanzierung neuer Wirtschaftsgüter, sind kalkulierbarer Bestandteil und genießen Kapitalerhaltungsfunktionen aufgrund ihrer Gewinnminderungen. Besonders erhöhte Absetzungen und Sonderabschreibungen (z.B. Fördergebietsgesetz) sind von der Politik als Anreiz zu Investition eingesetzt worden. Damit sind sie als „Steuervergünstigungen" im Subventionsbericht erwähnt.

Steuervorteile werden durch Verteilung des Aufwandes auf mehrere Jahre insgesamt in größerem Umfang als bei der direkten Absetzbarkeit von Anschaffungs- bzw. Herstellungskosten erzielt. Handelsrechtlich haben Abschreibungen eine bilanzpolitische Funktion, weil durch vielseitige Wahlrechtsausübung dem Kaufmann Steuerbarkeit und Einflussnahme auf seinen Vermögensausweis erhalten bleiben.

Gesetzliche Grundlagen:

Zentralvorschrift für die AfA ist § 7 EStG:

- Abs. 1 S. 1 und 2:   Lineare AfA
- Abs. 1 S. 3:   betriebsgewöhnliche Nutzungsdauer des Geschäfts- oder Firmenwerts
- Abs. 1 S. 4:   AfA-Bemessungsgrundlage nach Einlage in das Betriebsvermögen bei vorheriger Verwendung im Bereich der Überschusseinkunftsarten
- Abs. 1 S. 5:   Leistungs-AfA
- Abs. 1 S. 6:   außergewöhnliche technische oder wirtschaftliche Abnutzung (sog. AfaA)
- Abs. 2:   degressive AfA
- Abs. 3:   Übergang von der degressiven zur linearen AfA (Zulässigkeit)
- Abs. 4, 5, 5 a: Bestimmungen für die Gebäude-AfA
- Abs. 6:   Absetzung für Substanzverringerung (sog. AfS)

1.18.2.1 Bewertungsvorschriften enthalten Abschreibungsbestimmungen

- § 6 Abs. 2 EStG: Sofortabschreibung bei geringwertigen Wirtschaftsgütern; GWG

1.18.2.2 Sonderbestimmungen

- §§ 9 a, 10, 10 a, 11 c, 11 d und 82 a EStDV

Bevor einzelne AfA-Methoden vorgestellt werden, müssen noch entscheidende Aussagen zur Vertiefung der rechtlichen Materie vorgenommen werden.

1.18.3   Abschreibungsgrundsätze

Die AfA unterliegt dem Grundsatz der Bewertungsstetigkeit, wonach einmal gewählte Bewertungsgrundsätze i.d.R. nicht mehr geändert werden dürfen. Für die AfA bedeutet dies über die Maßgeblichkeit des § 5 Abs. 1 S. 1 EStG, dass ein Wechsel der Abschreibungsgrundlagen (z.B. eine bestimmte Nutzungsdauer) sowie ein Wechsel der AfA-Methode bis auf die in § 7 Abs. 3 EStG geregelte Ausnahme des Übergangs von der degressiven zur linearen AfA nicht statthaft ist. Die Grundsätze der Bewertungsstetigkeit sind auf die AfA voll anwendbar. Ebenfalls auf die AfA übertragbar ist der Grundsatz der Einzelbewertung. Hieraus folgt, dass für jedes einzelne Wirtschaftsgut eine besondere AfA zu ermitteln ist.

Aus den Formulierungen des § 7 Abs. 1 und 4 EStG kann gefolgert werden, dass der Steuerpflichtige einem AfA-Zwang unterliegt. Er kann sich der Vornahme von AfA also nicht entziehen.

1.18.3.1   Vornahme der AfA

Die Vorschrift des § 6 Abs. 1 Nr. 1 EStG hat den bewertungsrechtlichen Regelungsinhalt, dass der Abnutzung unterliegende Wirtschaftsgüter des Anlagevermögens, u.a. mit ihren Anschaffungs- oder Herstellungskosten, vermindert um die AfA nach § 7 u.v.a. EStG anzusetzen (= zu bewerten) sind.

Der die AfA in Anspruch nehmende Steuerpflichtige muss das sich auf die AfA beziehende Wirtschaftsgut einem ausschließlichen, zumindest aber überwiegendem Zweck der Einkunftserzielung zugewiesen haben.

Beispiel

Der im Arbeitszimmer des Steuerpflichtigen stehende Schreibtisch unterliegt der steuerlichen AfA, weil das Arbeitszimmer – somit auch der Schreibtisch – der Einkünfteerzielung, z.B. aus § 19 EStG, dient. Der in einer Wohnzimmerecke stehende zweite Schreibtisch wird der Erledigung der privaten Korrespondenz zugewiesen. Obwohl der Schreibtisch im Wohnzimmer gleichwohl der Abnutzung unterliegt, kann er steuerlich mangels Einkünfteerzielung nicht im Wege der AfA abgesetzt werden, d.h., der Wertverzehr darf die Einnahmen aus nichtselbständiger Arbeit nicht über die Werbungsosten (§ 9 EStG) berühren.

Ferner muss der Steuerpflichtige die Einkünfte, die bei Bezugswirtschaftsgütern zur AfA berechtigen, selber erzielen. Ein Wegfall der Einkunftsquelle bzw. eine Nutzungsänderung (beruflich: privat) führt unweigerlich zum Erliegen der AfA-Berechtigung.

Der Steuerpflichtige stellt den Schreibtisch in das Kinderzimmer seiner schulpflichtig gewordenen Tochter, damit diese daran später ihre Schularbeiten erledigt. Beispiel

Die AfA-Berechtigung kann aber bereits dann zum Zuge kommen, wenn noch keine Einkünfte erzielt werden. Der AfA-Abzug als so genannte vorweggenommene Betriebsausgaben (vBA) bzw. vorweggenommene Werbungskosten (vWK) setzt aber voraus, dass eine Einkünfteerzielungsabsicht ernsthaft besteht und später tatsächlich eintritt. Das Finanzamt kann solche Sachverhalte nach § 165 Abs. 1 S. 1 AO für punktuell vorläufig erklären und später die Veranlagung wieder ändern, wenn sich die Einkünfteerzielung zerschlagen hat.

Manfred Bauer und seine Ehefrau Jutta Häusle-Bauer erwerben mit Nutzungs- und Lastenübergang vom 01.07.01 ein altes Haus (Baujahr um 1735) mit Vermietungsabsicht. Aufgrund umfangreicher Umbau- und Modernisierungsmaßnahmen sowie der Suche nach einem geeigneten Mieter fließen dem Eigentümerehepaar frühestens ab dem Jahr 02 Einnahmen aus Vermietung und Verpachtung (§ 21 Abs. 1 S. 1 Nr. 1 EStG) zu. Beispiel

Das Ehepaar kann bereits ab dem 01.07.01 AfA gemäß § 7 Abs. 4 S. 1 Nr. 2 b EStG (AfA-Satz 2,5 v.H.) beanspruchen. Die AfA gehört – neben anderen Werbungskosten, wie z.B. Schuldzinsen, Grundsteuer etc. – zu den vorweggenommenen Werbungskosten.

Anstelle der Vermietung wurde der Schwiegermutter bzw. Mutter des Ehepaares ein lebenslängliches Nießbrauchsrecht eingeräumt. Abwandlung

Die AfA-Berechtigung entfällt für das Ehepaar Bauer. Es wird keine Einkunftserzielungsabsicht (mehr) verfolgt. Eventuelle Einkünfte, etwa aus Untervermietung, sind nicht dem Ehepaar zuzurechnen. Die AfA-Berechtigung entfällt sogar dann, wenn die Rückübertragung der Einkünfte vorgesehen ist.

Nicht erforderlich ist, dass der Steuerpflichtige das Wirtschaftsgut von vornherein zur Einkunfterzielung angeschafft oder hergestellt hat. Eine spätere, quasi „Einlage" in den Einkünftebereich ist möglich.

Die Beispiele haben gezeigt, dass die Absetzung für Abnutzung ein weiteres Feld ist und z.B. nicht nur die Gewinneinkunftsarten betrifft. Im Folgenden soll daher der Geltungsbereich des § 7 EStG dargestellt sein.

1.18.3.2 Geltungsbereich des § 7 EStG

Die lineare AfA (§ 7 Abs. 1 EStG), die lineare Gebäude-AfA (§ 7 Abs. 4 EStG) und die degressive Gebäude-AfA (§ 7 Abs. 5 EStG) haben Gültigkeit für alle Einkunftsarten (§ 2 Abs. 1 S.1 Nr. 1 bis 7 EStG).

Steuerpflichtige, die ihren Gewinn nach §§ 4 Abs. 1 bzw. 5 EStG ermitteln (Betriebsvermögensvergleich), wenden § 7 EStG gleichwohl an. Bei den Einnahme-Überschussrechnern nach § 4 Abs. 3 EStG gilt § 7 EStG aufgrund ausdrücklicher Bestimmung nach § 4 Abs. 3 S. 3 EStG. Für den Bereich der Überschusseinkunftsarten (§ 2 Abs. 1 S. 1 Nr. 4 bis 7 EStG) ist über § 9 Abs. 1 S. 3 Nr. 7 EStG bestimmt, dass die AfA/AfS zu den Werbungskosten gehört.

Gemäß § 7 Abs. 1 S. 5 und Abs. 2 EStG ist die Anwendbarkeit der degressiven und der Leistungs-AfA bei den Überschusseinkunftsarten ausgeschlossen, weil es begrifflich dort kein Anlagevermögen gibt. Ansonsten kann bei allen Einkunftsarten von gleichen AfA-Grundsätzen ausgegangen werden.

1.18.3.3 Wirtschaftsgüter des Anlagevermögens

Der AfA nach § 7 EStG unterliegen die Wirtschaftsgüter des Anlagevermögens, die dem Betrieb längerfristig zu dienen bestimmt sind. Beim Umlaufvermögen, also den Gütern, die zur Veräußerung, Verarbeitung oder zum Verbrauch bestimmt sind, ist keine AfA nach § 7 EStG möglich. Für diesen Bereich des Umlaufvermögens kann gemäß § 6 Abs. 1 Nr. 2 S. 2 EStG eine Teilwertabschreibung in Betracht kommen, die als Bewertungsmaßnahme keine AfA ist.

1.18.3.4 Abnutzbare Wirtschaftsgüter

Die AfA ist nur denkbar, wenn Wirtschaftsgüter der Abnutzung unterliegen (§ 7 i.V.m. § 6 Abs. 1 Nr. 1 EStG). Ob die Wirtschaftsgüter beweglich oder unbeweglich sind, ist unerheblich.

Nicht abnutzbare Wirtschaftsgüter:

Beispiele

- Grund und Boden
- Beteiligungen
- Geldforderungen
- Wertpapiere und Bargeld

Interessant sind auch folgende Fälle:

Eine echte Stradivari-Geige und Gemälde alter Meister. Aufgrund des Liebhaber- und Sammlerwertes tritt hier kein Wertverzehr ein. Zwar ist eine technische Abnutzung unverkennbar, dies wird jedoch von den Erwerbern in Kauf genommen und gegebenenfalls von Restaurationsexperten behoben.

Bei der Abnutzbarkeit von Wirtschaftsgütern unterscheidet man zwischen technischem und wirtschaftlichem Wertverzehr.

Technischer Verzehr bedeutet, dass sich ein Gegenstand durch ständigen Gebrauch bis hin zum Schrottwert körperlich verschleißt und unbrauchbar wird. Ein Gerät gilt auch dann als vollkommen abgenutzt, wenn die Wiederherstellungskosten unverhältnismäßig hoch sind.

Wirtschaftliche Abnutzung liegt vor, wenn die Nutzbarkeit des Wirtschaftsgutes zeitlich eingeschränkt ist, weil sich die allgemeine Wertschätzung infolge veränderter technischer oder sonstiger Ereignisse ändert. Ein Gut kann wirtschaftlich abgenutzt sein, ohne das es technisch abgenutzt ist.

Eine Computergeneration unterliegt einer äußerst geringen (allgemeinen) Wertschätzung, weil sie durch eine neue, technisch wesentlich verbesserte und erweiterte Generation abgelöst worden ist. Selbst ein technisch einwandfreies, z.B. fabrikneues Gerät, beeindruckt die Allgemeinheit nicht mehr, wenn es einer veralteten Computergeneration angehört.

Beispiel

1.18.4   Bewegliche Wirtschaftsgüter

Bewegliche Wirtschaftsgüter ist ein Sammelbegriff für:

- Sachen (§ 90 BGB)
- Tiere (§ 90 a BGB)
- Scheinbestandteile (§ 95 BGB), R 42 Abs. 4 EStR
- Betriebsvorrichtungen (§ 68 Abs. 2 S. 1 Nr. 2 BewG), R 42 Abs. 3 und H 42 EStR

In Betracht kommen also ausschließlich körperliche Gegenstände. Beachtung genießen Betriebsvorrichtungen. Es sind bewegliche Wirtschaftsgüter, auch dann, wenn sie fest mit dem Grund und Boden verbunden sind (z.B. auf einem Betonsockel).

Betriebsvorrichtungen sind:

* Hebebühnen
* Abladevorrichtungen
* Lastenaufzüge usw.

Die Erkennung einer Betriebsvorrichtung als bewegliches Wirtschaftsgut hat den Zugang zur degressiven AfA des § 7 Abs. 2 EStG geschaffen. Eine höhere AfA verursacht stets einen niedrigeren Gewinn.

In Zweifelsfällen: Erlass betr. Abgrenzung des Grundstücksvermögens von den Betriebsvorrichtungen vom 31.03.1992 (BStBl. I S 342) sowie ABC der Abgrenzung zwischen Betriebsvorrichtungen und Betriebsgrundstücken.

Die AfA ist bei beweglichen Wirtschaftsgütern – zu denen keine immateriellen Wirtschaftsgüter gehören – nach den Vorschriften des § 7 Abs. 1 und 2 EStG vorzunehmen.

1.18.5   Unbewegliche Wirtschaftsgüter

Neben den Grundstücken (Immobilien) zählen auch immaterielle Vermögenswerte zu den unbeweglichen Wirtschaftsgütern.

1.18.6   Immaterielle Wirtschaftsgüter

Hierunter versteht man alle unkörperlichen Wirtschaftsgüter. Ein Bilanzposten darf gemäß § 5 Abs. 2 EStG nur im Falle des entgeltlichen Erwerbs angesetzt werden. Erst die Bilanzierungsfähigkeit entscheidet über den Fortgang der AfA. Immaterielle Wirtschaftsgüter können abnutzbar oder nicht abnutzbar sein. Eine technische Abnutzung wie bei körperlichen Gegenständen ist in jedem Fall ausgeschlossen. Ein immaterielles Wirtschaftsgut gilt als nicht abnutzbar, wenn es dem Betrieb für seine Bestehensdauer erhalten bleibt.

In Betracht kann allenfalls eine Teilwertabschreibung kommen, die als bewertungsrechtliche Maßnahme nicht mit der AfA verwechselt werden darf.

Gleichgültig, um welche Wirtschaftsgüter es sich handelt: Nicht abnutzbare körperliche bzw. unkörperliche Güter unterliegen niemals der AfA.

Immaterielle Wirtschaftsgüter sind:

- Rechte
- Nutzungsrechte und
- Patente

Abnutzbare immaterielle Wirtschaftsgüter sind z.B. Urheberrechte, ungeschützte Erfindungen, Verlagsrechte und Abstandszahlungen eines Mieters an den Vormieter. Nicht abnutzbare immaterielle Wirtschaftsgüter sind z.B.: entgeltlich erworbene Verkehrskonzessionen des Taxigewerbes.

Immaterielle Wirtschaftsgüter gehören nicht zu den beweglichen Wirtschaftsgütern. Die AfA der abnutzbaren unkörperlichen Güter richtet sich nach § 7 Abs. 1 und 2 EStG. Nicht abnutzbare unkörperliche Güter dürfen nicht der AfA unterworfen werden; vgl. H 42 EStR.

Merke

Siehe zur Abnutzbarkeit immaterieller Wirtschaftsgüter BFH 1998 II, S. 775.

Zur weitaus größeren Gruppe der unbeweglichen Wirtschaftsgüter gehören aber solche mit körperlichen Eigenschaften. Hierunter fallen beispielsweise der nicht abnutzbare Grund und Boden, abnutzbare Gebäude und Gebäudeteile und sonstige unbewegliche Wirtschaftsgüter, wie H 42 EStR im Stichwort „Unbewegliche Wirtschaftsgüter" dokumentiert.

1.18.7 Geschäfts- oder Firmenwert

Der Geschäfts- oder Firmenwert nimmt im System der AfA eine Sonderstellung ein. Wurde er entgeltlich erworben, dann ist er abweichend von § 5 Abs. 2 EStG zu aktivieren.

Als betriebsgewöhnliche Nutzungsdauer des Geschäfts- oder Firmenwerts eines Gewerbebetriebes oder eines Betriebs der Land- und Forstwirtschaft gilt ein Zeitraum von 15 Jahren; vgl. § 7 Abs. 1 S. 3 EStG.

1.18.8 Betriebsgewöhnliche Nutzungsdauer

Unter der betriebsgewöhnlichen Nutzungsdauer eines Wirtschaftsgutes versteht man im Allgemeinen den Zeitraum, der von der Anschaffung oder Herstellung bis zu seinem technischen oder wirtschaftlichen Verbrauch erfahrungsgemäß genutzt werden kann. Wie noch gezeigt werden wird, ist aus der betriebsgewöhnlichen Nutzungsdauer der v.H.-Satz der jährlich zu berücksichtigenden AfA zu errechnen. Bei der Anschaffung von gebrauchten Wirtschaftsgütern spielt die Restnutzungsdauer eine entscheidende Rolle.

Vom BMF herausgegebene Tabellen bieten in Zweifelsfällen eine Hilfe-stellung, von welcher betriebsgewöhnlichen Nutzungsdauer bei einem Wirtschaftsgut auszugehen ist.

1.18.9   Nutzungsdauer von mehr als einem Jahr

Ein Wirtschaftsgut unterliegt mit seinen zu aktivierenden Anschaffungs-oder Herstellungskosten nur dann der AfA, wenn seine Nutzungsdauer länger als ein Jahr (= 365 Tage) beträgt. Anderenfalls ist von sofort ab-zugsfähigem Aufwand auszugehen, gleichgültig, wie hoch die Anschaf-fungs- oder Herstellungskosten waren.

1.18.10   Geringwertige Wirtschaftsgüter (GwG)

Beispiel

Die Bewertungsvorschrift des § 6 Abs. 2 EStG regelt, dass die Anschaf-fungs- oder Herstellungskosten oder der nach § 6 Abs. 1 Nr. 5 oder 6 EStG an deren Stelle tretende Wert von abnutzbaren beweglichen Wirt-schaftsgütern des Anlagevermögens, die einer selbständigen Nutzung fähig sind, im Wirtschaftsjahr der Anschaffung, Herstellung oder Einlage (oder bei Betriebseröffnung) in voller Höhe als Betriebsausgaben (= So-fortaufwand) abgesetzt werden können. Voraussetzung ist, dass die An-schaffungs- oder Herstellungskosten ... ohne Vorsteuer (§ 9 b Abs. 1 EStG) 800,00 DM nicht übersteigen.

Der Gewerbetreibende Michael Jensen (§ 5 EStG) schafft für betriebliche Zwecke eine Regalwand für 928,00 DM brutto an. Die Anschaffungskos-ten ohne Vorsteuer betragen nicht mehr als 800,00 DM und können im Wirtschaftsjahr der Anschaffung in voller Höhe als Sofortaufwand be-handelt werden. Auf eine betriebsgewöhnliche Nutzungsdauer von mehr als einem Jahr kommt es bei der Sofortabschreibung nicht an. Jensen kann aber wahlweise das Wirtschaftsgut, über die betriebsgewöhnliche Nutzungsdauer verteilt, auch im Wege der AfA geltend machen. Die zu verteilenden Anschaffungskosten betragen, z.B. bei einer zehnjährigen Nutzungsdauer, linear 80,00 DM pro Jahr. § 6 Abs. 2 EStG zählt somit zu den „Kann-Vorschriften" des EStG.

1.18.11 Die Absetzungsmethoden (ohne Gebäude-AfA)

Nachfolgend werden verschiedene AfA-Methoden vorgestellt:

1.18.11.1 AfA in gleichen Jahresbeträgen – Lineare AfA

Als lineare AfA wird eine AfA bezeichnet, bei der die Anschaffungs-
oder Herstellungskosten eines Wirtschaftsgutes in gleichbleibenden Jahresbeträgen auf die betriebsgewöhnliche Nutzungsdauer verteilt werden.
Sie ist der gesetzliche Normalfall. Die gesetzliche Grundlage bildet § 7
Abs. 1 S. 1 und 2 EStG. Ihr Anwendungsbereich erstreckt sich auf bewegliche und immaterielle Wirtschaftsgüter sowie auf solche unbewegliche
Wirtschaftsgüter, die nicht Gebäude sind. Die lineare AfA bei Gebäuden
ist mit vorgeschriebenen Nutzungsdauern und AfA-Sätzen anderweitig
geregelt (§ 7 Abs. 4, 5, 5 a EStG).

Die Berechnung der linearen AfA, die im Wesentlichen den Vorteil der
rechnerischen Einfachheit in sich vereint, stellt eine rein schematische
Verteilung der Anschaffungs- oder Herstellungskosten dar und nimmt auf
betriebswirtschaftliche Gegebenheiten, wie z.B. eine zwischenzeitliche
stärkere Abnutzung, keine Rücksicht. Die Berechnung und Ermittlung der
linearen AfA geschieht dergestalt, dass die Anschaffungs- bzw. Herstellungskosten (zzgl. Erhöhungen, abzgl. Minderungen) durch die Zahl der
betriebsgewöhnlichen Nutzungsdauer zu dividieren ist bzw. die jährliche
AfA in einem Prozentsatz auszudrücken und auf die AK/HK anzuwenden
ist. Die Berechnungsformel lautet demnach:

$$\frac{\text{Anschaffungs - bzw. Herstellungskosten}}{\text{Jahre der Abnutzung}} = \text{jährlicher AfA - Betrag}$$

Lineare AfA: Beispiel

Anschaffung eines Wirtschaftsgutes mit Anschaffungskosten in Höhe von
80.000,00 DM. Die betriebsgewöhnliche Nutzungsdauer lautet 8 Jahre.

$$\text{Der AfA - Satz beträgt} \frac{100}{\text{Jahre der bND}} = 12{,}5$$

Der AfA-Satz wurde nach der Formel mit 12,5 v.H. ermittelt. Die jährliche AfA beträgt demnach 12,5 v.H. der Anschaffungskosten von
80.000,00 DM = 10.000,00 DM. Der AfA-Betrag verteilt sich somit
gleichmäßig (linear) über die betriebsgewöhnliche Nutzungsdauer von
8 Jahren, wie die Probe beweist:

10.000,00 DM   AfA x 8 Jahre   =   80.000,00 DM AK.

1.18.11.2 AfA nach Maßgabe der Leistung – Leistungs-AfA

Wie bereits erörtert wurde, ergibt sich bei der linearen AfA der Mangel, dass keine Rücksicht auf tatsächliche betriebliche Ereignisse, wie z.B. eine unterschiedlich ausgeprägte Abnutzung innerhalb der AfA-Periode, genommen wird. Der lineare AfA-Satz bleibt immer konstant. Die Verhältnisse in den Betrieben sind aber höchst verschieden und in den seltensten Fällen gleichbleibend stabil. Bei einem Herstellungsbetrieb können unterschiedliche Auftragslagen die Produktionsanlagen unterschiedlich auslasten. Die verschiedenstartigsten Faktoren können die Abnutzung eines Wirtschaftsgutes „schwanken" lassen. Die Gesetzgebung hat versucht, solche Umstände gesetzlich im § 7 Abs. 1 S. EStG zu erfassen. Voraussetzung ist allerdings, dass der Steuerpflichtige nachweist, dass die Wirtschaftsgüter beweglicher Art, die zum Anlagevermögen gehören, in ihrer Leistung erheblich schwanken und in ihrer Abnutzung wesentliche Unterschiede aufweisen; vgl. R 44 Abs. 5 S. 2 bis 4 EStR.

Beispiel

Leistungs-AfA:

Die Gesamtleistung einer Produktionsanlage wird für die Dauer der betriebsgewöhnlichen Nutzung auf 100.000 Einheiten geschätzt. Danach ist die Maschinenanlage verschlissen bzw. technisch veraltet. Die Gesamtproduktion verteilt sich wie folgt:

Jahr 01   25.000 Einheiten
Jahr 02   20.000 Einheiten
Jahr 03   20.000 Einheiten
Jahr 04   18.000 Einheiten
Jahr 05   17.000 Einheiten

Nach Maßgabe der Leistung können im ersten Jahr 25 v.H., im zweiten Jahr 20 v.H., im dritten Jahr 20 v.H., im vierten Jahr 18 v.H. und im fünften Jahr 17 v.H. der Anschaffungskosten als AfA angesetzt werden. Damit wird voll und ganz den tatsächlichen Abnutzungsprozessen Rechnung getragen. Dennoch findet sich diese AfA-Methode in der Praxis nur selten, weil sich höhere AfA-Möglichkeiten anbieten.

Die Leistungs-AfA gilt nur für bewegliche Wirtschaftsgüter. Für immaterielle Wirtschaftsgüter und für Gebäude ist die Leistungs-AfA nicht anwendbar. Als einen Verwandten der Leistungs-AfA kann man die AfA für außergewöhnliche technische oder wirtschaftliche Abnutzung, als: AfaA, bezeichnen.

1.18.11.3 Absetzung für außergewöhnliche technische oder wirtschaftliche Abnutzung (AfaA)

Bei Wirtschaftsgütern kann neben dem normalen technischen oder wirtschaftlichen Verschleiß bzw. Wertverzehr ein Umstand einer besonders intensiven Abnutzung hinzutreten. Gemeint sind hauptsächlich äußere Einwirkungen durch höhere Gewalt (z.B. Brand, Wasser, Strom) oder durch wirtschaftliche Ereignisse, wie z.B. das Erscheinen eines bedeutend leistungsfähigeren Produktes zum gleichen Preis. Nach § 7 Abs. 1 S. 5 EStG sind AfaA für außergewöhnliche technische oder wirtschaftliche Abnutzung zulässig; soweit der Grund hierfür in späteren Wirtschaftsjahren entfällt, ist in den Fällen der Gewinnermittlung nach § 4 Abs. 1 oder nach § 5 EStG eine entsprechende Zuschreibung vorzunehmen (siehe § 52 Abs. 21 EStG zur erstmaligen Anwendung).

AfaA:

Eine Betriebsvorrichtung wurde bei einem Unwetter vom Blitz getroffen und brannte völlig aus.

Beispiel 1

In diesem Fall erscheint eine Absetzung des Restwertes bis auf den Nullwert im Jahr der Zerstörung angemessen. Eine eventuelle Versicherungsentschädigung ist als Betriebseinnahme zu erfassen.

Eine Anfang 01 angeschaffte Großrechneranlage mit einer betriebsgewöhnlichen Nutzungsdauer von 8 Jahren wird mit einem jährlichen AfA-Satz von 12,5 v.H. linear abgeschrieben. Anfang des Jahres 02 erscheint eine wesentlich verbesserte Version zum gleichen Preis.

Beispiel 2

Die Neuerscheinung auf dem Markt verursacht eine wirtschaftliche Veralterung der in 01 angeschafften Rechneranlage. In Betracht kommt eine den Verhältnissen angemessene AfA.

Eine so genannte Nutzung in mehreren Schichten rechtfertigt ebenfalls die Vornahme einer AfaA.

Eine Maschine hat üblicherweise im Betrieb des Steuerpflichtigen bei normaler Kapazität eine betriebsgewöhnliche Nutzungsdauer von 10 Jahren. Eine bestimmte Maschine wird in drei Schichten genutzt. Eine angemessene AfaA ist zulässig. Bei einer Nutzung in drei Schichten kann von einer normalen Beeinträchtigung der bND in Höhe von 33 1/3 v.H. und bei einer zweischichtigen Nutzung in Höhe von 20 v.H. ausgegangen werden.

Beispiel 3

Kennzeichnend für alle Ursachen einer AfaA ist eine erhebliche Verkürzung der betriebsgewöhnlichen Nutzungsdauer.

Merke

§ 7 Abs. 2 S. 4 EStG schließt die Vornahme von AfaA bei der degressiven AfA (§ 7 Abs. 2 EStG) aus. Man kann aber nach § 7 Abs. 3 EStG von der degressiven zur linearen AfA übergehen und dann eine AfaA vornehmen.

Die AfaA gilt für die Bereiche aller Einkunftsarten, sogar für nach § 7 Abs. 5 EStG degressiv abzuschreibende Gebäude.

Beispiel 4

Ein in 01 angeschafftes Gebäude verursachte Anschaffungskosten in Höhe von 800.000,00 DM. Die AfA wurde nach § 7 Abs. 4 S. 1 Nr. 2 a EStG linear mit 2 v.H. vorgenommen. Am 30.06.10 brennen 50 v.H. des Gebäudes ab.

Kontenentwicklung:

Zugang Gebäude 01		800.000,00 DM
./. AfA 01-09 (9 x 16.000,00 DM)	=	144.000,00 DM
./. AfA 10 (6/12 x 16.000,00 DM)	=	8.000,00 DM
Buchwert 30.06.10		648.000,00 DM
AfaA 50 v.H. vom RbW 648.000,0 DM	=	324.000,00 DM
./. AfA 10 (2 v.H. von 800.000,00 DM)	=	./. 16.000,00 DM
Buchwert 31.12.10		308.000,00 DM

Die AfA nach § 7 Abs. 4 S. 1 Nr. 2 a EStG beträgt ab dem Jahr 11 = 2 v.H. von 324.000,00 DM = 6.480,00 DM.

Abwandlung

Wiederaufbau des abgebrannten Teils im Jahr 11. Nachträgliche Herstellungskosten entstehen – bezogen auf den 01.01.11 gem. R 44 Abs. 11 S. 3 EStR – in Höhe von 592.000,00 DM.

Durch die nachträglichen Herstellungskosten (Wiederaufbaukosten) stellt sich die Kontenentwicklung wie folgt dar:

Buchwert 01.01.11	308.000,00 DM
+ nachträgliche HK	592.000,00 DM
neue Bemessungsgrundlage für die	
AfA nach § 7 Abs. 4 S. 1 Nr. 2 a EStG	900.000,00 DM
./. AfA 2 v.H.	./. 18.000,00 DM
Buchwert 31.12.11	882.000,00 DM

Merke

Bei vollständiger Zerstörung ist das Wirtschaftsgut auszubuchen. Bei teilweiser Zerstörung ist der anteilige Buchwert des beschädigten Wirtschaftsgutes abzusetzen. Die AfaA ist um den AfA-Betrag zu kürzen, der ohnehin absetzbar gewesen wäre.

1.18.11.3 AfA in fallenden Jahresbeträgen – Degressive AfA

Es ist eine Tatsache, dass betriebswirtschaftlich die wirtschaftliche Abnutzung und Veralterung von Wirtschaftsgütern gerade in den ersten Jahren höher ist, als in späteren Jahren. Die degressive AfA des § 7 Abs. 2 EStG möchte bei beweglichen Wirtschaftsgütern des Anlagevermögens diesem Umstand Rechnung tragen.

Bei dieser Methode werden die AfA von den Anschaffungs- oder Herstellungskosten – und zwar vom sich jeweils ergebenden Restwert – nach einem bestimmten v.H.-Satz abgeschrieben. Dies hat zur Folge, dass sich der AfA-Betrag jährlich vermindert. Die degressive AfA ist typischerweise bei einer mehr als dreijährigen Nutzungsdauer in den ersten Jahren der Nutzung höher als die lineare AfA. Nachteil ist, dass sie:

- ab einem bestimmten Zeitpunkt durch ständige Minimierung des AfA-Betrages die lineare AfA unterschreitet und
- nie zu einer vollkommenen Absetzung der Anschaffungs- oder Herstellungskosten führt. Der Restbuchwert von 0,00 DM (bzw. 1,00 DM) wird also nicht erreicht. Allerdings gewährt § 7 Abs. 3 EStG die Möglichkeit zum Übergang zu linearen AfA, jedoch nicht umgekehrt; vgl. § 7 Abs. 3 S. 3 EStG

Degressive AfA

Anschaffung einer Maschine für 100.000,00 DM. Die betriebsgewöhnliche Nutzungsdauer beträgt 10 Jahre. Die lineare AfA beträgt jährlich 10.000,00 DM. Aufgrund der höheren steuerlichen Auswirkung schlägt der Steuerberater die degressive AfA für den Nutzungszeitraum vor, in dem diese sich günstiger verhält (im Anschluss wird gemäß § 7 Abs. 3 EStG von der degressiven zur linearen AfA gewechselt).

Die degressive AfA beträgt gemäß § 7 Abs. 2 S. 2 EStG maximal das Doppelte der linearen AfA, aber höchstens 20 v.H.:

Zunächst ist zu prüfen, ob das Doppelte der linearen AfA die 20 v.H.-Grenze überschreitet. Es sei darauf aufmerksam gemacht, dass die 20 v.H.-Grenze ein Absolutwert ist. Wird die Grenze nicht erreicht, gilt der geringere Wert; wird die Grenze überschritten, ist eine Kappung auf den Absolutwert erforderlich.

Beispiel

Für den Beispielfall bedeutet dies:

Linearer AfA-Satz	=	10 v.H. (bND 10 Jahre)
Zweifaches hiervon	=	20 v.H.

→ Absolutwert nicht über- bzw. unterschritten

Es ergibt sich folgende AfA-Entwicklung:

1. Jahr 20 v.H. von	100.000,00 DM	=	20.000,00 DM
2. Jahr 20 v.H. von	80.000,00 DM	=	16.000,00 DM
3. Jahr 20 v.H. von	64.000,00 DM	=	12.800,00 DM
4. Jahr 20 v.H. von	51.200,00 DM	=	10.240,00 DM
5. Jahr 20 v.H. von	40.960,00 DM	=	8.192,00 DM

AfA-Satz gleichbleibend

Gleichbleibender AfA-Satz wird vom verminderten Restbuchwert vorgenommen.

Ab dem 5. Jahr unterscheitet die degressive AfA betragsmäßig (8.192,00 DM) die lineare AfA (10.000,00 DM). Hier wird zum 01.01.05 der Wechsel stattfinden.

Hinweis

Die degressive AfA gehört zu den erhöhten Absetzungen. Erhöhte Absetzungen oder Sonderabschreibungen sind bei Wirtschaftsgütern, die zu einem Betriebsvermögen gehören, nur zulässig, wenn sie in ein besonderes, laufend zuführendes Verzeichnis aufgenommen werden, das den Tag der Anschaffung oder Herstellung, die Anschaffungs- oder Herstellungskosten, die betriebsgewöhnliche Nutzungsdauer und die Höhe der jährlichen AfA, erhöhten Absetzungen und Sonderabschreibungen enthält. Das Verzeichnis braucht nicht geführt zu werden, wenn diese Angaben aus der Buchführung ersichtlich sind; § 7 Abs. 2 S. 3 i.V.m. § 7 a Abs. 8 EStG.

Die Nutzung der degressiven AfA-Methode geschieht kraft Wahlrechtsausübung. Steuerpflichtige können sich also zwischen der linearen und der degressiven AfA entscheiden. Beachtung genießt das Wahlrecht allerdings für Klausurzwecke, bei denen die Aufgabenstellung das günstigste Ergebnis verlangt.

Die degressive AfA kann nach § 7 Abs. 2 S. 1 EStG nur bei beweglichen Wirtschaftsgütern des Anlagevermögens in Betracht kommen. Bei immateriellen Wirtschaftsgütern und Gebäuden und für die Überschusseinkunftsarten gilt § 7 Abs. 2 EStG nicht. § 7 a Abs. 4 EStG hat zum Regelungsinhalt, dass die degressive AfA dann ausgeschlossen ist, wenn für die Wirtschaftsgüter bereits Sonderabschreibungen vorgenommen worden sind.

Dies gilt nicht bei der Sonderabschreibung nach § 7 g Abs. 1 EStG.

1.18.11.5 Sonderabschreibungen

Das Kapitel der Sonderabschreibungen ist derart umfassend, dass es nur am Beispiel der Sonderabschreibung des § 7 g Abs. 1 EStG dargestellt sein soll. Dabei wird sich ausschließlich auf eine Beschränkung der Tatbestandsmerkmale des § 7 g Abs. 1 und 2 EStG eingelassen. Darüber hinaus wird der Unterschied zwischen einer erhöhten Absetzung und einer Sonderabschreibung in einem allgemeinen Überblick erläutert. Ferner begnügt sich die Darstellung auf einen allgemeinen Hinweis auf die Vorschrift des § 7 a EStG: Gemeinsame Vorschriften für erhöhte Absetzungen und Sonderabschreibungen.

Begriffserläuterungen:

Das EStG und eine Reihe von steuerlichen Nebengesetzen verwenden die Begriffe erhöhte Absetzungen und Sonderabschreibungen regelmäßig nebeneinander. Dabei sind häufig wichtige Unterscheidungsmerkmale nicht bekannt und bewusst:

- Erhöhte Absetzungen sind Absetzungen, die an die Stelle der Regel-AfA treten

Wählt der Steuerpflichtige die degressive AfA nach § 7 Abs. 2 EStG, dann löst diese erhöhte AfA die lineare AfA ab.

Beispiel

- Sonderabschreibungen sind Abschreibungen, die *neben* der Regel-AfA (auch § 7 Abs. 2 EStG!) geltend gemacht werden können

Der Steuerpflichtige hat die degressive AfA nach § 7 Abs. 2 EStG gewählt und erhält daneben noch die Sonderabschreibung nach § 7 g Abs. 1 EStG.

Beispiel

Die Stellung des § 7 a EStG im System ist nicht zu unterschätzen. Die Vorschrift hat folgenden Regelungsinhalt:

- *Abs. 1*   AfA-Bemessungsgrundlage bei nachträglichen Anschaffung- bzw. Herstellungskosten
- *Abs. 2*   Verfahren bei Inanspruchnahme von erhöhten Absetzungen oder Sonderabschreibungen bei Teilherstellungskosten oder Anzahlungen
- *Abs. 3*   Mindest-AfA bei Inanspruchnahme erhöhter Absetzungen
- *Abs. 4*   Zulässigkeit der Regel-AfA neben Sonderabschreibungen
- *Abs. 5*   Verbot der gleichzeitigen Inanspruchnahme mehrerer Begünstigungen
- *Abs. 6*   Fehlender Einfluss erhöhter Absetzungen oder Sonderabschreibungen auf die Buchführungsgrenzen des § 141 Abs. 1 S. 1 Nr. 4 und 5 AO

- **Abs. 7**   Verfahren bei Inanspruchnahme erhöhter Absetzungen und Sonderabschreibungen, wenn das begünstigte Wirtschaftsgut mehreren Personen zugerechnet wird
- **Abs. 8**   besondere Aufzeichnungspflichten
- **Abs. 9**   Restwert-AfA nach Ablauf des Begünstigungszeitraums für Sonderabschreibungen

1.18.11.6 Sonderabschreibung zur Förderung kleiner und mittlerer Betriebe nach § 7 g Abs. 1 und 2 EStG

Sinn und Zweck der Sonderabschreibung:

Die Bestimmung begünstigt die Anschaffung oder Herstellung neuer beweglicher Wirtschaftsgüter des Anlagevermögens kleiner und mittlerer Betriebe durch Gewährung von Sonderabschreibungen. Der Subventionscharakter der Vorschrift tritt besonders hervor, weil nur die Anschaffung/Herstellung neuer Wirtschaftsgüter gefördert wird. Zudem müssen diese Gegenstände im Betrieb des Steuerpflichtigen ausschließlich oder fast ausschließlich genutzt werden und zu mindestens einem Jahr in einer inländischen Betriebsstätte verbleiben. Eine ausschließliche oder fast ausschließliche betriebliche Nutzung ist gegeben, wenn das Wirtschaftsgut nicht mehr als 10 v.H. zu außerbetrieblichen Zwecken genutzt wird. Ein Gegenstand, der neu ist und zu 60 v.H. betrieblichen Zwecken dient, kann zwar grundsätzlich innerhalb des Betriebsvermögensvergleichs als gewillkürtes Betriebsvermögen behandelt werden, er erfüllt jedoch nicht die Zugangsberechtigung für die Sonderabschreibung nach § 7 g Abs. 1 und 2 EStG. Ein Wirtschaftsgut ist neu, wenn es ungebraucht fabrikneu ist.

Beschränkungen und Antragsvoraussetzungen:

Fassung für nach dem 31.12.1996 angeschaffte oder hergestellte Wirtschaftsgüter:

Die Sonderabschreibung ist auf Betriebe beschränkt, bei denen das Betriebsvermögen des Gewerbebetriebs oder des der selbständigen Arbeit dienenden Vermögens nicht mehr als 400.000,00 DM beträgt. Der Wert des Betriebsvermögens umfasst alle in der Steuerbilanz ausgewiesenen Wirtschaftsgüter mit ihren Steuerbilanzwerten, somit das ausgewiesene Kapitalkonto. Bei Personengesellschaften treten die Wirtschaftsgüter des Sonderbetriebsvermögens hinzu. Betriebe, die ihren Gewinn nach § 4 Abs. 3 EStG ermitteln (z.B. Freiberufler), unterliegen mangels Vorliegen einer Bilanz praktisch keiner Prüfung mehr, ob ihr Vermögen die Grenze überschreitet.

Die Voraussetzungen müssen am Ende des Wirtschaftsjahres (Kalenderjahres), das dem Wirtschaftsjahr (Kalenderjahr) der Rücklagenbildung vorangeht, erfüllt sein. Bei einer Betriebseröffnung sind die Verhältnisse zu Beginn dieses Wirtschaftsjahres maßgebend.

Fassung für nach dem 31.12.2000 angeschaffte oder hergestellte Wirtschaftsgüter:

Die Sonderabschreibung nach § 7 g Abs. 1 EStG können nur in Anspruch genommen werden, wenn

- für die Anschaffung oder Herstellung eine Rücklage nach den Absätzen 3 bis 7 (Anm. des § 7 g EStG) gebildet worden ist; § 7 g Abs. 2 Nr. 3 EStG wurde eingeführt durch das Gesetz vom 24.03.1999 (BGBl. I Seite 402). Siehe zur erstmaligen Anwendung § 52 Abs. 23 Satz 1 EStG a.F.

Zur Anwendbarkeit des § 7 g EStG im Beitrittsgebiet siehe § 57 Abs. 3 EStG. Diese Vorschrift ist ab dem 1.01.2001 unbeachtlich, da ab dann die Neufassung des § 7 g Abs. 2 Nr. 3 EStG Wirkung entfaltet.

Zu Zweifelsfragen bei der Anwendung des § 7 g Abs. 3 bis 6 EStG siehe:

- BMF vom 12.12.1996 (BStBl. I S. 1441)

unter Beachtung des BFH vom 21.07.1999 (DStR 1999 S. 2068).

Hinweise

Auswirkungen (Erfolg) der Sonderabschreibung:

Bei neuen beweglichen Wirtschaftsgütern des Anlagevermögens können unter den vorgenannten Voraussetzungen im Jahr der Anschaffung oder Herstellung und in den vier folgenden Jahren neben den AfA nach § 7 Abs. 1 oder 2 EStG Sonderausschreibungen bis zu insgesamt 20 v.H. der Anschaffungs- oder Herstellungskosten in Anspruch genommen werden.

Kontenentwicklung:

Beispiel

Zugang Pkw (bND 5 Jahre) AK (neu)   100.000,00 DM
./. AfA § 7 Abs. 2 EStG:

$$./. \text{lineare AfA} \frac{100}{5} = 20 \text{ x } 2 = 40, \text{höchstens } 20 \text{ v. H.} = 20.000,00 \text{ DM}$$

./. AfA § 7 g Abs. 1 EStG, max. 20 v.H.   ./. 20.000,00 DM
   Buchwert 31.12. des Wj.   60.000,00 DM

Hat der Betrieb die Voraussetzungen des § 7 g Abs. 2 EStG erfüllt, dann darf die Sonderabschreibung im Jahr der Anschaffung und in den folgenden vier Jahren (mit hohen Gewinnauswirkungen zugunsten des niedrigstmöglichen Gewinns!) beansprucht werden. Die Inanspruchnahme der Sonderabschreibung nach § 7 g Abs. 1 EStG steht somit im Ermessen des Steuerpflichtigen (Wahlrecht).

§ 7 a Abs. 9 EStG regelt:

Sind für ein Wirtschaftsgut Sonderabschreibungen vorgenommen worden, so bemessen sich nach Ablauf des maßgebenden Begünstigungszeitraumes die AfA bei Gebäuden und bei Wirtschaftsgütern i.S.d. § 7 Abs. 5 a EStG nach dem Restwert und dem nach § 7 Abs. 4 EStG unter Berücksichtigung der Restnutzungsdauer maßgebenden Vomhundertsatz, bei anderen Wirtschaftsgütern nach dem Restwert und der Restnutzungsdauer.

Zur Thematik des § 7 g EStG sind nachfolgend genannte Verwaltungsanweisungen ergangen:

- R 45, H 45 EStR zu § 7 a EStG
- R 83, H 83 EStR zu § 7 g Abs. 1 und 2 EStG

Die so genannte Ansparabschreibung ist im § 7 g Abs. 3 EStG unter Beachtung zahlreicher Vorschriften und Einschränkungen der Absätze 3, 4 bis 8 gesetzlich geregelt.

Hiernach können Steuerpflichtige für die künftige Anschaffung oder Herstellung eines Wirtschaftsguts im Sinne von § 7 g Abs. 1 EStG eine den Gewinn mindernde Rücklage bilden.

Die Förderfähigkeit wird durch so genannte sensible Faktoren ausgeschlossen; siehe hierzu § 7 g Abs. 8 EStG. Diese Vorschrift wurde durch Gesetz vom 22.12.1999 (BGBl. I S 2601) eingeführt. Siehe zur erstmaligen Anwendung § 52 Abs. 23 S. 2 EStG a.F.

1.18.11.7 Absetzung für Substanzverringerung - AfS

Die Absetzung für Substanzverringerung, kurz: AfS, ist der Leistungs-AfA nach § 7 Abs. 1 S. 5 EStG ähnlich. Wirtschaftsgüter können einem so genannten Substanzverzehr unterliegen, d.h., es handelt sich um Gebilde, die sich von selbst abbauen oder aufbrauchen.

Bergbauunternehmen, Steinbrüche und andere Betriebe, die einen Verbrauch der Substanz mit sich bringen, wie etwa: Kohle-, Erz-, Öl- oder Sandvorkommen. Bei solchen Wirtschaftsgütern können Absetzungen für Substanzverringerungen i.S.d. § 7 Abs. 6 EStG vorgenommen werden. Als Bemessungsgrundlage gelten unter entsprechender Anwendung des § 7 Abs. 1 EStG die Anschaffungs- oder Herstellungskosten. Im Wesentlichen entspricht die AfS der AfA in gleichen Jahresbeträgen, also der linearen AfA des § 7 Abs. 1 EStG. Interessant ist aber die Absetzung nach Maßgabe des Substanzverzehrs; § 7 Abs. 6, letzter Halbsatz EStG:

Beispiele

Ein Betonhersteller erwirbt eine nahe gelegene Sandgrube für 200.000,00 DM, damit er von Fremdbelieferungen unabhängiger wird. Das Sandvorkommen wird noch auf 1 Mio. DM geschätzt (Gutachten). Im ersten Förderjahr wurden 150.000 m^3 Sand gefördert, im zweiten Jahr aufgrund eines spektakulären Fossilienfundes eines urzeitlichen Dinosaurierskeletts nur noch 60.000 m^3.

Beispiel

Im Erstjahr werden 15 v.H. und im Zweitjahr 6 v.H. der Gesamtmenge gefördert. Die AfS beträgt demnach im ersten Jahr 15 v.H. und im zweiten Jahr 6 v.H. der Anschaffungskosten. Eventuelle Vergütungen aus der Überlassung des Fossilienfunds an ein paläontologisches Institut wären als Betriebseinnahmen zu erfassen.

1.18.12 Absetzung für Abnutzung von Gebäuden

Obwohl AfA bei beweglichen Wirtschaftsgütern und bei Gebäuden dem selben Grundgedanken folgen – nämlich den technischen und wirtschaftlichen Werteverzehr zu erfassen – gibt es im Bereich der Gebäude-AfA aufgrund der typisierenden Eigenschaften Besonderheiten. Es wurde bereits darauf hingewiesen, dass der Gesetzgeber bei der Gebäude-AfA dem Gleichheitsgrundsatz folgt.

Zunächst ist für Gebäude keine Vereinfachungsregelung nach R 44 Abs. 2 S. 3 EStR zugelassen; die AfA beginnt im Fall des Erwerbs mit dem Nutzungs- und Lastenübergang sowie im Fall der Herstellung mit der Fertigstellung. Von der Gebäude-AfA ist stets der Grund und Boden abzugrenzen, denn der ist nicht abnutzbar. Probleme tauchen auf, wenn bei Grundstückserwerben der Grund und Boden im Gesamtkaufpreis enthalten ist.

Die bloße Herausrechnung bedeutet, dass nur der verbleibende Kaufpreisanteil auf das Gebäude entfallen würde. Dies ist in vielen Fällen nicht gerechtfertigt (Abhilfe durch ein Gutachten).

Bei Gebäuden ist keine betriebsgewöhnliche Nutzungsdauer wie bei beweglichen Wirtschaftsgütern maßgebend. Auf die zu verteilenden Anschaffungs- oder Herstellungskosten sind typisierende v.H.-Sätze anzuwenden. Eine bestimmte Nutzungsdauer hat der Gesetzgeber für ein Gebäude bewusst nicht festgelegt.

1.18.12.1 Gesetzliche Bestimmungen (Übersicht)

In Betracht kommt die lineare und die degressive AfA-Methode.

1.18.12.2 Lineare Gebäude-AfA: § 7 Abs. 4 EStG, § 7 Abs. 5 a EStG

Bei der linearen AfA nach § 7 Abs. 4 S. 1 EStG ist grundsätzlich von einer festgelegten Nutzungsdauer von 33, 40 und 50 Jahren auszugehen; vgl. § 7 Abs. 4 S. 2 EStG. Die nachträglich in das Gesetz eingefügte Vorschrift des § 7 Abs. 5 a EStG dehnt die lineare AfA klarstellend auf selbständige Gebäudeteile, Eigentumswohnungen und im Teileigentum stehende Räume aus.

Zu unterscheiden ist die in den v.H.-Sätzen abweichende lineare AfA für Gebäude, die zu einem Betriebsvermögen, und für Gebäude, die zum Privatvermögen gehören.

AfaA: § 7 Abs. 1 S. 6 EStG:

Neben der linearen AfA nach § 7 Abs. 4 EStG sind AfaA im Bedarfsfall zulässig. In den Fällen der Gewinnermittlung nach § 4 Abs. 1 oder nach § 5 EStG ist das Zuschreibungsgebot zu beachten (§ 52 Abs. 21 EStG).

1.18.12.3 Degressive Gebäude-AfA: § 7 Abs. 5 EStG

Die degressive AfA-Methode („Staffel-AfA") findet nach § 7 Abs. 5 a EStG Anwendung auch auf selbständige Gebäudeteile, Eigentumswohnungen und im Teileigentum stehende Räume. § 7 Abs. 5 Nr. 3 EStG sieht bei einer 50-jährigen Nutzungsdauer fallende AfA-Sätze – verteilt über die gesetzlich vorgesehene Nutzungsdauer – vor.

AfA: § 7 Abs. 1 S. 6 EStG:

AfaA sind nach dem Wortlaut des Gesetzes nur bei Gebäuden zulässig, bei denen die AfA nach § 7 Abs. 4 EStG bemessen wird. AfaA sind jedoch auch bei Gebäuden nicht zu beanstanden, bei denen die AfA nach § 7 Abs. 5 EStG vorgenommen wird; vgl. R 44 Abs. 13 EStR.

1.18.12.3.1 Gebäudedefinition

Die Frage nach der Definition eines Gebäudes erscheint zunächst etwas eigenartig, weil sich wohl jeder unter einem Gebäude etwas vorzustellen vermag. Die Definition ist dennoch zur Abgrenzung des Gebäudes vom beweglichen Wirtschaftsgut der Betriebsvorrichtung (vgl. § 68 Abs. 2 S. 1 Nr. 2 BewG) von Bedeutung. Die Verwaltung hat in R 42 Abs. 5 S. 2 EStR folgende Gebäudedefinition getroffen:

„Ein Gebäude ist ein Bauwerk auf eigenem oder fremdem Grund und Boden, das Menschen oder Sachen durch räumliche Umschließung Schutz gegen äußere Einflüsse gewährt, den Aufenthalt von Menschen gestattet, fest mit dem Grund und Boden verbunden, von eigener Beständigkeit und standfest ist."

1.18.12.3.2 Abgrenzung von den Betriebsvorrichtungen

Betriebsvorrichtungen sind selbständige Wirtschaftsgüter, weil sie nicht in einem einheitlichen Nutzungs- und Funktionszusammenhang mit dem Gebäude stehen. Sie gehören auch dann zu den beweglichen Wirtschaftsgütern, wenn sie wesentliche Bestandteile eines Grundstücks sind; vgl. R 42 Abs. 3 EStR.

Bewegliche Wirtschaftsgüter können nur Sachen (§ 90 BGB), Tiere (§ 90 a BGB) und Scheinbestandteile (§ 95 BGB) sein; vgl. R 42 Abs. 2 S. 1 EStR.

Scheinbestandteile entstehen, wenn bewegliche Wirtschaftsgüter zu einem vorübergehenden Zweck in ein Gebäude eingefügt werden; vgl. R 42 Abs. 4 S. 1 EStR.

Materielle abnutzbare Wirtschaftsgüter sind in bewegliche und unbewegliche Wirtschaftsgüter zu unterteilen. Bei den unbeweglichen Wirtschaftsgütern sind:

Gebäude, selbständige Gebäudeteile und Außenanlagen zu unterscheiden.

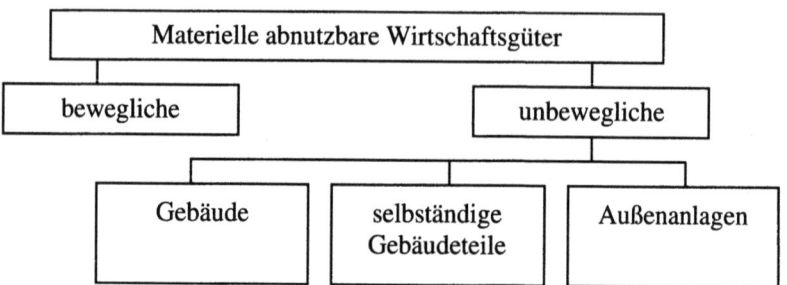

Nach R 42 Abs. 1 EStR ist AfA vorzunehmen für:

- bewegliche Wirtschaftsgüter; § 7 Abs. 1 S. 1, 2, 4, 5 und 6 sowie Abs. 2 EStG

- immaterielle Wirtschaftsgüter; § 7 Abs. 1 S. 1 bis 4 und 6 EStG

- unbewegliche Wirtschaftsgüter, die keine Gebäude oder Gebäudeteile sind; § 7 Abs. 1 S. 1, 2, 4 und 6 EStG und

- Gebäude und Gebäudeteile; § 7 Abs. 1 Satz 4 und Abs. 4, 5 und 5 a EStG

die zur Erzielung von Einkünften verwendet werden und einer wirtschaftlichen oder technischen Abnutzung unterliegen.

Für den Begriff des Gebäudes sind die Abgrenzungsmerkmale des Bewertungsrechts maßgebend; vgl. R 42 Abs. 5 S. 1 EStR.

1.18.12.4 Lineare Gebäude-AfA nach § 7 Abs. 4 S. 1 Nr. 2 EStG

Die lineare Gebäude-AfA für Gebäude und Gebäudeteile sieht typisierende AfA-Sätze von 2 bzw. 2,5 v.H. vor. Aus diesen AfA-Sätzen geht erkennbar eine Nutzungsdauer von 50 bzw. 40 Jahren aus.

§ 7 Abs. 4 S. 1 Nr. 2 a EStG

bestimmt für Gebäude, die nach dem 31.12.1924 erstellt worden sind, eine AfA von 2 v.H.

§ 7 Abs. 4 S. 1 Nr. 2 b EStG

bestimmt für Gebäude, die vor dem 01.01.1925 erstellt worden sind, eine AfA von 2,5 v.H.

§ 7 Abs. 4 S. 2 EStG

bietet die Möglichkeit der Inanspruchnahme eines der tatsächlichen Nutzungsdauer entsprechenden AfA-Satzes, wenn die tatsächliche Nutzungsdauer eines Gebäudes geringer als 50 bzw. 40 Jahre ist.

Ein Gewerbetreibender hat eine Lagerhalle in so genannter Leichtbauweise errichtet. Nach Ansicht des Architekten sowie des Bausachverständigen des Finanzamtes hat das Lagergebäude eine Nutzungsdauer von nicht länger als 20 Jahren, weil die Außenwände aus Kunststoff bestehen (keine Massivbauweise). Die lineare AfA auf diese geringere Nutzungsdauer berechnet sich wie folgt:

Beispiel

$$\frac{100}{20\ \text{Jahre}} = 5 \quad \text{Der AfA - Satz beträgt somit 5 v. H.}$$

Bei angenommenen Herstellungskosten (ohne Anschaffungskosten für Grund und Boden) in Höhe von 200.000,00 DM beträgt die jährliche AfA 10.000,00 DM.

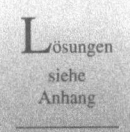

Lösungen
siehe
Anhang

Erfolgskontrolle

Walter Buchbinder erwirbt mit Übergang von Nutzen und Lasten vom 01.03.01 ein Mehrfamilienhaus für 1,5 Mio. DM, Baujahr 1930. Auf den Grund und Boden entfallen 500.000,00 DM.

Fall 1

Aufgabe:

45   Berechnen Sie die lineare AfA für das Jahr 01 und 02.

46   Wie Fall 1, jedoch lautet das Baujahr 1920.

Fall 2

Aufgabe:

47   Berechnen Sie die lineare AfA für die Jahre 01 und 02.

Walter Buchbinder hat das Haus von seiner am 01.03.01 verstorbenen Mutter geerbt (§ 1922 BGB). Das Objekt wurde von der Mutter im Jahre 1960 für 80.000,00 DM erworben. Der Grund und Boden kostete damals 20.000,00 DM. Das Haus ist Baujahr 1930.

Fall 3

Aufgabe:

48   Wie hoch ist die lineare AfA der Mutter?

49   Wann endet die lineare AfA der Mutter normalerweise?

50   Welche AfA beansprucht der Sohn als Erbe seiner Mutter? Welche Vorschrift zitieren Sie?

51   Bestimmen Sie die Höhe der linearen AfA für den Sohn, und zwar für die Jahre 01 und 02.

Der Unternehmensberater Günter Alleweldt schafft am 01.04.01 einen Pkw für 120.000,00 DM an. Die Nutzung erfolgt im Betriebsvermögen.

Aufgabe:

Alleweldt möchte als Mandant:

52   die höchstmöglichen Absetzungen unter Einbeziehung sämtlicher gesetzlichen Möglichkeiten wissen. Er bittet um eine entsprechende kontenmäßige Entwicklung für das Wirtschaftsjahr (= Kalenderjahr 01) bei einer betriebsgewöhnlichen Nutzungsdauer des Pkw von fünf Jahren.

53   Aus Vergleichsgründen bittet er auch um eine Darstellung der niedrigsten Absetzungsmöglichkeit.

1.18.12.5 Lineare AfA bei Gebäuden, die zu einem Betriebsvermögen gehören

§ 7 Abs. 4 S. 1 Nr. 1 EStG ist bestimmt für den Fall, dass für ein Gebäude, das zu einem Betriebsvermögen gehört, lineare AfA bis zur vollen Absetzung vorgenommen werden kann, wenn:

* es nicht Wohnzwecken dient und
* der Bauantrag nach dem 31.03.1985 gestellt worden ist; AfA-Satz von 4 v. H.

Beispiel

Anschaffung eines Betriebsgebäudes zum 01.10.01 (nicht Wohnzwecken dienend, Bauantrag gestellt nach dem 31.03.1985) für 1 Mio. DM. Das Gebäude befindet sich auf fremden Grund und Boden.

Kontenentwicklung:

Zugangs Betriebsgebäude 10/01	1.000.000,00 DM
./. AfA 01 4 v.H. x 3/12	10.000,00 DM
Buchwert 31.12.01	990.000,00 DM
./. AfA 02 (4 v.H. von 1 Mio. DM)	40.000,00 DM
Buchwert 31.12.02	950.000,00 DM

Hinweis

Die Vorschrift des § 7 Abs. 4 EStG wurde mit Wirkung vom 01.01.2001 durch Gesetz vom 23.10.2000 (BGBl. I, S. 1433) geändert. Der AfA-Satz beträgt nunmehr 3 v. H.; siehe § 52 Abs. 21 b EStG zur weiteren Anwendung der bisherigen Fassung.

1.18.12.6 Degressive Gebäude-AfA nach § 7 Abs. 5 EStG

Der zu dieser AfA-Methode nach festen, unabänderlichen Staffelsätzen berechtigte Personenkreis erstreckt sich hauptsächlich auf den Bauherrn und erst in zweiter Linie auf den Erwerber, der die degressive Gebäude-AfA nur unter Einschränkung geltend machen kann.

Die für die degressive Gebäude-AfA in Betracht kommenden Objekte müssen Wohnzwecken dienen. Man unterscheidet zwischen Wirtschaftsgebäuden und anderen Gebäuden. Der Gesetzgeber räumt für andere Gebäude, die ebenfalls Wohnzwecken dienen, eine weitere AfA-Staffel ein.

Voraussetzungen für die Inanspruchnahme der degressiven Gebäude-AfA nach § 7 Abs. 5 EStG:

Die degressive Gebäude-AfA kann für im Inland belegene Gebäude in Betracht kommen. Voraussetzung ist, dass das Gebäude vom Steuerpflichtigen hergestellt worden ist, d.h. der Steuerpflichtige muss Bauherr sein. Liegt ein Erwerbsfall vor, ist also der Steuerpflichtige lediglich Erwerber ohne Baurisiko, dann kann er degressiv abschreiben, wenn er:

- das Gebäude im Jahr der Fertigstellung erwirbt und
- der Veräußerer das Gebäude weder degressiv abgeschrieben oder Sonderabschreibungen in Anspruch genommen hat; vgl. § 7 Abs. 5 S. 2 EStG

Die vorgenannten Voraussetzungen gelten für sämtliche Gebäudearten des § 7 Abs. 5 EStG.

Hinweise

Richtungsweisend ist die degressive Gebäude-AfA wie folgt vorzunehmen:

- bei Wirtschaftsgebäuden
  nach § 7 Abs. 5 Nr. 1 EStG

- bei sonstigen Gebäuden
  nach § 7 Abs. 5 Nr. 2 EStG und

- bei sonstigen Gebäuden (soweit Wohnzwecken dienend)
  nach § 7 Abs. 5 Nr. 3 a, b EStG

- Für das Jahr der Herstellung oder Anschaffung ist der volle AfA-Jahresbetrag abzusetzen; vgl. H 44 EStR Stichwort „Teil des auf ein Jahr entfallenden AfA-Betrages."

Beachten

- Für das Jahr der Veräußerung kann die degressive Gebäude-AfA aber nur zeitanteilig – aufgerundet auf volle Monate – beansprucht werden; vgl. H 44 EStR

1.18.12.6.1 Wahlrecht lineare oder degressive Gebäude-AfA

Der Steuerpflichtige hat ein Wahlrecht, welche AfA-Methode er für sein Grundstück in Anspruch nehmen will. Ein Wechsel innerhalb des einmal ausgeübten Wahlrechts ist allerdings nicht möglich.

1.18.12.6.2 AfA bei der degressiven Gebäude-Methode

Wie bei der linearen Gebäude-AfA kann im Bedarfsfall auch eine Absetzung für außergewöhnliche technische und wirtschaftliche Abnutzung auch bei degressiv vorgenommener Gebäude-AfA beansprucht werden; vgl. R 44 Abs. 13 EStR.

1.18.12.6.3 AfA-Sätze der degressiven Gebäude-AfA

Die AfA-Sätze der degressiven Gebäude-AfA nach § 7 Abs. 5 EStG sind vielschichtig, wie die nachfolgende tabellarische Übersicht beweist:

Degressive AfA, Abs. 5

Nr. 1	Nr. 2	Nr. 3 a
Wirtschaftsgebäude	Sonstige Gebäude i.S.d. Abs. 4 Nr. 3	Sonstige Gebäude i.S.d. Abs. 4 Nr. 2, soweit sie Wohnzwecken dienen
Bauantrag vor dem 01.01.1994	Bauantrag vor dem 01.01.1995	Bauantrag nach dem 28.02.1989 und vor dem 01.01.1996
Jahr der Fertigstellung und den drei folgenden J.	Jahr der F. und den sieben folgenden J.	Jahr der F. und den drei folgenden J.
jeweils 10 v.H.	jeweils 5 v.H.	jeweils 7 v.H.
in den drei folgenden Jahren	in den sechs folgenden Jahren	in den sechs folgenden Jahren
jeweils 5 v.H.	jeweils 2,5 v.H.	jeweils 5 v.H.
in den 18 folgenden Jahren	in den 36 folgenden Jahren	in den sechs folgenden Jahren
jeweils 2,5 v.H.	jeweils 1,25 v.H.	jeweils 2 v.H.
		in den 24 folgenden Jahren
		jeweils 1,25 v.H.
Nutzungsdauer 25 Jahre:	50 Jahre	40 Jahre Nr. 3 b
		Bauantrag nach dem 31.12.1995
		Jahr der F. und den sieben folgenden Jahren jeweils 5 v.H.
		in den sechs folgenden J. jeweils 2,5 v.H.
		in den folgenden 36 J. jeweils 1,25 v.H.
Nutzungsdauer:	50 Jahre	

Damit gibt es für „Neufälle" nur noch die degressive Gebäude-AfA nach Abs. 5 Nr. 3 b.

1.18.12.7 Sonderfragen der Gebäude-AfA

Das Kapitel Sonderfragen bezieht Stellung zu:

- Gebäudeteile
- selbständige und unselbstständige Gebäudeteile
- Betriebsvorrichtungen
- Scheinbestandteile
- Ladeneinbauten (ohne Mietereinbauten)
- sonstige unbewegliche Wirtschaftsgüter sowie
- sonstige selbständige Gebäude

Die bisherigen Ausführungen haben das Gebäude stets als Sachgesamtheit betrachtet. Die Sonderfragen zeigen, dass ein Gebäude nicht in jedem Fall als Einheit zu behandeln ist. Dies hat Auswirkung auf die AfA, wie sich nachfolgend zeigen wird:

1.18.12.7.1 Gebäudeteile

Nach der ständigen Rechtsprechung des BFH ist ein Gebäude hinsichtlich seiner AfA als Sachgesamtheit zu behandeln. In diesem Fall ist das Gebäude mit seinen gesamten Bestandteilen und dem Zubehör unter Anwendung eines einheitlichen AfA-Satzes und einer einheitlichen Nutzungsdauer abzuschreiben. Das gilt selbst für den Fall, dass einzelne Bestandteile, z.B. die Fenster oder die Heizungsanlage, kürzere Nutzungsdauern aufweisen. Das gilt nicht, wenn einzelne Wirtschaftsgüter als selbständige Gebäudeteile zu qualifizieren sind.

1.18.12.7.2 Selbständige Gebäudeteile:

Von einem selbständigen Gebäudeteil ist auszugehen, wenn es mit dem Gebäude nicht in einem einheitlichen Nutzungs- und Funktionszusammenhang steht. Ein Gebäudeteil ist selbständig, wenn er besonderen Zwecken dient, mithin in einem von der eigentlichen Gebäudenutzung verschiedenen Nutzungs- und Funktionszusammenhang steht; vgl. R 13 Abs. 3 EStR. Hierunter fallen:

- Betriebsvorrichtungen (R 42 Abs. 3 EStR)
- Scheinbestandteile (R 42 Abs. 4 EStR)
- Ladeneinbauten, z.B. Schaufensteranlagen
- sonstige Mietereinbauten und
- sonstige selbständige Gebäudeteile

Nach von der Rechtsprechung entwickelten Grundsätzen können in einem Gebäude **bis zu vier Wirtschaftsgüter** vorliegen; vgl. R 13 Abs. 4 S. 1 EStR. Nutzung zu:

- eigengewerblichen Zwecken
- fremdgewerblichen Zwecken
- eigenen Wohnzwecken und
- fremden Wohnzwecken

Jedes Wirtschaftsgut kann dabei einer anderen AfA unterliegen.

1.18.12.7.3 Unselbständige Gebäudeteile

Der Logik folgend, sind unselbständige Gebäudeteile diejenigen Gebäudeteile, die mit dem Gebäude in einem einheitlichen Nutzungs- und Funktionszusammenhang stehen. Dabei handelt es sich um die Gebäudeteile, wie z.B. Mauern, Fenster, Treppen u.v.a.; vgl. zur Abgrenzung der selbständigen von den unselbständigen Gebäudeteilen R 13 Abs. 5 EStR und zu den Beispielen H 13 Abs. 5 EStR.

1.18.12.7.4 Betriebsvorrichtungen

Betriebsvorrichtungen i.S.d. § 68 Abs. 2 S. 1 Nr. 2 BewG gehören zu den selbständigen aber beweglichen Wirtschaftsgütern, die nach § 7 Abs. 1 oder 2 EStG der AfA unterliegen.

Bei einer Betriebsvorrichtung können niemals Gebäude-AfA-Grundsätze angenommen werden (Klausurrelevanz).

Merke

- Maschinen
- Hebebühnen
- Abladevorrichtungen
- Aufzüge

Beispiele

1.18.12.7.5 Scheinbestandteile

Unter Scheinbestandteilen versteht man Bestandteile, die zu einem vorübergehenden Zweck mit dem Grund und Boden verbunden worden sind. Als selbständige bewegliche Wirtschaftsgüter unterliegen sie der AfA nach § 7 Abs. 1 oder 2 EStG. Man erkennt ein Scheinbestandteil daran, dass seine Nutzungsdauer länger ist als die vorgesehene Einbauzeit und der Gegenstand nach der Entfernung bzw. dem Ausbau einen beachtlichen Wiederverwendungswert hat.

Beispiel

Der Steuerpflichtige unterteilt einen größeren Raum durch Einfügung von Trennwänden, die er fest mit dem übrigen Gemäuer verbinden muss. Die Trennwände haben eine Nutzungsdauer von 20 Jahren. Der Mietvertrag für den Gewerberaum hat noch eine Laufzeit von 15 Jahren. Beim Auszug ist der Mieter zur Wiederherstellung des alten Zustandes verpflichtet.

Es liegt ein Scheinbestandteil i.S.d. § 95 BGB vor, vgl. R 42 Abs. 4 EStR. Die Zwischenwände erfüllen nur einen vorübergehenden Zweck und haben beim Ausbau noch einen beträchtlichen Wert, weil die übliche Nutzungsdauer von 20 Jahren noch nicht verstrichen ist.

1.18.12.7.6 Ladeneinbauten

Unter dem Begriff der Ladeneinbauten versteht man unbewegliche selbständige Wirtschaftsgüter i.S.d. § 7 Abs. 5 a EStG. Sie unterliegen der Gebäude-AfA, die aber aufgrund der kürzeren Nutzungsdauer gegenüber dem Gebäude nach § 7 Abs. 4 S. 2 EStG auf ihre individuelle (kürzere) Nutzungsdauer abzuschreiben sind.

Beispiele

- Schaufensteranlagen
- Gaststätteneinbauten u.v.a.

1.18.12.7.7 Sonstige unbewegliche Wirtschaftsgüter

Bei den sonstigen unbeweglichen Wirtschaftsgütern ist vorrangig zu prüfen, ob es sich nicht um Gebäude oder Gebäudeteile handelt. Stellt sich heraus, dass diese sonstigen unbeweglichen Wirtschaftsgüter keine Gebäude oder Gebäudeteile sind, dann kommt ausschließlich die AfA nach § 7 Abs. 1 EStG in Betracht.

Beispiele

Außenanlagen, etwa Einfriedungen bei Betriebsgrundstücken. Hof- und Platzbefestigungen, Straßenzufahrten und Umzäunungen bei Betriebsgrundstücken (§ 99 BewG).

Abgrenzung

Nicht zu diesen sonstigen unbeweglichen Wirtschaftsgütern gehören Umzäunungen bei Wohngebäuden, wenn diese in einem einheitlichen Nutzungs- und Funktionszusammenhang mit dem Gebäude stehen; Herstellungsaufwand; vgl. R 157 Abs. 6 EStR.

1.18.12.7.8 Sonstige selbständige Gebäude

Sonstige selbständige Gebäude sind Wirtschaftsgüter wie folgt:

- Wohnungseigentum
- Teileigentum und
- Gebäudeteile, die selbständige Wirtschaftsgüter darstellen

1.18.12.8 Bemessungsgrundlagen für die AfA

Ausgangslage und Bemessungsgrundlage für die AfA sind im Allgemeinen die Anschaffungs- oder Herstellungskosten (§ 255 HGB). Die handelsrechtlichen Definitionen gelten auch für das Steuerrecht.

1.18.12.8.1 Problembereiche: Änderungen der Bemessungsgrundlage

Die Bemessungsgrundlage für die AfA ändert sich, wenn den ursprünglichen Anschaffungs- oder Herstellungskosten gleichartige Aufwendungen bezugshalber hinzutreten, die nicht als Aufwand behandelt werden dürfen. Diese nachträglichen Anschaffungs- oder Herstellungskosten sind dem Restbuchwert hinzuzurechnen. Die AfA bemisst sich nämlich nach dem Restbuchwert und der Restnutzungsdauer. Als Folge bleibt der ursprüngliche AfA-Abzug erhalten, und die nachträglichen Aufwendungen werden auf die dann noch verbleibende Restnutzungsdauer verteilt.

Ein Wirtschaftsgut wurde im Januar 01 angeschafft. Der Kaufpreis betrug 80.000,00 DM. Die betriebsgewöhnliche Nutzungsdauer beträgt 8 Jahre; die AfA wird linear nach § 7 Abs. 1 EStG vorgenommen. Am 01.01.04 treten dem Wirtschaftsgut weitere Anschaffungskosten in Höhe von 10.000,00 DM hinzu. Beispiel

Kontenentwicklung:

Zugang 01.01.01 (AK)	80.000,00 DM
./. AfA 01 (80.000,00 DM x 12/96)	./. 10.000,00 DM
Restbuchwert 31.12.01	70.000,00 DM
./. AfA 02 (80.000,00 DM x 12/96)	./. 10.000,00 DM
Restbuchwert 31.12.02	60.000,00 DM
./. AfA 03 (12/96)	./. 10.000,00 DM
Restbuchwert 31.12.03	50.000,00 DM
+ nachträgliche AK 01.01.04	+ 10.000,00 DM
neue AfA-Bemessungsgrundlage	60.000,00 DM
./. AfA 04	./. 12.000,00 DM
Restbuchwert 31.12.04	48.000,00 DM

Die ursprüngliche AfA von 10.000,00 DM bleibt erhalten. Kennzeichnend für die AfA 04 ist die Erhöhung der bisherigen AfA um den Betrag, der sich durch Verteilung der nachträglichen Anschaffungskosten auf die verbleibende Restnutzungsdauer von noch fünf Jahren ergibt:

Nachträgliche AK	=	10.000,00 DM
Rest-bND 5 Jahre	=	$^{60}/_{60}$
Erhöhung um $^{12}/_{60}$	=	2.000,00 DM
Ursprüngliche AfA	=	10.000,00 DM
Erhöhungsbetrag	=	+ 2.000,00 DM
neuer AfA-Betrag ab 04	=	12.000,00 DM

Zu beachten sind Umstände, die sich mindernd auf die Anschaffungs- oder Herstellungskosten auswirken, etwa durch Preisnachlässe, Boni und Skonti. Derartige Minderungen sind von der Bemessungsgrundlage auszuscheiden, da sie den Steuerpflichtigen bei der Anschaffung oder Herstellung des Wirtschaftsgutes nicht belasten.

1.18.12.8.2 Änderungen der Bemessungsgrundlage durch nachträgliche Herstellungskosten

R 157 Abs. 3 S. 1 EStR definiert nachträgliche Herstellungskosten für den Fall, wenn nach Fertigstellung des Wirtschaftsgutes Aufwendungen für die Erweiterung oder für die über den ursprünglichen Zustand hinausgehende wesentliche Verbesserung eines Gebäudes entstehen (§ 255 Abs. 2 S. 1 HGB). Nachträgliche Herstellungskosten werden demnach im Regelfall zur Erweiterung oder Verbesserung eines Wirtschaftsgutes in Jahren nach der Herstellung aufgewendet. Sie dürfen nicht als sofort abzugsfähiger Erhaltungsaufwand (z.B. für eine bloße Instandsetzung oder Reparatur) zu qualifizieren sein. Ferner darf durch die Herstellungsaufwendungen kein neues Wirtschaftsgut entstanden sein, vgl. H 43 EStR. In den nachträglichen Herstellungsaufwand ist gemäß R 157 Abs. 4 EStR auch der so genannte anschaffungsnahe Aufwand einzubeziehen.

Die Merkmale zur Abgrenzung von Erhaltungs- und Herstellungsaufwand bei Gebäuden gelten bei selbstständigen Gebäudeteilen (hierzu R 13 Abs. 4 und 5 EStR) entsprechend (R 157 Abs. 6 EStR).

Für den Bereich der nachträglichen Herstellungskosten sind zwei Fallgruppen zu unterscheiden; ausschlaggebend ist aber, dass nachträgliche Herstellungskosten eindeutig qualifiziert worden sind:

- Fallgruppe 1:

- Wirtschaftsgüter, die der linearen AfA unterliegen (§ 7 Abs. 1 EStG)
- bewegliche Wirtschaftsgüter, für die wahlweise die degressive AfA beansprucht wird (§ 7 Abs. 2 EStG)
- Gebäude-AfA, bei denen eine geringere als vom Gesetzgeber angenommene, tatsächliche Nutzungsdauer anzunehmen ist (§ 7 Abs. 4 S. 2 EStG)

Für diese Fälle bemisst sich die AfA nach dem Buchwert oder Restwert zuzüglich der nachträglichen Herstellungskosten. Die Restnutzungsdauer ist gemäß R 44 Abs. 11 S. 1 EStR neu zu schätzen.

Für ein im Jahr 01 hergestelltes bewegliches Wirtschaftsgut des Anlagevermögens mit einer betrieblichen Nutzungsdauer von 12 Jahren, für das die degressive AfA von (100 : 12 = 8,33 x 3) 25 v.H. vorgenommen worden ist, werden im Jahr 06 weitere (eindeutige) nachträgliche Herstellungskosten aufgewendet. Die durch die Verbesserung neu geschätzte betriebsgewöhnliche Nutzungsdauer beträgt nunmehr 8 Jahre.

Beispiele

Restwert 31.12.05	27.000,00 DM
+ nachträgliche HK in 06	13.000,00 DM
Bemessungsgrundlage	40.000,00 DM

Die degressive AfA n.F. beträgt	
(100 : 8 = 12,5 x 2 = 25 v.H., aber höchstens 20 v.H.) von	40.000,00 DM
das entspricht:	8.000,00 DM

- Fallgruppe 2:

  - Lineare Gebäude-AfA (§ 7 Abs. 4 S. 1 EStG)
  - degressive Gebäude-AfA (§ 7 Abs. 5 EStG)

Für Gebäude gelten typisierte AfA-Sätze sowie festgelegte (betriebs)gewöhnliche Nutzungsdauern, weil die Gesetzgebung im Rahmen einer gleichmäßigen Abschnittsbesteuerung eine einheitliche Behandlung aller Steuerpflichtigen nach dem Gleichheitsgrundsatz anstrebt.

Hinweis

Ein zu Beginn des Jahres 01 angeschafftes Gebäude, für das die lineare AfA nach § 7 Abs. 4 S. 1 Nr. 2 a EStG vorgenommen worden ist, wird im Jahr 18 erweitert. Die Restnutzungsdauer beträgt nach der Erweiterung noch mindestens 50 Jahre.

Beispiel

Anschaffungskosten 01		500.000,00 DM
AfA 01 bis 17 = 17 x 2 v.H.	=	170.000,00 DM
nachträgliche HK in 18		+ 200.000,00 DM
Bemessungsgrundlage ab 18		700.000,00 DM

Die AfA beträgt ab dem Jahr 18 jährlich 2 v.H. von 700.000,00 DM = 14.000,00 DM. Ohne Erweiterung wäre das Haus bei einem linearen AfA-Satz von 2 v.H. nach 50 Jahren abgeschrieben. Die Abschreibungsdauer hat sich entsprechend verlängert.

Abgrenzung Keine nachträglichen Herstellungskosten liegen vor, wenn durch die Maßnahme selbständige Gebäudeteile entstehen (H 43 EStR „Nachträgliche AK oder HK"). Insoweit handelt es sich um ursprüngliche Herstellungskosten.

1.18.12.9 Sonderfragen der AfA-Berechtigung

Problemkreise sind:

- Zuschüsse
- Einlagen, Entnahmen und Nutzungsänderungen
- unentgeltlicher Erwerb

1.18.12.9.1 Zuschüsse für Anlagegüter (R 34, H 34 EStR)

Anlagegüter werden häufig bezuschusst. Steuerpflichtige mit Gewinneinkunftsarten (§ 2 Abs. 1 S. 1 Nr. 1 bis 3 EStG) haben ein Wahlrecht. Sie können die Anschaffungs- oder Herstellungskosten zuzüglich der Zuschüsse als Bemessungsgrundlage ansetzen oder gewinnneutral unter Kürzung der Bemessungsgrundlage um die Zuschüsse behandeln. Bei den Überschusseinkunftsarten (§ 2 Abs. 1 S. 1 Nr. 4 bis 7 EStG) existiert dieses Wahlrecht nicht. Zuschüsse mindern dort stets die AfA-Bemessungsgrundlage.

1.18.12.9.2 Einlagen, Entnahmen und Nutzungsänderungen

R 44 EStR hat zur AfA nach Einlage, Entnahme oder nach Nutzungsänderung oder nach Übergang zur Buchführung Aussagen getroffen. Interessant sind vor allem: R 44 Abs. 2, 8 und 12 EStR.

1.18.12.9.3 Unentgeltlicher Erwerb

Einem unentgeltlichen Erwerb ist eigen, dass es ihm an den Anschaffungs- oder Herstellungskosten fehlt.

Beispiel Erbschaft. Das Steuerrecht gewährt unentgeltlichen Erwerbern die Möglichkeit, die AfA des Rechtsvorgängers, die aus dessen Anschaffungs- oder Herstellungskosten hervorgegangen ist, fortzuführen. Für das Betriebsvermögen ergibt sich eine entsprechende Regelung im § 7 Abs. 1 S. 4 EStG und für das Privatvermögen im § 11 d EStDV.

1.18.12.10   AfA-Berechtigung

Der Steuerpflichtige, der ein angeschafftes oder hergestelltes Wirtschaftsgut (des Anlagevermögens im Betriebsvermögen) zur Erzielung von Einkünften verwendet, ist zur Vornahme von AfA berechtigt. Ein Wirtschaftsgut, das für diese Einkünfteerzielung nicht eingesetzt ist, darf das
Einkommen keiner Einkunftsart mindern.

Eine ursprüngliche AfA-Berechtigung kann wegfallen, wenn ein Wirtschaftsgut nicht mehr den Tatbestand der Einkunftserzielung erfüllt, z.B.,
weil er das Gut einem Anderen zur Nutzung überlässt (z.B. im Wege eines obligatorischen oder dinglichen Nutzungsrechts).

Siehe H 43 EStR zur AfA-Bemessungsgrundlage bei Einlagen und Entnahmen eines Wirtschaftsgutes sowie H 44 zu degressiven AfA bei Entnahmen eines Gebäudes.

Eine AfA-Berechtigung kann bei mehreren wirtschaftlichen Eigentümern
(§ 39 Abs. 2 Nr. 2 AO) jedem Eigentümer quotal zuzurechnen sein. Dies
weicht ab bei Personengesellschaften mit Gesamthandseigentum. Die
Personengesellschaft selbst ist die AfA-Berechtigte.

Zum Bereich der vorweggenommenen Betriebsausgaben bzw. Werbungskosten zählt auch die AfA. Die AfA-Berechtigung endet aber, wenn der
Steuerpflichtige den eindeutigen und erkennbaren Entschluss zur Veräußerung des Wirtschaftsguts gefasst hat.

Unabdingbares Merkmal der AfA-Berechtigung ist, dass der Einkunftser-
zieler die Anschaffungs- oder Herstellungskosten, die zur AfA-
Bemessungsgrundlage führen, auch selbst getragen hat. Beim Ausnahmefall des unentgeltlichen Erwerbs kann er allerdings nach der „Fußstapfen-
theorie" die AfA des Rechtsvorgängers fortsetzen.

Entscheidend für die AfA ist, wann sie beginnt und wann sie endet.

- **AfA-Beginn:**

Allgemeiner AfA-Beginn ist der Zeitpunkt der Anschaffung oder Herstellung des Wirtschaftsgutes. Eine Aussage hierzu findet sich im § 9 a
EStDV:

„Jahr der Anschaffung ist das Jahr der Lieferung. Jahr der Herstellung ist
das Jahr der Fertigstellung."

Beim Zeitpunkt der Lieferung ist das der Übergang von Nutzen und Lasten. Beim Zeitpunkt der Fertigstellung ist das der Moment der Einsatzbereitschaft. Es kommt nicht darauf an, ob die Anschaffungs- oder Herstellungskosten bereits entrichtet worden sind.

1.18.12.10.1 Vereinfachungsregelung nach R 44 Abs. 2 S. 3 EStR

Schon aus den Ausführungen zum Beginn der AfA kann gefolgert werden, dass eine AfA im Erstjahr grundsätzlich zeitanteilig (i.d.R. für volle Monate), d.h. vom Moment des Nutzen- und Lastenübergangs bzw. der Einsatzbereitschaft bis zum 31.12. des Erstjahres, zu berücksichtigen ist. Eine Ausnahme hiervon bildet der degressive Gebäude-AfA nach § 7 Abs. 5 EStG. Man nennt diese deshalb auch Jahres-AfA.

Die Verwaltung erhebt keine Einwände, wenn für abnutzbare bewegliche Wirtschaftsgüter des Anlagevermögens aus Gründen der Vereinfachung der für die in der ersten Hälfte des Jahres (01.01. bis 30.06) angeschafften oder hergestellten Wirtschaftsgüter der frei für das gesamte Wirtschaftsjahr in Betracht kommende AfA-Betrag (= volle AfA) und für die in der zweiten Hälfte 01.07. bis 31.12. des Wirtschaftsjahres angeschafften oder hergestellten Wirtschaftsgüter die Hälfte des für das gesamte Wirtschaftsjahr in Betracht kommende AfA-Betrag (= halbe AfA) abgesetzt wird (R 44 Abs. 2 S. 3 EStR).

Beispiel

Anschaffung eines betrieblichen Kfz für 120.000,00 DM.

a)   Anschaffung am 27.02.01
b)   Anschaffung am 31.08.01

Betriebsgewöhnliche Nutzungsdauer 5 Jahre.

Der Steuerpflichtige vermag aufgrund einer besonders starken Beanspruchung des Fahrzeuges eine kürzere betriebsgewöhnliche Nutzungsdauer nachweisen.

Im ersten Fall beträgt die lineare AfA 24.000,00 DM für ein volles Jahr. Im zweiten Fall beträgt die lineare AfA 12.000,00 DM für ein halbes Jahr. Ohne Wahlrechtsausübung wäre die AfA wie folgt zu berechnen:

a)   Jahres-AfA = 24.000,00 DM x 11/12 = 22.000,00 DM
b)   Jahres-AfA = 24.000,00 DM x 5/12 = 10.000,00 DM

Angefangene Monate zählen als volle Monate.

Klausurhinweis

Prüfen Sie bei AfA-Ermittlungen die Anwendbarkeit der Vereinfachungsregelung, wenn die Klausuraufgabe das niedrigste Ergebnis verlangt (höhere AfA = stets niedrigerer Gewinn). Beachten Sie aber, dass diese nur bei beweglichen Wirtschaftsgütern des Anlagevermögens Anwendung finden darf.

Entsprechendes gilt für die AfA-Methode.

Die Vereinfachungsregelung gilt gemäß R 44 S. 3 LStR auch im Werbungskostenbereich bei den Einkünften aus nichtselbständiger Arbeit (§ 19 EStG). Nach herrschender Meinung ist es aus Gründen der Gleichbehandlung statthaft, die Vereinfachungsregelung auf sämtliche Überschusseinkunftsarten des § 2 Abs. 1 S. 1 Nr. 4 bis 7 EStG übertragbar anzuwenden.

Gleichermaßen findet die Vereinfachungsregelung Anwendung sowohl bei der linearen AfA (§ 7 Abs. 1 EStG) als auch bei der degressiven AfA (§ 7 Abs. 2 EStG) der beweglichen abnutzbaren Anlagegüter.

1.18.12.10.2 Nichtanwendbarkeit der Vereinfachungsregelung

Obwohl R 44 Abs. 2 S. 3 EStR auch für Rumpfwirtschaftsjahre Anwendung finden kann, gilt sie nicht bei der Veräußerung oder der Entnahme von Wirtschaftsgütern aus dem Betriebsvermögen. Nach R 44 Abs. 2 S. 5 EStR kommt als AfA-Betrag für das gesamte Rumpfwirtschaftsjahr neu der Teil des auf ein volles Wirtschaftsjahr entfallenden AfA-Betrages in Betracht, der dem Anteil des Rumpfwirtschaftsjahres an einem vollen Wirtschaftsjahr entspricht. Zum Wirtschaftsjahr vgl. § 8 b EStDV.

Bei Einlagen ist die Vereinfachungsregelung nur dann anwendbar, wenn bei den Wirtschaftsgütern vor der Einlage eine AfA nicht zulässig war (z.B. bei einer Einlage aus dem Privatvermögen in das Betriebsvermögen); vgl. R 44 Abs. 2 S. 6 EStR.

Bei Gebäuden und immateriellen Wirtschaftsgütern darf die AfA nur streng zeitanteilig (...Aufrundung auf volle Monate) zu gewähren sein; die Anwendung des R 44 Abs. 2 S. 3 EStR ist hier ausgeschlossen.

Eine andere Vereinfachungsregelung ergibt sich aus R 44 Abs. 11 S. 3 EStR: Bei nachträglichen Herstellungskosten dürfen die Aufwendungen so behandelt werden, als seien sie bereits zu Beginn des Jahres aufgewendet worden.

- **Ende der AfA:**

Als „natürliches Ende" einer AfA ist der Zeitpunkt anzusehen, bei dem die AfA-Beträge die Anschaffungs- oder Herstellungskosten aufgezehrt haben und die AfA-Bemessungsgrundlage bis auf den so genannten Erinnerungswert von 1,00 DM in der Bilanz abgesetzt worden ist.

Der Ansatz dieses Erinnerungswertes von 1,00 DM entspricht dem Vollständigkeitsgebot des § 246 Abs. 1 HGB, das über das Maßgeblichkeitsprinzip des § 5 Abs. 1 S. 1 EStG auch für die Steuerbilanz Wirkung entfaltet. Er ist deshalb solange zu führen, wie das Wirtschaftsgut noch im Betrieb verwendet wird (= zum Betriebsvermögen gehört).

Ferner spielt der Erinnerungswert noch bei der Aufdeckung von stillen Reserven (als Restbuchwert) und bei Betriebsaufgaben eine Rolle.

Die AfA-Berechtigung endet auch, wenn das Wirtschaftsgut nicht mehr zur Erzielung von Einkünften eingesetzt wird; eine Fortführung der AfA im Wege der nachträglichen Betriebsausgaben ist nicht möglich mangels Zugehörigkeit zum Betriebsvermögen.

Wird bei den Überschusseinkunftsarten die Erzielung von Einkünften aufgegeben – die ernsthafte Absicht hierzu reicht bereits aus – dann endet die Berechtigung zur AfA in jedem Fall. Eine Ausnahme gilt lediglich bei einer Unterbrechung der Einkünfteerzielung und bei einer zwischenzeitlichen Stilllegung (Abschlag vom AfA-Satz).

Werden Wirtschaftsgüter im Laufe eines (Rumpf-)Wirtschaftsjahres veräußert, entnommen oder dienen sie nicht mehr der Erzielung von Einkünften, dann kann die AfA für das betroffene Jahr nur streng zeitanteilig (mit Rundungsfaktor zugunsten angefangener Monate) angesetzt werden.

1.19   Grundlagen der Einkünfteermittlung bei den Überschusseinkunftsarten (§ 2 Abs. 2 Nr. 2 EStG)

Das EStG unterteilt in Gewinn- und Überschusseinkunftsarten. Die Erträge aller Einkunftsarten, die der Besteuerung nach dem Einkommen natürlicher Personen zugeführt werden müssen, sind nach verschiedenartigen Methoden, denen unterschiedliche Fachbegriffe zugrunde liegen, zu ermitteln:

Einkünfteermittlungsprinzipien des § 2 Abs. 2 EStG:

Gewinneinkunftsarten:	Überschusseinkunftsarten:
(§ 2 Abs. 1 S. 1 Nr. 1 bis 3 EStG)	(§ 2 Abs. 1 S. 1 Nr. 4 bis 7 EStG)
Betriebseinnahmen	Einnahmen (§ 8 EStG)
./. Betriebsausgaben (§ 4 Abs. 4 EStG)	./. Werbungskosten (§ 9 EStG)
Gewinn/Verlust	Überschuss/Verlust

1.19.1   Ermittlungsprinzipien der Überschusseinkünfte

Die Überschusseinkünfte sind zunächst nach der jeweiligen Einzelbestimmung des EStG zu qualifizieren:

• Einkünfte aus nichtselbständiger Arbeit	§ 19 EStG
• Einkünfte aus Kapitalvermögen	§ 20 EStG
• Einkünfte aus Vermietung und Verpachtung	§ 21 EStG
• sonstige Einkünfte	§ 22 EStG

Dabei kann es schon zu Abgrenzungsschwierigkeiten kommen.

• Ein Fachlehrer unterrichtet an einer privaten Bildungseinrichtung Deutsch für Aus- und Übersiedler. Der Lehrplan sowie das gesamte Konzept stehen ausschließlich im Ermessen des Fachlehrers, der auch die Unterrichtseinheiten organisiert.

Beispiele

Mangels Arbeitnehmereigenschaft und Weisungsgebundenheit (§ 1 LStDV) erzielt der Lehrer keine Einkünfte aus nichtselbständiger, sondern aus selbständiger Arbeit i.S.d. § 18 Abs. 1 Nr. 1 EStG.

• Ein Schüler vermietet sein Mofa an einen Freund und verlangt für die einwöchige Nutzung 150,00 DM. Der Vermietungsbegriff vermittelt spontan den Eindruck, dass der Schüler Einkünfte aus Vermietung und Verpachtung (§ 21 EStG) erzielt. Tatsächlich sind es aber Einkünfte aus Leistungen (§ 22 Nr. 3 EStG), zu denen u.a. auch Einkünfte aus der Vermietung beweglicher Gegenstände gehören, die aber nach Satz 2 nicht ins Gewicht fallen, weil die Einkünfte nicht mehr als 500,00 DM betragen.

- Eine Vermieterin unterhält bei einer Sparkasse ein Mietkonto, dem regelmäßig Mieteinnahmen gutgeschrieben werden. Dem Konto werden vierteljährig Guthabenzinsen hinzugeschrieben, weil die Vermieterin größere Bestände „stehen lässt".

Mit den Guthabenzinsen erzielt die Vermieterin dem Grunde nach Einkünfte aus Kapitalvermögen i.S.d. § 20 Abs. 1 Nr. 7 EStG. Durch das Subsidiaritätsprinzip des § 20 Abs. 3 EStG handelt es sich aber um Einkünfte aus Vermietung und Verpachtung (§ 21 Abs. 1 S. 1 Nr. 1 EStG), da die Zinseinkünfte mit diesen in engem sachlichen Zusammenhang stehen.

Ist eine Einkunftsquelle nach ihrer Einkunftsart qualifiziert worden, ist der Begriff der Einnahme (§ 8 EStG), der vom Begriff der gesetzlich undefiniert gebliebenen Betriebseinnahme zu unterscheiden ist, zu betrachten:

1.19.2   Begriff der Einnahme

Der Begriff der Einnahme wird ausschließlich den Überschusseinkünften zugeordnet. Der Einnahmebegriff ist gesetzlich im § 8 EStG definiert:

Abs. 1:

Einnahmen sind alle Güter, die in Geld oder Geldeswert bestehen und dem Steuerpflichtigen im Rahmen einer der Einkunftsarten des § 2 Abs. 1 S. 1 Nr. 4 bis 7 EStG zufließen.

Abs. 2:

Im Absatz 2 bezieht der Gesetzgeber nähere Stellung zu den Einnahmen, die nicht in Geld bestehen (Wohnung, Kosten, Waren, Dienstleistungen und sonstige Sachbezüge).

Abs. 3:

Der Abs. 3 enthält nähere Äußerungen zu Waren und Dienstleistungen, die ein Arbeitnehmer aufgrund seines Dienstverhältnisses vom Arbeitgeber enthält.

Unter Einnahmen sind ungekürzte Bruttobezüge, also Roheinnahmen, zu verstehen. Roheinnahmen sind Einnahmen ohne jedweden Abzug.

- Bruttoarbeitslohn (§ 19 EStG)
- Bruttodividende (§ 20 EStG)   ▶ Güterzufluss in
                                                 Geld/Geldeswert; i.R.d.
                                                 Einkunftsarten Nr. 4 bis 7

- Mieteinnahmen (§ 21 EStG)

Von großer Wichtigkeit ist, dass die Einnahmen niemals mit den Einkünften verwechselt werden:

- Einnahmen = Bruttoeinnahmen
- Einkünfte = Nettoergebnisse

Es gilt folgendes Ermittlungsschema für alle Einkunftsarten:

    Einnahmen (§ 8 EStG)
./. Werbungskosten (§ 9, 9 a EStG)
    Einkünfte

Hinzu tritt noch das Einkommen als Begriff und Ergebnis der Einkommensermittlung nach dem Berechnungsschema des § 2 Abs. 4 EStG.

1.19.3 Beurteilung des Güterzuflusses

Unerheblich ist,

- ob es sich um einmalige oder laufende Bezüge handelt
- ein Rechtsanspruch besteht
- unter welcher Bezeichnung die Leistung erfolgt

Ein Lebensmittelhändler gestattet seiner Verkäuferin, Lebensmittel zu entnehmen, weil ihr anlässlich eines Wohnungseinbruchs u.a. ihre gesamten Lohnbezüge gestohlen worden sind.

Beispiel

Die Warenentnahmen stellen ein zusätzliches, freiwilliges und einmaliges Entgelt im Rahmen der Arbeitnehmereigenschaft dar.

Solche Sachverhalte sind hinsichtlich einer sachlichen Steuerbefreiung nach § 3 EStG zu überprüfen:

Eine sachliche Steuerbefreiung ist für den Beispielfall nicht erkennbar (kein „Rabattfall" i.S.d. § 8 Abs. 3 EStG).

Beispiel einer sachlichen Steuerbefreiung (§ 3 Nr. 16 EStG):

Vergütungen an Arbeitnehmer für:

Reisekosten, Umzugskosten, Mehraufwendungen für doppelte Haushaltsführung bei beruflicher Veranlassung.

1.19.4   Einnahmen in Geldeswert

Neben den Zuflüssen von Geld können i.R.d. Überschusseinkunftsarten gem. § 8 Abs. 1 EStG auch Güter in Geldeswert zufließen. Güter in Geldeswert sind:

- Sachen
- Rechte
- Leistungen und Nutzungen
- sonstige Vorteile aller Art

auch wenn diese von dritten Personen erbracht werden, z.B. Trinkgelder (beachte § 3 Nr. 51 EStG).

Beispiele für in Geld umzurechnende Sachbezüge:

- Ein Hausmeister, der eine Wohnanlage betreut, erhielt von der Wohnungsbaugesellschaft eine „Hausmeisterwohnung", die er unentgeltlich auf Dauer seines Dienstverhältnisses nutzen darf. Eine Vergleichswohnung erbringt 1.000,00 DM Monatsmiete. Sein Gehalt fällt entsprechend niedriger aus.

Der Hausmeister hat einen geldwerten Sachbezug in Höhe von 1.000,00 DM zu seinen monatlichen Einnahmen aus nichtselbständiger Arbeit zu versteuern. Anhaltspunkt für die Hinzurechnung ist die Miete vergleichbarer Wohnungen.

- Ein Arbeitnehmer erhält ohne Rechtsgrund von seinem Arbeitgeber einen Videorecorder zum Weihnachtsfest. Der ortsübliche Endpreis incl. Umsatzsteuer am Abgabeort beträgt 464,00 DM.

Der Videorecorder ist kein Entgelt für eine zusätzliche Leistung des Arbeitnehmers. Durch den engen sachlichen Zusammenhang mit dem Dienstverhältnis liegt ein Sachbezug vor, dass mit dem üblichen Endpreis zzgl. der Umsatzsteuer in Höhe von 464,00 DM anzusetzen ist.

- Ein angestellter Dachdecker reinigt Dachrinnen am Einfamilienhaus eines Arbeitnehmers seiner Firma, weil diese durch den alten Baumbestand immer wieder verstopfen.

Der Wert der Arbeitsleistung führt zu einem steuerpflichtigen Sachbezug, der als Zuschlag zum Gehalt des Arbeitnehmers zu erfassen ist.

Merke

Sachbezüge sind zu steuerlichen Zwecken in Geldeswert umzurechnen. Maßgebend für die Umrechnung sind die um übliche Preisnachlässe geminderten üblichen Endpreise (zzgl. USt) am Abgabeort; § 8 Abs. 2 S. 1 EStG.

Übliche Endpreise sind die Beträge, die der Steuerpflichtige an seinem Wohnsitz unter gewöhnlichen Verhältnissen für gleichartige Güter im freien Verkehr (einschließlich der USt) aufzuwenden hätte. Für freie Unterkunft/Verpflegung von Arbeitnehmern ist die amtliche Sachbezugsverordnung bei der Bemessung der Leistungen zu berücksichtigen. Für die private Nutzung eines betrieblichen Kraftfahrzeugs zu privaten Fahrten gilt § 6 Abs. 1 Nr. 4 S. 2 EStG entsprechend; vgl. § 8 Abs. 2 S. 2 EStG. Bei bestimmten Personalrabatten ist die Freibetragsregelung des § 8 Abs. 3 EStG zu beachten.

Einnahmen können auch darin bestehen, dass Werbungskosten eines früheren Jahres zurückfließen.

Der Arbeitnehmer streitet mit dem Arbeitgeber vor Gericht bezüglich einer Reisekostenerstattung des Jahres 01. In 02 fällt das Urteil zugunsten des Arbeitnehmers (= Kläger) aus.

Beispiel

Mangels Reisekostenerstattung konnte der Arbeitnehmer entsprechende Werbungskosten für das Jahr 01 nachweisen und geltend machen. Der gerichtlich zugesprochene Zufluss zählt zu den Einnahmen aus nichtselbständiger Arbeit des Jahres 02 (vgl. auch § 11 Abs. 1 EStG).

1.19.4.1 Einkünftezusammenhänge

Grundsatz:

Zwischen der Einnahme und der Überschusseinkunftsart muss ein konkretisierbarer wirtschaftlicher Zusammenhang herrschen. So gehören z.B. Leistungen, die der Arbeitgeber an seine Arbeitnehmer weitergibt, grundsätzlich zu den Einnahmen aus den Dienstverhältnissen, sie sind demnach Arbeitslohn.

Unterschiede ergeben sich bei Überschusseinkünften hinsichtlich der Veräußerung von Wirtschaftsgütern, die im Rahmen einer Überschusseinkunftsart ganz oder teilweise genutzt worden sind. Eine Veräußerung führt nicht etwa zur Aufdeckung von stillen Reserven, wie bei Wirtschaftsgütern, die durch Veräußerung bzw. Entnahme ein Betriebsvermögen verlassen.

Ein in 1950 für 60.000,00 DM hergestelltes Mehrfamilienhaus (§ 21 EStG) wird für 1,25 Mio. DM veräußert. Die Herstellungskosten sind durch die lineare AfA vollständig abgesetzt. Der Verkehrswert (1,25 Mio. DM) im Veräußerungszeitpunkt dürfte dem Teilwert (§ 6 Abs. 1 Nr. 1 S. 3 EStG) entsprechen.

Beispiel

Der Veräußerungserlös ist steuerfrei; die Wertsteigerung ist unbeachtlich. Der Teilwertgedanke ist nicht anwendbar, weil das Mehrfamilienhaus zum Privatvermögen gehört.

Hinsichtlich des Veräußerungserlöses ist lediglich dessen künftige Verwendung interessant. Gegebenenfalls ist durch das Schicksal der 1,25 Mio. DM der Tatbestand der sachlichen Einkommensteuerpflicht erfüllt, wenn das Vermögen Erträge erzielt, an das das EStG die Steuerpflicht anknüpft; z.B. durch den Umstand, dass durch den angelegten Erlös Einnahmen aus Kapitalvermögen erzielt werden; vgl. § 20 EStG.

1.19.4.2 Ausnahmen von der Sachwertbesteuerung

Damit nicht jede Kleinigkeit, z.B. eine angebotene Tasse Kaffee oder eine Zigarette, den Tatbestand der Sachwertbesteuerung auslöst, sind von der Gesetzgebung Erleichterungen und Ausnahmen geschaffen worden:

- Zuwendungen des Arbeitgebers in ganz überwiegendem betrieblichen Interesse, R 72 LStR
- Aufmerksamkeiten, R 73 LStR
- Wertsteigerungen
- Verkaufserlöse, Ausnahme: §§ 17, 23 EStG
- unterlassene Aufwendungen
- Verzicht auf Einnahmen
- Vermögensnutzung für eigene Zwecke
- Entstehung einer Forderung
- Schadensersatzleistungen

1.19.5   Nachträgliche Einnahmen

Stellt der Steuerpflichtige seine Einkunftserzielung ein und fließen ihm anschließend aus dieser Einkommensquelle noch Einnahmen zu, dann sind diese Einnahmen über die Bestimmung des § 24 Nr. 2 EStG als nachträgliche Einnahmen der jeweils zugehörigen Einkunftsart zu erfassen.

Beispiel

Ein Arbeitnehmer der Baubranche kündigt sein Dienstverhältnis, weil sein Arbeitgeber seinen Lohnverpflichtungen in der Vergangenheit nur schleppend nachgekommen ist. Das Arbeitsgericht verurteilte den Arbeitgeber zur Zahlung von insgesamt rückständigen 4.500,00 DM Bruttoarbeitslöhnen. Dieser sagte umgehende Erledigung zu, sobald sich die Auftragslage gebessert habe. Im Januar des darauffolgenden Jahres überwies der Arbeitgeber dem inzwischen arbeitslosen Baufachhandwerker eine Abschlagssumme von 1.000,00 DM (Jahr 02).

Der Bruttoarbeitslohn ist als Einnahme aus nichtselbständiger Arbeit (§ 19 Abs. 1 S. 1 Nr. 1 EStG) gemäß § 24 Nr. 2 EStG im Jahr 02 zu erfassen.

Ein weiteres Beispiel stellt klar, dass sich die Vorschrift des § 24 Nr. 2 EStG auf sämtliche Einkunftsarten (auch auf die Gewinneinkunftsarten) erstreckt.

Eine Vermieterin veräußerte im Jahr 02 ihre Eigentumswohnung. Im Verkaufszeitpunkt war der Mieter mit insgesamt 2.400,00 DM im Rückstand. Aufgrund eines gerichtlichen Urteils erhielt die Vermieterin am 27.11.03 vom ehemaligen Mieter per Banküberweisung die rückständige Miete einschließlich einer vierprozentigen Verzinsung. Die Zahlung ist als Einnahme i.S.d. § 21 Abs. 1 S. 1 Nr. 1 EStG i.V.m. § 24 Nr. 2 EStG – einschließlich der Zinsen – im Jahr 03 zu erfassen. Hinsichtlich der Zinsen gilt das Subsidiaritätsprinzip des § 20 Abs. 3 EStG.

Beispiel

Die ehemalige Vermieterin verstirbt vor Erhalt der Überweisung plötzlich. Erbberechtigt ist ihr einziger unehelicher Sohn.

Abwandlung

Die Vorschrift des § 24 Nr. 2 EStG erstreckt im letzten Halbsatz die Steuerpflicht nachträglicher Einkünfte auch auf den Rechtsnachfolger. Der Umstand, dass der Sohn nie Vermieter war, spielt keine Rolle. Er kann auch keine AfA geltend machen, weil seine verstorbene Mutter die Vermietungsabsicht durch den Verkauf der Eigentumswohnung bereits aufgegeben hatte (BMF 1992, BStBl. I, 434).

Die Vorschrift des § 24 Nr. 2 EStG erstreckt sich auf alle Einkunftsarten sowie auf den oder die Rechtsnachfolger.

Merke

1.19.6 Werbungskosten (§ 9 EStG)

Aufwendungen des Steuerpflichtigen, die auf die Erzielung von Einnahmen i.S.d. Einkunftsarten des § 2 Abs. 1 EStG gerichtet sind, können als Betriebsausgaben (bei den Gewinneinkunftsarten) oder als Werbungskosten (bei den Überschusseinkunftsarten) berücksichtigt werden.

1.19.6.1 Gesetzliche Definition der Werbungskosten

„Werbungskosten sind Aufwendungen zur Erwerbung, Sicherung und Erhaltung der Einnahmen. Sie sind bei der Einkunftsart abzuziehen, bei der sie erwachsen sind; § 9 Abs. 1 S. 1 und 2 EStG.“

Satz 3 ergänzt die Definition, in dem folgend (in nicht abschließender Form) dargestellt wird, welche Aufwendungen auch zu den Werbungskosten gehören. Die Aufzählung ist daher lediglich beispielhaft:

- Schuldzinsen und Renten/Lasten (eingeschränkt)
- Steuern vom Grundbesitz (bei Einnahmeerzielung)
- Beiträge zu Berufsständen und Berufsverbänden
- Aufwendungen für Wege zwischen Wohnung und Arbeitsstätte
- doppelte Haushaltsführung (notwendige Mehraufwendungen)
- Aufwendungen für Arbeitsmittel, z.B. für Werkzeuge und typische Berufskleidung
- AfA und AfS sowie erhöhte Absetzungen

1.19.6.2 Tatbestandsmerkmale und Wesen der Werbungskosten (sog. Legaldefinition)

Zur Ermittlung des Nettoergebnisses einer Überschusseinkunftsart (= Einkünfte) sind von den Einnahmen die Werbungskosten abzuziehen. Tatbestandsmerkmale sind Erwerbung, Sicherung und Erhaltung der Einnahmen.

Tatbestandsmerkmal ist aber auch, dass dem Steuerpflichtigen Aufwendungen entstehen müssen.

1.19.7   Auslegung des Begriffs der Aufwendungen

Der Begriff der Aufwendungen ist im EStG nicht definiert. Ableiten lässt sich der Begriff der Aufwendungen aus der Umkehrung des Einnahmebegriffs im § 8 Abs. 1 EStG: Demnach sind Aufwendungen alle Güter, die in Geld oder Geldeswert bestehen und dem Steuerpflichtigen im Rahmen einer der Einkunftsarten des § 2 Abs. 1 S. 1 Nr. 4 bis 7 EStG abfließen. Aufwendungen können infolgedessen auch in Sachwerten bestehen.

Beispiel

Ein Handwerker zeigt sich am Erhalt einer Porzellanvase im Hause eines Vermieters sehr interessiert. Für die ausgeführte Reparatur bietet der Vermieter dem Handwerker diese Vase an Stelle von Geld an, der dieses Angebot nicht ausschlägt.

Beim Vermieter entstehen Werbungskosten. Beim Handwerker (§ 15 EStG) ist eine Betriebseinnahme zu erfassen.

Aufwendungen liegen auch im Fall des so genannten Ersatzanspruches vor.

Zwecks Reparatur eines Sturmschadens leistet ein Vermieter Aufwendungen an eine Dachdeckerei. Die Versicherung leistet Ersatz in voller Höhe. Beim Vermieter resultiert sowohl eine Aufwendung in Form von Werbungskosten als auch eine Einnahme in Form der Versicherungsleistung. Es handelt sich um ein Nullsummenspiel, bei dem es gegebenenfalls durch das Zu- und Abflussprinzip des § 11 EStG zu einer Erfassung in unterschiedlichen Veranlagungszeiträumen kommen kann, z.B. bei einer:

- Reparatur und Bezahlung in 01 und einem
- Zufluss der Versicherungsleistung in 02

Werbungskosten:

Keine Aufwendungen und somit keine Werbungskosten sind in folgenden Fällen gegeben:

- Wert der eigenen Arbeitsleistung:

Ein Häuslebauer bringt beim Bau seines Mehrfamilienhauses seine eigene Arbeitskraft mit ein. Diesen Umstand kalkuliert er „zahm" mit 25,00 DM pro Arbeitsstunde. Einem Fremden hätte er mindestens 80,00 DM für die Arbeitsstunde zahlen müssen. Der Wert der eigenen Arbeitsleistung führt nicht zu Werbungskosten, daran ändert auch kein Fremdvergleich.

Der Steuerpflichtige führt am Vermietungsobjekt eine zweistündige Reparatur aus. Materialkosten sind in Höhe von 860,00 DM angefallen.

Als Werbungskosten abzugsfähig sind lediglich die 860,00 DM für das Material.

- Unterlassende Aufwendungen:

Martha Pfahl, eine Vermieterin in einem Bundesland, das für seine sparsamen Einwohner bekannt ist, erzielt Einkünfte aus einem dringend instandsetzungsbedürftigen Zweifamilienhaus. Diese Verbesserungen lässt sie nicht ausführen, weil sie ohnehin „viel zu wenig Miete verlangt."

Unterlassene Aufwendungen sind keine Werbungskosten.

- Wertverluste im Bereich des Privatvermögens:

Kursverlust bei privaten Wertpapieren oder der Kaufkraftverlust der Währung.

Zu beachten ist aber die Regelung über Einkünfte aus privaten Veräußerungsgeschäften i.S.d. § 23 EStG i.V.m. § 22 Nr. 2 EStG n.F.

Wertverfall eines Einfamilienhauses, in dessen Nachbarschaft eine Müllverbrennungsanlage gebaut wird.

In keinem Fall liegen Werbungskosten vor.

- Entgangene Einnahmen:

Beispiel

Ein Arbeitnehmer wechselt aus Altersgründen vom Schichtdienst in einen Tagesdienst. Sein Verdienstausfall beträgt etwa 800,00 DM pro Monat.

Auch bei entgangenen Einnahmen entstehen keine Werbungskosten. Ein Ausgleich wird dennoch durch die geringere Lohnsteuer geschaffen, die auf den verminderten Arbeitslohn erhoben wird.

- Aufwendungen für den Erwerb und die Veräußerung der Einkunftsquelle (einschließlich Nebenkosten):

Weder die Anschaffungskosten noch die Nebenkosten (z.B. für GrESt, Notar, Grundbuch) für den Erwerb eines Baugrundstücks sind als Werbungskosten abzugsfähig.

- Zurückgezahlte Einnahmen:

Zurückgezahlte Einnahmen sind keine Werbungskosten, jedoch negative Einnahmen derjenigen Einkommensquelle, aus der sie herrühren. Sie können mit positiven Einnahmen verrechnet werden.

Beispiele

- Der Arbeitgeber fordert versehentlich zuviel an den Arbeitnehmer überwiesenen Arbeitslohn zurück
- Der Bankkunde muss irrtümlich zu hoch gutgeschriebene Sparbuchzinsen zurückzahlen

In beiden Fällen liegen negative Einnahmen vor, die unmittelbar mit dem Arbeitslohn bzw. mit weiteren Zinseinnahmen zu verrechnen sind und darum auf den Werbungskostenpauschbetrag (§ 9 a EStG) nicht anrechenbar sind.

Abgrenzung

So genannte Kassenfehlbestände können bei Arbeitnehmern Werbungskosten sein.

Beispiel

Der Schalterkassierer Peters stellt bei der Überprüfung seines Kassenbestandes bei Geschäftsschluss einen Kassenfehlbestand von 100,00 DM fest.

1.19.8 Unmaßgebliche Merkmale für den Werbungskostenabzug

Der Werbungskostenabzug bzw. die Zulässigkeit von Ausgaben als Werbungskosten geht nach dem von der Rechtsprechung des BFH entwickelten Grundsatz des Veranlassungsprinzips aus, das dem Betriebsausgabenbegriff des § 4 Abs. 4 EStG angelehnt ist. Nach dem Veranlassungsprinzip sind Werbungskosten alle Aufwendungen, die durch die Erzielung von steuerpflichtigen Einnahmen veranlasst sind. Das Veranlassungsprinzip ist für alle Einkunftsarten einheitlich anwendbar.

1.19.9 Notwendigkeit und Üblichkeit einer Aufwendung

Es steht grundsätzlich im Ermessen des Steuerpflichtigen, ob seine Aufwendungen notwendig und üblich sind. Für den Werbungskostenbegriff ist daher unmaßgeblich, ob eine Anschaffung wirklich notwendig ist und die Üblichkeit in Frage gestellt werden kann. Entscheidend ist ausschließlich, dass die Aufwendungen objektiv in einem wirtschaftlichen Zusammenhang mit der Einnahmeerzielung stehen und damit subjektiv der Erwerbung, Sicherung oder Erhaltung der Einnahmen dienen sollten. Auch über das notwendige und übliche Maß hinausgehende Aufwendungen lassen grundsätzlich den Werbungskostenabzug nicht scheitern.

Beispiele

- Ein Steuerbeamter kauft für insgesamt 2.000,00 DM Steuerfachliteratur, weil er sich auf die Steuerberaterprüfung vorbereitet.
- Ferner schafft er sich zum Verbleib in seinem Büro einen Einkommensteuerkommentar an, obwohl die Hausbücherei auch darüber verfügt.
- Nach allem fährt er arbeitstäglich mit einem Taxi vor dem Finanzamt vor, obwohl ihm mehrere Buslinien zur Verfügung stehen.

Auch wenn der für die abschließende Zeichnung der Einkommensteuerveranlagung zuständige Finanzamtsvorsteher noch so grollt, hat das Finanzamt nach dem Veranlassungsprinzip die Aufwendungen als Werbungskosten zuzulassen. Diese stehen im Ermessen des Steuerpflichtigen.

Auch die Willentlichkeit einer Ausgabe ist nicht erforderlich.

Beispiel

Der Steuerpflichtige erlitt auf der Fahrt zu seinem Arbeitsplatz mit seinem Pkw einen Verkehrsunfall (kein Alkohol etc.). Die Aufwendungen, die durch den Unfall entstanden sind, führen aufgrund ihrer beruflichen Veranlassung zu Werbungskosten, obwohl sie vom Steuerpflichtigen nicht willentlich herbeigeführt worden sind.

1.19.10 Aufwendungen, die die Lebensführung betreffen

Entsprechende Anwendung findet u.a. die „Angemessenheitsvorschrift" des § 4 Abs. 5 S. 1 Nr. 7 EStG über § 9 Abs. 5 EStG, sofern der Werbungskostenabzug auch die Aufwendungen für die private Lebensführung (§ 12 EStG) berührt. Auf entsprechende Ausführungen wird verwiesen.

Zusammenfassend lässt sich sagen:

Zwischen dem Werbungskosten- und dem Betriebsausgabenbegriff des § 4 Abs. 4 EStG herrscht das gleiche Veranlassungsprinzip.

Daraus entstehen folgende Gemeinsamkeiten:

1. In beiden Bereichen müssen Aufwendungen entstanden sein, damit die Abzugsfähigkeit von den (Betriebs-)Einnahmen hergestellt werden kann.

2. Die Notwendigkeit und Üblichkeit der Aufwendungen ist ohne Bedeutung.

3. Die Lebenshaltungskosten nach § 12 EStG sind in keinem Fall abzugsfähig. § 4 Abs. 5 S. 1 Nr. 1 bis 5, 6 b bis 8 a, 10 und Abs. 6 EStG gelten im Werbungskostenbereich über die Öffnungsklausel des § 9 Abs. 5 EStG entsprechend.

1.19.11 Abflussprinzip § 11 Abs. 2 EStG

Die Abzugsfähigkeit von Werbungskosten ist unter Beachtung des Abflussprinzips des § 11 Abs. 2 EStG vorzunehmen. Das Abflussprinzip gilt für alle Überschusseinkunftsarten sowie für Betriebsausgaben in der Einnahme-Überschussrechnung. Es wird daher auch als Istprinzip bezeichnet. Werbungskosten sind also in dem Veranlagungszeitpunkt zu berücksichtigen, in dem sie abgeflossen, d.h. gezahlt worden sind. Der schuldrechtliche Entstehungszeitpunkt ist ohne Bedeutung.

Beispiele

Eine Handwerksfirma führt an einem vermieteten Einfamilienhaus eine Reparatur im Dezember 01 aus. Dies ist der schuldrechtliche Entstehungszeitpunkt. Durch ein Büroversehen erhält der Vermieter die Rechnung – verspätet – erst im August 02. Im November 02 mahnt die Firma den Rechnungsbetrag an. Der Vermieter überweist erst Mitte Januar 04 auf ein Konto des Handwerkers.

Der Vermieter kann den Rechnungsbetrag erst für den Veranlagungszeitpunkt 04 als Werbungskosten geltend machen. Es kommt auf den Zahlungszeitpunkt, d.h., auf den Moment des Geldabflusses an.

1.19.12 Sonderfragen des Werbungskostenabzugs

Nachträgliche Problembereiche lassen den Werbungskostenabzug grundsätzliche nicht scheitern.

1.19.12.1 Unterbrechung der Einnahmeerzielung

Es schadet grundsätzlich nicht, wenn die Einnahmeerzielung, z.B. durch eine vorübergehend leerstehende Wohnung, unterbrochen wird. Der Steuerpflichtige muss aber den Willen und die Absicht einer fortgesetzten Einkünfteerzielung aufrechterhalten.

Ist diese Voraussetzung gegeben, dann bleiben die Aufwendungen, z.B. Schuldzinsen, Grundsteuer und AfA für den Werbungskostenabzug auch dann erhalten, wenn für den Veranlagungszeitraum insgesamt ein Verlust entsteht. Eine Definition einer vorübergehenden Unterbrechung ist nicht möglich. Die Verhältnisse sind anhand des Einzelfalles zu würdigen. Weist z.B. der Vermieter nach, dass es ihm trotz intensiver Bemühungen, etwa durch Zeitungsinserate, nicht gelungen ist, einen geeigneten Mieter zu finden, dann kann ihm gegen seine eindeutig nachweisbare Vermietungsabsicht der Werbungskostenabzug nicht versagt werden. Die Vermietungsabsicht wird aber für den Fall des anhaltenden Misserfolgs immer unglaubwürdiger.

1.19.12.2 Vorweggenommene Werbungskosten

Dem Steuerpflichtigen entstehende Werbungskosten müssen nicht zwingend zeitgleich mit dem Zeitpunkt der Einnahmeerzielung zusammentreffen. Sie können vor, während und nach dem Einnahmeerzielungszeitraum anfallen. Vorweg anfallende Werbungskosten entstehen hauptsächlich im Zusammenhang mit der Schaffung oder Gründung einer Einkunftsquelle.

- Bewerbungskosten einer Arbeitnehmerin
- Finanzierungskosten bei einem Vermietungsobjekt
- Schuldzinsen und Geldbeschaffungskosten bei einer Kapitalrisikoanlage

Beispiele

Die Anerkennung solcher vorweggenommenen Werbungskosten setzt aber voraus, dass eine klar erkennbare Beziehung zu einer Einkunftsart besteht. Unbedeutend ist, wenn die Einnahmeerzielung erst in einem späteren Veranlagungszeitraum stattfindet. Ein enger und wirtschaftlicher Zusammenhang liegt stets vor, wenn aus den vorangegangenen Aufwendungen tatsächlich Einkünfte erwachsen.

1.19.12.3 Vergebliche Werbungskosten

Wendet der Steuerpflichtige Aufwendungen, z.B. zur Schaffung einer Einkunftsquelle auf, und führen diese nicht zum gewünschten Erfolg, dann können selbst vergebliche Aufwendungen zu Werbungskosten führen. Die Rechtsprechung des BFH hat jedoch für einen solchen Fall den Grundsatz entwickelt, dass die Aufwendungen nicht in einem so frühen Stadium steckengeblieben sein dürfen, dass sie nach nicht mit einer bestimmten Einkunftsart in eine klar erkennbare Verbindung gebracht werden können.

| Beispiel | Ein Arbeitnehmer kann auch seine erfolglos gebliebenen Bewerbungskosten als Werbungskosten geltend machen. |

1.19.12.4 Nachträgliche Werbungskosten

Der Abzug nachträglicher Werbungskosten, d.h. Aufwendungen, die noch in Zeiten nach dem Wegfall der Einkunftsquelle entstehen können, ist gesetzlich durch § 24 Nr. 2 EStG gesichert. Voraussetzung ist aber, dass diese mit einer bestimmten Einkunftsart in eine klar erkennbare Verbindung gebracht werden können.

| Beispiel | Der Steuerpflichtige hat anlässlich der Veräußerung seines Mehrfamilienhauses noch umfangreiche Instandsetzungsarbeiten durchführen lassen, um die Verkaufschancen zu steigern und um einen höheren Veräußerungserlös erzielen zu können. Zur Bestreitung der Aufwendungen hat er ein Darlehn aufgenommen, für das er noch nach der Veräußerung Schuldzinsen zu zahlen hat. Der Werbungskostenabzug für diese Schuldzinsen bleibt erhalten. |

Klarstellend muss aber auf Folgendes hingewiesen werden:

Die Abzugsfähigkeit nachträglicher Schuldzinsen erstreckt sich auf solche, die für ein Darlehn zur Finanzierung von Werbungskosten, z.B. für Erhaltungsaufwand, aufgewendet werden müssen.

Die Abzugsfähigkeit übriger Schuldzinsen ist durch den Wegfall der Einkünfteerzielungsabsicht nicht mehr gewährleistet; vgl. Stichwort: „Einkünfteerzielungsabsicht" in H 161 EStR.

Keine nachträglichen Werbungskosten sind auch Schuldzinsen, die nach einer Zwangsversteigerung eines zuvor vermieteten Grundstücks entstehen, weil der Versteigerungserlös nicht zur Tilgung des ursprünglichen Kredits ausreicht; vgl. Stichwort: „Finanzierungskosten" in H 161 EStR.

Etwas anderes gilt für Aufwendungen, die während der Einkunftserzielung entstanden sind, aber erst zu einem Zeitpunkt entrichtet worden sind, in dem die Einkunftsquelle bereits weggefallen ist. Begrifflich handelt es sich nicht um nachträgliche Werbungskosten, sondern lediglich um verspätet oder nachträglich geleistete Werbungskosten, die in jedem Fall abzugsfähig sind.

Der Steuerpflichtige hat nach der Veräußerung seines Vermietungsobjektes zum Nutzungs- und Lastenübergangszeitpunkt des 01.10.01 noch Abwicklungskosten, z.B. rückständige Grundsteuer, Reparaturrechnungen und Schuldzinsen aus der Zeit vom 01.01. bis 30.09.01. Der Werbungskostenabzug bleibt erhalten; die AfA ist jedoch nur bis zum 30.09.01 anzusetzen.

Beispiel

1.19.13 Zuordnung der Werbungskosten zur jeweiligen Einkunftsart

Der § 9 Abs. 1 S. 2 EStG bestimmt, dass Werbungskosten bei der Einkunftsart abzuziehen sind bei der sie erwachsen sind. Daraus folgt zwingend die getrennte Ermittlung und Berechnung, damit den Anforderungen des Einkünfteschemas des § 2 Abs. 1 EStG Rechnung getragen wird. Werbungskosten sind, einer Aufteilung zu unterziehen, wenn sie mit mehreren Einkunftsarten in einem wirtschaftlichen Zusammenhang stehen. Auch dürfen Werbungskosten eines Ehegatten nicht dem anderen Ehegatten zugeordnet werden. Hat ein Ehepartner z.B. vorweggenommene Werbungskosten, aber keine Einnahmen, dann bleibt die Verlustabzugsmöglichkeit durch den internen Verlustausgleich mit positiven Einkünften erhalten.

Beispiel mit Werbungskosten im Zusammenhang mit mehreren Einkunftsarten (Abgrenzungsfall):

Der Steuerpflichtige (Steuerfachangestellter) absolviert einen Studiengang zur Vorbereitung auf die Steuerberaterprüfung. Die angeschaffte Steuerfachliteratur im Gesamtwert von 1.000,00 DM nutzt er sowohl während seiner Berufsausübung bei einem selbständigen Steuerberater als auch für seine Fortbildungszwecke.

Eine Aufteilung ist hier entbehrlich. Die Aufwendungen sind zweifelsfrei Werbungskosten. Eine Zuordnung der Fachliteratur zu einer anderen Einkunftsart ist grundsätzlich nicht erkennbar.

Anders verhält es sich, wenn der Steuerfachangestellte ernsthaft die Absicht hegt, sich als künftiger Steuerberater niederzulassen. In diesem Fall stellen die Anschaffungen vorweggenommene Betriebsausgaben aus selbständiger Arbeit (§ 18 Abs. 1 Nr. 1 EStG) dar. Da die Fachliteratur jedoch aktuell auch für das Dienstverhältnis gebraucht wird, ist eine Aufteilung (im Wege der Schätzung) vorzunehmen. Insoweit ist ein Zusammenhang zu mehreren Einkunftsarten erkennbar.

1.19.14 Pauschbeträge für Werbungskosten (§ 9 a EStG)

Das EStG sieht im § 9 a EStG für bestimmte Überschusseinkunftsarten eine Pauschalierung der Werbungskosten vor. Voraussetzung ist, dass der Steuerpflichtige keine tatsächlichen Werbungskosten höherer Art nachweist.

Die Vorschrift des § 9 a Nr. 1 bis 3 EStG sieht für die nachfolgenden Überschusseinkunftsarten die dort näher bezeichneten Pauschbeträge vor:

Nr. 1 Nichtselbständige Arbeit	§ 19 EStG	2.000,00 DM
Nr. 2 Kapitalvermögen	§ 20 EStG	100,00 DM
Nr. 3 Sonstige Einkünfte	§ 22 Nr. 1 und 1 a EStG	200,00 DM

Zweck:

Der Zweck der Werbungskostenpauschbeträge besteht in ihrer Verwaltungsvereinfachung. Pauschbeträge werden stets dann von den Einnahmen abgezogen, wenn die tatsächlichen Werbungskosten niedriger als die Pauschbeträge sind; dies gilt auch für den Fall, dass dem Steuerpflichtigen überhaupt keine Werbungskosten entstanden sind. Pauschbeträge nach § 9 a S. 1 Nr. 1 EStG werden durch das Finanzamt von Amts wegen berücksichtigt, der Steuerpflichtige braucht insoweit keinen Antrag zu stellen. Pauschbeträge werden bei mehreren Einkommensquellen derselben Einkunftsart nur einmal abgezogen. Dabei sind die Werbungskosten aller Einkunftsquellen mit dem jeweiligen Pauschbetrag zu vergleichen.

Beispiel

Ein Arbeitnehmer arbeitet für zwei Arbeitgeber. Seine tatsächlichen Werbungskosten betragen

- für das erste Dienstverhältnis   1.450,00 DM
- für das zweite Dienstverhältnis   120,00 DM

Insgesamt gesehen betragen die Werbungskosten nicht mehr als 2.000,00 DM, sodass für beide Arbeitsverhältnisse nur einmal der Abzug des Werbungskostenpauschbetrages nach § 9 a S. 1 Nr. 1 EStG in Frage kommt. Wären die tatsächlichen Werbungskosten aus einem oder beiden Dienstverhältnissen alleine oder zusammen höher als 2.000,00 DM, dann wären die tatsächlichen Werbungskosten zu berücksichtigen gewesen.

Die Pauschbeträge werden in Höhe des vollen Jahresbetrages gewährt. Dies gilt sowohl für den Fall des Erlöschens der Steuerpflicht als auch für den Fall, dass der Steuerpflichtige die Einnahmen nicht für ein volles Kalenderjahr erzielt.

- Der Steuerpflichtige (Arbeitnehmer) verstirbt am 29.11.01. Mit dem Tode endet gleichzeitig der Lohnzahlungszeitraum (01.01. bis 29.11.01)   Beispiel
- Der Arbeitnehmer wird am 29.11.01 arbeitslos und erzielt fortan keine steuerpflichtigen Lohneinkünfte mehr

In beiden Fällen ist für den Fall, dass keine höheren Werbungskosten nachgewiesen werden, der Arbeitnehmerpauschbetrag von 2.000,00 DM zu gewähren. Eine Aufteilung, etwa nach vollen Monaten, hat zu unterbleiben.

1.19.3.1 Begrenzung der Pauschbeträge

Der Ansatz der Pauschbeträge nach § 9 a S. 1 Nr. 1 bis 3 EStG darf nicht zu einem Verlust führen; vgl. § 9 a S. 2 EStG. Der Pauschbetrag ist nötigenfalls zu begrenzen. Beim Arbeitnehmerpauschbetrag tritt der Umstand hinzu, dass bei den Einnahmen aus nichtselbständiger Arbeit vor Anrechnung des Pauschbetrages noch eine Kürzung um den Versorgungsfreibetrag (§ 19 Abs. 2 EStG) stattzufinden hat; § 9 a S. 2 EStG.

Ein Arbeitnehmer geht wegen Erreichung der Altersgrenze zum 31.01.01 in Rente.   Beispiele

Bruttoarbeitslohn Januar 01	1.950,00 DM
./. Arbeitnehmerpauschbetrag	1.950,00 DM
Einkünfte aus § 19 EStG	0,00 DM

Der Ansatz des Arbeitnehmerpauschbetrages darf nicht zu einem Verlust von 50,00 DM führen.

- Dem Arbeitnehmer sind tatsächliche Werbungskosten in Höhe von 2.100,00 DM entstanden.   Abwandlung

Hier entsteht ein Verlust in Höhe von 150,00 DM, der mit anderen positiven Einkünften, z.B. der Rente, ausgeglichen werden kann.

- Die Sparbuchzinsen eines Steuerpflichtigen betragen lediglich 90,00 DM. Der Werbungskostenpauschbetrag (100,00 DM) ist auf 90,00 DM zu begrenzen.

1.19.3.2 Pauschbeträge und Ehegattenveranlagung

Nach § 9 a S. 1 Nr. 2 EStG wird bei zusammen veranlagten Ehegatten (§§ 26, 26 b EStG) bei der Ermittlung der Einkünfte aus Kapitalvermögen ein gemeinsamer Pauschbetrag von 200,00 DM berücksichtigt. Er wird auch dann angesetzt, wenn nur ein Ehegatte Einnahmen aus Kapitalvermögen erzielt. Eheleute können demnach nur den gemeinsamen Pauschbetrag oder tatsächliche, den Pauschbetrag von 200,00 DM übersteigende Werbungskosten abziehen. Nach R 85 Abs. 1 EStR kann der Pauschbetrag jedoch beliebig unter den Ehegatten verteilt werden.

Beispiel		**Ehemann**	**Ehefrau**
	Einnahmen	24.300,00 DM	250,00 DM
	./. Werbungskosten	[170,00 DM]	0,00 DM
	./. WK-Pauschbetrag		
	(§ 9 a S. 1 Nr. 2 EStG)	./. 200,00 DM	0,00 DM
	./. Sparer-Freibetrag		
	(§ 20 Abs. 4 EStG)	./. 5.750,00 DM	250,00 DM
	Einkünfte § 20 EStG	18.350,00 DM	0,00 DM

Anders verhält es sich bei den übrigen Pauschbeträgen:

Bei Ehegatten steht im Falle der Zusammenveranlagung nach § 26 b EStG mit Einkünften aus nichtselbständiger Arbeit und wiederkehrenden Bezügen gemäß § 22 Nr. 1, 1 a EStG demjenigen der jeweilige Pauschbetrag zu, der entsprechende Einnahmen erzielt.

Beispiel Ein verheirateter Arbeitnehmer erzielt im Jahr 01 einen Bruttoarbeitslohn von 120.000,00 DM. Werbungskosten weist er nicht nach. Die Ehefrau ist Hausfrau und Mutter.

Dem Arbeitnehmer steht ein Arbeitnehmerpauschbetrag nach § 9 a S. 1 Nr. 1 EStG von 2.000,00 DM, nicht etwa von 2 x 2.000,00 DM = 4.000,00 DM zu.

1.19.3.3 Zurückgezahlte Einnahmen

Für den Fall, dass der Steuerpflichtige Einnahmen zurückzahlen muss, weil er z.B. einen Betrag erhielt, der ihm nicht zustand, ist von negativen Einnahmen und nicht von Werbungskosten auszugehen. Negative Einnahmen sind immer neben dem Pauschbetrag (mit keiner Auswirkung auf diesen) abzusetzen. Für den Fall, dass keine Einnahmen, von denen der Negativbetrag abgesetzt werden könnte, vorhanden sind, entsteht ein entsprechend hoher ausgleichsfähiger Verlust.

Beispiele	1.)			2.)	
		Bruttoarbeitslohn	75.000,00 DM		0,00 DM
		./. Rückzahlung	2.800,00 DM		./. 2.800,00 DM
		Einnahmen § 19 EStG	72.200,00 DM		./. 2.800,00 DM
		./. Arbeitnehmerpauschbetrag	2.000,00 DM		./. 0,00 DM
		Einkünfte § 19 EStG:	70.200,00 DM		./. 2.800,00 DM

Hinweis Lohnsteuerrechtlich zählen Artisten, darstellende Künstler und Journalisten zu den bestimmten Berufsgruppen, für die das Recht in R 47 LStR eine besondere Pauschalierungsmöglichkeit ihrer Werbungskosten vorgesehen hat.

1.20   Abschnittsbesteuerung

Bei Steuern, die nicht selbständig für bestimmte Vorgänge, sondern für einen Veranlagungszeitraum entstehen, ermittelt und festgesetzt werden, ist grundsätzlich jeder Veranlagungszeitraum für sich zu betrachten.

1.20.1   Besteuerungs-, Veranlagungs- und Ermittlungszeitraum

Der Entstehungszeitpunkt der Einkommensteuer geschieht mit Ablauf des Kalenderjahres; vgl. § 36 Abs. 1 i.V.m. § 2 Abs. 7 EStG (Jahressteuerprinzip).

Die Steuer ist nach dem zu versteuernden Einkommen (§ 2 Abs. 5 EStG), das der Steuerpflichtige in dem Jahr bezogen hat, zu bemessen. Bemessungsgrundlage, demnach Besteuerungs-, Veranlagungs- und Ermittlungszeitraum ist also das Kalenderjahr. Der Besteuerungszeitraum kann bei Begründung, Beendigung und bei einem Wechsel der Steuerpflicht auch kürzer sein.

Bei einem Wechsel der Steuerpflicht im Laufe eines Kalenderjahres sind die während der beschränkten Einkommensteuerpflicht (§ 1 Abs. 4 EStG) erzielten inländischen Einkünfte den während der unbeschränkten Steuerpflicht bezogenen Einkünften hinzuzurechnen; vgl. § 2 Abs. 7 S. 3 EStG.

1.20.2   Zuordnung der Besteuerungsgrundlagen

Sämtliche Einnahmen, Ausgaben, Erträge und Aufwendungen müssen dem Zeitraum zugeordnet werden, für den die jeweilige Einkommensteuer zu ermitteln ist. In diesem Zusammenhang sind drei Zeiträume zu unterscheiden:

- Besteuerungszeitraum,
- Veranlagungszeitraum und
- Ermittlungszeitraum

1.20.2.1   Besteuerungszeitraum

Unter dem Besteuerungszeitraum versteht man den Zeitraum, nach dessen zu versteuernden Einkommen sich die Einkommensteuer bemisst (§ 2 Abs. 7 EStG). Ohne Ausnahme entspricht der Besteuerungszeitraum dem Kalenderjahr.

Beispiel

Ein Steuerpflichtiger erzielte Einkünfte in der Zeit vom 01.01. bis 28.02.01. Danach nahm er ein Studium auf. Da es finanziell nicht reichte, begann er am 01.09.01 eine Aushilfstätigkeit, die bis zum 31.12.01 fortdauerte.

Maßgeblich ist das im Kalenderjahr bezogene Einkommen. Ob das Einkommen gleichmäßig oder nur in Teilen erwirtschaftet wurde, ist ohne Bedeutung.

1.20.2.2   Veranlagungszeitraum (§ 25 EStG)

Nach der Vorschrift des § 25 Abs. 1 EStG ist die Einkommensteuer jeweils für ein Kalenderjahr festzusetzen. Dieses Prinzip wird Abschnittsbesteuerung genannt. Hiernach sind die Besteuerungsgrundlagen jeweils für ein Kalenderjahr zu ermitteln. Entscheidungen der Vorjahre sind dabei nicht bindend. Für jedes Kalenderjahr ergeht ein gesonderter Einkommensteuerbescheid.

Auch der Veranlagungszeitraum entspricht ohne Ausnahme dem Kalenderjahr.

Beispiel

Ein Steuerpflichtiger verstarb am 01.08.01. Der Besteuerungs- und der Veranlagungszeitraum verbleibt beim Kalenderjahr. Nach § 25 Abs. 1 EStG kann die Einkommensteuerveranlagung des Jahres 01 grundsätzlich erst nach Ablauf des Jahres 01 durchgeführt werden. Dies hängt mit dem Entstehungszeitpunkt der Einkommensteuer nach § 36 Abs. 1 i.V.m. § 2 Abs. 7 EStG zusammen.

Da die Rechtsfähigkeit des Menschen nach § 1 BGB mit dessen Tod endet – daran anknüpfend die persönliche Steuerpflicht des § 1 Abs. 1 S. 1 EStG – ist es nicht zu beanstanden, wenn die Einkommensteuerveranlagung 01 des Verstorbenen noch im Jahr 01 durchgeführt wird. Dies hängt folgerichtig mit dem verkürzten Ermittlungszeitraum des 01.01. bis 01.08.01 (Todestag) zusammen.

1.20.2.3 Ermittlungszeitraum

Ermittlungszeitraum ist der Zeitraum, für den das zu versteuernde Einkommen als Besteuerungsgrundlage zu ermitteln ist; § 25 Abs. 1 S. 1 i.V.m. § 2 Abs. 7 S. 2 EStG. Demnach handelt es sich um den Zeitraum, in dem sich die Besteuerungsgrundlagen für das zu versteuernde Einkommen ergeben haben, also die Einnahmen zugeflossen und die abzugsfähigen Aufwendungen abgeflossen sind. Der Ermittlungszeitraum umfasst somit grundsätzlich das Kalenderjahr.

Verhältnisse außerhalb des Ermittlungszeitraumes können bei der Ermittlung des zu versteuernden Einkommens nicht erfasst werden.

Der Steuerpflichtige begehrt bei der Steuererklärungsabgabe 01 am 13.11.02 die sofortige Einstellung der Einkommensbesteuerung, weil er seinen Gewerbebetrieb am 31.12.01 eingestellt hat, keine entsprechenden Einkünfte mehr erzielt und von Hilfe zum Lebensunterhalt lebt.

Beispiel

Die Verhältnisse des Jahres 02 haben für die Besteuerung des Jahres 01 keinen Einfluss.

1.20.3 Vereinnahmung und Verausgabung

Aus dem Besteuerungs-, Veranlagungs- und Ermittlungszeitraum ergibt sich die Notwendigkeit, den Zeitpunkt für diese Abschnittsbesteuerung zu bestimmen, in dem die Einnahmen bezogen und die Ausgaben abzusetzen sind. Diese Frage der zeitlichen Zuordnung ist im § 11 EStG gesetzlich geregelt. Die Vorschrift ist besonders anzuwenden für:

- die Ermittlung der Überschusseinkünfte (Ausnahme: Zufluss von Arbeitslohn);
- den Abzug von Sonderausgaben (§ 10 EStG) und außergewöhnlichen Belastungen (§§ 33 bis 33 b EStG), soweit das bei § 33 EStG geltende Prinzip der Belastung nichts anderes bestimmt.

1.20.3.1 Zuflussprinzip des § 11 Abs. 1 S. 1 EStG

„Einnahmen sind innerhalb des Kalenderjahres bezogen, in dem sie dem Steuerpflichtigen zugeflossen sind."

1.20.3.2 Abflussprinzip des § 11 Abs. 2 S. 1 EStG

„Ausgaben sind für das Kalenderjahr abzusetzen, in dem sie geleistet worden sind."

Die Tatbestandsmerkmale der Zu- und Abflussprinzipien lassen sich wie folgt erläutern:

Einnahmen sind in dem Kalenderjahr zu erfassen, in dem sie dem Steuerpflichtigen zugeflossen sind. Zufluss bedeutet, dass der Steuerpflichtige über diese Einnahmen wirtschaftlich verfügen kann.

Ausgaben sind in dem Kalenderjahr zu erfassen, in dem sie abgeflossen sind. Abfluss bedeutet, dass die Verfügungsmöglichkeit aufgegeben worden ist.

Merke

Bei der Bestimmung, für welchen Veranlagungszeitraum Einnahmen und Ausgaben zu berücksichtigen sind, kommt es grundsätzlich auf den tatsächlichen Zufluss oder Abfluss an.

Das Zuflussprinzip ist im Allgemeinen einfacher als das Abflussprinzip zu beurteilen, weil der Steuerpflichtige naturgemäß an der wirtschaftlichen Verfügbarkeit seiner Einnahmen ein größeres Interesse hegt. Dennoch ist ein Zu- oder Abfluss häufig nicht ohne weiteres bestimmbar. Die H 116 EStR haben zu einer Reihe von Zweifels- und Auslegungsfragen Stellung bezogen.

Beispiele

Scheck, Scheckkarte:

*   Zufluss grundsätzlich mit Entgegennahme, sofortige Bankeinlösung darf jedoch nicht durch zivilrechtliche Vereinbarung eingeschränkt sein
*   Abfluss grundsätzlich mit Hingabe, mit Ausnahme von Anzahlungen für den Bereich der erhöhten Absetzungen und Sonderabschreibungen
*   Abfluss bei Scheckübermittlung: Übergabe an Post bzw. Einwurf in den Briefkasten des Zahlungsempfängers ausreichend

Arbeitslohn:

§ 38 a Abs. 1 S. 2 und 3 EStG; R 104 a LStR; § 40 Abs. 3 S. 2 EStG.

Laufender Arbeitslohn gilt in dem Kalenderjahr als bezogen, in dem der Lohnzahlungszeitraum endet.

Beispiele

Das Gehalt eines Betriebsangehörigen für den Monat Dezember 01 wird im Januar 02 ausbezahlt.

Es handelt sich um eine Einnahme i.S.d. § 19 Abs. 1 S. 1 Nr. 1 EStG, die abweichend vom Zuflussprinzip des § 11 Abs. 1 S. 1 EStG im Veranlagungszeitraum 01 zu erfassen ist. Wird die Leistung als sonstiger Bezug gezahlt, gilt das Jahr des Zuflusses.

1.20.4 Regelmäßig wiederkehrende Einnahmen und Ausgaben

Das strenge Zu- und Abflussprinzip des § 11 EStG wird durch eine Ausnahmeregelung durchbrochen, die aber ausdrücklich nur für regelmäßig wiederkehrende Einnahmen und Ausgaben gültig ist.

- Zahlungseingänge der Mieter beim Vermieter (Dauerschuldzustand).
- Monatliche Entrichtung einer Prämie für die Unfallversicherung (regelmäßig wiederkehrende Verpflichtung).

Beispiele

Der § 11 Abs. 1 S. 2 und Abs. 2 S. 2 EStG führen hierzu aus:

„Regelmäßig wiederkehrende Einnahmen, die dem Steuerpflichtigen kurze Zeit vor Beginn oder kurze Zeit nach Beendigung des Kalenderjahres, zu dem sie wirtschaftlich gehören, zugeflossen sind, gelten als in diesem Kalenderjahr bezogen. Für regelmäßig wiederkehrende Ausgaben gilt Abs. 1 S. 2 (Anm. des § 11 EStG) entsprechend."

Regelmäßig wiederkehrende Einnahmen und Ausgaben werden demnach nicht im Jahr der Zahlung, sondern im Jahr der wirtschaftlichen Zugehörigkeit angesetzt. Unter regelmäßig wiederkehrenden Ein- und Ausgängen versteht man Leistungen, die aufgrund öffentlich-rechtlicher oder vertraglicher Verpflichtung zu bestimmten Fälligkeitszeitpunkten geleistet werden müssen, und deren Wiederholung in bestimmten Abständen von Anfang an feststeht. Auf eine gleichbleibende betragsmäßige Höhe kommt es nicht an.

Beispiele: für regelmäßig wiederkehrende Einnahmen und Ausgaben sind:

- Mieten
- Darlehnszinsen
- Guthabenzinsen
- Renten
- Versicherungsbeiträge sowie die
- Umsatzsteuervorauszahlung

Die Berücksichtigung der Einnahmen und Ausgaben im Jahr der wirtschaftlichen Zugehörigkeit knüpft an folgende Voraussetzungen an:

Die Fälligkeit und die Zahlung müssen kurze Zeit *nach Beginn* oder kurze Zeit *vor Beendigung* dieses Kalenderjahres liegen.

Kurze Zeit bei regelmäßig wiederkehrenden Einnahmen und Ausgaben ist in der Regel ein Zeitraum *bis zu zehn Tagen*; vgl. H 116 EStR „Kurze Zeit".

• Ein Vermieter erhält die Dezembermiete 01 am 05. Januar 02. Die Miete war am 01. Dezember 01 fällig

Die Mieteinnahme ist gemäß § 11 Abs. 1 S. 1 EStG im Kalenderjahr 02 zu erfassen. Die Voraussetzung „Fälligkeit innerhalb der kurzen Zeit" ist nicht erfüllt.

• Die Miete für Januar 02 wird bereits am 22. Dezember 01 im Voraus entrichtet, weil der Mieter auf einer längeren Auslandsdienstreise sein wird. Die Fälligkeit ist am 01. Januar 02

Die Mieteinnahme ist gemäß § 11 Abs. 1 S. 2 EStG im Kalenderjahr 02 anzusetzen. Die Entrichtung liegt innerhalb des Zehn-Tage-Zeitraumes (Prinzip der wirtschaftlichen Zugehörigkeit).

• Die Miete für Dezember 01 (Fälligkeit 01. Dezember 01) wird am 20. Januar 02 bezahlt. Erfassung im Kalenderjahr 02 gemäß § 11 Abs. 1 S. 1 EStG. Die Zahlung und die Fälligkeit liegt außerhalb des Zehn-Tage-Zeitraumes

• Die Miete für Februar 02 (Fälligkeit 01. Februar 02) wird bereits am 29. Dezember 01 geleistet. Sie ist im Kalenderjahr 01 als Einnahme nach § 11 Abs. 1 S. 2 EStG zu behandeln. Die Fälligkeit korrespondiert nicht mit der Zehn-Tage-Regelung

1.20.4.1 Zinsen aus Spareinlagen

Zinsen aus Spareinlagen zählen ebenfalls zu den regelmäßig wiederkehrenden Einnahmen (§ 20 Abs. 1 Nr. 7 EStG). Nach § 11 Abs. 1 S. 2 EStG gelten auch sie als in dem Kalenderjahr bezogen, zu dem sie wirtschaftlich gehören. Unmaßgeblich ist der Zeitpunkt, in dem der Steuerpflichtige die Zinsen gutschreiben lässt.

Am 10.03.02 erscheint ein Sparer bei seiner Hausbank und lässt sich die Zinsen für das Jahr 01 in sein Sparbuch eintragen.

Die Einnahme ist aufgrund ihrer wirtschaftlichen Zugehörigkeit im Veranlagungszeitraum 01 anzusetzen.

1.20.4.2   Absetzung für Abnutzung (AfA §§ 7 ff. EStG)

Zu den Werbungskosten bzw. Betriebsausgaben gehört auch die AfA, die
der Verteilung von Anschaffungs- und Herstellungskosten dient. Die AfA
beginnt mit dem Zeitpunkt der Anschaffung bzw. Fertigstellung.

Begrifflich liegen jedoch ab diesem Zeitpunkt keine Aufwendungen
(mehr) vor, denn dieser Prozess ist üblicherweise - mit Ausnahme der
nachträglichen Anschaffungs- oder Herstellungskosten - abgeschlossen.
Die Vorschrift des § 11 Abs. 2 EStG, die an das Vorhandensein von Ausgaben anknüpft, kann somit für die AfA nicht gelten.

Die Anschaffungskosten eines Gebäudes betragen 800.000,00 DM. Der   **Beispiel**
Übergang von Gefahren, Nutzen und Lasten wurde auf den 01.08.01 festgelegt. Aufgrund einer Kaufpreisratenvereinbarung war der Veräußerer
mit einer Entrichtung des Kaufpreises wie folgt einverstanden:

400.000,00 DM	zum	31.08.01
200.000,00 DM	zum	31.12.01
200.000,00 DM	zum	28.02.02

Bei der AfA nach den Vorschriften der §§ 7 ff. EStG gilt nicht das Abflussprinzip des § 11 Abs. 2 EStG. Der Erwerber kann AfA nach § 7 Abs.
4 S. 1 Nr. 2 a EStG wie folgt geltend machen:

Anschaffungskosten Gebäude	800.000,00 DM
davon 2 v.H.	16.000,00 DM
zeitanteilig 5/12 für 01	6.667,00 DM
ab 02 „voll"	16.000,00 DM

1.21   Aufwendungen der privaten Lebensführung

Von den Betriebsausgaben (§ 4 Abs. 4 EStG) und den Werbungskosten (§ 9 EStG) sind Aufwendungen, die die private Lebensführung betreffen, auszugrenzen. Sie dürfen das Einkommen nicht mindern.

1.21.1   Nicht abzugsfähige Aufwendungen; § 12 EStG

Bei sämtlichen Aufwendungen ist Voraussetzung für die Erlangung der Qualifizierung als Betriebsausgaben bzw. Werbungskosten, dass sie durch den Betrieb veranlasst bzw. nach dem Veranlassungsprinzip durch die enge wirtschaftliche Zugehörigkeit zu einer Überschusseinkunftsart gekennzeichnet sind. Dies trifft nicht zu für die in § 12 EStG aufgezählten Tatbestände, für die nach der Vorschrift ein Abzugsverbot herrscht.

§ 12 EStG hat lediglich klarstellenden Charakter: Die Vorschrift stellt noch einmal fest, was bereits aus § 4 Abs. 4 und § 9 EStG folgt. Sind nämlich Aufwendungen nicht durch den Betrieb veranlasst oder durch den Beruf verursacht, kommt ein Abzug als Betriebsausgaben oder Werbungskosten nicht in Frage.

Der Begriff der Lebensführung ist durch den Gesetzgeber undefiniert geblieben. Er umfasst den gesamten Bereich des persönlichen Daseins eines Menschen.

Vor Anwendung der Vorschriften des § 4 Abs. 5 EStG, die den Betriebsausgabenabzug klarstellen, ist daher *vorrangig* zu prüfen, ob die als Betriebsausgaben geltend gemachten Aufwendungen für Repräsentation, Bewirtung, Reisespesen u.v.a. nicht bereits zu den nicht abzugsfähigen Lebenshaltungskosten im Sinne von § 12 EStG gehören. Die Bestimmung des § 4 Abs. 5 S. 3 EStG weist im Besonderen darauf hin, dass die Vorschrift des § 12 Nr. 1 EStG unberührt bleibt. Danach zählen zu den nicht abzugsfähigen Aufwendungen für die Lebensführung auch diejenigen Aufwendungen, die die wirtschaftliche oder gesellschaftliche Stellung des Steuerpflichtigen mit sich bringt, auch wenn sie zur Förderung des Berufs oder der Tätigkeit des Steuerpflichtigen erfolgen; vgl. § 12 Nr. 1 S. 2 EStG.

Schon die Einleitungsformulierung des § 12 EStG schränkt das Abzugsverbot unverkennbar ein. Gesetzlich besonders geregelte Ausnahmen sind von ihm nicht betroffen. Demnach bleibt die Abzugsfähigkeit von Sonderausgaben (§ 10 Abs. 1 Nr. 1, 2, 4, 6 bis 9; 10 b EStG) und außergewöhnlichen Belastungen (§ 33 bis 33 b EStG) erhalten.

Obwohl es sich bei diesen Aufwendungsarten um Lebensführungskosten handelt, hat die Gesetzgebung aus sozialpolitischen Erwägungen diesen Aufwendungen eine besondere Stellung im System der Einkommenser-mittlung eingeräumt; siehe hierzu Nr. 9 und Nr. 10 im Berechnungssche-ma des R 3 Abs. 1 EStR. Sind Aufwendungen als Sonderausgaben oder außergewöhnliche Belastungen qualifizierbar, dann sind sie vorrangig vor § 12 EStG zum Abzug zuzulassen. Nähere Ausführungen hierzu ergeben sich aus den entsprechenden Fachkapiteln in Band 5 dieser Fachbuch-reihe.

Das Abzugsverbot des § 12 EStG führt zu zahlreichen Streitpunkten mit der Finanzverwaltung. Sollen Aufwendungen hinsichtlich ihrer Abzugs-fähigkeit in das System des EStG beurteilt werden, dann kann dies schau-bildlich wie folgt dargestellt werden:

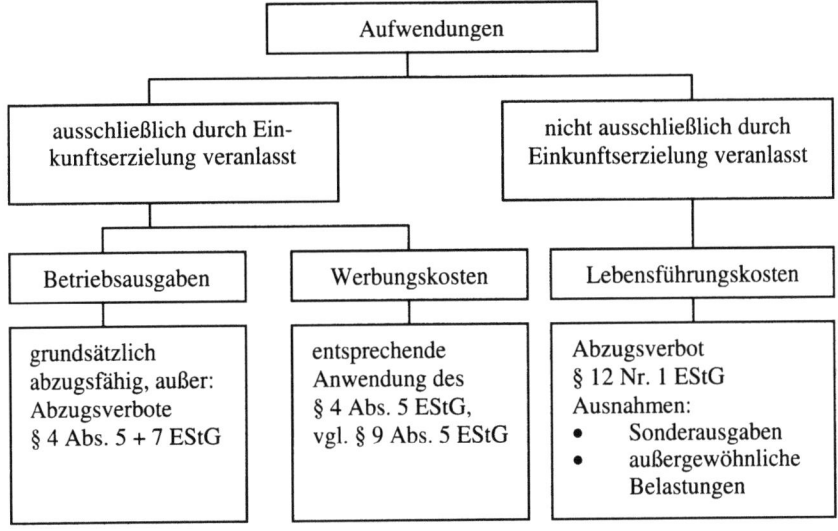

1.21.2 Aufwendungen für den Haushalt und den Lebensunterhalt

Ein Abzugsverbot nach § 12 Nr. 1 EStG gilt bei Aufwendungen, die die private Sphäre des Steuerpflichtigen berühren.

Die steuerliche Sachbehandlung ist bei Mischaufwendungen komplizierter, da dieser Aufwandstyp regelmäßig die Privatsphäre, aber auch die betriebliche bzw. berufliche Sphäre berührt.

1.21.2.1 Ausschließlich privat veranlasste Aufwendungen

Das Abzugsverbot des § 12 Nr. 1 EStG behandelt Aufwendungen, die der Steuerpflichtige anlässlich seiner persönlichen (privaten) Lebensführung oder die seiner Familienangehörigen tätigt. Die Aufzählung im § 12 Nr. 1 EStG ist beispielhaft. Wie bereits gesagt wurde, umfasst der Lebenshaltungskostenbegriff den gesamten Bereich des persönlichen Daseins eines Menschen. Zu den nicht abzugsfähigen Lebenshaltungskosten gehören neben den Aufwendungen für den Haushalt auch die Kosten zur Bestreitung des familiären Unterhalts, beispielsweise Ausgaben für:

- Kleidung
- Ernährung
- Wohnung

einschließlich der repräsentativen und gesellschaftlichen Aufwendungen. Dazu gehören auch die Aufwendungen für die Lebensführung, die die wirtschaftliche oder gesellschaftliche Stellung des Steuerpflichtigen mit sich bringt, auch wenn sie zur Förderung des Berufs oder der Tätigkeit des Steuerpflichtigen erfolgen; vgl. § 12 Nr. 1 S. 2 EStG.

Beispiel

Ein leitender Angestellter hat für sich und seine Familie eine repräsentative Villa angemietet. Seinem Finanzamt trägt er vor, dass er dort Geschäftsfreunde empfängt, was sich auf Geschäftsabschlüsse positiv auswirke. Zudem rechnet er infolge seiner Ergebnisse mit einer raschen Beförderung, was sich durch ein höheres Einkommen und höhere Steuern auch für den Fiskus rechnet. Er ist der Ansicht, dass die gesamten Mietaufwendungen Werbungskosten im Sinne des § 9 EStG darstellen.

Die Mietaufwendungen fallen unter das Abzugsverbot des § 12 Nr. 1 EStG. Insbesondere trifft Satz 2 zu.

1.21.2.2 Gemischte Aufwendungen

In weiten Bereichen des Lebens wird der Steuerpflichtige Aufwendungen sowohl aus betrieblichen bzw. beruflichen Gründen als auch aus privaten Motiven tätigen. Das Steuerrecht spricht in solchen Fällen von so genannten gemischten Aufwendungen. Solche Posten dienen also gleichwohl der Einkünfteerzielung als auch anderen Erwägungen.

Gemischte Aufwendungen unterliegen einem grundsätzlichen Aufteilungs- und Abzugsverbot nach § 12 Nr. 1 S. 2 EStG. Der Gesetzgeber hat sich neben dem Abzugs- auch für ein Aufteilungsverbot ausgesprochen. Es soll der steuerlichen Gerechtigkeit förderlich sein, wenn verhindert wird, dass Steuerpflichtige durch eine mehr oder weniger zufällig oder bewusst herbeigeführte Verbindung von betrieblichen bzw. beruflichen und privaten Gründen Aufwendungen für die Lebensführung nur deshalb zum Teil in den Einkünftebereich verlagern können, weil sie einen entsprechenden Beruf haben, während übrige Steuerpflichtige vergleichbare Aufwendungen aus versteuerten Einkünften decken müssen. R 117 S. 3 EStR führt einen von der Finanzverwaltung viel zitierten Satz aus:

„Lässt sich eine Trennung der Aufwendungen nicht leicht und einwandfrei durchführen oder ist nur schwer erkennbar, ob sie mehr dem Beruf oder mehr der privaten Lebensführung gedient haben, so gehört der gesamte Betrag nach § 12 Nr. 1 EStG zu den nicht nichtabzugsfähigen Ausgaben."

Die Verwaltungsanweisung soll vermeiden, dass nicht trennbare gemischte Aufwendungen durch den Steuerpflichtigen als durch den Betrieb bzw. Beruf veranlasst dargestellt werden, ohne dass für das Finanzamt die Möglichkeit einer sachlichen Nachprüfung und tatsächlichen Veranlassungswürdigung besteht.

Aufteilungs- und Abzugsverbot:
- Kleidung und
- Schuhe

Beispiele

Als Kosten der Lebensführung nicht abziehbar, selbst wenn der Steuerpflichtige sie ausschließlich bei der Berufsausübung trägt.

Typische Berufskleidung, vgl. R 20 und R 44 LStR.

Ausnahme

- Bewirtungskosten
- Geschenke an Geschäftsfreunde
- allgemeine Nachschlagwerke
- gesellschaftliche Veranstaltungen u.v.a.

Siehe zu diesem Thema auch H 117 EStR.

1.21.2.3   Ausnahmen vom Aufteilungs- und Abzugsverbot

Die Verwaltungsrichtlinie räumt in R 117 S. 1 und 2 EStR allerdings auch ein, dass im Fall der objektiven Trennbarkeit einer Aufwendung eine Aufteilung in einen betrieblichen bzw. beruflichen (abziehbaren) und einen privaten (nicht abziehbaren) Teil erfolgen kann. Nötigenfalls ist die Aufteilung im Schätzungswege zulässig.

Beispiele

- Aufteilung einer Jahreskilometerleistung einer Pkw-Nutzung in einen abzugsfähigen und einen nicht abzugsfähigen Anteil anhand eines ordnungsgemäß geführten Fahrtenbuches
- Telefonnutzung, vgl. H 33 LStR „Telefonkosten"

Zur Aufteilbarkeit von Aufwendungen vgl. auch R 33 Abs. 2 LStR und H 33 LStR „Aufteilungs- und Abzugsverbot".

Gemischte Aufwendungen können auch zur Abzugsfähigkeit als Betriebsausgaben bzw. Werbungskosten führen, wenn feststeht, dass eine private Veranlassung von ganz untergeordneter Bedeutung ist.

Beispiel (H 117 EStR „Computer"):

Die Anschaffung eines Computers ist regelmäßig dem privaten Lebensbereich zuzuordnen. Eine Anerkennung als Werbungskosten kommt nur in Betracht, wenn feststeht, dass der Computer weitaus überwiegend beruflich verwendet wird und eine private Mitbenutzung von untergeordneter Bedeutung ist.

1.21.2.4   Gemischte Aufwendungen mit Abzugsbeschränkung

Ergibt sich für den abziehbaren Teil einer eindeutig trennbaren gemischten Aufwendung eine Abzugsbeschränkung, dann gelten die Vorschriften § 4 Abs. 5 S. 1 Nr. 1 bis 5, 6 b bis 8 a, 10 und Abs. 6 EStG über § 9 Abs. 5 EStG sinngemäß auch für den Werbungskostenbereich der Überschusseinkunftsarten.

Beispiel

Arbeitnehmer:

Anhand gesammelter Belege und der Vorlage eines ordnungsgemäß geführten Fahrtenbuches ergibt sich rechnerisch ein nicht zu beanstandender km-Satz von 1,50 DM pro gefahrenen Kilometer. Die Jahreskilometerleistung des Arbeitnehmers entfällt zu 70 v.H. auf Fahrten zwischen Wohnung und Arbeitsstätte und zu 30 v.H. auf Fahrten privater Natur.

Die Privatfahrten fallen unter das Abzugsverbot des § 12 Nr. 1 EStG.

Aus Vereinfachungsgründen können Privatfahrten ohne weiteres bis 3.000 km mit einem km-Satz von 0,52 DM oder durch Einzelnachweis mit den tatsächlichen Kosten als allgemeine außergewöhnliche Belastung (§ 33 EStG) anerkannt werden, wenn der Steuerpflichtige eine Behinderung von mindestens 80 v.H. oder von mindestens 70 v.H. mit Merkzeichen „G" nachweist; vgl. H 186 bis 189 EStR, Stichwort: „Fahrtkosten Behinderter". **Ausnahme**

Im Übrigen galt bis zum 31.12.2000 für die Fahrten zwischen Wohnung und Arbeitsstätte für den Entfernungs-Kilometer ein typisierter Kilometer-Pauschbetrag von 0,70 DM (bzw. 0,35 DM für den gefahrenen Kilometer als Gedankenstütze); vgl. § 9 Abs. 1 Nr. 4 S. 3 Buchstabe a EStG).

Ab 2001 werden Aufwendungen für Wege zwischen Wohnung und Arbeitsstätte durch eine verkehrsmittelunabhängige Entfernungspauschale berücksichtigt; vgl. § 9 Abs. 1 S. 3 Nr. 4 EStG n.F.

Die Entfernungspauschale ist unabhängig davon anzusetzen, ob der Arbeitnehmer den Weg zur Arbeitsstätte zu Fuß, mit einem eigenen oder zur Nutzung überlassenen Kraftfahrzeug, mit öffentlichen Verkehrsmitteln, mit dem Fahrrad oder als Mitfahrer einer Fahrgemeinschaft zurücklegt.

Bei Benutzung eines Flugzeugs können für die Flugstrecke nur die nachgewiesenen Kosten berücksichtigt werden. **Ausnahme**

Die Entfernungspauschale kann für jeden Tag, an dem der Arbeitnehmer die Arbeitsstätte aufgesucht hat, nur einmal angesetzt werden.

Die Entfernungspauschale beträgt für jeden vollen Kilometer der einfachen Entfernung zwischen Wohnung und Arbeitsstätte:

0,70 DM	für die ersten 10 km und
0,80 DM	für die weiteren km

höchstens jedoch 10.000,00 DM
(angefangene km sind abzurunden).

Die Begrenzung der Entfernungspauschale auf 10.000,00 DM gilt nicht für Fahrten mit dem eigenen oder zur Nutzung überlassenen Pkw.

Für die Bestimmung der Entfernung zwischen Wohnung und Arbeitsstätte ist – unabhängig davon, wie der Weg zurückgelegt wird – stets die kürzeste Straßenverbindung maßgebend.

Für das vorangegangene Beispiel bedeutet dies, dass die Aufwendungen von 1,50 DM für den gefahrenen km (nach den Fahrtenbuchaufzeichnungen) auf das gesetzlich zulässige Maß zu reduzieren sind. Insoweit greift eine Abzugsbegrenzung durch § 9 Abs. 1 S. 3 Nr. 4 EStG a.F. und n.F., die in der Öffnungsklausel des § 9 Abs. 5 EStG allerdings nicht enthalten ist.

1.21.3 Freiwillige Zuwendungen und Zuwendungen aufgrund einer freiwillig begründeten Rechtspflicht (§ 12 Nr. 2 EStG)

Nach der Bestimmung des § 12 Nr. 2 EStG sind freiwillige oder auf einer freiwillig begründeten Rechtspflicht beruhende Zuwendungen sowie Zuwendungen an gesetzlich unterhaltsberechtigte Personen bei der Einkommensermittlung nicht abzugsfähig.

Beispiel

Schenkung (§ 516 Abs. 1 BGB).

Onkel Alfred gewährt seinem studierenden Neffen Paul einen monatlichen Unterhaltszuschuss von 600,00 DM. Eine Gegenleistung, z.B. Gartenpflege, erwartet der Onkel nicht und erhält sie auch nicht. Der Unterhaltszuschuss von jährlich 7.200,00 DM ist nach § 12 Nr. 2 EStG nicht abzugsfähig. Ein Sonderausgabenabzug i.S.d. § 10 Abs. 1 Nr. 1 a EStG scheidet ebenfalls aus. Der Neffe Paul hat die regelmäßigen Bezüge nicht zu versteuern, da sie keiner Einkunftsart des § 2 Abs. 1 EStG zugeordnet werden können.

Nähere Einzelheiten hierzu regelt R 123 und H 123 EStR sowie BMF vom 23.12.1996 (BStBl. I S. 1508). Andeutungsweise lässt sich zu dieser umfangreichen und komplizierten steuerrechtlichen Materie Folgendes sagen:

Der Begriff der Zuwendung setzt – wie bei der reinen Schenkung – Unentgeltlichkeit voraus.

Merke

Wird die durch eine Zuwendung eintretende Vermögensminderung durch eine entsprechende Gegenleistung ausgeglichen, findet das Abzugsverbot des § 12 Nr. 2 EStG keine Anwendung.

Hinweis

Das BMF-Schreiben vom 23.12.1996 (BStBl. I S. 1508) beschreibt die weiterführende Thematik und enthält notwendige Beispiele.

1.21.4   Nicht abzugsfähige Steuern und steuerliche Nebenleistungen (§ 12 Nr. 3 EStG)

Der Begriff der Steuer ist § 3 Abs. 1 AO und der Begriff der steuerlichen Nebenleistung ist § 3 Abs. 3 AO zu entnehmen.

Zu den nicht abzugsfähigen Aufwendungen zählen gemäß § 12 Nr. 3 EStG die Steuern vom Einkommen und sonstigen Personensteuern, also z.B. die:

- Einkommensteuer mit allen ihren Erhebungsformen, z.B. Lohn- und Kapitalertragsteuer,
- Erbschaftsteuer

Da die Kirchensteuer gemäß § 10 Abs. 1 Nr. 4 EStG zu den Sonderausgaben gehört, ist sie über den Einleitungssatz des § 12 EStG eine abzugsfähige Steuerart.

Die Umsatzsteuer für Umsätze, die Entnahmen sind, und die Vorsteuerbeträge auf Aufwendungen, für die das Abzugsverbot des § 12 Nr. 1 EStG oder des § 4 Abs. 5 S. 1 Nr. 1 bis 5, 7 oder Abs. 7 EStG einschließlich der auf diese Steuern entfallenden Nebenleistungen gilt, sind gemäß § 12 Nr. 3 EStG nicht abzugsfähig.

- Nach Abzug von 25 v.H. Kapitalertragsteuer werden einem Kapitalanleger Dividendengutschriften in Höhe von 2.000,00 DM (§ 20 Abs. 1 S. Nr. 4 EStG) seinem Konto gutgeschrieben   *Beispiele*

Als Einnahmen aus Kapitalvermögen (§ 20 Abs. 1 S. 1 Nr. 1 EStG) sind die Bruttobeträge – einschließlich der Kapitalertragsteuer – anzusetzen. Die 25-prozentige Kapitalertragsteuer ist nicht abzugsfähig (§ 12 Nr. 3 EStG), da sie eine Erhebungsform der Einkommensteuer ist (§ 43 Abs. 1 S. 1 Nr. 3 i.V.m. § 43 a Abs. 1 Nr. 2 EStG). Die Kapitalertragsteuer kann aber auf die Jahressteuerschuld angerechnet werden (= Wirkung einer Steuervorauszahlung).

- Ein Unternehmer tätigt Warenentnahmen aus seinem Sortiment für seinen privaten Verbrauch. Die durch die Entnahme auf den (Entnahme-)Eigenverbrauch nach § 3 Abs. 1 b S. 1 Nr. 1 UStG verursachte Umsatzsteuer fällt unter das Abzugsverbot nach § 12 Nr. 3 EStG und ist somit keine Betriebsausgabe

1.21.4.1. Steuerliche Nebenleistungen

Steuerliche Nebenleistungen sind:

• Verspätungszuschläge	§ 152 AO
• Zinsen	§§ 233 bis 239) AO
• Säumniszuschläge	§ 240 AO
• Zwangsgelder	§ 329 AO und
• Kosten	§ 178, §§ 337 bis 345 AO

1.21.4.2 Verfahrensrechtlicher Hinweis

Die Vorschriften der AO sind grundsätzlich sinngemäß auch auf die steuerlichen Nebenleistungen anzuwenden. Ausgenommen sind die Bestimmungen über die Festsetzung, Außenprüfung, Steuerfahndung und Steueraufsicht in besonderen Fällen (§§ 155 bis 217 AO), soweit sie nicht ausdrücklich für anwendbar erklärt worden sind (§§ 155 Abs. 3 S. 2, 156 Abs.2 AO).

Ob eine steuerliche Nebenleistung abzugsfähig ist, richtet sich danach, ob die Steuer, auf die sie erhoben wird, ebenfalls abzugsfähig ist.

Beispiel

Säumniszuschläge, die auf eine verspätet entrichtete Gewerbesteuer erhoben werden, sind abzugsfähig, weil die Gewerbesteuer als Betriebssteuer ebenfalls abzugsfähig ist (Betriebsausgabe). Stehen die Säumniszuschläge im Zusammenhang mit verspätet entrichteter Einkommensteuer, sind diese nicht abzugsfähig. Entsprechendes gilt für Verspätungszuschläge und Zwangsgelder.

Besonderheiten

Hinterziehungszinsen sind generell nicht abzugsfähig. Das gilt auch dann, wenn die hinterzogene Steuer eine betriebliche Steuer ist; vgl. § 4 Abs. 5 S. 1 Nr. 8 a EStG.

Zinsen für Steuernachforderungen, Stundungs- und Aussetzungszinsen sind durch Rechtsänderung (= Wegfall) des § 10 Abs. 1 Nr. 5 EStG mit Wirkung zum Veranlagungszeitraum 1999 nicht mehr abzugsfähig (Gesetz vom 24.03.1999 (BGBl. I S. 402)).

1.21.5 Geldstrafen und ähnliche Rechtsnachteile (§ 12 Nr. 4 EStG)

Für Geldstrafen und ähnliche in § 12 Nr. 4 EStG genannte Aufwendungen besteht ein Abzugsverbot. Hiervon unberührt bleiben Strafverteidigungs- und Verfahrenskosten, die entweder als Betriebsausgaben, Werbungskosten oder außergewöhnliche Belastungen (§ 33 EStG) angesetzt werden können. § 12 Nr. 4 EStG ergänzt § 4 Abs. 5 S. 1 Nr. 8 gegebenenfalls i.V.m. § 9 Abs. 5 EStG. Siehe vertiefend zu diesem Thema auch R 120, H 120 EStR.

1.21.6 Spenden (R 122 EStR)

Spenden gehören auch dann zu den Kosten der Lebensführung, wenn sie durch betriebliche Erwägungen mit veranlasst werden. Der Steuerpflichtige kann sie nur im Rahmen der §§ 10 b, 34 g EStG abziehen.

Quellenangaben

- Bittner/Heidkamp/Schaaf:
  Ausbildung im Steuerrecht 4. Auflage Band 2
  Verlag C.H. Beck, München.

- Röhrig:
  Studienwerk der Steuerberater e.V. Köln
  Schrifttum zur Vorbereitung auf die Steuerberaterprüfung 1997/98.

- Rössler:
  Wörterbuch des Steuerrechts bis 76. Ergänzungslieferung
  Haufe Freiburg i.Br.

- Zehthöfer/Schulze zur Wiesche:
  Finanzen und Steuern Band 3, Einkommensteuer, 3. Auflage
  Schäffer Poeschel Verlag, Stuttgart.

- Endriss/Haas/Küpper:
  Steuerkompendium Band 1, Ertragsteuern, 7. Auflage
  Verlag Neue Wirtschafts-Briefe, Herne/Berlin.

- Friebel/Rick/Schoor/Siegle:
  NWB Trainingsprogramm Steuern,
  Fallsammlung Einkommensteuer 7. Auflage
  Verlag Neue Wirtschafts-Briefe, Herne/Berlin.

- Falterbaum/Beckmann:
  Grüne Reihe Band 10, Steuerrecht für Studium und Praxis,
  16. Auflage
  Erich Fleischer Verlag, Achim.

- Gnam/Federmann:
  Handbuch der Bilanzierung bis Heft 2, Mai 2001
  Haufe Freiburg i.Br.

- Deutsches Steuerberaterinstitut e.V./Neufang GmbH
  Private Akademie für Steuer- und Wirtschaftsrecht/
  Verlag für Deutsche Steuerberater Aktiengesellschaft:
  Das Neue Praxis-Handbuch für Ausbildung und Aufstieg
  in der Steuerberatung, Offenburg.

- Koltermann:
  Fallsammlung Bilanzsteuerrecht, 9. Auflage
  Verlag Neue Wirtschafts-Briefe, Herne/Berlin.

Quellenangaben

- Ludwig Schmidt:
  EStG Einkommensteuergesetz Kommentar, 19. Auflage 2000
  Verlag C.H. Beck, München.

- Sparkassen Kunden-Service Steuern:
  Klörgmann:
  Ratgeber zur Einkommensteuer 2000
  Deutscher Sparkassen Verlag GmbH, Stuttgart.

- Groels:
  Buchführung für Anfänger, 3. Auflage
  Verlag Die Wirtschaft, Berlin.

- Als Orientierung diente der vorläufige Lehrplan ab 08/96:
  Steuerfachangestellte/Steuerfachangestellter
  der Schriftreihe des Ministeriums für Schule und Weiterbildung NW
  für die Berufsschule in Nordrhein-Westfalen
  Verlagsgesellschaft Ritterbach mbH, Frechen.

Anhang Lösungen zu den Fragen Nrn. 1 bis 53

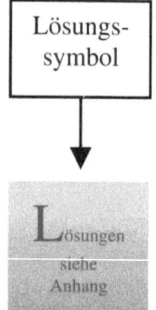

Lösungs-
symbol

Lösungen
siehe
Anhang

Im Anhang sind Lösungen und Lösungsvorschläge enthalten, die sich auf die im Text durch das *Lösungssymbol* gekennzeichneten Aufgaben beziehen. Ein entsprechender *Querverweis* ist vorhanden. Für die hier angebotenen Lösungen und Lösungsvorschläge bleibt anzumerken, dass es sich überwiegend um *Mindestanforderungen* handelt, die in den Antworten enthalten sein sollten.

Es steht den Anwendern natürlich frei, weitere und weiterführende Lösungen zu erarbeiten und diese mit den *Lehrkräften* abzustimmen.

Die Fragestellung beansprucht folgenden Mindestinhalt in der jeweiligen Kurzlösung:

Lösung zur Frage Nr. 1 von Seite 57

Zunächst ist dem Vortrag des Mandanten zur Vermeidung einer irrigen Erwartungshaltung eine qualifizierte Form zu verleihen.

Fasst man das Ergebnis zusammen, so handelt es sich bei den Aufwendungen weitläufig um vorweggenommene Incentiveleistungen eines Vaters zur Erlangung eines angestrebten Schulabschlusses seiner Tochter. Insoweit ist der Begriff der Ausbildungsaufwendungen für Kinder erfüllt (vgl. H 117 EStR). Der BFH in BStBl. 1998 II, S. 149 vertritt hierzu folgende Auffassung:

„Aufwendungen der Eltern für die Ausbildung oder die berufliche Fortbildung ihrer Kinder gehören grundsätzlich zu den nicht abziehbaren Lebenshaltungskosten". Ein Ausnahmefall nach § 10 Abs. 1 Nr. 9 EStG liegt nicht vor. Die Aufwendungen für die Anschaffung des Pferdes sind somit der privaten Sphäre zuzuordnen und fallen unter das Abzugsverbot des § 12 Nr. 1 EStG.

Fortsetzung zur Frage 1

a)   Damit eine Aufwendung steuerliche Berücksichtigung finden kann, muss diese ggf. einer noch zu erzielenden Einkunftsart zuzuordnen sein und je nach Art der Einkunftsquelle den Betriebsausgaben- bzw. Werbungskostenbegriff erfüllen. Dabei ist davon auszugehen, dass die Anschaffungskosten nur im Wege der Absetzung für Abnutzung (AfA) behandelt werden dürfen (für Tiere gilt § 90 a BGB), sofern der Erwerb nicht einem Umlaufvermögen zuzuordnen wäre.

Fortsetzung zur Lösung Frage Nr. 1 von Seite 57

Die Berücksichtigung einer vorweggenommenen Ausgabe geht mangels Einnahmen und Einnahmeerzielungsabsicht fehl. In Betracht käme bei einer späteren, der Sache nach entsprechenden Erzielung von Einkünften allenfalls eine Einlage mit dem Teilwert oder höchstens mit den (um die AfA fortgeschriebenen) Anschaffungskosten i.S.v. § 6 Abs. 1 Nr. 5 S. 1 Buchstabe a) EStG.

b) Erzielt die Schülerin bereits Einnahmen und ist bei der Anschaffung des Pferdes ein Sinnzusammenhang erkennbar, so könnte sie als wirtschaftliche Eigentümerin die Anschaffungskosten im Wege der Absetzung für Abnutzung über die betriebsgewöhnliche Nutzungsdauer verteilen, sofern kein Erwerb von Umlaufvermögen vorliegt. Ein solcher Sinnzusammenhang zu den Einkünften aus Kapitalvermögen (§ 20 EStG) ist allerdings auszuschließen.

Lösung zur Frage Nr. 2 von Seite 62

Die Einkommensteuer gehört finanzpolitisch zu den direkten Steuerarten. Nur der Einkommensbezieher schuldet die Einkommensteuer. Steuerschuldner und Steuerträger sind somit identische Personen. *Ferner zählt die Einkommensteuer zu den Gemeinschaftssteuern.*

Lösung zur Frage Nr. 3 von Seite 62

Die Rechtsgrundlagen für die Erhebung und Verwaltung der Einkommensteuer sind:

- *Art. 105 Abs. 2 i.V.m. Art. 72 Abs. 1 GG*
  zum Gesetzgebungsrecht des Bundes im Rahmen der konkurrierenden Gesetzgebung:

- *Art. 106 Abs. 3 und 5 GG*
  für die Verteilung des Steueraufkommens zwischen Bund, Ländern und Gemeinden;

- *Art. 108 Abs. 1 und 2 GG*
  für die Verwaltung durch die Finanzämter (Landesfinanzbehörden) im Auftrag des Bundes.

Lösung zur Frage Nr. 4 von Seite 62

Das Wesen der Einkommensteuer wird durch ihre tatbeständlichen Merkmale verständlich. Die Einkommensteuer ist gekennzeichnet durch die Begriffe:

- Besitzsteuer,
- Personensteuer,
- direkte Steuer und
- Gemeinschaftssteuer.

Besteuert wird das versteuernde Einkommen (Besitzsteuer). Persönliche Verhältnisse und die wirtschaftliche Leistungsfähigkeit werden berücksichtigt (Personensteuer). Steuerschuldner und Steuerträger sind abweichend zu den indirekten Steuern identische Personen (direkte Steuer). Das Aufkommen der Einkommensteuer wird in Form einer Gemeinschaftssteuer zwischen den Gebietskörperschaften Bund, Länder und Gemeinden aufgeteilt (Gemeinschaftssteuer).

Lösung zur Frage Nr. 5 von Seite 62

Eine direkte Steuer wie die Einkommensteuer belastet den Steuerschuldner unmittelbar; der Einkommensbezieher trägt die zu schuldende Steuer wirtschaftlich selbst. Die Einkommensteuer richtet sich nach der Einkommensentstehung, während sich die indirekten Steuern in Form von Verbrauchsteuern am Konsum orientieren. Hierdurch werden zwischen den direkten und den indirekten Steuern zwei hauptsächliche Wesensmerkmale deutlich:

- Die direkte Steuer am Beispiel der Einkommensteuer richtet sich nach der Einkommenshöhe;
- die indirekten Steuern richten sich nach der Einkommensverwendung, also nach dem Konsum, der aus dem Einkommen erwächst. Auf die Einkommenshöhe kommt es bei den indirekten Steuern nicht an. Besteuert wird ausschließlich der tatsächliche Verbrauch.

Lösung zur Frage Nr. 6 von Seite 62

Erhebungsformen der Einkommensteuer sind u.a. die Lohnsteuer und die Kapitalertragsteuer. Bei diesen Abgaben handelt es sich nicht um eigenständige Steuerarten, sondern um so genannte Abzugs- oder Quellensteuern, die in ihrer Wirkung Vorauszahlungen gleichkommen und auf eine später festzusetzende Jahreseinkommensteuer angerechnet werden.

Fortsetzung zur Lösung Frage Nr. 6 von Seite 62

Der Steuerpflichtige Mc Kenna unterliegt als Arbeitnehmer mit Bezügen in Form von Arbeitslohn dem Lohnsteuerabzug durch den Arbeitgeber.

Lösung zur Frage Nr. 7 von Seite 62

Die unbeschränkte Steuerpflicht erstreckt sich auch auf Einkünfte, die im Ausland zur Einkommensteuer herangezogen werden (Welteinkommensprinzip). Mit zahlreichen Staaten bestehen aber Abkommen zur Vermeidung der Doppelbesteuerung, durch die die deutsche Einkommenbesteuerung eingeschränkt wird.

Eine Doppelbesteuerung wird zum Teil im Wege der so genannten Freistellungsmethode und zum Teil im Wege der so genannten Anrechnungsmethode vermieden.

Bei der Freistellungsmethode verzichtet der Wohnsitzstaat auf die Besteuerung bestimmter Einkünfte und überlässt das Besteuerungsrecht für diese Einkünfte dem Quellenstaat. Bei der Anrechnungsmethode werden die Steuern des Quellenstaates in einem bestimmten Umfang auf die Steuern des Wohnsitzstaates angerechnet.

Ausnahmen gelten bei Arbeitslohnzahlungen aus öffentlichen Kassen und für Grenzgänger bestimmter Staaten (nicht Sachverhalt).

Eine Zweifachbesteuerung im Fall Kevin Mc Kenna wird durch das Doppelbesteuerungsabkommen zwischen Deutschland und dem Vereinigten Königreich vermieden.

Lösung zur Frage Nr. 8 von Seite 63

Kevin Mc Kenna ist als natürliche Person mit Wohnsitz (§ 8 AO) im Inland unbeschränkt einkommensteuerpflichtig i.S.v. § 1 Abs. 1 S. 1 EStG.

Lösung zur Frage Nr. 9 von Seite 63

Der Mandant ist bis zum Einreisetag des 31. Mai 01 von deutschen Steuerpflichten nicht betroffen. Es gilt für ihn auch keine beschränkte Steuerpflicht i.S.v. § 1 Abs. 4 EStG, da er über keine inländischen Einkünfte verfügt.

Mit Zuzug und dem auf Dauer ausgerichteten Verbleib wird Mc Kenna i.S.d. Lösung zur Frage 8 unbeschränkt einkommensteuerpflichtig.

Fortsetzung zur Lösung Frage Nr. 9 von Seite 63

Zu beachten sind folgende Besonderheiten.

- Die Einkommensteuer ist eine Jahressteuer (§ 2 Abs. 7 S. 1 EStG);
- die Grundlagen für ihre Festsetzung sind jeweils für ein Kalenderjahr zu ermitteln.

Den genannten Vorschriften ist die zwingende Anwendung des Welteinkommensprinzips zu entnehmen.

Lösung zur Frage Nr. 10 von Seite 63

Der Besteuerungszeitraum richtet sich nach § 2 Abs. 7 S. 1 und 2 EStG. Er beginnt am 01. Januar 01 und endet am 31. Dezember 01. Siehe zum Entstehungszeitpunkt der Einkommensteuer § 36 Abs. 1 EStG.

Lösung zur Frage Nr. 11 von Seite 63

Der persönlichen Einkommensteuerpflicht unterliegen gemäß § 1 EStG nur natürliche Personen. Die Köche-GbR ist ein Zusammenschluss mehrerer natürlicher Personen zur Verfolgung eines gemeinsamen Zwecks. Für die als Personengesellschaft zu klassifizierende Rechtsform gelten die Bestimmungen der §§ 705 ff. BGB. Die GbR selbst unterliegt nicht der Einkommensteuerpflicht.

Die Personengesellschaft GbR ist im Zivilrecht nicht rechtsfähig und im Steuerrecht teilweise rechtsfähig (z.B. weil sie den Unternehmerbegriff des § 2 Abs. 1 UStG erfüllt).

Der Staat verliert keinen Steuerzahler. Die Gesellschafter sind steuerrechtlich Mitunternehmer i.S.v. § 15 Abs. 1 S. 1 Nr. 2 EStG. Die Besteuerung ist über jeden einzelnen Gesellschafter-Mitunternehmer sichergestellt, da alle Beteiligten über ihre Beteiligungseinkünfte parallel zur jeweiligen persönlichen Steuerpflicht auch die sachliche Steuerpflicht auslösen. Die Abgabenordnung schreibt für das Besteuerungsverfahren der GbR mit den §§ 179, 180 AO das gesonderte und einheitliche Feststellungsverfahren von Besteuerungsgrundlagen vor. Die Köche-GbR hat insoweit eine entsprechende Steuererklärung einmal jährlich abzugeben.

Lösung zur Frage Nr. 12 von Seite 63

Art der Einnahme/ gesetzliche Grundlage	Stellung im Einkünfteschema	Gewinneinkunftsart	Überschusseinkunftsart
Arbeitslosengeld in Schottland	entfällt	entfällt	entfällt
Arbeitslohn einschließlich Dienstwohnung und freie Kost	§ 2 Abs. 1 S. 1 Nr. 4 EStG		⊗
Vermietung und Verpachtung in Schottland	grds. § 2 Abs. 1 S. 1 Nr. 6 EStG; **beachte:** DBA/§ 32 b Abs. 1 Nr. 2 bzw. 3 EStG		⊗
Kapitalvermögen in Schottland (unterhalb der deutschen Freibetragsregelungen)	§ 2 Abs. 1 S. 1 Nr. 5 EStG (Besteuerungsrecht im Wohnsitzstaat)		⊗
Beteiligungseinkünfte als Gesellschafter-Mitunternehmer an der Köche-GbR. Einkünfte aus Gewerbebetrieb ab dem 01.01.02	§ 2 Abs. 1 S. 1 Nr. 2 EStG	⊗	

Lösung zur Frage Nr. 13 von Seite 63

Bei Aufwendungen, die anlässlich einer Betriebsgründung vor Betriebseröffnung anfallen, genügt zur Verlustanerkennung grundsätzlich ein ausreichender Zusammenhang mit der Gewinnerzielung. Der Nachweis einer ernsthaft beabsichtigten betrieblichen Veranlassung bei einer gescheiterten Betriebsgründung kann unter Umständen schwierig sein. Bei vergeblichen Planungskosten kann der Betriebsausgabenabzug, der ohne Betriebseinnahmen erzielt zu haben in einen Verlust mündet, dann erhalten bleiben, wenn die Steuerpflichtigen den Nachweis der ernsthaft beabsichtigen Veranlassung plausibel begründen können; vgl. hierzu Ludwig Schmidt, Kommentar zur Einkommensteuer (19. Auflage 2000) RZ 484 zu § 4 EStG.

Lösung zur Frage Nr. 14 von Seite 63

Die GbR ist als Firma nicht im Handelsregister eingetragen. Eine Buchführungspflicht nach anderen Gesetzen als den Steuergesetzen liegt nicht vor. Insoweit verzichtet auch das Steuerrecht nach § 140 AO auf die Führung von Büchern mit regelmäßigen Abschlüssen. Der Gesellschaft bleibt es jedoch unbenommen, den Bestandsvergleich des § 5 EStG freiwillig anzuwenden. Vorläufig ist nicht mit einer Überschreitung der Buchführungsgrenzen des § 141 AO zu rechnen. Es kann daher genügen, den Gewinn durch Einnahme-Überschussrechnungen nach § 4 Abs. 3 EStG zu ermitteln.

Lösung zur Frage Nr. 15 von Seite 63

Der Mandant ist verpflichtet, alle Einkünfte vollständig und wahrheitsgemäß in seiner Einkommensteuererklärung zu erfassen. Eine Mehrfachbesteuerung wird durch Doppelbesteuerungsabkommen vermieden. Das Welteinkommensprinzip verlangt nach der Offenlegung aller in der gesamten Welt erwirtschafteten Einkünfte, ohne dass dies zu einer doppelten Besteuerung führt. Diese Aussage gilt uneingeschränkt für alle Einkünfte aus Ländern, mit denen die Bundesrepublik Deutschland Doppelbesteuerungsabkommen unterzeichnet hat.

Der Transfer von Sparvermögen in die Bundesrepublik Deutschland wäre unbeachtlich, da dieser Staat ab dem Zuzug des Mandanten ohnehin als Wohnsitzstaat das Besteuerungsrecht für Kapitalerträge genießt. Es kommt nicht darauf an, wo das Kapital angelegt ist.

Kevin Mc Kenna erzielt in Deutschland Einkünfte aus nichtselbständiger Arbeit (§ 19 EStG), weil er Arbeitnehmer ist. Ab dem 01. Januar 02 erzielt er höchstwahrscheinlich als Gesellschafter-Mitunternehmer Beteiligungseinkünfte aus Gewerbebetrieb nach § 15 Abs. 1 S. 1 Nr. 2 EStG (Köche-GbR).

Lösung zur Frage Nr. 16 von Seite 64

Die Einnahmen des Kalenderjahres 01 lauten wie folgt.

1.	Bruttoarbeitslohn § 19 Abs. 1 S. 1 Nr. 1 EStG 7 x 3.500,00 DM	=	24.500,00 DM
	Dienstwohnung 7 x 600,00 DM	=	4.200,00 DM
	Freie Kost 7 x 100,00 DM	=	700,00 DM
	Einnahmen aus nichtselbständiger Arbeit		29.400,00 DM
2.	Sparguthabenzinsen in Schottland § 20 EStG	=	700,00 DM
	Einnahmen aus Kapitalvermögen		700,00 DM
3.	Vermietung und Verpachtung in Schottland ab 01.12.01 1/12 von 12.000,00 DM	=	1.000,00 DM
	Einnahmen aus Vermietung und Verpachtung		1.000,00 DM

Um Fragen der Finanzbehörde, die den Zeitraum vom 01. Januar bis zum 31. Mai 01 betreffen, aus dem Weg zu gehen, sollte der Arbeitslosengeldbezug in Schottland nicht unerwähnt bleiben. Diese Angabe dient lediglich der Aufklärung, wovon der Mandant seinen Lebensunterhalt bestritten hat. Das Arbeitslosengeld erlangt weder steuerliche Bedeutung bei den Einkunftsarten des § 2 Abs. 1 EStG noch beim Progressionsvorbehalt des § 32 b EStG.

Lösung zur Frage Nr. 17 von Seite 64

Ja. Bewerbungskosten können als Werbungskosten von den Einnahmen aus nichtselbständiger Arbeit (§ 19 EStG) abgezogen werden, da der Werbungskostenbegriff des § 9 Abs. 1 EStG (Tatbestandsmerkmal Erwerbung von Einnahmen) erfüllt ist. Es handelt sich um vorweggenommene Werbungskosten im Hinblick auf ein künftiges Dienstverhältnis als Arbeitnehmer. Dabei spielt es keine Rolle, ob ein Großteil der Bewerbungen erfolglos geblieben ist.

Lösung zur Frage Nr. 18 von Seite 64

Kosten, die einem Arbeitnehmer durch einen beruflich bedingten Wohnungswechsel entstehen, sind Werbungskosten. Ein Wohnungswechsel ist u.a. beruflich veranlasst, wenn er im ganz überwiegenden betrieblichen Interesse des Arbeitgebers durchgeführt wird, insbesondere beim Beziehen oder Räumen einer Dienstwohnung, die aus betrieblichen Gründen bestimmten Arbeitnehmern vorbehalten ist, um z.B. deren jederzeitige Einsatzmöglichkeiten zu gewährleisten; BFH vom 28. April 1988 – BStBl. II, S. 777.

Bei einem beruflich veranlassten Wohnungswechsel können die Umzugskosten ohne weitere Prüfung bis zur Höhe der Beträge als Werbungskosten abgezogen werden, die nach dem Bundesumzugskostengesetz (BUKG) und der Auslandsumzugskostenverordnung (AUV) als Umzugskostenvergütung höchstens gezahlt werden könnten (vgl. BFH vom 30. März 1982 – BStBl. II, S. 595).

Der Pauschbetrag für sonstige Umzugsauslagen beträgt nach § 10 Abs. 1 BUKG für Ledige 1.009,00 DM. Da der Pauschbetrag die tatsächlichen Kosten übersteigt, erscheint sein Ansatz in der Steuererklärung vorteilhafter zu sein. Erstattungen von dritter Hand sind zu berücksichtigen.

Umzugskosten sind typischerweise im neuen Wohnsitzstaat zu beantragen, da der Umzug mit der Schaffung neuer Einkunftsquellen am neuen Wohnort in einem engen sachlichen Zusammenhang steht.

Lösung zur Frage Nr. 19 von Seite 64

Straßenbekleidung:

Keine typische Berufsbekleidung ist z.B. bürgerliche Kleidung ohne berufliche Funktion, selbst wenn sie ausschließlich beruflich genutzt wird; BFH, BStBl. 1980 II, S. 75. Der Werbungskostenabzug scheitert aber bereits schon am Umstand, dass es sich nicht um typische Berufsbekleidung im steuerlichen Sinne handelt. Auch das Argument der berufsbedingten Neuanschaffung sowie der Einwand auf ansonsten höher entstandene Umzugskosten dürfen nicht zu einem ungerechtfertigten Werbungskostenabzug führen, da diese Handhabung eine Besserstellung gegenüber anderen Arbeitnehmern eintreten lassen würde.

Fortsetzung zur Lösung Frage Nr. 19 von Seite 64

Arbeitsmittel:

Die Anschaffungs- oder Herstellungskosten von Arbeitsmitteln einschließlich der Umsatzsteuer können im Jahr der Anschaffung oder Herstellung in voller Höhe als Werbungskosten abgesetzt werden, wenn sie ausschließlich der Umsatzsteuer für das einzelne Arbeitsmittel 800,00 DM nicht übersteigen (R 44 S. 1 LStR). Das Arbeitsmittel kann im Jahr der Anschaffung in voller Höhe (928,00 DM) als Werbungskosten abgesetzt werden.

Einstandsfest:

Für die Bewirtung von Fachkollegen und unterstellte Mitarbeiter gelten dieselben Grundsätze wie bei eigenen Aufwendungen des Arbeitnehmers für die Bewirtung von Geschäftsfreunden seines Arbeitgebers in Gaststätten. Diese Aufwendungen sind einschließlich der auf den Arbeitnehmer selbst entfallenden Kosten nur mit 80 v.H. als Werbungskosten abziehbar, soweit sie angemessen sind und ihre berufliche Veranlassung nachgewiesen wird. Indiz für die berufliche Veranlassung ist insbesondere eine erfolgsabhängige Entlohnung des Arbeitnehmers; vgl. BFH vom 16. März 1984; BStBl. II, S. 433. Diese Voraussetzung ist lt. Sachverhalt nicht gegeben, da der Mandant ein Festgehalt erhält.

Auch Bewirtungskosten, die einem Steuerpflichtigen z.B. aus Anlass seines Geburtstags, seiner Beförderung oder eines anderen persönlichen Ereignisses entstehen, sind als Repräsentationskosten vom Werbungskostenabzug ausgeschlossen (BFH 12.12.1991 – BStBl. 1992 II, S. 524 m.w.N.; 04.12.192 – BStBl. 1993 II, S. 350 und 19.02.1993 – BStBl. II, S. 403).

Ein Pauschalansatz ist ebenso ausgeschlossen wie eine Berücksichtigung als allgemeine außergewöhnliche Belastungen, da es an der Außergewöhnlichkeit und auch an der Zwangsläufigkeit solcher Aufwendungen mangelt; vgl. hierzu R 186 EStR.

Lösung zur Frage Nr. 20 von Seite 65

Unter dem Begriff Vorsorgeaufwendungen werden Beiträge zu den in § 10 Abs. 1 Nr. 2 Buchstabe a) bis c) EStG aufgeführten Versicherungen zusammengefasst. Diese Vorsorgeaufwendungen können als Sonderausgaben im Rahmen der Höchstbeträge nach § 10 Abs. 3 EStG abgezogen werden; siehe zur Position im Berechnungsschema § 2 Abs. 4 EStG sowie R 3 Nr. 9 EStR.

Fortsetzung zur Lösung Frage Nr. 20 von Seite 65

Für den Abzug von Vorsorgeaufwendungen ist zwingend Voraussetzung, dass diese nicht in unmittelbarem wirtschaftlichen Zusammenhang mit steuerfreien Einnahmen stehen (§ 10 Abs. 2 S. 1 Nr. 1 EStG). Vorsorge-aufwendungen sind außerdem nur abziehbar, wenn sie an Versicherungs-unternehmen, die ihren Sitz oder ihre Geschäftsleitung in einem Mitglied-staat der Europäischen Gemeinschaft haben bzw. das Versicherungsge-schäft im Inland betreiben dürfen und denen die Erlaubnis zum Ge-schäftsbetrieb im Inland bzw. Gemeinschaftsgebiet erteilt ist oder an ei-nen Sozialversicherungsträger geleistet werden (§ 10 Abs. 2 S. 1 Nr. 2 Buchstabe a) und c) EStG).

Vorsorgeaufwendungen sind ferner nur abziehbar, wenn sie nicht vermö-genswirksame Leistungen darstellen, für die Anspruch auf eine Arbeit-nehmer-Sparzulage nach § 13 des 5. VermBG besteht (§ 10 Abs. 2 S. 1 Nr. 3 EStG).

Nach allem kann der Mandant Versicherungsbeiträge, die er an ein Versi-cherungsinstitut seines Heimatlandes Schottland entrichtet hat, als Vor-sorgeaufwendungen im Rahmen der Höchstbeträge (§ 10 Abs. 3 EStG) für Sonderausgaben abziehen.

Lösung zur Frage Nr. 21 von Seite 65

Zur Prüfung der Frage, ob Heimflüge aus familiär begründeten Anlässen, Beerdigungskosten mit etwaigen Erstattungen von dritter Seite steuer-mindernd in Abzug gebracht werden können, bzw. welche Rolle ein Nachlass des verstorbenen Vaters spielt, ist ein Abzug in Form der allge-meinen außergewöhnlichen Belastungen i.S.d. § 33 EStG zu überdenken. Damit wird die Position des § 2 Abs. 4 EStG i.V.m. R 3 Nr. 10 EStR im Berechnungsschema angesprochen. Voraussetzung für die Anerkennung von außergewöhnlichen Belastungen allgemeiner Art ist, dass der Steuer-pflichtige seine Aufwendungen getragen hat, weil er hierzu sittlich ver-pflichtet ist und die Umstände ihn zu diesen Ausgaben gezwungen haben; vgl. R 186 EStR.

Der Sachverhalt ist hinsichtlich folgender Punkte näher zu untersuchen:

- **Besuch der kranken Mutter im Sommer 01:**

Besuchsreisen zu auswärts wohnenden Angehörigen sind grundsätzlich durch den Grundfreibetrag abgegolten und können nur unter ganz beson-deren Umständen als zwangsläufig und außergewöhnlich angesehen wer-den.

Fortsetzung zur Lösung Frage Nr. 21 von Seite 65

Bei der Gesamtbewertung sind unter anderem der erforderliche Umfang der Pflegeleistungen und die Höhe der Aufwendungen zu berücksichtigen. Siehe zu diesen Sachfragen BFHE 182, 352 = BStBl. II 1997, 558 in ausführlicher Darstellung. Von Zwangsläufigkeit und Außergewöhnlichkeit kann ausgegangen werden, wenn der Mandant in gewisser Weise Pflegeleistungen erbracht und Aufwendungen persönlich getragen hat. Der Sachverhalt äußert sich hierzu nicht.

- **Besuch anlässlich der Beerdigung des Vaters im Dezember 01:**

Zu den außergewöhnlichen Belastungen gehören nur solche Aufwendungen, die unmittelbar mit der eigentlichen Belastung zusammenhängen. Mittelbar mit einer Bestattung zusammenhängende Kosten werden mangels Zwangsläufigkeit nicht als außergewöhnliche Belastung anerkannt. Zu diesen mittelbaren Kosten gehören z.B. Reisekosten für die Teilnahme an einer Bestattung eines nahen Angehörigen; vgl. BFH vom 17. Juni 1994 – BStBl. 1994 II, S. 754.

Die Flugkosten nach Schottland anlässlich der Beerdigung des Vaters sind damit nicht als allgemeine außergewöhnliche Belastungen i.S.d. § 33 EStG abzugsfähig.

- **Beerdigungskosten, Erstattungsleistungen und Nachlass des verstorbenen Vaters:**

Beerdigungskosten sind Nachlassverbindlichkeiten und beim Erben daher dem Grunde nach nur insoweit eine außergewöhnliche Belastung, als sie den Wert des Nachlasses übersteigen. Mangels Zwangsläufigkeit werden folgende Aufwendungen nicht anerkannt:

- Bewirtung von Trauergästen,
- Trauerkleidung,
- Reisekosten.

Beerdigungskosten eines nahen Angehörigen sind regelmäßig als außergewöhnliche Belastung zu berücksichtigen, soweit sie nicht durch Erstattungsleistungen gedeckt sind (BFH vom 22. Februar 1996 – BStBl. II. S. 413).

Kevin Mc Kenna wird Erbe eines vermieteten Hauses mit einem Verkehrswert von 600.000,00 DM. Darüber hinaus besteht der weitere Nachlass aus einigem Sparvermögen.

Fortsetzung zur Lösung Frage Nr. 21 von Seite 65

Der Nachlass übersteigt damit die insgesamt angefallenen Beerdigungskosten einschließlich des Fluges nach Schottland beträchtlich. Eine Berücksichtigung dieser Aufwendungen als allgemeine außergewöhnliche Belastungen i.S.d. § 33 EStG ist damit ausgeschlossen.

Lösung zur Frage Nr. 22 von Seite 74

	1	2	3	4
BV 31.12.02	40.000 DM	25.000 DM	./. 5.000 DM	60.000 DM
BV 31.12.01	10.000 DM	35.000 DM	20.000 DM	./. 6.000 DM
Gewinn/Verlust	+ 30.000 DM	./. 10.000 DM	./. 25.000 DM	+ 66.000 DM

	5	6	7	8
BV 31.12.02	20.000 DM	./. 6.000 DM	40.000 DM	12.000 DM
BV 31.12.01	45.000 DM	18.000 DM	30.000 DM	./. 8.000 DM
Unterschied	./. 25.000 DM	./. 24.000 DM	+ 10.000 DM	+ 20.000 DM
Entnahmen 02	+ 32.000 DM	+ 16.000 DM	+ 30.000 DM	+ 26.000 DM
Einlagen 02	./. 3.000 DM	./. 8.000 DM	./. 70.000 DM	./. 1.000 DM
Gewinn/Verlust	+ 4.000 DM	./. 16.000 DM	./. 30.000 DM	+ 45.000 DM

Lösung zur Frage Nr. 23 von Seite 93

Betriebsausgabe (USt)	128,00 DM
Aufnahme in das Verzeichnis (§ 4 Abs. 3 S. 5 EStG)	94.450,00 DM

Lösung zur Frage Nr. 24 von Seite 93

BA01: degr. AfA § 7 Abs. 2 EStG ($\frac{1}{2}$ v. 20 v. H.)	6.000,00 DM
BA02: Vorsteuer	9.600,00 DM
BA02: degr. AfA 20 v. H. von 54.000,00 DM	10.800,00 DM

Lösung zur Frage Nr. 25 von Seite 93

BA01: Vorsteuer (erste Alternative)	320,00 DM
BA01: degr. AfA ($\frac{1}{2}$ v. 20 v. H.)	200,00 DM
BA01: GWG (§ 6 Abs. 2 EStG) und Vorsteuer (zweite Alternative)	696,00 DM

Lösung zur Frage Nr. 26 von Seite 93

BA: (erste Alternative)	11.600,00 DM
BA: nur Vorsteuer, da Anlagevermögen erworben worden ist (zweite Alternative)	2.400,00 DM

Lösung zur Frage Nr. 27 von Seite 93

BE: 1.160,00 DM
BA: 1.160,00 DM

Lösung zur Frage Nr. 28 von Seite 93

BA: (Sichtweise des Abels)   2.320,00 DM
BE: (Sichtweise des Geduldig)   2.320,00 DM
     Zur rechtlichen Qualifizierung der
     Betrachtungsweise des Forderungsgläubigers
     siehe BFH, BStBl. 1975 II, Seite 526:
     Für den Forderungsverzicht sind private
     Gründe ausschlaggebend

Lösung zur Frage Nr. 29 von Seite 93

BE: 5.800,00 DM

Lösung zur Frage Nr. 30 von Seite 93

BA: Die Forderung gehört zum „notwendigen Betriebsvermögen" 2.000,00 DM

Lösung zur Frage Nr. 31 von Seite 93

Keine Aufzeichnung

Lösung zur Frage Nr. 32 von Seite 93

BA: 5.500,00 DM

Lösung zur Frage Nr. 33 von Seite 94

BE 02:   3.000,00 DM

Lösung zur Frage Nr. 34 von Seite 94

Keine Aufzeichnung

Lösung zur Frage Nr. 35 von Seite 94

BA 01: Disagio   6.000,00 DM

Lösung zur Frage Nr. 36 von Seite 94

BA:	Personalcomputer (GWG, Einlage)	500,00 DM
BA:	Schreibtisch	
	degr. AfA § 7 Abs. 2 EStG	
	20 v. H. von 900,00 DM	180,00 DM
BA:	Fachliteratur	900,00 DM
	jedes Buch ist ein GWG	

Lösung zur Frage Nr. 37 von Seite 95

Betriebseinnahmen

Erlöse Warenverkäufe einschließlich USt		100.000,00 DM
Einlage gebrauchte Rundfunkgeräte		0,00 DM
(es handelt sich um Betriebsausgaben)		
Dividenden aus Aktienbesitz		0,00 DM
(gewillkürtes Betriebsvermögen unzulässig)		
Warenentnahme, Teilwert		2.500,00 DM
Umsatzsteuer		400,00 DM
(alternativ: BE 2.500,00 DM, Kürzung		
der USt-Zahllast um 400,00 DM)		
Summe Betriebseinnahmen		102.900,00 DM

Betriebsausgaben

Einlage gebrauchte Rundfunkgeräte			
mit dem Teilwert	1.000,00 DM		
Geschäftsraummiete			
Januar 01 bezahlt: 23.12.00	1.000,00 DM		
Kfz-Steuer Betriebsfahrzeug			
fällig und gezahlt für ein			
Jahr im Voraus am 01.12.01	800,00 DM		
Kfz-Versicherung dito	1.000,00 DM		
USt-Zahllast Dezember 00,			
gezahlt am 15.01.01	0,00 DM		
Anschaffung Lieferwagen			
• Vorsteuer	4.800,00 DM		
• degr. AfA § 7 Abs. 2 EStG			
20 v. H. von 30.000,00 DM	6.000,00 DM		
• Sonder-AfA § 7 g EStG	6.000,00 DM		
• Zinsen Darlehn	800,00 DM		
• Tilgung Darlehn	0,00 DM		
übrige Betriebsausgaben	12.000,00 DM		
Summe der Betriebsausgaben	33.400,00 DM	33.400,00 DM	
Gewinn		69.500,00 DM	

Fortsetzung zur Lösung Frage Nr. 37 von Seite 95

Nach Aufforderung durch das Finanzamt besteht ab dem nächsten 01.01., demnach dem 01.01.03, Buchführungspflicht. Berthold Maibaum muss dann seinen Gewinn durch Betriebsvermögensvergleich ermitteln; siehe § 141 Abs. 1 S. 1 Nr. 4 i.V.m. Abs. 2 AO.

Die Dezembermiete ist in 01 als Betriebsausgabe zu erfassen, da sie erst am 15. Januar 01 gezahlt wurde.

Lösung zur Frage Nr. 38 von Seite 110

Die Bewertung des Warenbestandes erfolgt grundsätzlich mit den Anschaffungs- bzw. Herstellungskosten i.S.d. § 255 HGB. Dieser Wert kann sich rasch ändern. Es ist daher nicht zu beanstanden, bei Vermögensgegenständen des Umlaufvermögens Abschreibungen vorzunehmen, um diese mit einem niedrigeren Wert anzusetzen, der sich aus einem Börsen- oder Marktpreis am Abschlussstichtag ergibt; siehe § 253 Abs. 3 S. 1 HGB (so genanntes Niederstwertprinzip). Nach § 5 Abs. 1 S. 1 EStG ist das handelsrechtliche Bewertungsgebot auch für die Steuerbilanz maßgeblich.

Die Bewertung des Warenbestandes mit dem niedrigeren Teilwert von 41.000,00 DM ist rechtens.

Hinweis:

Siehe § 253 Abs. 3 S. 2 HGB, wenn ein Börsen- oder Marktpreis nicht feststellbar ist und S. 3 zur Verhinderung, dass in der nächsten Zukunft der Wertansatz dieser Vermögensgegenstände aufgrund von Wertschwankungen geändert werden muss.

Während für die Handelsbilanz gemäß § 253 Abs. 5 HGB der niedrigere beizulegende Wertansatz beibehalten werden darf, gilt über den Bewertungsvorbehalt des § 5 Abs. 6 EStG ein Wertaufholungsgebot für die steuerliche Teilwertabschreibung, wenn die Gründe für den niedrigeren Wertansatz nicht mehr bestehen; siehe § 6 Abs. 1 Nr. 2 EStG.

Die sonstigen Verbindlichkeiten setzen sich wie folgt zusammen:

- Restkaufpreis Büromöbel
  1.000,00 DM zzgl. 160,00 DM Vorsteuer
- Reparaturrechnung PKW
  2.000,00 DM zzgl. 320,00 DM Vorsteuer

Summe sonstige Verbindlichkeiten 3.480,00 DM.

Lösung zur Frage Nr. 39 von Seite 110

Zur Berechnung des Übergangsgewinns ist eine isolierte Betrachtungsweise zwingend notwendig.

Aktiva	+/./. Zuschlag Abschlag		+/./. Zuschlag Abschlag
Grund und Boden	-----	Eigenkapital	-----
Gebäude	-----	Rückstellungen	3.500
Betriebs- u. Geschäftsausstattung	-----	Darlehn	-----
		Verbindlichkeiten	34.500
Geleistete Anzahlungen	5.000	Kundenanzahlungen	12.000
Warenbestand	41.000	Sonstige Verbindlichkeiten	2.480
Forderungen	57.500	Umsatzsteuerschuld	2.520
Bank/Kasse	-----		
akt. RAP	3.000		
Damnum	1.000		
Summe aus Aktiva	107.500	Summe aus Passiva	55.000

Anmerkungen:

- Es ergibt sich keine Korrektur beim Anlagevermögen.
- Geleistete Anzahlungen betreffen das Umlaufvermögen.
- Bestandskonten wie Bank und Kasse bleiben beim Übergangsgewinn neutral.
- Das Damnum wird wie ein aktiver Rechnungsabgrenzungsposten behandelt.
- Das Eigenkapital ist neutral.
- Die Verbindlichkeiten sind neutral.
- Bei den sonstigen Verbindlichkeiten bleibt die Restkaufpreisschuld außer Ansatz, da diese das Anlagevermögen (= Betriebs- und Geschäftsausstattung) betrifft. Keine Korrektur beim Anlagevermögen.
- Als Ergebnis ergeben sich auf der Aktivseite ausschließlich Hinzurechnungen und auf der Passivseite Kürzungen.

Erfassung des Übergangsgewinns/-verlustes:

Hinzurechnungen	107.500,00 DM
./. Kürzungen	55.000,00 DM
= Übergangsgewinn	52.500,00 DM

Lösung zur Frage Nr. 40 von Seite 111

Siehe Lösungen zu den Fragen Nr. 40 a bis 40 d.

Der Übergangsgewinn ist außerhalb der Buchführung grundsätzlich dem Gewinn des ersten Bestandsjahres hinzuzurechnen. Technisch ist eine Miterfassung des Übergangsgewinns nicht möglich.

Hinweis:

Die EStR enthalten in der Anlage 1 eine Übersicht über die Berichtigung des Gewinns bei Wechsel der Gewinnermittlungsart.

Die volle Steuerpflicht des Übergangsgewinns ist unvermeidlich. Er ist nicht tarifbegünstigt und gehört bei Gewerbetreibenden auch zum Gewerbeertrag. Wegen der zum Teil sozialen Unverträglichkeit von einmalig hoch ausfallenden Gewinnen sollte mit dem Mandanten die antragsgebundene Möglichkeit der linearen Gewinnverteilung auf bis zu drei Jahre nach R 17 Abs. 1 S. 4 EStR erörtert werden. Es treffen grundverschiedene Gewinnermittlungsmethoden aufeinander. Der Übergangsgewinn resultiert aus erwirtschafteten Erlösen, die bei der Einnahme-Überschussrechnung wegen des fehlenden Geldeinganges noch nicht als Betriebseinnahme zu erfassen waren (= Istprinzip), beim Bestandsvergleich aber schon beim Geschäftsabschluss zum selben, d.h. vorgezogenen Zeitpunkt, hätten erfolgswirksam gebucht werden müssen (= periodengerechte Gewinnermittlung).

Der Kaufmann steht sich durch den Wechsel zum Bestandsvergleich aber nicht schlechter, da sich lediglich eine Gewinnverschiebung – u.U. mit einer sozial unverträglichen Zusammenballung von steuerpflichtigen Gewinnen – ergibt.

Dem Grundsatz der Totalgewinngleichheit folgend werden sich über mehrere Geschäftsjahre die selben Gewinne herausstellen. Die einmalige oder in bis zu drei Teilbeträgen hinzunehmende Mehrsteuer ist keine „Strafsteuer", da sich der Überbetrag in späteren Zeitpunkten wieder glättet.

Bei einer Betriebsveräußerung bzw. Betriebsaufgabe ist der Übergangsgewinn im Jahr der Veräußerung bzw. im Aufgabejahr zu erfassen. Ein Antrag auf Verteilung auf bis zu drei Jahre nach R 17 Abs. 1 S. 4 EStR ist in diesen Fällen unzulässig.

Lösung zur Frage Nr. 40 d von Seite 111

Hinweis auf das Außensteuergesetz (AStG) vom 08. September 1972 mit zahlreichen späteren Änderungen.

Lösung zur Frage Nr. 41 von Seite 120

Bilanzposten	DM	Übergangsgewinn
Fahrzeuge	65.000,00	0,00
Betriebs- und Geschäftsausstattung	87.500,00	0,00
Warenbestand	141.000,00	+ 141.000,00
Kundenforderungen	138.000,00	+ 138.000,00
Lieferantenverbindlichkeiten	69.000,00	./. 69.000,00
Geleistete Anzahlungen	23.000,00	+ 23.000,00
Erhaltene Anzahlungen	34.500,00	./. 34.500,00
Geld- und Bankbestände	24.500,00	0,00
Rückstellungen (GewSt)	17.400,00	./. 17.400,00
Umsatzsteuerschuld	14.200,00	./. 14.200,00
Aktive Rechnungsabgrenzung	15.000,00	+ 12.000,00
Sonstige Verbindlichkeiten	5.710,00	./. 3.710,00
Übergangsgewinn	DM	175.190,00

Erläuterungen einzelner Bilanzposten:

Warenbestand

Die Warenbestandserfassung macht eine Hinzurechnung mit dem Teilwert erforderlich, denn bei Zahlung ist der Wareneinkauf mit 155.000,00 DM als Betriebsausgabe erfasst worden.

Nach dem Übergang zum Bestandsvergleich wird wegen des niedrigeren Teilwertansatzes nur ein Wareneinsatz von 141.000,00 DM den Gewinn mindern. Lediglich in Höhe des Teilwertgedankens von 141.000,00 DM ist insoweit eine doppelte Gewinnminderung gegeben.

Büro- und Ladenmiete (aktive Rechnungsabgrenzung)

Eine Hinzurechnung wegen der im aktiven Rechnungsabgrenzungsposten ausgewiesenen Büro- und Ladenmiete kommt nicht in Betracht. Es handelt sich um eine regelmäßig wiederkehrende Ausgabe, die wirtschaftlich in das Jahr 04 gehört. Bei Zahlung am 28.12.01 war eine Betriebsausgabe nicht zu erfassen. Aus diesem Grund wird bei Auflösung des Rechnungsabgrenzungspostens eine doppelte Gewinnminderung nicht eintreten.

Fortsetzung zur Lösung Frage Nr. 41 von Seite 120

Notariatskosten mit Vorsteuer

Nur in Höhe der Vorsteuer ist eine Kürzung geboten, denn die Notariatskosten selbst stellen Anschaffungskosten des Grundstücks (= Anlagevermögen) dar.

Lohnsteuer und Sozialversicherungsbeiträge

Wegen der noch offenen Lohnsteuer und Sozialversicherungsbeiträge ist eine Kürzung notwendig, da ansonsten eine Nichterfassung die Folge wäre.

PKW-Haftpflichtversicherung

Eine Kürzung kommt nicht in Betracht, denn der fragliche Betrag ist wirtschaftlich dem Jahr 04 zuzurechnen. Die Eröffnungsbilanz ist insoweit unzutreffend, denn eine Verbindlichkeit durfte nicht ausgewiesen werden. Der unrichtige Bilanzansatz darf bei der Ermittlung des Übergangsgewinns nicht zugrunde gelegt werden.

Lösung zur Frage Nr. 42 von Seite 120

Der Übergangsgewinn ist mit jeweils 1/3, das entspricht 58.396,66 DM in den Jahren 04 bis 06 als Einkünfte aus Gewerbebetrieb, zu versteuern. Die Korrekturen zur Wiederherstellung der Totalgewinngleichheit sind beim laufenden Gewinn zu berücksichtigen (BFH 1962 III, 109) und können auf bis zu drei Jahre verteilt werden (BFH 1967 III, 755). Bei Gewerbetreibenden gehört der Übergangsgewinn auch zum Gewerbeertrag.

Lösung zur Frage Nr. 43 von Seite 221

Die Lösung verlangt nach der Ermittlung der Herstellungskosten von insgesamt 2.000 Maschinen nach dem Divisionsverfahren.

Die Herstellungskosten (HK) der Fertigung von 2.000 Maschinen setzen sich nach dem *Divisionsverfahren* wie folgt zusammen:

Fortsetzung zur Lösung Frage Nr. 43 von Seite 221

		DM
• Anschaffungskosten der Rohstoffe ./. 2 % Skonto	MEK	490.000
• Rohstofflagerkosten 1 v. H. der Anschaffungskosten	MGK	4.900
• Transport der Rohstoffe vom Lager in die Produktion = 0,1 v. H. der Anschaffungskosten	FGK	490
• Fertigungslöhne 1.000.000,00 DM	FEK	1.000.000
• Arbeitgeberanteil Sozialversicherung = 15 v.H. der Fertigungslöhne	FGK	150.000
• Urlaubsgelder inklusive Arbeitgeberanteil Sozialversicherung	FGK	100.000
• Betriebliche Altersversorgung = 6 v. H. der Fertigungslöhne	Wahlrecht	----
• Abschreibungen Fertigungsanlagen	FGK	121.000
• Abschreibungen Bürogebäude = 5.000,00 DM	Wahlrecht	----
• Energiekosten (Anteil Betrieb) = 20 v. H.	FGK	200.000
• Kosten des Lohnbüros = 8 v. H.	FGK	80.000
• Kosten der Geschäftsleitung	Wahlrecht	----
• Gewerbesteuer vom Ertrag	Wahlrecht	----
• Lizenzgebühren für Fertigungsverfahren	Sonderkosten	200.000
• Lizenzgebühren (Stücklizenz)	Vertriebskosten	----
• Ausbildungskosten	Wahlrecht	----
• Sonstige Betriebskosten = 153.610,00 DM	FGK	153.610
• Handelsvertreterprovisionen = 1 v. H. der Fertigungslöhne	Vertriebskosten	----
• Kosten der Werbung = 1 v. H. der Fertigungslöhne	Vertriebskosten	----
• Kosten der Verpackung = 0,1 v. H. der Fertigungslöhne	Vertriebskosten	----
• Eigenkapitalverzinsung = 1, 0 v. H. der Fertigungslöhne	Kalkulatorische Kosten	----
Herstellungskosten		2.500.000

Herstellungskosten pro Maschine

$$\frac{2.500.000}{2.000 \text{ Stück}} = 1.250,00 \text{ DM pro Maschine}$$

Bilanzansatz

30 Maschinen x 1.250,00 DM = 37.500,00 DM

Die Lösung verlangt nach der Ermittlung der Herstellungskosten nach dem *Zuschlagsverfahren*.

Dem Sachverhalt sind folgende Gegebenheiten zu entnehmen:

- Fertigungsmaterial   MEK   =   40.000,00 DM
- Fertigungslöhne   FEK   =   120.000,00 DM
- Arbeitgeberanteil Sozialversicherung auf Fertigungslöhne = 15 v. H. der Fertigungslöhne

Gemeinkosten	DM		DM
Arbeitgeberanteil Sozialversiche-rung (15 v. H. der FL)	18.000	Gebot	18.000
Gehälter der Meister	60.000	Gebot	60.000
Hilfsarbeiterlöhne	15.000	Gebot	15.000
Gehälter Geschäftsleitung	120.000	Wahlrecht	----
Unternehmerlohn	60.000	Verbot	----
Energiekosten für Betrieb	25.000	Gebot	25.000
Sonstige Betriebskosten	45.000	Gebot	45.000
Abschreibung Betrieb	55.000	Gebot	55.000
Abschreibung Verwaltung	20.000	Wahlrecht	----
Freiwillige Sozialleistungen	50.000	Wahlrecht	----
Gemeinkosten insgesamt			218.000

- davon MGK 1/20 lt. Sachverhalt   10.900
- davon FGK 19/20 lt. Sachverhalt   207.100

Materialkostenzuschlag

$$\frac{\text{MGK } 10.900 \times 100}{\text{MEK } 40.000} = 27,25 \text{ v. H.}$$

Fertigungsgemeinkostenzuschlag

$$\frac{\text{FGK } 207.100 \times 100}{\text{FEK } 120.000} = 172,58 \text{ v. H.}$$

Fortsetzung zur Lösung Frage Nr. 44 von Seite 221

Ermittlung der Herstellungskosten pro Maschine

MEK	1.000,00 DM		
+ MEK	272,50 DM	=	27,25 v. H.
+ FEK	3.000,00 DM		
+ FEK	5.177,40 DM	=	172,58 v. H.
= Herstellungskosten pro Maschine	9.449,90 DM		

Lösung zur Frage Nr. 45 von Seite 315

Die Ermittlung der linearen Gebäude-AfA richtet sich nach § 7 Abs. 4 S. 1 Nr. 2 Buchstabe a EStG (Baujahr 1930):

Anschaffungsosten	1.500.000,00 DM
./. Grund und Bodenwert	500.000,00 DM
= AfA-Bemessungsgrundlage	1.000.000,00 DM

Kontenentwicklung

Zugang Gebäude 01.03.01	1.000.000,00 DM
./. AfA 01 10/600	16.667,00 DM
= Restwert 31.12.01	983.333,00 DM
./. AfA 02 12/600	20.000,00 DM
= Restwert 31.12.02	963.333,00 DM

Lösung zur Frage Nr. 46 von Seite 315

Die Ermittlung der linearen Gebäude-AfA richtet sich nach § 7 Abs. 4 S. 1 Nr. 2 Buchstabe b EStG, weil das Baujahr (1920) vor dem 01. Januar 1925 zu beziffern ist. Der lineare AfA-Satz beträgt 2,5 v. H. der Bemessungsgrundlage.

AfA 01 (1 Mio. x 2,5 v. H. x 10/12)	=	20.833,00 DM
AfA 02 (1 Mio. x 2,5 v. H.)	=	25.000,00 DM

Lösung zur Frage Nr. 47 von Seite 315

Maßgebend sind die Anschaffungs- oder Herstellungskosten der Rechtsvorgängerin, weil es sich bei der Erbschaft um einen unentgeltlichen Erwerbsvorgang handelt.

Die AfA richtet sich in diesem Fall nach § 11 d Abs. 1 EStDV.

Lösung zur Frage Nr. 48 von Seite 315

Die Ermittlung der linearen Gebäude-AfA richtet sich nach § 7 Abs. 4 S. 1 Nr. 2 Buchstabe a EStG (Baujahr 1930):

Anschaffungskosten 1960	80.000,00 DM
./. Grund- und Bodenwert	20.000,00 DM
= AfA-Bemessungsgrundlage	60.000,00 DM
lineare AfA (volles Kalenderjahr)	
= 2 v. H., demnach	1.200,00 DM

Lösung zur Frage Nr. 49 von Seite 315

Die lineare Gebäude-AfA (2 v. H.) läuft nach 50 Jahren planmäßig im Jahr 2010 aus, da sie in diesem Jahr den Nullwert erreicht hat.

Probe:

AfA 1.200,00 DM x 50 Jahre = 60.000,00 DM
(= Anschaffungskosten Gebäude in 1960).

Lösung zur Frage Nr. 50 von Seite 315

Der Sohn erwarb das Objekt unentgeltlich im Wege der Erbschaft. Er hat die lineare Gebäude-AfA seiner Mutter (= Rechtsvorgängerin) fortzusetzen, da ihm keine Anschaffungs- bzw. Herstellungskosten entstanden sind; vgl. § 11 d Abs. 1 EStDV:

„Absetzung für Abnutzung... bei nicht zu einem Betriebsvermögen gehörenden Wirtschaftsgütern, die der Steuerpflichtige unentgeltlich erworben hat."

Lösung zur Frage Nr. 51 von Seite 315

Nach Frage 48 beträgt die AfA für ein volles Kalenderjahr 1.200,00 DM. Hiervon werden der Verstorbenen 2/12 = 200,00 DM und dem Rechtsnachfolger 10/12 = 1.000,00 DM für das Kalenderjahr 01 zugerechnet. Ab dem Jahr 02 erhält der Sohn die AfA für ein volles Kalenderjahr in Höhe von 1.200,00 DM, und zwar bis zum Erreichen des Nullwertes im Jahre 2010 (siehe Frage Nr. 49).

Lösung zur Frage Nr. 52 von Seite 316

Die höchstmögliche Gewinnauswirkung (= ./.) wird beim Erwerb oder bei Herstellung von beweglichen Wirtschaftsgütern des abnutzbaren Anlagevermögens durch die degressive AfA nach § 7 Abs. 2 EStG erreicht. Diese Absetzung für Abnutzung darf doppelt so hoch wie die lineare AfA ausfallen, jedoch 20 v. H. nicht übersteigen.

Die Vereinfachungsregelung des R 44 Abs. 2 S. 3 EStR sollte zur Gewinnsenkung tunlichst genutzt werden.

Bei neuen beweglichen Wirtschaftsgütern des Anlagevermögens können unter den Voraussetzungen des § 7 g Abs. 2 EStG im Jahr der Anschaffung oder Herstellung und in den vier folgenden Jahren *neben* den Absetzungen für Abnutzung nach § 7 Abs. 1 oder 2 EStG Sonderabschreibungen bis zu insgesamt 20 v. H. der Anschaffungs- oder Herstellungskosten in Anspruch genommen werden (§ 7 g Abs. 1 EStG); zu beachten ist zwingend § 7 a Abs. 9 EStG.

Kontenentwicklung

Zugang PKW 01.04.01 mit Anschaffungskosten	120.000,00 DM
./. degressive AfA 01 = lineare AfA x 2 höchsten 20 v. H. mit Vereinfachungsregelung R 44 Abs. 2 S. 3 EStR	24.000,00 DM
./. Sonder-AfA § 7 g Abs. 1 i.V.m. Abs. 2 EStG *neben* der degressiven AfA höchstens 20 v. H.	24.000,00 DM
= Restwert 31.12.01	72.000,00 DM

Hinweis:

Bei einem angenommenen Steuersatz von 40 v. H. beträgt die durch erhöhte und Sonderabschreibungen verursachte Steuerersparnis = 19.200,00 DM.

Lösung zur Frage Nr. 53 von Seite 316

Nachfolgend wird die Abschreibungsmethode mit der geringst möglichen Gewinnauswirkung dargestellt:

Kontenentwicklung:

Zugang PKW 01.04.01 mit den Anschaffungskosten	120.000,00 DM
./. lineare AfA 01 § 7 Abs. 1 EStG (Ak 120.000,00 DM : 5 Jahre bND) ohne Vereinfachungsregelung nach R 44 Abs. 2 S. 3 EStR (zeitanteilige lineare AfA = 9/ 12)	18.000,00 DM
= Restwert 31.12.01	102.000,00 DM

Fortsetzung zur Lösung Frage Nr. 53 von Seite 316

Hinweise:

- Die Vereinfachungsregelung nach R 44 Abs. 2 S. 3 EStR muss nicht zur Anwendung kommen.

- Die Vorschrift des § 7 g Abs. 1 EStG fällt unter die „Kann-Vorschriften" des Steuerrechts. Die Ausschöpfung dieser Sonderabschreibung steht ähnlich wie bei der erhöhten Abschreibungsmethode des § 7 Abs. 2 EStG im Ermessen des Steuerpflichtigen.

- Es herrscht AfA-Zwang. Die Vorschrift des § 7 a Abs. 3 EStG schreibt bei Wirtschaftsgütern, bei denen erhöhte Absetzungen in Anspruch genommen werden, für jedes Jahr des Begünstigungszeitraums mindestens Absetzungen in Höhe der Absetzungen für Abnutzung nach § 7 Abs. 1 EStG (= bewegliche Wirtschaftsgüter) oder Abs. 4 (= Gebäude) vor.

- Nach allem beträgt die Gewinnauswirkung bei einem angenommenen Steuersatz von 40 v. H. hier nur 7.200,00 DM. Dies ist 12.000,00 DM weniger Steuer als unter Ausnutzung der degressiven AfA und der Sonder-AfA.

  In den Lösungen zu den Fragen 52 und 53 tritt besonders die Bedeutung von Klausurhinweisen in Bezug auf höchst- oder niedrigstmöglich gewünschte Gewinnauswirkungen bzw. Bilanzansätze hervor.

Artikel 1
Änderung des Einkommensteuergesetzes

Das Einkommensteuergesetz in der Fassung der Bekanntmachung vom 16. April 1997 (BGBl. I S. 821), zuletzt geändert durch Artikel 1 des Gesetzes vom 23. Oktober 2000 (BGBl. I S. 1433), wird wie folgt geändert:

1.   In § 1 Abs. 3 Satz 2 wird die Angabe „12 000 Deutsche Mark" durch die Angabe „6 136 Euro" ersetzt.

2.   In § 1a Abs. 1 Satz 1 Nr. 2 Satz 3 wird die Angabe „12 000 Deutsche Mark" durch die Angabe „6 136 Euro" ersetzt.

3.   In § 2 Abs. 3 Satz 3, 6 und 7 werden jeweils die Angabe „100 000 Deutsche Mark" durch die Angabe „51 500 Euro" und in Satz 6 und 7 jeweils die Angabe „200 000 Deutsche Mark" durch die Angabe „103 000 Euro" ersetzt.

4.   § 3 wird wie folgt geändert:

   a)   Nummer 9 wird wie folgt geändert:

      aa)   In Satz 1 wird die Angabe „16 000 Deutsche Mark" durch die Angabe „8 181 Euro" ersetzt.

      bb)   In Satz 2 werden die Angabe „20 000 Deutsche Mark" durch die Angabe „10 226 Euro" und die Angabe „24 000 Deutsche Mark" durch die Angabe „12 271 Euro" ersetzt.

   b)   In Nummer 10 wird die Angabe „24 000 Deutsche Mark" durch die Angabe „12 271 Euro" ersetzt.

   c)   In Nummer 15 wird die Angabe „700 Deutsche Mark" durch die Angabe „358 Euro" ersetzt.

   d)   In Nummer 26 wird die Angabe „3 600 Deutsche Mark" durch die Angabe „1 848 Euro" ersetzt.

   e)   In Nummer 27 wird die Angabe „36 000 Deutsche Mark" durch die Angabe „18 407 Euro" ersetzt.

   f)   In Nummer 38 und 51 wird die Angabe „2 400 Deutsche Mark" jeweils durch die Angabe „1 224 Euro" ersetzt.

5.   § 4 wird wie folgt geändert:

   a)   In Absatz 4a Satz 5 wird die Angabe „4 000 Deutsche Mark" durch die Angabe „2 050 Euro" ersetzt.

   b)   Absatz 5 Satz 1 wird wie folgt geändert:

    aa)   In Nummer 1 Satz 2 wird die Angabe „75 Deutsche Mark" durch die Angabe „40 Euro" ersetzt.

    bb)   Nummer 5 Satz 2 wird wie folgt geändert:

        aaa) In Buchstabe a wird die Angabe „46 Deutsche Mark" durch die Angabe „24 Euro" ersetzt.

        bbb) In Buchstabe b wird die Angabe „20 Deutsche Mark" durch die Angabe „12 Euro" ersetzt.

        ccc) In Buchstabe c wird die Angabe „10 Deutsche Mark" durch die Angabe „6 Euro" ersetzt.

    cc)   In Nummer 6 b Satz 3 wird die Angabe „2 400 Deutsche Mark" durch die Angabe „1 250 Euro" ersetzt.

6.   In § 5a Abs. 1 Satz 2 werden die Angabe „DM 1,80" durch die Angabe „0,92 Euro", die Angabe „DM 1,35" durch die Angabe „0,69 Euro", die Angabe „DM 0,90" durch die Angabe „0,46 Euro" und die Angabe „DM 0,45" durch die Angabe „0,23 Euro" ersetzt.

7.   In § 6 Abs. 2 Satz 1 wird die Angabe „800 Deutsche Mark" durch die Angabe „410 Euro" ersetzt.

8.   § 7 g wird wie folgt geändert:

    a)   Absatz 2 Nr. 1 wird wie folgt geändert:

       aa) In Buchstabe a wird die Angabe „400 000 Deutsche Mark" durch die Angabe „204 517 Euro" ersetzt.

       bb) in Buchstabe b wird die Angabe „240 000 Deutsche Mark" durch die Angabe „122 710 Euro" ersetzt.

    b)   In Absatz 3 Satz 5 wird die Angabe „300 000 Deutsche Mark" durch die Angabe „154 000 Euro" ersetzt.

    c)   In Absatz 7 Satz 1 Nr. 2 wird die Angabe „600 000 Deutsche Mark" durch die Angabe „307 000 Euro" ersetzt.

9.   § 8 wird wie folgt geändert:

    a)   In Absatz 2 Satz 9 wird die Angabe „50 Deutsche Mark" durch die Angabe „50 Euro" ersetzt.

    b)   In Absatz 3 Satz 2 wird die Angabe „2 400 Deutsche Mark" durch die Angabe „1 224 Euro" ersetzt.

10. In § 9 Abs. 1 Satz 3 Nr. 4 werden die Angabe „0,70 Deutsche Mark" durch die Angabe „0,36 Euro" und die Angabe „0,33 Deutsche Mark" durch die Angabe „0,17 Euro" ersetzt.

11. § 9 a Satz 1 wird wie folgt geändert:

    a)   In Nummer 1 wird die Angabe „2 000 Deutsche Mark" durch die Angabe „1 044 Euro" ersetzt.

    b)   In Nummer 2 werden die Angabe „100 Deutsche Mark" durch die Angabe „51 Euro" und die Angabe „200 Deutsche Mark" durch die Angabe „102 Euro" ersetzt.

    c)   In Nummer 3 wird die Angabe „200 Deutsche Mark" durch die Angabe „102 Euro" ersetzt.

12. In § 9 b Abs. 1 Satz 2 Nr. 1 wird die Angabe „500 Deutsche Mark" durch die Angabe „260 Euro" ersetzt.

13. § 10 wird wie folgt geändert:

    a)   Absatz 1 wird wie folgt geändert:

        aa)   In Nummer 1 Satz 1 wird die Angabe „27 000 Deutsche Mark" durch die Angabe „13 805 Euro" ersetzt.

        bb)   Nummer 7 wird wie folgt geändert:

            aaa) In den Sätzen 1 und 3 wird jeweils die Angabe „1 800 Deutsche Mark" durch die Angabe „920 Euro" ersetzt.

            bbb) In den Sätzen 2 und 3 wird jeweils die Angabe „2 400 Deutsche Mark" durch die Angabe „1 227 Euro" ersetzt.

        cc)   In Nummer 8 Satz 1 wird die Angabe „18 000 Deutsche Mark" durch die Angabe „9 204 Euro" ersetzt.

    b)   In Absatz 2 Satz 2 Buchstabe a wird die Angabe „5 000 Deutsche Mark" durch die Angabe „2 556 Euro" ersetzt.

    c)   Absatz 3 wird wie folgt gefasst:

„(3) Für Vorsorgeaufwendungen gelten je Kalenderjahr folgende Höchstbeträge:

    1.   ein Grundhöchstbetrag von   1 334 Euro,

        im Fall der Zusammenveranlagung von Ehegatten von   2 668 Euro;

    2.   ein Vorwegabzug von   3 068 Euro,

        im Fall der Zusammenveranlagung von Ehegatten von   6 136 Euro.

Diese Beträge sind zu kürzen um 16 vom Hundert der Summe der Einnahmen

a)   aus nichtselbständiger Arbeit im Sinne des § 19 ohne Versorgungsbezüge im Sinne des § 19 Abs. 2, wenn für die Zukunftssicherung des Steuerpflichtigen Leistungen im Sinne des § 3 Nr. 62 erbracht werden oder der Steuerpflichtige zum Personenkreis des § 10 c Abs. 3 Nr. 1 oder 2 gehört, und

b)   aus der Ausübung eines Mandats im Sinne des § 22 Nr. 4;

3.   für Beiträge nach Absatz 1 Nr. 2 Buchstabe c ein zusätzlicher Höchstbetrag von 184 Euro für Steuerpflichtige, die nach dem 31. Dezember 1957 geboren sind;

4.   Vorsorgeaufwendungen, die die nach den Nummern 1 bis 3 abziehbaren Beträge übersteigen, können zur Hälfte, höchstens bis zu 50 vom Hundert des Grundhöchstbetrags abgezogen werden (hälftiger Höchstbetrag)."

14.   § 10 b wird wie folgt geändert:

a)   In Absatz 1 Satz 3 wird die Angabe „50 000 Deutsche Mark" durch die Angabe „25 565 Euro" ersetzt.

b)   In Absatz 2 Satz 1 werden die Angabe „3 000 Deutsche Mark" durch die Angabe „1 534 Euro" und die Angabe „6 000 Deutsche Mark" durch die Angabe „3 068 Euro" ersetzt.

15.   § 10 c wird wie folgt geändert:

a)   In Absatz 1 wird die Angabe „108 Deutsche Mark" durch die Angabe „36 Euro" ersetzt.

b)   In Absatz 2 werden in Satz 2 Nr. 1 die Angabe „6 000 Deutsche Mark" durch die Angabe „3 068 Euro", in Nummer 2 die Angabe „2 610 Deutsche Mark" durch die Angabe „1 334 Euro", in Nummer 3 die Angabe „1 305 Deutsche Mark" durch die Angabe „667 Euro" und in Satz 3 die Zahl „54" jeweils durch die Zahl „36" sowie das Wort „Deutsche-Mark-Betrag" durch das Wort „Euro-Betrag" ersetzt.

c)   In Absatz 3 wird die Angabe „2 214 Deutsche Mark" durch die Angabe „1 134 Euro" ersetzt.

d)   In Absatz 4 Satz 1 Nr. 1 und Satz 2 werden das Wort „Deutsche-Mark-Beträge" jeweils durch das Wort „Euro-Beträge" und in Satz 2 die Angabe „2 214 Deutsche Mark" durch die Angabe „1 134 Euro" ersetzt.

16. § 10 d wird wie folgt geändert:

    a)   Absatz 1 wird wie folgt geändert:

        aa) In Satz 1 wird die Angabe „1 Million Deutsche Mark" durch die Angabe „511 500 Euro" ersetzt.

        bb) In Satz 3 wird die Angabe „100 000 Deutsche Mark" jeweils durch die Angabe „51 500 Euro" ersetzt.

    b)   In Absatz 2 Satz 3 wird die Angabe „100 000 Deutsche Mark" jeweils durch die Angabe „51 500 Euro" ersetzt.

17. § 10 e wird wie folgt geändert:

    a)   Absatz 1 wird wie folgt geändert:

        aa) In Satz 1 werden die Angabe „19 800 Deutsche Mark" durch die Angabe „10 124 Euro" und die Angabe „16 500 Deutsche Mark" durch die Angabe „8 437 Euro" ersetzt.

        bb) In Satz 4 werden die Angabe „9 000 Deutsche Mark" durch die Angabe „4 602 Euro" und die Angabe „7 500 Deutsche Mark" durch die Angabe „3 835 Euro" ersetzt.

    b)   In Absatz 5 a Satz 1 werden die Angabe „120 000 Deutsche Mark" durch die Angabe „61 355 Euro" und die Angabe „240 000 Deutsche Mark" durch die Angabe „122 710 Euro" ersetzt.

    c)   In Absatz 6 Satz 3 wird die Angabe „150 000 Deutsche Mark" durch die Angabe „76 694 Euro" ersetzt.

18. In § 10 h Satz 1 werden die Angabe „19 800 Deutsche Mark" durch die Angabe „10 124 Euro" und die Angabe „16 500 Deutsche Mark" durch die Angabe „8 437 Euro" ersetzt.

19. In § 10 i Abs. 1 werden in Nummer 1 die Angabe „3 500 Deutsche Mark" durch die Angabe „1 790 Euro" und in Nummer 2 die Angabe „22 500 Deutsche Mark" durch die Angabe „11 504 Euro" ersetzt.

20. § 13 Abs. 3 wird wie folgt geändert:

    a)   In Satz 1 wird die Angabe „1 300 Deutsche Mark" durch die Angabe „670 Euro" ersetzt.

    b)   In Satz 2 wird die Angabe „60 000 Deutsche Mark" durch die Angabe „30 700 Euro" ersetzt.

21. § 13 a wird wie folgt geändert:

a) Absatz 4 Satz 2 wird wie folgt gefasst:

„Je Hektar der landwirtschaftlichen Nutzung sind anzusetzen

1. bei einem Hektarwert
bis 300 Deutsche Mark   205 Euro,

2. bei einem Hektarwert
über 300 Deutsche Mark
bis 500 Deutsche Mark   307 Euro,

3. bei einem Hektarwert
über 500 Deutsche Mark
bis 1 000 Deutsche Mark   358 Euro,

4. bei einem Hektarwert
über 1 000 Deutsche Mark
bis 1 500 Deutsche Mark   410 Euro,

5. bei einem Hektarwert
über 1 500 Deutsche Mark
bis 2 000 Deutsche Mark   461 Euro,

6. bei einem Hektarwert
über 2 000 Deutsche Mark   512 Euro.“

b) In Absatz 5 Satz 3 wird die Angabe „1 000 Deutsche Mark“ durch die Angabe „512 Euro“ ersetzt.

c) In Absatz 6 Satz 1 wird die Angabe „3 000 Deutsche Mark“ durch die Angabe „1 534 Euro“ ersetzt.

22. § 14 a Abs. 4 wird wie folgt geändert:

a) In Satz 1 wird die Angabe „120 000 Deutsche Mark“ durch die Angabe „61 800 Euro“ ersetzt.

b) In Satz 2 Nr. 2 werden die Angabe „35 000 Deutsche Mark“ jeweils durch die Angabe „18 000 Euro“ und die Angabe „70 000 Deutsche Mark“ durch die Angabe „36 000 Euro“ ersetzt.

c) Satz 3 wird wie folgt gefasst:

„Übersteigt das Einkommen den Betrag von 18 000 Euro, so vermindert sich der Betrag von 61 800 Euro nach Satz 1 je angefangene 250 Euro des übersteigenden Einkommens um 10 300 Euro; bei Ehegatten, die nach den §§ 26, 26 b zusammen veranlagt werden und deren Einkommen den Betrag von 36 000

Euro übersteigt, vermindert sich der Betrag von 61 800 Euro nach Satz 1 je angefangene 500 Euro des übersteigenden Einkommens um 10 300 Euro."

23. § 16 Abs. 4 wird wie folgt geändert:

   a)   In Satz 1 wird die Angabe „60 000 Deutsche Mark" durch die Angabe „30 700 Euro" ersetzt.

   b)   In Satz 3 wird die Angabe „300 000 Deutsche Mark" durch die Angabe „154 000 Euro" ersetzt.

24. § 17 Abs. 3 wird wie folgt geändert:

   a)   In Satz 1 wird die Angabe „20 000 Deutsche Mark" durch die Angabe „10 300 Euro" ersetzt.

   b)   In Satz 2 wird die Angabe „80 000 Deutsche Mark" durch die Angabe „41 000 Euro" ersetzt.

25. In § 19 Abs. 2 Satz 1 wird die Angabe „6 000 Deutsche Mark" durch die Angabe „3 072 Euro" ersetzt.

26. In § 19 a Abs. 1 Satz 1 wird die Angabe „300 Deutsche Mark" durch die Angabe „154 Euro" ersetzt.

27. In § 20 Abs. 4 werden in Satz 1 und 3 die Angabe „3 000 Deutsche Mark" jeweils durch die Angabe „1 550 Euro" und in Satz 2 die Angabe „6 000 Deutsche Mark" durch die Angabe „3 100 Euro" ersetzt.

28. § 22 wird wie folgt geändert:

   a)   In Nummer 3 Satz 2 wird die Angabe „500 Deutsche Mark" durch die Angabe „256 Euro" ersetzt.

   b)   In Nummer 4 Satz 4 Buchstabe b wird die Angabe „6 000 Deutsche Mark" durch die Angabe „3 072 Euro" ersetzt.

29. In § 23 Abs. 3 Satz 6 wird die Angabe „1 000 Deutsche Mark" durch die Angabe „512 Euro" ersetzt.

30. In § 24 a Satz 1 wird die Angabe „3 720 Deutsche Mark" durch die Angabe „1 908 Euro" ersetzt.

31. § 32 wird wie folgt geändert:

   a)   In Absatz 4 Satz 2 wird die Angabe „14 040 Deutsche Mark" durch die Angabe „7 188 Euro" ersetzt.

   b)   Absatz 6 wird wie folgt geändert:

aa) In Satz 1 werden die Angabe „3 456 Deutsche Mark" durch die Angabe „1 782 Euro", und die Angabe „1 512 Deutsche Mark" durch die Angabe „774 Euro" ersetzt.

bb) In Satz 2 wird die Angabe „540 Deutsche Mark" durch die Angabe „276 Euro" ersetzt.

c) In Absatz 7 Satz 1 wird die Angabe „5 616 Deutsche Mark" durch die Angabe „2 916 Euro" ersetzt.

32. § 32 a wird wie folgt geändert:

a) Absatz 1 wird wie folgt gefasst:

„(1) Die tarifliche Einkommensteuer bemisst sich nach dem zu versteuernden Einkommen. Sie beträgt vorbehaltlich der §§ 32 b, 34, 34 b und 34 c jeweils in Euro für zu versteuernde Einkommen

1. bis 7 235 Euro (Grundfreibetrag):
   0;

2. von 7 236 Euro bis 9 251 Euro:
   $(768,85 \cdot y + 1\,990) \cdot y$;

3. von 9 252 Euro bis 55 007 Euro:
   $(278,65 \cdot z + 2\,300) \cdot z + 432$;

4. von 55 008 Euro an:
   $0,485 \cdot x - 9\,872$.

„y" ist ein Zehntausendstel des 7 200 Euro übersteigenden Teils des nach Absatz 2 ermittelten zu versteuernden Einkommens. „z" ist ein Zehntausendstel des 9 216 Euro übersteigenden Teils des nach Absatz 2 ermittelten zu versteuernden Einkommens. „x" ist das nach Absatz 2 ermittelte zu versteuernde Einkommen."

b) Absatz 2 wird wie folgt gefasst:

„(2) Das zu versteuernde Einkommen ist auf den nächsten durch 36 ohne Rest teilbaren vollen Euro-Betrag abzurunden, wenn es nicht bereits durch 36 ohne Rest teilbar ist, und um 18 Euro zu erhöhen."

c) In Absatz 3 Satz 3 wird die Angabe „Deutsche-Mark-Betrag" durch die Angabe „Euro-Betrag" ersetzt.

33. In § 33 Abs. 3 Satz 1 werden die Angabe „30 000 DM" jeweils durch die Angabe „15 340 EUR" und die Angabe „100 000 DM" jeweils durch die Angabe „51 130 EUR" ersetzt.

34. § 33 a wird wie folgt geändert:

  a)   Absatz 1 wird wie folgt geändert:

     aa) In den Sätzen 1 und 4 wird jeweils die Angabe „14 040 Deutsche Mark" durch die Angabe „7 188 Euro" ersetzt.

     bb) In Satz 4 wird die Angabe „1 200 Deutsche Mark" durch die Angabe „624 Euro" ersetzt.

  b)   Absatz 2 wird wie folgt geändert:

     aa) Satz 1 wird wie folgt geändert:

        aaa) In Nummer 1 wird die Angabe „1 800 Deutsche Mark" durch die Angabe „924 Euro" ersetzt.

        bbb) In Nummer 2 werden die Angabe „2 400 Deutsche Mark" durch die Angabe „1 236 Euro" und die Angabe „4 200 Deutsche Mark" durch die Angabe „2 148 Euro" ersetzt.

     bb) In Satz 2 wird die Angabe „3 600 Deutsche Mark" durch die Angabe „1 848 Euro" ersetzt.

  c)   Absatz 3 wird wie folgt geändert:

     aa) Satz 1 wird wie folgt geändert:

        aaa) In Nummer 1 wird die Angabe „1 200 Deutsche Mark" durch die Angabe „624 Euro" ersetzt.

        bbb) In Nummer 2 wird die Angabe „1 800 Deutsche Mark" durch die Angabe „924 Euro" ersetzt.

     bb) Satz 2 wird wie folgt geändert:

        aaa) In Nummer 1 wird die Angabe „1 200 Deutsche Mark" durch die Angabe „624 Euro" ersetzt.

        bbb) In Nummer 2 wird die Angabe „1 800 Deutsche Mark" durch die Angabe „924 Euro" ersetzt.

35. § 33 b wird wie folgt geändert:

  a)   Absatz 3 wird wie folgt gefasst:

„(3) Die Höhe des Pauschbetrags richtet sich nach dem dauernden Grad der Behinderung. Als Pauschbeträge werden gewährt bei einem Grad der Behinderung

von 25 und 30	310 Euro
von 35 und 40	430 Euro

von 45 und 50	570 Euro
von 55 und 60	720 Euro
von 65 und 70	890 Euro
von 75 und 80	1 060 Euro
von 85 und 90	1 230 Euro
von 95 und 100	1 420 Euro.

Für Behinderte, die hilflos im Sinne des Absatzes 6 sind, und für Blinde erhöht sich der Pauschbetrag auf 3 700 Euro."

b) In Absatz 4 Satz 1 wird die Angabe „720 Deutsche Mark" durch die Angabe „370 Euro" ersetzt.

c) In Absatz 6 Satz 1 wird die Angabe „1 800 Deutsche Mark" durch die Angabe „924 Euro" ersetzt.

36. In § 34 f Abs. 2 Satz 1 und Abs. 3 Satz 1 wird die Angabe „1 000 Deutsche Mark" jeweils durch die Angabe „512 Euro" ersetzt.

37. In § 34 g Satz 2 wird die Angabe „1 500 Deutsche Mark" durch die Angabe „767 Euro" und die Angabe „3 000 Deutsche Mark" durch die Angabe „1 534 Euro" ersetzt.

38. In § 36 Abs. 3 Satz 1 wird die Angabe „Deutsche Mark" durch die Angabe „Euro" ersetzt.

39. In § 36 d Abs. 1 Satz 2 und in Abs. 2 Satz 1 Nr. 4 Buchstabe a wird die Angabe „100 Deutsche Mark" jeweils durch die Angabe „51 Euro" ersetzt.

40. § 37 wird wie folgt geändert:

a) In Absatz 3 Satz 5 wird die Angabe „1 200 Deutsche Mark" durch die Angabe „600 Euro" ersetzt.

b) Absatz 5 wird wie folgt geändert:

aa) In Satz 1 wird die Angabe „400 Deutsche Mark" durch die Angabe „200 Euro" und die Angabe „100 Deutsche Mark" durch die Angabe „50 Euro" ersetzt.

bb) In Satz 2 wird die Angabe „100 Deutsche Mark" durch die Angabe „50 Euro" und die Angabe „5 000 Deutsche Mark" durch die Angabe „2 500 Euro" ersetzt.

41. § 39 wird wie folgt geändert:

    a)   In Absatz 1 Satz 4 wird die Angabe „10 Deutsche Mark" durch die Angabe „5 Euro" ersetzt.

    b)   In Absatz 4 Satz 4 und in Absatz 5 a Satz 4 wird jeweils die Angabe „20 Deutsche Mark" durch die Angabe „10 Euro" ersetzt.

42. § 39 a wird wie folgt geändert:

    a)   In Absatz 1 Nr. 2 wird die Angabe „108 Deutsche Mark" durch die Angabe „36 Euro" ersetzt.

    b)   In Absatz 2 Satz 4 wird die Angabe „1 200 Deutsche Mark" durch die Angabe „600 Euro" ersetzt.

    c)   In Absatz 5 wird die Angabe „20 Deutsche Mark" durch die Angabe „10 Euro" ersetzt.

43. § 39 b wird wie folgt geändert:

    a)   Absatz 2 Satz 6 wird wie folgt geändert:

         aa)   In Nummer 3 wird der zweite Halbsatz wie folgt gefasst:

               „für die Berechnung der Vorsorgepauschale ist der Jahresarbeitslohn auf den nächsten durch 36 ohne Rest teilbaren vollen Euro-Betrag abzurunden, wenn er nicht bereits durch 36 ohne Rest teilbar ist, und sodann um 35 zu erhöhen,".

         bb)   In Nummer 4 wird das Komma gestrichen.

         cc)   Nummer 5 wird aufgehoben.

    b)   In Absatz 2 Satz 8 werden die Angabe „17 442 Deutsche Mark" durch die Angabe „8 946 Euro" und die Angabe „53 784 Deutsche Mark" durch die Angabe „27 306 Euro" ersetzt.

    c)   In Absatz 3 Satz 8 wird die Angabe „300 Deutsche Mark" durch die Angabe „150 Euro" ersetzt.

44. § 40 wird wie folgt geändert:

    a)   In Absatz 1 Satz 3 wird die Angabe „2 000 Deutsche Mark" durch die Angabe „1 000 Euro" ersetzt.

    b)   In Absatz 2 Satz 1 Nr. 3 werden die Angabe „300 Deutsche Mark" durch die Angabe „156 Euro", die Angabe „200 Deutsche Mark" durch die Angabe „104 Euro" und die Angabe „100 Deutsche Mark" durch die Angabe „52 Euro" ersetzt.

45. § 40 a wird wie folgt geändert:

   a) In Absatz 1 Satz 2 Nr. 1 wird die Angabe „120 Deutsche Mark" durch die Angabe „62 Euro" ersetzt.

   b) Absatz 2 Satz 2 wird wie folgt gefasst:

       „Eine Beschäftigung in geringem Umfang und gegen geringen Arbeitslohn liegt vor, wenn der Arbeitslohn bei dem Arbeitgeber 325 Euro im Monat nicht übersteigt."

   c) In Absatz 4 Nr. 1 wird die Angabe „22 Deutsche Mark" durch die Angabe „12 Euro" ersetzt.

46. § 40 b wird wie folgt geändert:

   a) In Absatz 2 wird in den Sätzen 1 bis 3 die Angabe „3 408 Deutsche Mark" jeweils durch die Angabe „1 752 Euro" und in Satz 2 die Angabe „4 200 Deutsche Mark" durch die Angabe „2 148 Euro" ersetzt.

   b) In Absatz 3 wird die Angabe „120 Deutsche Mark" durch die Angabe „62 Euro" ersetzt.

47. In § 41 a Abs. 2 Satz 2 wird die Angabe „1 600 Deutsche Mark" jeweils durch die Angabe „800 Euro" und die Angabe „6 000 Deutsche Mark" durch die Angabe „3 000 Euro" ersetzt.

48. In § 41 c Abs. 4 Satz 2 und in § 42 d Abs. 5 wird die Angabe „20 Deutsche Mark" jeweils durch die Angabe „10 Euro" ersetzt.

49. In § 43 Abs. 1 Nr. 7 Buchstabe b Doppelbuchstabe dd wird die Angabe „zwanzig Deutsche Mark" durch die Angabe „zehn Euro" ersetzt.

50. In § 44 Abs. 1 Satz 6 wird das Wort „Deutsche-Mark-Betrag" durch das Wort „Euro-Betrag" ersetzt.

51. In § 45 c Abs. 1 Satz 2 wird die Angabe „100 Deutsche Mark" durch die Angabe „51 Euro" ersetzt.

52. In § 46 Abs. 2 Nr. 1, Abs. 3 Satz 1 und Abs. 5 wird die Angabe „800 Deutsche Mark" jeweils durch die Angabe „410 Euro" ersetzt.

53. In § 50 a Abs. 5 Satz 7 Nr. 2 wird die Angabe „Deutsche Mark" durch die Angabe „Euro" ersetzt.

54. In § 50 c Abs. 9 wird die Angabe „100 000 Deutsche Mark" durch die Angabe „51 129 Euro" ersetzt.

55. In § 50 e Abs. 2 wird die Angabe „zehntausend Deutsche Mark" durch die Angabe „5 113 Euro" ersetzt.

56. In § 51 a Abs. 2 a Satz 1 werden die Angabe „6 912 Deutsche Mark" durch die Angabe „3 564 Euro" und die Angabe „3 456 Deutsche Mark" durch die Angabe „1 782 Euro" ersetzt.

57. § 52 wird wie folgt geändert:

   a) Absatz 1 wird wie folgt gefasst:

       „(1) Diese Fassung des Gesetzes ist, soweit in den folgenden Absätzen nichts anderes bestimmt ist, erstmals für den Veranlagungszeitraum 2002 anzuwenden. Beim Steuerabzug vom Arbeitslohn gilt Satz 1 mit der Maßgabe, dass diese Fassung erstmals auf den laufenden Arbeitslohn anzuwenden ist, der für einen nach dem 31. Dezember 2001 endenden Lohnzahlungszeitraum gezahlt wird, und auf sonstige Bezüge, die nach dem 31. Dezember 2001 zufließen."

   b) Die Absätze 7, 8, 11, 12, 15 Satz 1, 2, 4 und 5, Abs. 25 Satz 2, Abs. 27 und 30 werden aufgehoben.

   c) Absatz 24 a in der Fassung des Gesetzes vom 23. Oktober 2000 (BGBl. I S. 1433) wird Absatz 24 b und wie folgt gefasst:

       „(24 b) § 10 c Abs. 2 Satz 3 ist ab dem Kalenderjahr 2003 in der folgenden Fassung anzuwenden:

       „Die Vorsorgepauschale ist auf den nächsten vollen Euro-Betrag abzurunden.",,

   d) Absatz 31 wird wie folgt gefasst:

       „(31) § 13 a in der Fassung des Gesetzes vom 19. Dezember 2000 (BGBl. I S. 1790) ist erstmals für das Wirtschaftjahr anzuwenden, das nach dem 31. Dezember 2001 endet."

   e) Absatz 32 wird wie folgt gefasst:

       „(32) § 14 a in der Fassung des Gesetzes vom 19. Dezember 2000 (BGBl. I S. 1790) ist erstmals für das Wirtschaftsjahr anzuwenden, das nach dem 31. Dezember 2001 endet."

   f) Absatz 34 a wird wie folgt gefasst:

       „(34 a) § 17 in der Fassung des Artikels 1 des Gesetzes vom 23. Oktober 2000 (BGBl. I S. 1433) ist, soweit Anteile an unbeschränkt körperschaftsteuerpflichtigen Gesellschaften veräußert werden, erstmals auf Veräußerungen anzuwenden, die nach Ablauf des ersten Wirtschaftsjahrs der Gesellschaft, deren Anteile veräußert werden, vorgenommen werden, für das das Körperschaftsteuergesetz in der Fassung des Artikels 3 des Gesetzes vom 23. Oktober 2000 (BGBl. I S. 1433) erstmals anzuwenden ist; für Veräußerungen, die vor diesem Zeitpunkt vorgenommen werden, ist § 17 in der Fassung des Gesetzes vom 22. Dezember 1999 (BGBl. I S. 2601) anzuwenden."

g)   Absatz 35 wird aufgehoben.

h)   Absatz 40 wird wie folgt gefasst:

„(40) § 32 Abs. 4 Satz 2 ist anzuwenden

1.   für die Veranlagungszeiträume 2003 und 2004 mit der Maßgabe, dass an die Stelle des Betrags von 7 188 Euro der Betrag von 7 428 Euro tritt, und

2.   ab dem Veranlagungszeitraum 2005 mit der Maßgabe, dass an die Stelle des Betrags von 7 188 Euro der Betrag von 7 680 Euro tritt."

i)   In Absatz 41 wird die Nummer 1 aufgehoben.

j)   Absatz 42 wird wie folgt gefasst:

„(42) § 32 a Abs. 2 ist letztmals für den Veranlagungszeitraum 2002 anzuwenden."

k)   Absatz 43 wird wie folgt gefasst:

„(43) § 32 a Abs. 3 ist letztmals für den Veranlagungszeitraum 2002 anzuwenden."

l)   Absatz 46 wird wie folgt gefasst:

„(46) § 33 a Abs. 1 Satz 1 und 4 ist anzuwenden

1.   für die Veranlagungszeiträume 2003 und 2004 mit der Maßgabe, dass jeweils an die Stelle des Betrags von 7 188 Euro der Betrag von 7 428 Euro tritt, und

2.   ab dem Veranlagungszeitraum 2005 mit der Maßgabe, dass jeweils an die Stelle des Betrags von 7 188 Euro der Betrag von 7 680 Euro tritt."

m)   Die Absätze 47 a und 48 werden aufgehoben.

n)   Absatz 52 wird wie folgt gefasst:

„(52) § 39 b ist anzuwenden

1.   ab dem Kalenderjahr 2003 mit der Maßgabe, dass in Absatz 2 Satz 7 und 8 an die Stelle des Zitats „§ 32 a Abs. 1 bis 3" jeweils das Zitat „32 a Abs. 1", in Absatz 2 Satz 8 an die Stelle der Zahlen „19,9" und „48,5" die Zahlen

„17" und „47" und an die Stelle der Angaben „8 946 Euro" und „27 306 Euro" die Angaben „9 036 Euro" und „26 964 Euro" treten. Absatz 2 Satz 6 Nr. 3 ist ab dem Kalenderjahr 2003 in der folgenden Fassung anzuwenden:

„3. die Vorsorgepauschale

    a)   in den Steuerklassen I, II und IV nach Maßgabe des § 10 c Abs. 2 oder 3,

    b)   in der Steuerklasse III nach Maßgabe des § 10 c Abs. 2 oder 3, jeweils in Verbindung mit § 10 c Abs. 4 Nr. 1;"

2.   ab dem Kalenderjahr 2005 mit der Maßgabe, dass in Absatz 2 Satz 8 an die Stelle der Zahlen „19,9" und „48,5" die Zahlen „15" und „43" und an die Stelle der Angaben „8 946 Euro" und „27 306 Euro" die Angaben „9 144 Euro" und „26 096 Euro" treten."

58.   § 55 Abs. 2 Satz 2 wird wie folgt geändert:

a)   Nummer 1 wird wie folgt geändert:

aa)   In Buchstabe a wird die Angabe „4,00 Deutsche Mark" durch die Angabe „2,05 Euro" ersetzt.

bb)   In Buchstabe b wird die Angabe „5,00 Deutsche Mark" durch die Angabe „2,56 Euro" ersetzt.

b)   In Nummer 2 wird die Angabe „1,00 Deutsche Mark" durch die Angabe „0,51 Euro" ersetzt.

c)   In Nummer 3 wird die Tabelle wie folgt gefasst:

„Lagenvergleichszahl		Ausgangsbetrag je Quadratmeter in Euro
bis	20	1,28
21 bis	30	1,79
31 bis	40	2,56
41 bis	50	3,58
51 bis	60	4,09

61	bis	70	4,60
71	bis	100	5,11
	über	100	6,39".

d) In Nummer 4 wird die Angabe „1,00 Deutsche Mark" durch die Angabe „0,51 Euro" ersetzt.

e) In Nummer 5 wird die Angabe „5,00 Deutsche Mark" durch die Angabe „„2,56 Euro" ersetzt.

f) In Nummer 6 wird die Angabe „0,25 Deutsche Mark" durch die Angabe „0,13 Euro" ersetzt.

g) In Nummer 7 wird die Angabe „0,50 Deutsche Mark" durch die Angabe „0,26 Euro" ersetzt.

h) In Nummer 8 wird die Angabe „0,10 Deutsche Mark" durch die Angabe „0,05 Euro" ersetzt.

59. In § 65 Abs. 2 wird die Angabe „10 Deutsche Mark" durch die Angabe „5 Euro" ersetzt.

60. § 66 Abs. 1 wird wie folgt gefasst:

„(1) Das Kindergeld beträgt für das erste und zweite Kind jeweils 138 Euro, für das dritte Kind 154 Euro und für das vierte und jedes weitere Kind jeweils 179 Euro monatlich. Abweichend von Satz 1 beträgt das Kindergeld für ein Kind im Sinne des § 32 Abs. 6 Satz 2 monatlich 16 Euro."

Artikel 2
Änderung der Einkommensteuer-Durchführungsverordnung

Die Einkommensteuer-Durchführungsverordnung in der Fassung der Bekanntmachung vom 10. Mai 2000 (BGBl. I S. 717), zuletzt geändert durch Artikel 2 des Gesetzes vom 23. Oktober 2000 (BGBl. I S. 1433), wird wie folgt geändert:

1. In § 8 wird die Angabe „40 000 Deutsche Mark" durch die Angabe „20 500 Euro" ersetzt.

2. In § 29 Abs. 1 Satz 3 wird die Angabe „50 000 Deutsche Mark" durch die Angabe „25 565 Euro" ersetzt.

3. In § 50 Abs. 2 Nr. 2 wird die Angabe „100 Deutsche Mark" durch die Angabe „100 Euro" ersetzt.

4. § 56 wird wie folgt geändert:

   a) In Satz 1 Nr. 1 Buchstabe a wird die Angabe „28 403 Deutsche Mark" durch die Angabe „14 543 Euro" ersetzt.

   b) In Satz 1 Nr. 2 Buchstabe a wird die Angabe „14 201 Deutsche Mark" durch die Angabe „7 271 Euro" ersetzt.

5. In § 70 Satz 1 werden die Angabe „800 Deutsche Mark" durch die Angabe „410 Euro" und die Angabe „1 600 Deutsche Mark" durch die Angabe „820 Euro" ersetzt.

6. In § 73 d Abs. 1 Satz 2 Nr. 2 wird die Angabe „Deutscher Mark" durch die Angabe „Euro" ersetzt.

7. § 84 wird wie folgt geändert:

   a) Absatz 3 a wird wie folgt gefasst:

      „(3 a) § 56 in der Fassung des Gesetzes vom 19. Dezember 2000 (BGBl. I S. 1790) ist erstmals ab dem Veranlagungszeitraum 2002 anzuwenden."

   b) Absatz 3 e wird wie folgt gefasst:

      „(3 e) § 70 in der Fassung des Gesetzes vom 19. Dezember 2000 (BGBl. I S. 1790) ist erstmals ab dem Veranlagungszeitraum 2002 anzuwenden."

   c) Der bisherige Absatz 3 e wird der neue Absatz 3 f.

Artikel 3
Änderung der Lohnsteuer-Durchführungsverordnung

Die Lohnsteuer-Durchführungsverordnung in der Fassung der Bekanntmachung vom 10. Oktober 1989 (BGBl. I S. 1848), zuletzt geändert durch Artikel 3 des Gesetzes vom 22. Dezember 1999 (BGBl. I S. 2601), wird wie folgt geändert:

1. In § 4 Abs. 2 Nr. 4 Satz 1 wird die Angabe „2 400 Deutsche Mark" durch die Angabe „1 224 Euro" ersetzt.

2. In § 7 Abs. 1 Satz 3 wird die Angabe „20 Deutsche Mark" durch die Angabe „10 Euro" ersetzt.

3.   § 8 wird wie folgt gefasst:

„§ 8
Anwendungszeitraum

Die Vorschriften dieser Verordnung in der Fassung des Artikels 3 des Gesetzes vom 19. Dezember 2000 (BGBl. I S. 1790) sind erstmals anzuwenden auf den laufenden Arbeitslohn, der für einen nach dem 31. Dezember 2001 endenden Lohnzahlungszeitraum gezahlt wird, und auf sonstige Bezüge, die nach dem 31. Dezember 2001 zufließen.“

Artikel 6
Änderung des Solidaritätszuschlaggesetzes 1995

Das Solidaritätszuschlaggesetz 1995 vom 23. Juni 1993 (BGBl. I S. 944, 975), zuletzt geändert durch Artikel 4 des Gesetzes vom 23. Oktober 2000 (BGBl. I S. 1433), wird wie folgt geändert:

1.   § 3 wird wie folgt geändert:

    a)   In Absatz 3 werden in Nummer 1 die Angabe „3 672 Deutsche Mark“ durch die Angabe „1 944 Euro“ und in Nummer 2 die Angabe „1 836 Deutsche Mark“ durch die Angabe „972 Euro“ ersetzt.

    b)   Absatz 4 Satz 1 wird wie folgt geändert:

        aa)   In Nummer 1 werden in Buchstabe a die Angabe „306 Deutsche Mark“ durch die Angabe „162 Euro“ und in Buchstabe b die Angabe „153 Deutsche Mark“ durch die Angabe „81 Euro“ ersetzt.

        bb)   In Nummer 2 werden in Buchstabe a die Angabe „71,40 Deutsche Mark“ durch die Angabe „37,80 Euro“ und in Buchstabe b die Angabe „35,70 Deutsche Mark“ durch die Angabe „18,90 Euro“ ersetzt.

        cc)   In Nummer 3 werden in Buchstabe a die Angabe „10,20 Deutsche Mark“ durch die Angabe „5,40 Euro“ und in Buchstabe b die Angabe „5,10 Deutsche Mark“ durch die Angabe „2,70 Euro“ ersetzt.

    c)   In Absatz 5 werden die Angabe „3 672 Deutsche Mark“ durch die Angabe „1 944 Euro“ und die Angabe „1 836 Deutsche Mark“ durch die Angabe „972 Euro“ ersetzt.

2.   In § 4 Satz 3 wird die Angabe „Pfennigs“ durch die Angabe „Cents“ ersetzt.

3.   Dem § 6 wird folgender Absatz 5 angefügt:

„(5) Das Solidaritätszuschlaggesetz 1995 in der Fassung des
Artikels 6 des Gesetzes vom 19. Dezember 2000 (BGBl. I
S. 1790) ist erstmals für den Veranlagungszeitraum 2002 an-
zuwenden.“

Artikel 11
Änderung des Eigenheimzulagengesetzes

Das Eigenheimzulagengesetz in der Fassung der Bekanntmachung vom
26. März 1997 (BGBl. I S. 734), zuletzt geändert durch Artikel 3 des Gesetzes vom 22. Dezember 1999 (BGBl. I S. 2671), wird wie folgt geändert:

1.   § 5 wird wie folgt geändert:

   a)   In Satz 1 wird die Angabe „160 000 Deutsche Mark“ durch die
        Angabe „81 807 Euro“ ersetzt.

   b)   In Satz 2 werden die Angabe „160 000 Deutsche Mark“ durch
        die Angabe „81 807 Euro“ und die Angabe „320 000 Deutsche
        Mark“ durch die Angabe „163 614 Euro“ ersetzt.

   c)   In Satz 3 werden die Angabe „60 000 Deutsche Mark“ durch
        die Angabe „30 678 Euro“ und die Angabe „30 000 Deutsche
        Mark“ durch die Angabe „15 339 Euro“ ersetzt.

2.   § 9 wird wie folgt geändert:

   a)   Absatz 2 wird wie folgt geändert:

      aa) In Satz 1 wird die Angabe „5 000 Deutsche Mark“ durch
           die Angabe „2 556 Euro“ ersetzt.

      bb) In Satz 2 wird die Angabe „2 500 Deutsche Mark“ durch
           die Angabe „1 278 Euro“ ersetzt.

   b)   In Absatz 5 Satz 1 wird die Angabe „1 500 Deutsche Mark“
        durch die Angabe „767 Euro“ ersetzt.

3.   § 17 wird wie folgt geändert:

   a)   In Satz 1 wird die Angabe „10 000 Deutsche Mark“ durch die
        Angabe „5 113 Euro“ ersetzt.

   b)   In Satz 4 wird die Angabe „2 400 Deutsche Mark“ durch die
        Angabe „1 227 Euro“ ersetzt.

   c)   In Satz 5 wird die Angabe „500 Deutsche Mark“ durch die An-
        gabe „256 Euro“ ersetzt.

4.   Dem § 19 wird folgender neuer Absatz 7 angefügt:

„(7) § 5 Satz 1 bis 3, § 9 Abs. 2 Satz 1 und 2 und Abs. 5 Satz 1 und §
17 Satz 1, 4 und 5 in der Fassung des Artikels 11 des Gesetzes vom
19. Dezember 2000 (BGBl. I S. 1790) sind erstmals anzuwenden auf
nach dem 31. Dezember 2001 fertig gestellte oder angeschaffte
Wohnungen, fertig gestellte Ausbauten und Erweiterungen oder angeschaffte Genossenschaftsanteile."

Artikel 38
Inkrafttreten

(1)   Dieses Gesetz tritt vorbehaltlich des Absatzes 2 am 01. Januar 2002
in Kraft. Gleichzeitig tritt die Kleinbetragsverordnung vom 10. Dezember 1980 (BGBl. I, S. 2255), zuletzt geändert durch Artikel 22
des Gesetzes vom 20. Dezember 1996 (BGBl. I S. 2049), außer
Kraft.

(2)   Artikel 1 Nr. 57 Buchstabe f (§ 52 Abs. 34 a) und Artikel 4 Nr. 4
Buchstabe b (§ 34 Abs. 10 a) und Nr. 5 (§ 36) treten am 01. Januar
2001 in Kraft.

Das vorstehende Gesetz wird hiermit ausgefertigt und wird im Bundesge-
setzblatt verkündet.

Berlin den 19. Dezember 2000

Der Bundespräsident
Johannes Rau

Der Bundeskanzler
Gerhard Schröder

Der Bundesminister der Finanzen
Hans Eichel

Für den Bundesminister
für Arbeit und Sozialordnung
Die Bundesministerin für Gesundheit
Andrea Fischer